「名师大讲堂」

北大中文系第一课（第二版）

漆永祥 ◎ 主编

北京大学出版社
PEKING UNIVERSITY PRESS

图书在版编目(CIP)数据

北大中文系第一课/漆永祥主编. —2版. —北京:北京大学出版社,2015.8
(名师大讲堂)
ISBN 978-7-301-26225-2

Ⅰ.①北⋯ Ⅱ.①漆⋯ Ⅲ.①社会科学—文集 Ⅳ.①C53

中国版本图书馆CIP数据核字(2015)第198066号

书　　名	北大中文系第一课(第二版)
著作责任者	漆永祥　主编
责任编辑	艾　英
标准书号	ISBN 978-7-301-26225-2
出版发行	北京大学出版社
地　　址	北京市海淀区成府路205号　100871
网　　址	http://www.pup.cn　新浪微博:@北京大学出版社
电子信箱	pkuwsz@126.com
电　　话	邮购部62752015　发行部62750672　编辑部62756467
印　刷　者	北京中科印刷有限公司
经　销　者	新华书店
	965毫米×1300毫米　16开本　23印张　366千字
	2013年6月第1版
	2015年8月第2版　2019年9月第3次印刷
定　　价	49.00元

未经许可,不得以任何方式复制或抄袭本书之部分或全部内容。
版权所有,侵权必究
举报电话:010-62752024　电子信箱:fd@pup.pku.edu.cn
图书如有印装质量问题,请与出版部联系,电话:010-62756370

目　录

序：先生们的北大中文故事……………………………………漆永祥/1

结缘北大中文系，结缘音韵学…………………………………唐作藩/1
与北大中文系新同学谈话………………………………………白化文/15
读书贵在知人解世
　　——从苏轼《水调歌头·明月几时有》谈起……………郭锡良/33
从今天起，面朝未来……………………………………………谢　冕/41
根：做人须有根，治学亦须有根………………………………孙钦善/51
科学研究贵在创新　创新前提继承借鉴………………………陆俭明/67
养成学术兴趣　培养理论思维…………………………………孙玉石/85
汉字进入了简化字时代…………………………………………苏培成/108
说梦与圆梦
　　——北大中文与北大精神…………………………………钱理群/124
眼望巅峰　脚踏实地……………………………………………蒋绍愚/133
我的五十年学术生涯的感悟……………………………………严绍璗/139
历史就在你的脚下
　　——讲给北大中文系新生的故事…………………………李　零/160
一代人有一代人的境遇，一代人有一代人的使命……………宋绍年/176
老老实实做人　认认真真做学问………………………………李小凡/185
开辟属于自己的读书天地………………………………………张　鸣/201
阅读是一种信仰…………………………………………………曹文轩/218
北大本科教育特色与本科生学习规划…………………………陈跃红/232
跟本科生谈谈怎么写"现代汉语"的论文………………………沈　阳/246
如何评价当代中国文学…………………………………………陈晓明/266
明清小说与当代文化……………………………………………刘勇强/282

谈谈学问的主体、对象、目的与方法 ………………………… 钱志熙/303

读书三力：愿力、眼力、精力………………………………… 廖可斌/314

开放的自我 ……………………………………………………… 袁毓林/336

后　记………………………………………………………………………… 359

序：先生们的北大中文故事

漆永祥

自 2009 年至 2012 年的四年里，北京大学中文系在每年的秋季学期，为刚刚踏入燕园的一年级新生开设了"静园学术讲座"系列课程。本集所收文章，即是根据当时的课堂录音整理成稿，并经主讲者审定，现结集出版，以飨读者。

说起开设"静园学术讲座"课程，还真有些个缘由：2009 年秋，北大未名湖畔正在兴建中的人文大楼即将竣工，中文系将搬出逼仄但温馨的五院，离开朝夕映入眼帘的青春静园，中文系师生都对五院和静园有着深厚的感情，有太多的留恋与不舍，所以当时的系主任陈平原教授建议本课以"静园"为名，以为纪念兼怀念之情。更为重要的原因是，随着时光进入二十一世纪，北大中文系一批蜚声国内外的知名教授相继退休，他们是成就卓著的学者，是德高望重的长者，更是中文系宝贵的学术财富与教学资源，有很多高中生正是慕他们之名才来到燕园，来到中文系。但由于这些老教授逐渐淡出了教学第一线，学生尤其是低年级本科生很难得到亲聆教诲、沐惠师泽的机会。有鉴于此，中文系决定为一年级本科生专门设立"静园学术讲座"课程，请老教授或在职教授主讲（两周一次），以漫谈聊天的演讲方式，讲述他们自己为学、为人、处世与生活等方面的经验得失与丰富阅历，使同学们不仅得到专业学习、日常处世与课余生活等方面的引导与启迪，还可以向老先生当面请益，解惑释疑，在如沐春风、如饮甘霖的课堂环境中，感受到中文系的学术氛围与学术风格，并有幸亲历亲见老先生们的音容笑貌与人格魅力，在潜移默化中树立专业意识，巩固专业思想，了解中文系、喜欢中文系并进而热爱中文系。

我们在邀请主讲教授时，有意识地分别邀请中文系文学、语言、文献三个专业的教授轮流主讲。对于初入燕园的新生而言，给他们讲过于专深的学术问题，显然不大合适，我们请主讲者闲语漫谈，和新同学聊天。每位教授不同的人生经历与生活百味，都别具特色、精彩纷呈。先生们在艰难困顿中孜孜不倦的求学精神、面对困难的乐观态度，以及他们发现问题、思考问题、分析问题与解决问题的方式方法，莫不如渡海之舟楫、登山之阶梯，给同学们以深深的启迪。同时，每位演讲者不同的讲授风格与语言特点，都吸引着同学们或思或乐，在欢声笑语中，为先生们热爱专业、热爱中文、热爱北大、热爱国家的精神与情怀所感染所鼓舞，这些音容笑貌会深深地烙印在他们的脑海中，不仅对他们今后的学习与生活起到引导的作用，而且会在他们心中驻存永久的温暖与感动，成为他们成长过程中珍贵的精神财富。

　　前已述之，本集所收的文章，并不是严谨意义上的专业论文，而是漫谈家常，演绎生活，谈天说地，品味人生，掌故旧闻，尽在书中。每位演讲者，都是一位"故事大王"，而且这些"故事"，大多是同学们所不知不解的。从我们邀请主讲的先生们的年龄而论，自八十上寿至五十初度不等，但他们却跨越了上世纪二十年代至今七八十年的时间，这也正是国家从多灾多难、民生艰迫向政治统一、经济发展的过渡时期。老先生们经历过抗日战争、国共内战、抗美援朝、"文化革命"及改革开放的不同时代，就是与共和国同龄或稍后的学者们，也同样经历过"上山下乡"及屡次政治运动。因此，每位主讲者的人生经历，本身就颇具传奇色彩，在先生们貌似挥麈清谈的连珠妙语中，他们的故事活灵活现，可歌可泣，既引人入胜，又耐人寻味。他们的故事，也是近百年中国的故事、北大的故事，更是北大中文系曲折前行的百年系史。

　　因此，本书可以说既是一部引导莘莘学子走向学术殿堂的入门书，也是一部故事集和掌故旧闻汇编，有着极强的学术性、专业性、知识性、趣味性和可读性。不仅对于初入燕园的新生，就是对其他高校中文系与人文学科的大学生，以及众多人文学科的爱好者而言，也有良好的梯航导引作用。

　　我因为主持本课程的关系，一方面出于一个后生末学对先生们的敬重，另一方面也不愿失去如此珍贵的聆教受益机会，所以如果时间允许，我都是敬忝末座，与新生一起受教沐泽、浸润濡染。四年沾溉，所获良多。本课程同学的作业，即是针对某位主讲者所讲问题，写一篇类似读后感的文章。我这篇书前的小文，也就算是勉强交给先生们的作业吧。

2013 年 5 月 10 日敬书于燕园五院

补记：

  《北大中文系第一课》原为中文系一年级新生必修课"静园学术讲座"自2009年至2012年四年讲稿的汇编。该书自梓行以来，得到了全系师生以及广大读者的赞许和青睐，书中不少讲座文章，被热心的朋友在微博及微信等平台上广为转发，极获好评。来北大人文学苑参访的师友，也常向我提及该书，认为既是中文系数代学者治学、生活与为人的写照，也是一本能反映中文系历史的好书，令我深受鼓舞。

  现首版已售罄，我们增补了袁毓林、钱志熙二位教授的讲座稿，又通校了全书，修改了一些口误和错别字，改为第二版以行世。2013年以来的讲座稿，我们也在陆续整理中，冀明年秋季学期结束，即可再为《续编》梓行，以酬读者的厚爱与期待。在本书增订过程中，人民文学出版社编辑陈恒舒博士、北京大学中文系古典文献专业博士生李林芳同学均认真校读了原书，责任编辑艾英女史在校勘原书的同时，又细致编审了新稿，在此一并表示感谢！

漆永祥

2015年8月1日

结缘北大中文系,结缘音韵学

唐作藩

唐作藩,1927年生,湖南邵阳市人。1953年中山大学语言学系毕业,留校任助教。1954年调北京大学中文系,从王力先生学习汉语史与音韵学。1985年晋升教授。曾兼任北京大学中文系副主任、中国音韵学研究会会长、北京市语言学会常务理事。现为北京大学王力语言学奖基金委员会主委、评委会成员,中国音韵学研究会顾问,北大《语言学论丛》编委,《中国语言学报》编委,《中国语言学》学术委员。国务院特殊津贴获得者。从事音韵学、汉语史和古代汉语的教学与研究工作五十余年,培养了国内外一大批汉语史专业研究生、进修教师和访问学者。主要著作有《汉语音韵学常识》(1958,有两种日译本)、《上古音手册》(1982)、《音韵学教程》(1987,获精品教材奖,有韩译本)、《普通话语音史话》(2000)、《汉语史学习与研究》(2001)、《古汉语常用字字典》(合著,1979)、《古代汉语》(合著,三册,1981—1983)、《王力古汉语字典》(合著,2000)、《中国语言文字学大辞典》(主编,2006)和《汉语语音史教程》(2011)。

今天很高兴能来跟咱们中文系 2010 级的新同学随意谈谈。

首先我觉得同学们能进北京大学是一件大事。大家考上了北京大学,是很光荣的,同时也表明我们的同学确实很优秀,在全国应届的同学中是最优秀的。

大约在六十二年以前,也就是 1948 年,我高中毕业的时候,也面临考大学。解放前国民党政府时期报考大学,不是参加统考。当时全国的大学也不多,一个省里大概也就一两所大学。我是湖南人,记得湖南就一个湖南大学。又如湖北就是一个武汉大学。那时北大、清华两个学校常合起来招生,你要是报考清华就不能报北大,要是报考北大就不能报清华。其他的学校往往不是同时招考。因此你考不取这个学校,还可以报考另一个学校——那时候的考试制度就是这样。

我家里比较穷,上学比较晚。我出生在湖南武冈县——湘西一个偏僻的县里的一个小镇上(现属洞口县黄桥镇)。我也没有念过初小,就只念了两年私塾。大概八九岁以后,父亲才让我去念私塾,念了两年私塾,说是可以在这个小镇上当学徒——本来父亲是准备让我走这条路的。后来我二叔从外地做生意回来,他说了一句决定我命运的话:"还是读书好!"所以父亲就送我去上小学。他带着我到黄桥镇中心小学去报名,校长曾育贤亲自在那里接待报名的人,他对我说:"你这个年纪了(那是 1940 年 2 月春节后,我已十三岁),不能从一年级读起了,应该从五年级学起。"让我填报上了高小。所以我就没上过初小,只念过高小。记得第一个学期末我的数学考试成绩是 37 分,这我一辈子都记得。但是经过努力,两年后即 1941 年冬小学毕业的时候,我的总成绩在班里排在第二,接着就考上了中学——武冈私立洞庭中学。这是一所比较不错的中学,我的初中、高中都是在这所学校里念的。后来就改名为现在的湖南省武冈二中——我不知道在座的有没有我的校友。我所在的初十班和高四班同学中,后来有六七个在大学里做教授的,还有一个学生物的做了院士(在湖南师大)。

1948 年我高中毕业,报考大学。那时候以为自己可以报考北大或清华了,结果考试的时候,北大的语文试卷要求做两篇文章:一篇文言文,一篇白话文。题目记不起了。结果我没有考上。可见同学们比我那个时候优秀得多。当时考不上这个学校,可以接着报考另一个学校。后来我就报考中山大学,进入了中山大学语言学系。六年以后,也就是1954年,我终于调到北大来了。我是学语言学的,当年报考中大语言学系时,也不知道语言学是学什么的。因为我在中学的时候老师带我们演话剧,参演过《孔雀胆》和《万世师表》等话剧,而且当时我的普通话也说得不够好,所以在我的想象里,语言学系就是学演话剧、学说语言的,这就报考了语言学系。于是就糊里糊涂地进了中山大学的语言学系。

我们知道,中山大学的语言学系是全国的第一个语言学系,是王力先生1946年创办的。王力先生本是清华大学和西南联大的教授,1945年抗战胜利了,王先生准备回北平。他是广西博白县人,所以他携家属先从昆明回到广西探亲,然后转到广州,准备再从广州回北平。到了广州之后正值暑假期间,中山大学中文系系主任孔德教授,是王力先生当年清华国学研究院学习时的同学,就留请王先生在中大讲学一个月。讲完学以后,学生反应很好。当时中山大学的校长王星拱了解情况以后,就很热情地留王力先生在中山大学任教,而且聘请他为中山大学文学院院长。他就给当时担任清华大学中文系系主任的朱自清先生写信请示。朱先生复信说,你在那里待几年也不错,以后需要的时候再回来。于是王先生就决定留在了中山大学。留下来之后,他向校长提出一个要求,就是希望创办语言学系。王星拱校长欣然答应了。于是1946年王力先生就留在广州,做了中山大学文学院院长,并创办了中山大学语言学系。他请中大中文系教授、他当年留学法国时的朋友、又是广西同乡的岑麒祥先生担任语言学系的系主任。那时他还把西南联大的两个助教——他的两个得意门生,调来中山大学。一个就是吴宏聪先生,做文学院的秘书。这位吴先生是谁呢? 就是咱们北大中文系前系主任陈平原在中大攻读硕士研究生时的导师,现已九十多岁了。陈平原也是在中山大学念的本科,在中大获硕士学位后,考上北大王瑶先生的博士生,这样就留下来了。另外一位是王均先生,做语言学系系秘书。王均先生现已去世了,如果在的话今年也有八十八岁了。王均先生是中国社科院民族研究所的研究员,做过国家语委的副主任、《语文建设》的主编。

但是当我1948年考上中山大学的时候,王力先生却已离开了中山大学,到岭南大学做文学院院长去了。他只在中山大学待了两年,后来因故受聘到岭南大学去了。中山大学本来是在广州东郊珠江北岸石牌,即现在华南理工大学、华南农业大学所在的地方。1952年全国高校院系调整,中山大学就迁到岭南大学所在的珠江南岸康乐村。岭南大学并入中大,就如同燕京大学并入由城内红楼迁来燕园的北大。我们1948级入学的时候中大还是在石牌,因为王力先生在岭南大学,所以我们没能见到他。但是在第二年,即1949年元旦的时候,我们语言学系一些高年级的学长要去给王力先生拜年,他们也带上了我们几个一年级的同学去岭南大学。这是我第一次见到王力先生和王师母。

王力先生离开中大以后,理论语言学家岑麒祥先生代理中山大学文学院院长,并兼任语言学系系主任。后来他也调到我们北大来了。我在中山大学本来是学习四年,可是1949年由于解放战争发展很快,师生们罢教罢课,许多同学都离开学校,我也休学了一年,回到我的老家湖南黄桥镇教了一年小学。到1950年秋又去了广州,复学中大,继续念语言学。1952年全国院系调整,清华、燕京、北大三校的文、理科合并,成立了新的综合性的北京大学,清华大学只保留了工科。这时北大中文系已经合并了燕京、清华和北大三校的中文系,教师阵容已相当雄厚。比如语言学方面的教师,原北大的有魏建功先生、周祖谟先生、杨伯峻先生、梁东汉先生和姚殿芳先生;高名凯先生和林焘先生是原燕京大学的;朱德熙先生则是清华大学的。本来清华大学还有吕叔湘先生,在院系调整的时候吕先生调到中国社科院语言研究所去做副所长了。罗常培先生本来是北大的,也调到语言所做所长去了。1952年广州市各高校也进行了院系调整,岭南大学合并到了中山大学,中山大学的语言学系也就迁到了现在的康乐村。1952年我正念四年级的时候,我们才第一次听王力先生的课。王先生当年给我们班开的课是"语法理论"。我们语言学系的老师、学生都是比较少的,有的班只有一两个同学。我们班还算是比较多的,1948年入学时有二十名,到解放后念四年级时只有七个同学了。我们这七个同学后来大多数从事语言学研究和教学工作。我们班1953年秋毕业。这七个同学中有六个广东人和我一个非广东人。这六个广东同学毕业分配的时候都被分去外省市。有一个同学分得最远,分到东北人民大学,就是现在的吉林大学,他叫许绍早,主要从事汉语语法和音韵学研究,可惜1997年因患癌症已去世了。还有三个同学分到北京的语言研究所,一个是饶秉才,一个叫欧阳觉亚,一个叫麦梅翘。但后来一直留在语言所的就只有麦梅翘,我们习惯称呼她为梅大姐,现早已退休。饶秉才因不习惯北方生活,后来调到广州暨南大学去了,在暨南大学做教授,主要研究客家方言,曾兼任对外汉语学系系主任,退休后定居美国。欧阳觉亚后来调到社科院民族所做研究员,是研究少数民族语言(主要研究海南岛黎语)的专家。另外一个同学詹伯慧教授,是我国当代方言学方面的权威,他曾任暨南大学文学院院长,还当过全国人大代表、全国政协委员。他本来分到武汉大学工作,八十年代初曾被教育部派去日本东京大学任教两年,回国后即调到广州暨南大学。我这个非广东人当年就被留在广东,即留在中山大学语言学系做助教。当时王力先生担任系主任。院系调整后,"文学院"一级就取消了。现在好多学校恢复"文学院",但咱们北大一直坚持保留自己的"中文系"。岭南大学并入中大以后,王力先生就做了语言学系的系主任,兼汉语教研室主任。岑麒祥先生则担任语言学教研室的主任,我留下来做助教兼系秘书,但在专业上分配我向岑麒祥先生学语言学理论。

可是过了一年,即1954年,党中央有一位宣传部副部长,叫胡乔木,他是清华大学毕业的,也是王力先生三十年代在清华任教时的学生。作为领导,他提出来,要为新中国加强培养语言学方面的人才。那时候正好《人民日报》连载吕叔湘和朱德熙先生的《语法修辞讲话》,《人民日报》还发表了《正确地使用祖国的语言,为语言的纯洁和健康而斗争!》的重要社论。所以胡乔木同志提出要将中山大学语言学系整个调到北大来,在北大集中精力培养语言学人才。于是,1954年我们中山大学语言学系的大部分老师和全体同学就调到北大来了,这样我也就来到北大了,我的理想也终于实现了。来到北大之后,王力先生就做了汉语教研室的主任,朱德熙先生做副主任;语言学教研室主任是高名凯先生。"文革"以后汉语教研室就分为两个——"古代汉语教研室"和"现代汉语教研室",朱先生做了现代汉语教研室主任,王力先生做了古代汉语教研室主任。在中山大学,本来是让我学语言学理论的,可是来北大以后,王力先生跟我说,这里语言学教研室已经有两个助教了——一个叫殷德厚(后来去了香港),一个叫石安石(1997年已去世了),而我们汉语教研室还没有助教,你是不是可以留在汉语教研室,跟我学汉语史?我说我服从分配。所以从1954年到北大来开始,我就跟从王先生重新学习汉语史。王力先生对我说,学好汉语史,首先要学好音韵学。所以他就指导我先学习音韵学。我后来的专业就是汉语史和音韵学。这是我个人的一些经历,跟大家聊一聊,我是怎样走上学习语言学这条道路的。这是羡慕同学们考上北大而引起了我的一点回忆。

我再讲一点,也是这几十年来我的一点体会吧。我觉得考上北大、进入北大是实现了我们一个很好的理想,但是进入北大之后,我们还应该有一个具体的理想和研究方向。你们刚入学,现在还没有分专业,将来有的要学文学,有的要学语言学,有的要学古典文献。咱们北大中文系这三个专业实际上是个传统——虽然古典文献专业是五十年代才设置的。我入北大的时候就是两个专业,而且要到三年级才分,那时候只有文学专业和汉语专业。到了1959年又设立了古典文献专业。实际上在北大的历史上——即上世纪二三十年代,就有了这三个专门化。尽管同学入学后不分专业,但在研究方向方面,应当逐渐有所侧重,即逐渐明确自己的研究方向。所以考入北大,特别是进了中文系以后,我觉得同学们应该逐渐形成、选定自己的专业方向。这就是要树立个人的理想。

但是,在本科期间,我觉得无论你是哪个专业,无论你将来要学文学、语言学还是古典文献,你的基础都要广泛,既要扎实,又要博学。在五六十年代,我们的系主任杨晦先生当时特别强调,我们北大中文系不培养作家。实际的意思就是只培养科学研究人才,即便你以后当作家也需要这些基础。我们说"不培养当官的",但你将来如果当了官也是很自然的。当然我们主要还是培养同学们做研究,所以基础一定要广一点。我记得五十年代我到北大来的时候,杨先生还强调一点,语言和文学要有机联系。结果1958年有同学给他贴大字报——那年搞教学改革,同学的革命热情比你们现在要高得多,动不动就给老师提意见,给系主任贴大字报——有一次不知道哪个班的同学画了一幅漫画,一边语言、一边文学,中间画了一只公鸡——"有'机'联系"。但是杨晦先生的这个教学思想我觉得是对的。在那个时候,不论是汉语专业还是文学专业——古典文献专业还没有设置——都要求互相选修课程。我自己也在补课。我虽然是语言学系毕业的,但有好多语言学的课都没听,像王力先生的"汉语史",魏建功先生的"文学语言史",朱德熙先生的"现代汉语语法",袁家骅先生的"汉语方言学";另外文学方面我还爱听游国恩先生的"古代文学史",也听过吴组缃先生讲《红楼梦》。那时候袁行霈先生——他是1953年入学、1957年毕业的,我来北大的时候他是二年级——不仅文学的课都听,而且语言学的课,像汉语史、方言学、世界语言学史、普通语言学他都去听了。后来袁行霈先生跟我说,当年学过的语言学课对他很有益处。所以希望同学们在本科的时候学得既要扎实,又要广博。有些课不论你将来学文学还是语言,都要广泛地选修。

  当然在学习期间,最重要的、最基本的就是要勤奋。同学们考上北大说明大家的基础是不错的,一定是很聪明的,有一定的天赋,但是勤奋还是很重要的。王力先生说,科学研究并不难,有两个条件——一是要有时间,二是要有科学的头脑。"要有时间"是什么意思呢?我的理解就是要专心,要把你的时间充分、至少是绝大多数用在专业的学习和研究上。现在不像我们那个时候,上世纪五六十年代连电视都没有。现在引起你们广泛兴趣的东西比较多了,比如上网,一上网就很容易耽误时间——当然上网查资料就是另外一回事了。但如果你上网玩游戏、看电影,就不知不觉耽误太多时间了,而且还影响健康。所以王先生说"要有时间"就是要专心,要把主要的精力和时间用在学习上。另外就是要有"科学的头脑",当然需要一定的天赋,但我觉得更重要的是需要一定的训练。王力先生自己就是小学毕业,没有上过中学,所以他经常说自己吃亏就吃亏在没有学过数理化。他完全是自学出身,最后通过努力考上了清华国学院,后来又到法国学习语言学。所以勤奋是很重要的。另外我觉得要学得好,还必须要谦虚、谨慎,不满足现状,学无止境。这是我的一点体会吧!

  下面我想讲一点专业的东西。因为我自己学音韵学,所以我想跟同学们强调,将来你不管是学语言、学文学还是学古典文献——古典文献和语言专业的同学肯定要学音韵学,文学专业不一定要求必修,但也是选修的,如果你准备学古典文学,学一点音韵学我觉得还是很有必要的,所以我现在讲一讲为什么要学点音韵学。

  音韵学是中国一门传统学科,现在多称为"汉语音韵学",属于现代中国语音学中研究古代语音的部分。说得通俗一点,就是研究李白、杜甫那时候怎么说话，《诗经》《楚辞》那个时代怎么发音的。中国的历史悠久，有文字记录以来的历史从甲骨文开始，已有三千多年了，汉语的词汇、语法和语音都发生了很大的变化。我们读古书，特别是唐宋以前的古籍，很容易察觉到它的词汇、词义和语法的问题，这一点在学习"古代汉语"这门课的时候是很容易体会到的。比如《孟子》里有一句"兵刃既接，弃甲曳兵而走"，其中"兵"指"兵器"而不是"士兵"，"走"指"跑"而不是"行走"，所以在读古书的时候比较容易发现词义不同的问题。再说一个例子："再遇再北"，其中"再"字现代是副词，表示"又一次"的意思，而在古籍中不是副词而是数词，是"第二次"的意思。这句的意思是"第二次相遇，第二次又败了"，"北"就是"向北跑"，指打败仗。由此可见，词义、词性都变了。又如"孟子去齐"，此"去"字是"离开"的意思，不是"到"的意思。又如《论语》："吾谁欺？欺天乎？""谁欺"就是"欺谁"，疑问代词作宾语放在动词的前面，这都在"古代汉语"中讲过了。以上这些例句表明了词义、词汇、词性及句法的古今不同的变化，这是比较容易察觉出来的。

我们读古书，可以用现代汉语普通话或者自己的方言来朗诵，似乎没什么语音的问题，这其实是一种误解。任何学科的存在和发展，都有它的理论基础和实用价值。语音是语言的形式，是语言的物质外壳。任何语言，不论是现代还是古代，都具有语音、词汇和语法这三个要素。学习古代汉语，只掌握它的词汇和语法特点而不了解它的语音，是不全面的，也是不可能深入的。首先，我们碰到的是，阅读《诗经》《楚辞》等先秦韵文，为什么朗诵起来有一些是不押韵的？比如《诗经》第一首《周南·关雎》第一章"关关雎鸠，在河之洲，窈窕淑女，君子好逑"，这四句话的押韵是"鸠""洲""逑"，这个没有问题，古今一样；第二章前四句"参差荇菜，左右流之，窈窕淑女，寤寐求之"，韵脚在"流"和"求"上，句末"之"是虚词，这个现代也押韵，没有问题。但是下面四句："求之不得，寤寐思服，悠哉悠哉，辗转反侧"和第三章"参差荇菜，左右采之，窈窕淑女，琴瑟友之"，第四章"参差荇菜，左右芼之，窈窕淑女，钟鼓乐之"，这几章的韵脚古今读音就不一样了。如第二章后四句的"求之不得，寤寐思服，悠哉悠哉，辗转反侧"的韵脚，是押在"得""服""侧"上，这三个字现在读起来就不一样。这三个字原来都是入声字，在广东粤方言里，这三个字都是收"-k"韵尾的。当然有些像上海吴语区韵尾不明显,但它是一种短促的入声字。好多北方方言就没有入声字,像普通话,念起来就不押韵了。下面的"采"和"友",在普通话中也不押韵,一个韵母是"-ɑi",一个韵母是"-ou",但它们在《诗经》里押韵,说明当时是同韵部的,后来才发生了变化。第四章中的"乐"和"芼",古今也不一样,不过在古代,"芼"不是入声字,"乐"是入声字。这些现在读起来不仅主要元音不同,韵尾也不一样。又比如"采"和"友",一个是"-i"收韵尾,一个是"-u"收韵尾;不仅现在普通话不同,各地许多方言的读音也不相同。《诗经》里这些韵脚字音不仅现在读起来不同,在唐宋时期读起来已经不一样了。这是因为,《诗经》的时代距离现在太久远,有两三千年了,语音已经发生了很大的变化,其实在汉魏南北朝时代的人读来就已经不押韵了。所以当时就有人对这种现象进行解释,认为是所谓"合韵""叶句(协句)"等等。这就是我们在读《诗经》《楚辞》等先秦韵文时首先碰到的问题,即押韵问题。如果我们不知道先秦古音的情况,就很难理解这些诗歌为什么现在读起来不押韵了。

此外,还有古书里面的通假字问题,即假借字的读音问题。古代由于文字字数有限,而词汇发展比较快,故往往用同一个字来表示不同的词,所以就会出现通假字。例如《诗经·魏风·硕鼠》:"逝将去女,适彼乐土。"其中"逝"借为"誓","女"借为"汝"。又如《周易·系辞》:"尺蠖之屈,以求信也。"其中"信"借为"伸"。于是就有人为古书注音,从而产生了直音和反切。其后又发现了汉语里的声调,通过研究了解到汉语中的平上去入四声,于是在汉末三国的时候出现了韵书。韵书就是为指导欣赏或创作诗歌而编纂的一种工具书,最早的一部韵书就是三国魏李登的《声类》,稍后有吕静的《韵集》,南北朝韵书蜂出,但现在流传下来的最早的韵书是隋代的《切韵》。《切韵》作者陆法言在序言中说:"凡有文藻,则须明声韵。"这就逐渐产生了"音韵学"。传统的音韵学属于"小学"的范畴,"小学"包括"文字""音韵""训诂"。"音韵"这部分就是为了"正音",就是要求把字音读准确,是为了"通经",读懂古书;同时要"辨声律",分辨韵文、诗歌里边的声律。清初著名古音学家顾炎武说得好:"愚以为读九经自考文始,考文自知音始。以至诸子百家之书,亦莫不然。"清代还有一位语言学家段玉裁也说过:"音韵明而六书明,六书明而古今传无不可通。"所以清代的上古音研究取得了很大的成就,因为他们有这种明确的指导思想。王力先生曾经写了一部书,也是六十年代给我们中文系语言专业同学开的一门课,叫"清代古音学",后来由中华书局出版。这部书总结了从顾炎武、江永到戴震、段玉裁、王念孙、江有诰,一直到清末民初章太炎、黄侃等研究古音学的成就。所以我们从事古代汉语和汉语史研究的人,一定要学点音韵学,特别是古音学。我们的汉语专业、古典文献专业在上二年级时就有音韵学这门必修课。攻读汉语史的研究生课程里,有四门课是必修的,这是从王力先生生前就定下来的。第一门是古音学,第二门是古文字学,第三门是《说文解字》,第四门是《马氏文通》。这四门课是我们汉语史硕士研究生必修的。无论你将来是学音韵学、文字学、训诂学或者是语音史、语法史、词汇史,都要求学好这四门课。

进入二十世纪二三十年代之后,由于普通语言学和历史比较法的传入,特别是欧洲一些汉学家——如瑞典的高本汉(B. Karlgren)、法国的马伯乐(H. Maspero)等——的研究成果传到中国来,使中国传统音韵学发展为现代音韵学,研究的内容和范围扩大了。过去传统的音韵学只注重单个字的古代读音和音类的研究,现代音韵学就更注重对音变规律的探讨和古音的构拟。这就提出了研究语音史的任务,它的实用价值就更大了。所以王力先生写了《汉语史稿》后,又写了《汉语语音史》。现代音韵学的作用,首先表现在对研究现代汉语的作用大了,也就是要求用现代语音的历史发展规律来解说现代汉语语音的系统性,即用研究汉语语音历史发展规律的成果来解说、认知、提高对现代汉语语音系统性的认识,这样就可以进一步深入解释普通话的声母、韵母和声调之间的结合规律以及形成的原因。比如现代普通话里的 j、q、x 三个声母,有一部分是从古代的 g、k、h 演变来的,另有一部分是从古代的 z、c、s 演变来的,但并不是所有古代的 g、k、h 都变成了 j、q、x,也不是所有古代的 z、c、s 都变成了 j、q、x,各只是一部分。这一部分在古代都属于细音——从四呼的角度来看,就是齐齿呼、撮口呼的前面变成 j、q、x,而在洪音即开口呼、合口呼的前面则没有变。汉语史、音韵学就是学习、研究这样一些演变规律。那么了解并掌握了这些知识,就可以根据历史音变规律做好现代汉语语音的规范化工作。现代有一些字音,有的这样读,有的那样读,哪一种是比较正确的,哪一种是比较规范的?最科学的根据就是语音的发展演变规律。我们还可以利用中古音的反切来确定某个字的标准读音。比如"波浪"的"波",有人念"bo",有人念"po",到底哪个正确呢?国家语委审音委员会确定"bo"是正确的,"po"是不规范的。为什么呢?因为《广韵》"波"的反切是"博禾切",所以确定"波"应该念不送气的"bo"而不是送气的"po"。

此外,音韵学对研究方言也很有用处。我们调查现代方言,特别是在整理方言音系的时候或分析方言的语音特点的时候,就必须参照《切韵》《广韵》系韵书的语音系统。中国社会科学院语言研究所编制的《方言调查字表》实际上是一个古音系统,为什么要用《广韵》音系作为基础呢?因为依照这样一个系统进行方言调查以后,就可以直接与《广韵》音系作比较,从而比较容易能看出古今演变的规律来,即哪些音与古代是相同的、哪些是不同的以及为什么会变得不同。因此掌握了音韵学知识,我们也能在方言区推广普通话时发挥作用。比如有些方言里,把"鞋子"念作"hɑi zi",这就跟"小孩子"的"孩子"混在一起了。王力先生曾举过一个有趣的例子,他说广东人学讲普通话讲得不好,比如"私有制",广东人念起来就成了"西游记"。为什么?因为粤方言里没有与舌尖韵母相拼的 zi、ci、si 和 zhi、chi、shi。这就说明了音韵学在调查方言和学习现代汉语方面的确能发挥重要的作用。

其次,是音韵学在研究汉语史方面的价值。我们刚才说过,汉语发展史包括词汇史、语法史和语音史,语音史已成为音韵学的重要内容。语音史实际是历史音韵学。词汇史和语法史的研究也都需要借助于音韵学的成果,语音是词汇的物质存在形式,没有文字之前只有语音,词的构成、词的形式的变化、词义的演变以及语词关系的转变往往需要从语音上加以说明。比如音变构词的研究,在这个问题上,我们的古代汉语教研室主任孙玉文教授,从做硕士论文开始到撰写博士论文,一直到现在都在研究这个问题,出版了专著,并经常发表有关文章。关键就在于他抓住了音变构词这一问题,专心、深入地进行研究。还有联绵词的分析,同源词的语音相同、相近的关系,都需要利用语音史的成果。举一个普通的例子,比如说上古汉语里第一、第二人称代词都比较多,第一人称代词有"我",有"吾",有"卬",有"余",有"予",有"台",还有"朕",这就有七个;第二人称代词"你"是后起的,在古代汉语里有"尔",有"而",有"女",有"汝"——"女"实际上是

"汝"最早的形式——如果要从语音变化的角度来看,"我""吾""卬"是一类的,这三个字都是疑母字;"余""予""台"是一类,这就是所谓"喻四"和定母的关系;"尔""而""汝"又是日母的音变。这种同一语法意义的不同形式很可能是古代方言的表现,或者是古代的一种历时的变化,于是用了不同的文字形式把它们记录下来。也就是说,这些每一组之间都有声母或韵母的相同或相近的关系,有的是对转的关系,有的是旁转的关系。这些情况都需要从音韵学这个角度才能够分析得出来,才能够认识得比较透彻。这是第二点。

第三是音韵学在训诂学和文字学研究中的作用。这是传统音韵学早已实践并且充分证明了的。清代训诂学家王念孙有句名言,他说:"训诂之旨,存乎声音,字之声同声近者,经传往往假借。学者以声求义,破其假借之字而读以本字,则涣然冰释。"这主要是指考释古籍里的通假字,包括联绵字的不同写法的问题。汉字的形音义是有机结合在一起的,如果不懂历史音韵,就不可能透彻地理解古文字的字形构成和字义的关联。所以古文字学者没有不重视音韵学的。过去裘锡圭先生在北大的时候,他带的研究生都要学音韵学。还有历史系考古专业的高明教授,五六十年代的时候,他带的研究生都要来听我的音韵学课和我们研究生的古音学课。这是第三个方面。

第四就是音韵学在古典文献学中的作用。这一点就不言自明了,因为古籍的整理、校勘、句读、标点等都会经常运用到音韵学的知识,这里不用细说了。另外,研究中国古代文学、古代哲学、古代历史甚至古代经济、法律,都需要学点音韵学知识。去年,咱们历史系一位著名的教授田余庆先生,他在做研究、撰写论文时碰到了古代史中的一些文字音韵问题,还很谦虚地找我来进行讨论。所以我认为,音韵学在汉语言文字学中,甚至在古代文史哲学科中,就好像数学在理科中的作用一样,是一种必不可少的基础学科。

过去我一讲到这些问题,同学们就会提出来,你说音韵学很重要,但有人说这是一门"玄学""绝学",很难学。因为汉语不是拼音文字——如果你学英语史、俄语史,它们历史本来就不长,而且古代就已用拼音文字,而我们中国有几千年的历史,从甲骨文传下来的汉字,字形有了很大的变化,已有两三千年了。的确,学起来比较困难一些。关于这一问题,我在《音韵学教程》里面讲过一节"学习音韵学的方法",大家可以去看一看。将来同学们在学习音韵学这门课的时候,授课老师也会讲的。

我想强调的是,首先要破除迷信,不要把音韵学看成是难学的"绝学",要"解放思想",一定要下决心把音韵学学好。其次是选修这门课,还要专心听课,听从老师的指点。不听课,完全通过自学掌握音韵学,那是比较困难的。当然,老师讲课还要看是谁来讲。我没听过王力先生讲音韵学,只听过他讲"语法理论"课。记得我在中山大学语言学系的时候先后听过两个先生讲音韵学,一位是周达夫先生,一位是钱淞生先生,结果都是稀里糊涂没听懂。上世纪五十年代到北大以后,跟王力先生学习汉语史,他让我先看他的《汉语音韵学》。这是他三十年代在清华讲音韵学的讲义。书中正文分四编七章,第一编三章讲一些音韵学知识;每章节之后都附有一些参考资料,主要指引读者进一步学习时需要看哪些资料。我也是根据这些提示到图书馆去借阅有关的原著的。我就这样跟随王先生学习音韵学。那时候也很巧,因为在1955年到1958年间,学校分配给我的住房正好和王力先生的同在朗润园中的一个四合院内——朗润园175号。王先生家住东屋和北屋,我一家三口住西屋,中间有小院落。王先生的书房就在我们对面东屋,所以我在学习中一有问题就走过去请教他,他对我指导得很耐心、很具体。

记得1956年春的一天,王先生从城里开会回来,对我说,这次会上吕叔湘先生提出一个建议,当前需要普及语言学方面的知识,应当编写、出版一些语言学的通俗读物。吕先生要他写一本音韵学方面的小册子。王先生说:"我现在很忙,你就来写吧!"我说:"我还没有学好,怎么写啊?"他说:"边学边写,边写边学。"这样我就在王力先生的具体指导下利用一个暑假的时间写了那本《汉语音韵学常识》小册子。1958年王先生推荐给上海新知识出版社(上海教育出版社前身)出版。前几年上海教育出版社又重印了。后来台湾、香港也翻印了。日本还翻译、出版了两种本子。这个小册子还真发挥了一点作用。所以到八十年代以后,见到一些初次相见的台湾朋友、日本朋友以及美国朋友,他们首先谈到的就是看到过这本小册子。我觉得这主要得自于王先生的指导。所以我说同学们念二三年级时,如果开设了这门课,一定要选修,踏踏实实地学习。特别要重视运用现代汉语语音学的知识,学习、掌握音韵学的基本知识和基本概念。还要认真做练习,我的

《音韵学教程》里设计了几个练习,经过实践,我觉得做好那些练习还是有效果的,这很重要;要自己做,不要抄同学的。这也是学习音韵学的一个比较有效果的方法。

　　此外,学习音韵学还有一个办法,这也是我自己的一点体会。五十年代袁家骅先生开了一门新课"汉语方言学",我去旁听了,很有收获。当时我在袁先生的指导下调查了自己的方言,就是"湖南洞口县黄桥镇方言"(发表在《语言学论丛》第4辑,1960年)。利用古音知识、音韵学知识来调查方言,既可从历时方面深入了解所调查的方言,又能巩固所学的音韵学知识。

与北大中文系新同学谈话

白化文

白化文,1930年生,北京市人。1955年毕业于北京大学中文系。历任北京大学信息管理系教员、副教授、教授。中国民主同盟盟员。退休后仍在承担的业务工作有:《中华大典·民俗典》主编,"中华再造善本工程"编纂出版委员会委员,全国古籍保护工作专家委员会委员,中华书局点校本"二十四史"修订工程委员会委员,《文史知识》杂志编委,北京大学图书馆《版本目录学研究》学刊顾问,新版《乾隆藏》顾问等。已出版著作(包括重复出版)四十二种,文章(包括书评、序言)二百余篇。

各位同学大家好！请允许我就坐着和各位聊吧。我的几位老师在八十岁以前，都不肯坐着，都站着，我跟老师说："您这么大岁数了，我给您搬把椅子吧？"老师说："咱们爷们儿还能站着说话，这不挺好的嘛。"后来过了八十了，我说老师这还行吗？所有的老师都听我的，过了八十岁，他就坐在这儿说话了。这就说明他将要退出历史舞台了，像现在的我就是这样。咱们的漆主任，我跟他很熟，熟得不得了，其实我跟他们家都很熟，跟他儿子最熟，他儿子和我是好朋友，而且我听说我那位年轻的朋友一会儿就来。我寻思着是不是来找我，我们俩还得找个地儿谈谈。礼拜一漆主任打电话，派我今天来跟大家会话，我觉得其中一个原因哪，是找我来顶一下，因为可能今天再找不着别人，我这人好办事啊，那我就来吧。我问他："您想让我说什么呀？"他说："爱说什么就说什么。"那我想只能够跟大家随便说说吧，所以我把这个叫做谈话。什么叫谈话？就是互相说话，不是我一个人说。咱们谈什么呢？我又问漆主任了："谁跟我谈话啊？"他说是刚入校的一年级同学，另外有若干位硕士或是博士生。我说："究竟咱们以谁为主体呢？"他说："以一年级同学为主体。"很好很好，我就以一年级同学为主体，来准备谈话。

我1950年进北京大学，在沙滩，1952年院系调整，调到燕园，其间我休了一年学，所以我1955年毕业，因此我算1950级的也行，算1951级的也可以。2010年10月23日中文系开100周年大会，把我们都传来了，问我是1950级的还是1951级，最后我还是想跟年轻的走，跟着1951级的走，所以我像蝙蝠一样，来回乱飞，你说是鸟是耗子都可以。

那么我就跟大家汇报一下我入中文系以后的所见所闻，以及我学习的一些教训——谈不到经验。1945年日本投降，我的母亲是很开通的一个人，她找我讨论，那个时候啊，1946年我刚念高中，念高中呢有一位王老师，这位王老师教我们历史，他一上来就问："念初中和念高中有何不同啊？"那谁知道！大家举手就说您说说吧。王老师说："念初中呢，念完初中可以分流，比如说就可以念技校等等；念高中就意味着你的家长要让你考大学了。

可是考大学,我可告诉你,有一个经验教训,这个经验教训就是你不一定在高中各科都优秀,只要能考上大学就行了。但是你必须从现在,从高中一年级开始,就确定你念大学想念哪种系科,提前把这种系科的一些知识先学会一点。你不要期望在中学出人头地,因为中学出人头地没有多大意思,那不是你的终点站,大学才是你的终点站。"那时候念研究生的人很少,他说:"你一定要在大学出人头地,这样将来你才有很好的前途。"我不知道我那些同学听完他的话后有什么感想,或者他们全忘了,我是极有感触,回家跟我母亲说,我母亲说王老师说的特对。那个时候,抗战刚胜利。那时候的中学生满脑子都是"学会了数理化,走遍天下都不怕",心里想的是:读大学,工科和医科为主,特别是医科里面的外科,因为那才是最能成名出专家的。再其次是理科。再其次呢,农科也还凑合。文法两科,他们认为简直是不成的学生才念的,或者是极有兴趣的学生才念的。我就属于不成又极有兴趣的这么一种学生。我就跟我母亲讨论:念什么呢?干脆念中文系得了。因此我由高一下半学期开始,就开始准备着将来进中文系怎么办。我们家住在北京大学的隔壁,离北大红楼大约有一百米,红楼的民主钟一撞,我们家听得非常清楚,我就经常到红楼去。想念中文系,那非念北大中文系不可,念别的中文系那哪成啊?我以为,如果按五分制评分,假定北大中文系算是5+,清华中文系算是5,辅仁大学和燕京中文系凑合是5-,中法大学(文史系)属于4分的。特别是,北大沿袭蔡元培校长办校的民主开放学风,谁都可以进去旁听,随便进。北大门口有一个卖豆腐脑的,我经常去那儿喝豆腐脑,他就经常对我说:"我爹那时候也在这儿卖豆腐脑。你猜怎么着?鲁迅先生坐洋车就来了。从南城来,到我们这儿,坐这儿就喝我的豆腐脑。给他拉洋车的那位,也跟他并排坐着。喝完就跟我爹说:'你给我看着洋车。'你猜怎么着?他也听鲁迅先生讲演去了。"非常自由,我就很感觉到北大自由的风气。我到高中的时候经常没事儿就溜达过来,听一些讲座。给大家举个例子,有一位诗人很有名,是戴望舒先生,大家都知道吧?戴望舒先生他是中法大学的人,那儿给他开工资。但是他也到北大来开讲座。有一年他开讲座,我们大家都去了。讲什么呢?读《李娃传》。《李娃传》大家读过吧?专讲一个问题,就是李娃当初怎么甩的那位少爷。李娃把那位少爷带到长安的一个胡同里面,那时候胡同叫里,这时候就有人来报告了,说李娃,你赶紧回家吧,你妈病了,李娃就走了。就剩下这位少爷在这儿坐着,坐到晚上也没人理他,想出去出不去了,那里门关着。一直到第二天早起,里门开了。他回李娃家一看,李娃他们家搬光了。戴先生专讲这个问题,就是为什么设这种计策?因为唐朝首都有规定,一到打完了定更鼓,所有的里门全关了,大街上也禁止通行,所以那位少爷就在"里"里边蹲了一宿,这就是一个计策。当时我听了以后,感觉闻所未闻,佩服得不得了。现在这就是个常识性的问题,可见中国文学和史学进步得很快。我还听过梁思成先生的讲座,他讲的是中国建筑。我是隔三岔五地听,就在北大北楼的大讲堂,那讲堂还没这教室大。后来他最后一次课我没听,就有人跟我说,梁先生说了:"咱们这课算是结束了,是不是大家也得交一篇报告,我都给你们打五分!"没人说话。梁先生再问,就有人报告,说我是旁听的。再问:"你呢?""我也是旁听的。"全都是旁听的,所以考试算完了。我当时没去,我就怕考,后来听说全旁听,哎呀,还不如最后一次听听呢!

好吧,这就是当时的北大的情况,在我进北大以前。我进北大以后还是这样,到了院系调整以后可不成了,那是另外一番天地。至于另一番天地的各种优点缺点,兄弟在此不予置评。那么我就跟大家说吧,各位比我可幸福多了,但是也苦得多。我分析一下现在的学生,你想让他从高中起就分流、偏科,那是不可能的,那不就考不上大学了嘛,对不对?可是呢,各位居然考上北大中文系了,这就说明了你们不但全科,而且具备着考上中文系的种种能力,那就比我强多了。我经常想起我那些在中学考前三名的同学,我那时候佩服极了,我说,将来这几位一定是国家栋梁。后来我发现这哥们呀还没我混得行呢,最后都以副教授级而告终。所以死念书不成,可是你不念书也不成。诸位一定属于活念书而又全面发展者,要不然你不能坐在北大中文系一年级的位置上。所以我对诸位可以说是非常的佩服。

进了中文系又怎么样呢?我们一进中文系,系主任杨晦先生说了:"中文系不是培养作家的,好好给我念书!"可是第二句话他没说,第二句话是他后来单独跟刘绍棠说的,不过那时候刘绍棠已经不听他的话了。第二句话是什么呢?是一个作家如果进了中文系好好地念,中文系这点儿底子给打好了,将来对你的写作一定大有帮助。这句话他没说,起码我是不知道。刘绍棠不听他的,后来有一个人无师自通,虽然没听他这句话,但是按照他的路子走了,这人就是陈建功。陈建功算是我侄子。为什么呢?他的母亲跟我挺熟的,我们在北大是同事。后来我见到陈建功,我说侄儿,他也就认了。我还跟他说:"你小时候,我还带你喝过馄饨呢。那时候一毛钱一碗,还欠我一毛钱呢。"所以啊,中文系不是不出作家,而是在中文系课程里面,不以培养作家为主。中文系的课,大部分都不是培养作家的课。那有培养作家的课吗?有啊!那就到别的院系,像传媒大学,他们那儿倒是干这个的。那么,北大中文系培养什么人呢?当然是培养学中文的人了。这一点,我倒是还没进中文系就明白了。我想,我绝不是当作家的材料,干脆我就学古典文献得了。古典文献有一个很大的优点:越老越吃香。因为越老你念的古典文献越多,那时候才显出你的本领来,但是你得好好地念,天天念,你不能念一会儿就不念了,只要你坚决地走这条道路,你一定能成为这方面的一个专家。我还真按着这条道路走了。这条道路还不完全是中文系的道路。古典文献,它包括文史哲,还包括我们图书馆学系。我们系原来是中文系的一部分,叫做图书馆学专修科,后来它自己独立了。独立就独立吧,原来也叫图书馆学系,后来,它学了美国那一套,英文是 information,改名叫情报学系。这时候有人就问我了,说是我们家过去可不是贫下中农,能不能来?我说什么?都能来啊!他说可是干情报的,我说不是这么回事儿。这样咱们学生就招不进来。后来系里就改名为信息管理系。有些事不能赶时髦。你看现在有的老先生长袍都穿不了了,还得穿个小马褂似的玩意儿,以表示他跟古典文献有关系。他为什么不穿西服?就因为他表示是中国式的人物。

既然你念了中文系,无论如何你这几年之内总得学点什么东西是不是?你要学什么东西呢?我跟你说,甭抄笔记。为什么甭抄笔记呢?因为有的老师教我的时候,他看见学生都在那儿抄笔记,有一天老师就跟我说:"'糟粕所传非粹美,丹青难写是精神',你得学我这点精神。我的每句话你都抄下来,有一半都是废话。"那我说怎么办呢?我说你要考我们啊!他说不要紧,我给发讲义。他的讲义把要点全写在那儿了,要言不烦,所以我后来就跟老师学会了,今天我给各位谈话的要点,我写了五大张纸,一会儿我就交给你们漆主任。

你应该学什么学术?我有一个建议,首先你得看看陈寅恪先生是怎样学习的。在这儿说一下,陈寅恪先生是江西人,所以他念这个恪字为 què,

大伙儿没办法,就全念陈寅恪(què)了,其实应该念陈寅恪(kè)。不过我们不敢,因为像我这样岁数的人,我一念陈寅恪(kè),有人就翻白眼看我:"你念过书吗?你知道谁叫陈寅恪吗?"得了,我还得念陈寅恪(què)。将来到你们的学生那儿,他就把恪(kè)和恪(què)给忘了,他爱怎么念怎么念吧。陈寅恪先生有一小段话,非常重要,那是我一生学习的指南。这是他1934年在《敦煌劫余录序》里边写的一段。这篇《敦煌劫余录序》只有千把字,却是非常重要的一篇文献,我建议大家一定好好看看。它里边讲到几点,一点是跟敦煌有关的,他说敦煌是中国学术的伤心史,咱们中国应该想办法先把敦煌学术给研究透,有好些敦煌遗书在外国呢。然后呢他就讲了,敦煌学在当时,也就是二十世纪的三十年代,是一门新的学术。"一时代之学术,必有其新材料与新问题。取用此材料,以研求问题,则为此时代学术之新潮流。治学之士,得预于此潮流者,谓之预流(按:这'预流'是罗汉四果的最初一果,借用佛教初果之名);其未得预者,谓之未入流。此古今学术史之通义,非彼闭门造车之徒所能同喻者也。"这话意思是什么?得赶学术新潮流。就这么一句话,非常简单的事儿。那么什么是学术新潮流呢?咱们可以来分析一下,一类是真正新出现的材料,这是新潮流。可是我建议大家,你甭掺和这个。原因是什么呢?我给你举个例子,现在北大图书馆买来了一大批秦简,那个可是新材料,那里面有一些很新的东西,说明秦朝的学术一部分是怎么回事儿。可是我告诉你吧,中国学术有一个缺点:学术有垄断性,谁抓住一些东西,他就死死按住,等自己把它都研究透了,没什么劲儿了,剩下点渣子,吐给你了。你刚念大学一年级,轮不上你,我想看秦简都不成,他不让我看。其实我岁数比那几个研究秦简的人大,我还是图书馆学系的,我跟图书馆有密切关系,图书馆说那不行,那儿看得很紧,连图书馆员都不让看!这个新材料是非常重要的,但是你们最好先别干,因为你也找不见的,像清华不也来了不少汉简嘛,那跟北大情况也一样啊,所以你别掺和这事儿。再一个呢,是触目皆是的、非常多的,可是过去不入流,例如吧,白话小说,像话本、宝卷、宣教的东西啊,包括什么大鼓书,过去以研究经史子集为主,中国传统学术认为通俗性作品没什么价值,不甚研究。一直到五四运动以后才开始研究。举个例子,像鲁迅先生的《中国小说史略》、郑振铎先生的《中国俗文学史》,这两本书是小说史跟俗文学史的开山之作。北京大学是研究中国小说史特别是中国通俗小说史和中国俗文学史的重镇,我校特别是我校中文系在这方面是非常擅长的。鲁迅先生就在北京大学中文系先讲的中国小说史,而且他的中国小说史大概有三个变化。那时候先发讲义,讲完课先发一篇一篇的,后来这一篇一篇的就在沙滩红楼东边一进门那儿卖,一张一张地卖,你爱买哪张买哪张。那个时候第一次讲中国小说史,后来第二次讲中国小说史又换了,第三次就变成书了。所以他的中国小说史至少有三次变化,这是我的看法。有几位受鲁迅先生很大影响的,或者他们是互相影响的,其中一位代表人物是马廉先生。你们知道马廉先生吗?哦,不知道。那时候琉璃厂的经史子集卖得挺贵,宋版书一页就得要十来块大洋。可是那些通俗小说,特别是黄色小说,没人敢公开要,他都买来了,研究这个——这是学问,不是黄色,您可要千万注意。后来马廉先生就给自己的书房取了一个名字,叫做"不登大雅之堂",书房叫做"不登大雅之堂文库"。有一天马先生在北大上着上着课,脑袋一晕就躺那儿没醒,所以他算殉职。后来他这些书呢就半捐半卖,进了北京大学。这是北京大学图书馆的镇库之宝之一。你进了北大而不好好利用北大图书馆,将来一定一生后悔。现在除了北大我哪儿也不去,有些人还问我,说社科院要我去,我说那个地方千万别去,社科院能有北大图书馆吗?北大图书馆有什么优点?第一他有很多书,可能哪儿都没有的。第二呢,本校的人使用起来非常方便。顺便说一下,外校的人使用起来非常地不方便。特别本校用书的老人儿,像我这种,脑袋也秃了,像秃瓢一样,进馆去,歪脑袋一晃,全认得我,我在北大,从1950年到2012年,待了六十年了,我要看什么,大体上他们都给我看,这就是一个资格问题。你要混出这资格才成,从现在你就混,混到2060年、2070年吧,或者六十年以后,行了,你就变成我这样了。北京大学图书馆还有一项最重要的玩意儿,就是拓片,拓片除了国图以外是全中国最全的,可以说是中国第二,一部分是缪荃孙的,他在京师图书馆也当过头儿,当过馆长级的干部,有名的古典目录学家,他的拓片都归我们了。另外呢,张之洞的小儿子,他当过伪武汉市长跟伪天津市长,投降日本,抗战胜利以后先把他给抓了。那时候的胡适胡校长,我认为这个人呢,缺乏行政管理能力,他很明白他管理学校行政不成,所以抗战刚胜利,让他从美国回来接北京大学校长,他不干。他说这样子,我给你请个人来接收吧,就是傅斯年先生。傅先生可是有行政管理能力的。北京大学为什么能成现在的规模？跟傅先生大大地有关系，为什么呢？北京大学解放以前的名誉那么大，全仗着五四运动等等，以及"大学堂"的老牌子。可是，抗战前只有文理法三个学院，没多少学生，就局限在沙滩那一带。抗战胜利后，傅先生一到北大，就大事接收。抗战前，有另一个大学叫北平大学。当时的国民党教育部很想设立大学区。我告诉你，任何的政府看见北京大学都很头疼，为什么？它是一个学运的枢纽，只要有点儿风吹草动，北京大学就要乱一阵。因此，他们都想消灭北大。北洋政府消灭不了北大，国民党的办法是什么？它说我设立大学区，统一地把北京大学消化在北平大学之内。北平大学也是一个很散的大学，这回啊它也没把北京大学消灭得了，因为北京大学不断地抗议，政府怕北京大学闹。任何的政府都怕北京大学闹。我再跟大家说明：我是决不参加任何闹的，因为什么呢？闹完了对我一点好处没有，你们是学生啊，闹完你们是"飞鸽牌"的不见了，我可是"永久牌"的在这儿拿工资的，我哪敢闹啊！所以学生撺掇我说，你上天安门吧，我说你去你的吧，而且照我看你们都不行。嘴上无毛！

傅斯年先生来了，他就把整个的北平大学给消灭了。北平大学有个独立的工学院，他也给端过来了。另外呢，日伪成立了一个警官学院，在北大三院那儿，傅斯年先生说这不行，把警官学院也给消灭了。另外呢，还有一个华北农学院，他说什么农学院，也给我端过来，日本人曾经把北平医学院跟北京大学合营了，傅先生来了，说得了得了，正好正好，算北京大学一部分，所以北京大学有医学院，就是从傅孟真这儿来的。因此，胡校长1946年一回国，这么一看，光从图书馆来说，北京大学是满壁琳琅，清华大学家徒四壁，为什么呢？因为日本人恨透了清华大学图书馆，给当成马房养了马了，全完。南开大学更不行了，给炸平了，南开大学四壁皆无。北京大学又把张之洞小儿子的东西拿来了，他那点东西还真不错，所以你要想研究拓片，北京大学可以说是全国第二个宝库，而且本校的人使用起来比第一宝库国家图书馆要好办得多，进去说我要看哪个，他就给你拿了。国家图书馆可不行，我跟国家图书馆的关系很好，但是到那儿也得费相当大的劲，起码一个小时，我在这儿有三分钟就办了。我建议，你既然进入北大，最好是力争别脱离北大，这是我给你的建议。至于不脱离北大的人能有多少？多不了，也就百分之一二。您拿北京大学校友录来看看，就拿 1932 级来说吧，中文系 1936 年毕业的不到 20 人，只有一个人就是我的老师周燕孙（祖谟）先生最后成名成家，但是他原来也没有留在北大中文系，他是让傅斯年先生看中了，到中央研究院去了，后来又转回来。可见留在北大中文系不那么容易。因此大家伙儿要力争。那你怎么力争呢？我现在告诉你，你必须想点辙儿，早早出人头地，你要把别人没有注意到的材料搞出来，用于自己的研究。例如向觉明（向达）先生，那是我老师，《唐代俗讲考》，那是讲唐朝的俗讲的，他把俗讲和变文区分开。到现在比如说中文系讲中国文学史的人，你可要注意，他到现在也没明白，我去跟他说变文跟俗讲是两码事，而且俗讲啊，跟说因缘也是大不相同的东西。不成，你怎么跟他说他脑筋不往里进，他是正统派。不过你跟正统派的老师也别对着干，他如果考你的话，考唐代俗文学，你按照他说的说，你别按我说的说，按我说的说，他给你不及格了，可别赖我啊。

再说一个读书要有些悟性的问题：读书一定要开动脑筋想问题。例如，《三国演义》中"空城计"的故事，一般人全当故事一读而过。我就细想：司马懿就那么糊涂，小小的西城，十五万人往前一冲不就行了。没那么简单。司马懿是一个老奸巨猾的人。诸葛亮派人先散布了很多谣言，弄得魏明帝曹叡把他给罢免回家了。后来，诸葛亮初出祁山，魏军老打败仗，这才起用司马懿。起用他以后，他第一招就是偷袭孟达，先把孟达杀了。孟达是从蜀国投降魏国的，是曹叡很信赖很喜欢的人，要杀他，你得打个报告，但他不能打，为什么呢？他一打报告，曹叡底下的人就有人会给孟达送信。他把孟达灭了，领导阶层估计对他会有看法。再其次呢，他灭了诸葛亮又能怎么样？坏了，孟子曾经说过，"无敌国外患者国恒亡"，你要有敌国外患才成。所以蒋介石的那个部队的人为什么老打败仗，他脑子里都是有敌国外患思想，他说有了共产党，只要共产党不被打得稀里哗啦，我还能凑合地活着，可是我这点兵要是给共产党消灭了，没兵的人只能回去退休了。但是我也不能得罪蒋介石，所以我还是凑合着这么干。所以，他不跟共产党决一死战。死战的，如张灵甫，死在孟良崮啦！司马懿心同此理：我灭了诸葛亮，灭了蜀国，以后怎么样？灭了蜀国以后，本来曹家的人就对他有看法，说司马懿是"鹰视狼顾，非人臣之相"；他灭了蜀国以后，那何不第二次开刀，拿他司马懿开刀？所以你看，后来灭了蜀国以后，钟会和邓艾的下场是怎么样？全死了。所以，司马懿比他们看得远，绝不进城。留着诸葛亮，还有司马懿；没有诸葛亮，就没有司马懿。这也是华容道诸葛亮非得派关公去把曹操放了的基本思想，因为那个时候，北方的权杖是曹操手持着的，你把曹操灭了，北方又是一场大乱，而且刘备当时的力量也不够，那怎么办呢？如果又恢复天下大乱，说不定孙权得了势，因此诸葛亮非得维持不可。怎么维持住呢？就利用关公，说你去做个人情，把曹操放了。因此，我就用这个写了一篇论文，我想用这个撞大运，呵，我老师看见以后大大地高兴了。他说行行行，你这人可以，居然想得这么深。我以后就按他这办法，就往深里想了。

那么，接着要说，用新材料，或者研究新问题，不一定是全新的材料。像各位刚念中文系，你上哪儿找去，你找不着那些材料。你刚到中文系一年级就读，想研究敦煌学，那不太可能。你上哪儿找那些材料去，现在倒是都印出来了，一两千块钱一本，在图书馆，他也不借给你，说在库本阅览室呢，你也不能看得那么多。再说，这里面是讲资格的，你得在英国不列颠博物馆或者在法国国家图书馆蹲过几年，看过那些文卷。像咱们历史系，像我那朋友荣新江教授，到那儿给他编过目，这行。各位，你刚进中文系，东西南北还不明白呢，你想到他那程度，还差点。他是1978级的学生，那时候我看他这人就行，每天扎在图书馆，还力争当课代表。说到这儿，我要告诉你，这课代表非常重要，你最好力争当课代表，我当过好几门课的课代表，目的就是引起老师的注意，跟老师搞好关系。荣新江就当课代表，每天就在阅览室里坐着，然后一看我爱人来了——我爱人是那阅览室的负责人——噌一下他就进了库了，叫他也不出来，看书去了。这人行，所以现在他是中古史研究中心主任了。你得学他，所以你得研究好了，什么是明流，什么是暗流，什么是新材料。不是新材料也不要紧，你得想办法给它想出点辙来，让它变成新问题。从来是时势造英雄，可是呢，不管你是不是英雄，你得在适应时势的时候，把时势稍微改变一点，让它适合于你。

接着，我给大家汇报，我以为上大学学习，你应该注意几点。第一点，如果你现在学英语学得不错了，你要先学日语等，多学几门外语才好。外语，非得跟老师学不可；而且北大的语言课有一个特点，进度非常快，你有一个礼拜跟不上，下面就困难了。我在北大学过好几门外语，主要是感觉进度快,后来我慢慢感觉追不上了。因为不是外语系的人啊,外语系的人进度就更快了。所以,这外语,你非得死记硬背玩命不可。那么,除了外语以外,本系的课啊,已经有了课本、讲义、教学大纲,有的属于照本宣科,所以课堂教学上,听讲抄笔记,这种办法很不可行。观其大略就行了,因为那些内容早已在课本讲义中了。比如,五十年代初,我听王昭琛(瑶)先生的课,第一次讲中国新文学史,那是 1953 年,喔,那是一屋子人在听课。《中国新文学史稿》是王先生的著作,刚刚出版了上册,我赶紧去弄了一本,他讲的时候我就看,基本跟书里的一样。可是我也有笔记,我那笔记就是书上没有的,给记录下来。

刚才我说了,我举了我研究的《三国演义》的例子,那时候究竟怎么样我不敢说。可是到现在为止,有一天我写的一篇小论文,袁行霈拿起来一看,他是我师弟,比我低两级。他说这很好玩,来来来,我给你收入一本书。那本书叫什么名儿我给忘了,不知各位看了没有,这么厚的两本,叫什么文学名著选讲。那里头收了我好几篇文章,基本上属于我在大学里头或者大学刚毕业的时候自己胡思乱想的结果。所以不管这胡思乱想正确不正确,你必须在大学阶段,特别是在北大,锻炼自己,小小地,咱别说大大地,培养独立思考能力,而且逐步养成这种能力。我为什么说小小地呢,那么什么是大大地?你别净研究那种问题,什么中国文学史的研究对象,这些大问题能是你研究的吗?这些大问题都是那些教科书的第一章第一节啊,你研究不了,你就先究些小问题得了。

另外呢,要集中在一两个学术领域内,别乱放枪。打机关枪的人,要集中一个点打,要散打就完了。所以啊,我后来大学毕业以后,就研究哪些学术还可干呢。四个字,告诉大家,你得找那种地方——"路静人稀",没几个人走的那种道。如果走的人多了怎么办?你赶紧让位。七十年代、八十年代,研究敦煌学的人在北大很少,我说我研究这个吧。后来,我在这方面有一些小小的思考,我拿一些思考跟大家汇报。

第一个,就是关于这个《下女夫词》。各位不知道这《下女夫词》吧?《下女夫词》是《敦煌遗书》里边的,大概有二十来卷,都是抄的《下女夫词》,但是内容不太一样,主要是它错字太多。那么什么是《下女夫词》呢?先说女夫,女夫就是女婿。"下女夫词"的"下女夫",按古代汉语,"下"是使动用法,就是让女婿下来。怎么下来?因为女婿要到门口来,进行类似抢婚的表示,这时候女家就把门给关上了,来吧。男女双方就进行对唱,唱到一定程度,再开门把新娘给放出来。"词"就是使女婿下车敲门的词。这《下女夫词》很多人都搞不明白,因为里边讲的都是男方说,我是哪儿的少爷,什么使君的少爷——用咱们的话,省长级干部的少爷——长得如何英俊,带了多少车马。这边女的就唱,我们这儿可是部长级干部的小姐,比你们还要强,我们有多少嫁妆。大伙想,这不是颂扬贵族的歌词吗?可是你要明白,谁都能唱,它是一个通俗歌词。你总不能够在结婚的时候说,我可不成,连嫁妆都没有,我就凑合着,你要看我还可以,你就来吧。你要这么着,没人跟你提亲啊。而且那里头,说男的如何英俊,女的是如何漂亮,那也就是那么一说。那是个一般性的提法,不能那么弄实。我给大家提一个建议。你没事的时候,研究研究《诗经》第一篇,这你总看过吧,就"关关雎鸠"那篇。看过没有?我对"关关雎鸠"有一定的看法。我认为,那里头老讲少爷小姐等等,什么少爷是小姐很好的朋友。可是前面呢,还有民歌的成分,所以我认为它跟《下女夫词》是差不多的。它本来是民歌,民歌里没有少爷小姐。后来呢,为了提高新郎新娘的身份——当时认为的身份,把他变成少爷小姐,所以前半截儿啊,就是"关关雎鸠,在河之洲"啊,那是民歌的成分。后面慢慢地就变成少爷小姐了,那是加以改造了。所以,它是个加以改造的民歌,而且是一个结婚歌。这是我的看法,各位如果能顺着这个思路想的话,也许能想出小小的论文来。这个题目我已经不做了,谁愿意做谁做。你要反对我也可以反对,那也许更好。

第二个例子,就是"榜题"的事。榜题,就是在敦煌藏经洞里,有很多画,每个画旁边都有一个小小的说明,有的长有的短。这东西相当于咱们小时候看连环画,连环画下面不是有一个说明吗?跟这个完全一样。可是它没有连环画那么长,比连环画短一点。《敦煌遗书》里边有很多抄本,这些抄本很乱很乱。谁也搞不清楚,他为什么抄得这么乱。比如说,这一段吧,一个太子舍身喂老虎,下一段又讲一个王把眼睛挖出来送人。完全不是一回事,可是第一段、第二段都抄在一起了。我就天天研究这是怎么回事,后来我到藏经洞一看,我慢慢明白了,这是和尚让那个小沙弥去抄那些榜题,这小沙弥他不管,比如这榜题吧,东厢有西厢也有,南厢、北厢、墙上、墙下都有。他不管这一套,反正你让他写吧,我就从东厢抄到西厢,从西厢再抄到南厢,他不管它的次序。其实它是有次序的,后来我想了一些办法,把它的一些次序给调整了,我又造出好几个榜题的次序来。欸,这还算小的新发明。所以,以后您看抄本的时候,您得注意,你得细心想,他为什么这么抄。他抄乱了都不要紧,抄乱了有他自己的一定的想法,所以你看抄本的时候要特别注意了。北京大学抄本无数,最近咱们还买了些个程砚秋唱本的抄本。那些学生来问我,我怎么弄不明白,我说非常简单,因为他这抄本分好几种,有的是旦角唱的,他不抄别人唱的,光抄旦角唱的,抄到一定程度,他就截了,他截的办法是来一个横杠,就知道这一段唱完了。然后,再往下,又是第二段了,你必须看,还有另外一本呢,你拿这两本三本一对,你才知道那些老生、小丑他们是怎么唱的。你在北大慢慢会碰到这样的问题,就是抄本的问题,你要知道人家是怎么抄的。

学术进步是一日千里的,信息交流是非常重要的。《释迦因缘》,就是《太子成道因缘》,这个比较复杂,在学术界很有争论。我认为,它是一个像现代川剧一样的、后边有帮腔的一种唱法。所以,它是一种戏剧的雏形。它有很多说明,对仗白说就是出来的那些帮腔的人,他是公开出现的;大人吟、夫人吟,一个是老生,一个是夫人,用咱们现在的话。回转了,并不是唱,说他们唱完了下场了。然后,在他们告别的时候,又唱了很多。可是当初省略了不少。所以你一定要注意,很多东西你得细细地替他想。我为什么能看出来,是因为原来我看不懂,后来我看啊,一本书,不知你们看过没有,叫《大戏考》。我年轻的时候看过,那时候马连良、谭富英、梅兰芳,他们唱片的汇集。那个《大戏考》里边,比如说,这一段完全是梅兰芳唱的,就没有马连良的事儿。《打渔杀家》,就是桂英在那儿唱,萧恩那边是在另外一张片子上,可能你得过好几页才能看到。所以,你要特别地注意,《释迦因缘》,《太子成道因缘》,就是这么一个东西。这是我的看法,我认为它就是中国戏剧,特别是歌剧的早期雏形。而且有许多的帮腔,像最老的川剧那样。可是我这个看法,很不受人待见。特别那些保守派,他说你想得太多了、太快了。可是我告诉你,想多了、想快了没什么坏处。

在外国有一种很好的办法,比如在英国的大学,有一个叫 seminar,就是学术讨论。我建议,你们看看费孝通先生的《留英记》,是在英国学习的记录。那篇文章写得特别好,就讲两个问题。头一个问题,他到了英国以后,带了两个稿子去,一个论文是讲他在广西瑶山调查少数民族,他以为这是他导师马林诺夫斯基特别喜欢的题目。马林诺夫斯基在第一次世界大战的时候,在太平洋岛屿上进行了多年的少数民族研究,而且写出了有价值的学术著作。他想,我带这篇去还不行吗?他不知道,现在学术潮流一日千里了,那欧洲的社会学已经到什么程度了?到了不是研究少数民族了,而是一般的,特别是亚洲一带的社会情况,也就是研究社区问题了。所以,他带的第二篇论文,《江村调查》,好好好,导师一看,正好赶上潮流了。所以要了《江村调查》,那什么瑶山的事儿,先不管了。

另外呢,怎么培养学生?有一个方法:每一个星期,有一天。马林诺夫斯基,是社会学的权威,他有一天就说了,来来来,某一天到我家来。这时候,全英国的研究社会学的,他那些徒子徒孙,全来了。马林诺夫斯基那房子相当大,里边搁着各种不同的座椅板凳,大伙儿都认识,你还别坐错了,张三坐在躺椅上,李四坐在沙发上,全有固定座位。像费孝通这样刚去的怎么办,拿一张小板凳坐在后头。大伙儿就抽英国烟斗。然后,就由马林诺夫斯基提一个问题,说今天咱们研究什么问题,另外找一个人做主要发言人,这个人发完言后,大伙儿就围绕着这个问题进行讨论,这就是 seminar。Seminar 对于年轻人是非常重要的,在那里你能知道全世界许多最重要的信息。可是中国啊,特别是在大学里边,我是说内地,seminar 不怎么成;我听说香港还可以。为什么呢?我这个著作、思想、想法,先在这儿说了,你给拿走了,我得防着你点儿。所以,seminar 在内地搞不成。这怎么办呢,我教你一招,你要参加学术会议。中国内地的学术会议啊,虽然有真有假,但是它不太敢在学术观点上盗窃。所以,作为年轻学生,你要尽可能找机会去参加学术会议。办法之一,就是我去为学术会议服务去,还不行吗?你服务去,可就太好了,因为你服务的过程中,你就能看出那些专家们是怎么回事。最好你去的时候,带篇小论文,你不带小论文光服务也不成。带什么小论文?小、新、精,又小又精,内容还非常新的论文。题目不能太大,像我们系跟我报,学生说要报一个"目录学的研究对象"的题目,我说你别瞎扯了,目录学研究对象是你研究的吗,连我都不敢研究,我老师他说了算,他爱怎么说怎么说。

八十年代末,我带硕士生杨宝玉去西北,参加一次敦煌俗文学的会议。她带的论文,是《北大信息管理系资料室所藏〈下女夫词〉钞本残卷之录文与研究》。这个钞本从未发表过,其中个别字句能补充纠正别的卷子,因此很受到在场的老前辈的欢迎。从此,敦煌学界很多人就基本认识她了。她现在在敦煌学界颇有建树。你要知道一个人在敦煌学界能做到这点不容易,因为它是个偏科,因此呢,打一仗要上好一个台阶。你参加学术会议,你在观察别人,别人也在观察你。作为青年人你要注意,不必老找老前辈研究。老前辈有时候有门户之见,认为:"你为何上我这儿来,跟我套什么近乎?"他不像我,谁跟我套近乎都可以。你要多结交那种你认为有前途的青年人,为什么呢?学术是由人组成的,是由人群组成的,只有青年人,有希望的青年人,才是学术的未来。

最后一个问题,就是跟老师的关系。大学的老师可能跟你一辈子有关系,不管是不是你的导师。所以你一定要跟大学老师搞好关系。跟大学老师搞好关系非常容易,为什么呢?中国的知识分子跟中国的旧社会手工业者截然不同。中国的手工业者啊,总是抱着一个思想,就是"教会徒弟,饿死师傅",这是难免,所以除非他跟你关系特好,或者收你当女婿了、收你当儿媳妇了,这才教给你。中国的知识分子不然,中国的知识分子啊,起码是在解放前后一直到改革开放初吧,这批知识分子,我觉得我也算其中之一,但是我没有做得很好。杜甫有两句诗:"匡衡抗疏功名薄,刘向传经心事违。"我给大家解释一下,"匡衡抗疏功名薄",是说知识分子为了职称不断地要写论文,为什么呢?因为他功名薄,到现在连讲师还没评上,那怎么办,多写论文吧,这就是"匡衡抗疏功名薄"。"刘向传经心事违",是说,知识分子老想把自己会的这点往下传,但是真正能听话的学生不多,而且还防着一点,怕那学生学会以后,再来一场"文化大革命",回来又把老师给整了,这种可能性存在。但是老知识分子差不多都不愿意把自己的东西完全带到坟墓里去,完全给火化了,所以知识分子很容易相处,特别是老知识分子。但是你要注意,将来这样的知识分子是越来越少了,趁此良机,赶紧跟岁数大一点的老知识分子多多靠拢,恭恭敬敬地学,老老实实地学,他一定好好地对待你。但是呢有一个条件,你得表现出啊,第一是想学,第二啊,你得表现出你能学,你到老师那儿去。我告诉你,课堂上严格地说学不到什么东西,因为那东西不用上课堂,你只要看看书不就行了吗,书上都有。你跟老师谈学问的时候,得表现出你能够举一反三。现在我给你举例,我年轻的时候,有时去林静希(林庚)老师家里去,跟老师聊,大有收获。但是你也得防着点儿,老师问你问题,你得答对了。现在我给你们举几个例,咱们一块研究研究。"手卷真珠上玉钩",南唐中主的词,老师跟我讨论了:"手卷珠帘上玉钩","手卷真珠上玉钩",他知道我学习版本目录,包括校勘,他说:"你说是真珠好,还是珠帘好?"各位说呢?我告诉你,你得答对了:"手卷真珠"是好的,"手卷珠帘"绝对不如"手卷真珠"。为什么呢?珠帘是珠子做的帘,是真的假的还不知道,你看现在有时候你到商场、饭馆里,夏天在门口不是有一串一串的帘子吗,那都是假的珠子。"手卷真珠上玉钩"那是真的珠子,所以那才是一个贵族的妇女家里头的帘子。所以真珠就比珠帘要高,我们要采用真珠。幸亏我答对了,要不然我答错题,老师就不怎么爱理我了。一天,又讨论起李商隐的诗歌来了:"晓镜但愁云鬓改,夜吟应觉月光寒",老师说:"你有什么感受?"我想,得曲线答题,别正面答,因为,不知老师是怎么想的。我就说:"老师,我看了一篇德国的小说,说的是有一个骑士跟一个淑女,那时候好像不是公主也是郡主吧,一个贵族女儿,俩人相好,她爸爸不干,把那个小姐给关在一个塔里面了。于是乎那个骑士就每天在塔外边眺望那个淑女,那姑娘就从塔里头看,俩人就那么看,看着看着,看了好几十年,俩人都老了。怎么办?那个小姐想:'我老了,老末卡吃眼的,还要你看?'于是乎就给自己做了一个雕像,年轻时候的雕像,放在塔的窗户那儿。那个骑士也明白了,也给自己做了一个年轻时候的雕像,放在塔的外边,两个雕像四目相对。"我跟老师报告,我说:"这就是李商隐的顾虑,不过李商隐还没走到这一步呢,'晓镜但愁云鬓改',就差从年轻时候到年老了,已经不是那样了,怕的是这个。'夜吟应觉月光寒',也是两个人对象来对象去,也没对象成功,心里越来越凉,就跟那两个德国人一样,不过德国人已经推到几十年以后了,李商隐还没推到几十年以后,因为李商隐四十六岁就死了,还没到那会儿就死了。"老师一听,心中大悦,说好好好,行行行,你真有见解。其实我这都是瞎侃。然后又研究开杜甫了,说"无边落木萧萧下",好,为什么不说"树萧萧下"?我说老师,这个树啊,在古代往往当动词,所以,《种树书》,种是种植一年生草本植物,树是种植多年生木本植物。《种树书》，不是种树的书，而是种和树的书。"却将万字平戎策，换得东郊《种树书》"，讲的是一年生草本植物和多年生木本植物的种植，这是一点。第二点呢，我向老师汇报，您看最懂得杜甫这句诗的人他是谁呀？黄庭坚。黄庭坚有一句诗完全是按杜甫的诗歌脱胎，但是脱胎得比较灵活，就是"落木千山天远大"，气象比杜甫的还阔大。老师一听大为高兴，说很好很好，明天讲课就用你的例子。我说哪天我再跟老师提供点儿新的例子。于是又有一些研究了，王维的诗"山中一夜雨，树杪百重泉"，还有一个版本是"山中一半雨"。专门有一个本子，只有那一个本子，是"山中一半雨"，所以特称为"山中一半雨本"。我跟老师说，别看只有一个本子是"山中一半雨"，这"山中一半雨"就比"山中一夜雨"要高，为什么呢？"山中一半雨"是说在山里边你不管它下不下雨，有一大半都像下雨，不管白天还是晚上。山中一夜雨呢，就是一夜下雨呗，一夜下完雨可不"树杪百重泉"么，没有回味的余地。老师说这好这好。

最后要跟大家报告的是，不能老向老师那儿索取，特别在老师的晚年，你有时候也要安慰安慰老师，让老师高兴高兴。但是老师都是学者，你不能一般地说：老师我来了，给您提溜两个苹果来。怎么办呢？你估摸着老师觉得你提供的是一种学术性的玩意儿，可是呢，又不在他研究范围之内，他听完以后会非常的高兴，他说嘿，这人还研究这个呢！老师见着我呀，就经常问我："最近又研究什么啦？"所以我每回到老师家里去，我得先准备好一两个段子。你要注意了，你以后见老师，你也先准备好一两个段子，这段子估计他不知道，又不在他研究的范围之内，他又会感觉很新奇，认为是一项学问。我到老师家里去，预备过十来回段子，我举一个段子来说。老师说，你又研究什么呢？我说我研究《三国演义》呢。"你研究《三国演义》什么内容呢？"我说我研究吕伯奢家的猪，为什么它不叫？如果吕伯奢家里的猪一叫，曹操就知道，省得杀人了嘛。猪没叫，所以曹操跟陈宫才拔剑把吕伯奢家里人都给杀了。"那你说，为什么猪不叫？"我说非常简单，中国的乡下，对于杀猪是非常重视的，一定要在过年过节或者是喜庆节日时才杀猪呢。曹操跟陈宫到吕伯奢家去，这是一件秘密的事儿，你去杀猪，猪嗷嗷一叫，东邻西舍会问怎么回事儿啊？吕伯奢他们家有什么事？他们会来打听打听，一看来了这么俩人，就坏了。但是吕家又想好好招待，那么怎么办呢？怎能够让猪不叫？非常简单，猪是非常爱吃酒糟的，猪吃完酒糟，吃多了它就呼呼大睡，这时候你爱怎么整它就怎么整它。所以吕伯奢家就把他们的酒啊都给猪喝了，那猪喝完酒呼呼大睡了，因而吕家没有酒了，吕伯奢才出去买酒。我老师一听非常高兴，说像你这么研究学问的少。

今天就谈到这儿吧。谢谢大家！

读书贵在知人解世
——从《水调歌头·明月几时有》谈起

郭锡良

郭锡良,1930年生,湖南衡山人。北京大学中文系教授,汉语史专业博士生导师。曾任北京大学中文系系学术委员、副主任,中国训诂学会学术指导委员会主任兼常务理事、中国文字学会常务理事、北京语言学会副会长,武汉大学汉语史专业博士生导师,《中国语言学》主编。研究范围比较宽泛,对汉语史的各个领域(语音史、语法史、词汇史)都比较重视,还对音韵学、文字学、文学语言史、训诂学有所涉猎,专攻汉语语法史和音韵学。著有《古代汉语》《汉字古音手册》《汉字知识》《汉语史论集》等著作十种,发表《汉语第三人称代词的起源和发展》《论上古汉语的指示代词的体系》《殷商时代音系初探》《西周金文音系初探》《汉语历代书面语和口语的关系》《历史音韵学研究中的几个问题》等论文五十多篇。

苏轼的《水调歌头·明月几时有》是一首传诵千古的咏月名作,《苕溪渔隐丛话》说:"中秋词,自东坡水调歌头一出,余词尽废。"它确实流传甚广。一个世纪以来,古代文学作品选大都要选它,中国文学史也没有不谈到它的;可是在训释和评述方面却大都不甚令人满意。为了分析、讨论的方便,先把它抄在下面。

水调歌头

丙辰中秋,欢饮达旦,大醉,作此篇,兼怀子由。

明月几时有?把酒问青天。不知天上宫阙,今夕是何年。我欲乘风归去,惟恐琼楼玉宇,高处不胜寒。起舞弄清影,何似在人间?

转朱阁,低绮户,照无眠。不应有恨,何事长向别时圆?人有悲欢离合,月有阴晴圆缺,此事古难全。但愿人长久,千里共婵娟。

上个世纪四十年代刘大杰在《中国文学发展史》中说:"《水调歌头》,是中秋夜怀念他的弟弟苏辙而作。他自己在密州,苏辙贬齐州,都是政治上的失意人。万里离愁,中秋良夜,把酒对月,情绪万端。作者以丰富的想象,清丽无比的语言,将宇宙的奥妙神奇,结合人世的实感,由浪漫的世界,回到了现实的人生。深入浅出,曲折回旋,达到了艺术的高度成就。"(中卷第245—246页)六十年代胡云翼在《宋词选》中说:"作者是在密州(今山东诸城县)做官时候写这首词的。当时他在政治上的处境既不得意,和亲人也多年不能团聚(苏辙和他已七[?]年没有见面),心情本有抑郁的一面。可是他并没有陷于消极悲观。词中反映了由超尘思想转化为喜爱人间生活的矛盾过程。词的开头是幻想着游仙,到月宫里去,可是他又亲自涂抹掉这种虚无的空中楼阁的采画,而寄予人间现实生活以热爱。'千里共婵娟',体现了诗人能够不为离愁别苦所束缚的乐观思想。"(第65页)半个世纪以来,其他多种中国文学史和各种文学作品选,在评述或训释这首词时,大都不出上述两种著作的思路。也就是说,是失意人中秋佳节思念亲人的佳作。

例如游国恩、王起、萧涤非、季镇淮、费振刚主编的《中国文学史》:"作者幻想琼楼玉宇的'高处不胜寒',从而转向现实,对人间生活寄予热爱。""作者写这些词时正在政治上受到挫折,因而流露了沉重的苦闷和'人间如梦'的消极思想,然而依然掩盖不住他热爱生活的乐观态度和要求为国建功立业的豪迈心情。"(第三册第625页)又如,章培恒、骆玉明主编的《中国文学史》说:"《水调歌头》的开头,把酒问天,今夕何年,乃是对永恒存在的向往;在这永恒存在的对映下,不可避免地变化着月的阴晴圆缺,人的离合悲欢。既然认识到这一点,也无须自怨自艾。"(中册第385页)袁行霈主编的《中国文学史》更是只指出这首词"体现出奔放豪迈"的新风格:"虽然苏轼现存的362首词中,大多数词的风格仍与传统的婉约柔美之风比较接近,但已有相当数量的作品体现出奔放豪迈、倾荡磊落如天风海雨般的新风格。如名作《水调歌头》。"(第三卷第67页)

只有曾枣庄做出了新解的尝试,他在《苏轼评传》中说:"词的上阕表现了作者的忠君思想,下阕反映了兄弟的离合之情。"还指出"就在苏轼知密州这一年王安石因旧党的围攻和新党内部的互相倾轧而第一次罢相;写这首词后不到两个月又第二次罢相"(第100—101页)。但是在他和曾弢译注的《苏轼诗文词选译》中也只是说:"对久别的弟弟的怀念,加上政治上的失意,促使苏轼在中秋夜对月书怀,写下了这首千古名篇。上阕写把酒问月,幻想乘风进入月宫而又怕月宫寒寂,表现了他盼望回朝而又怕朝廷难处的矛盾心情。下阕写倚枕望月唤起的离愁别绪,先是怨月无情,后又从月的盈亏得到启发,以美好的祝愿作结。"(第107—108页)《选译》点出了"盼望回朝而又怕朝廷难处的矛盾心情",对这首词的理解前进了一步,但是仍然未中肯綮;特别是说"下阕写倚枕望月唤起的离愁别绪",完全是停留在前人的认识上,有明显的误解。因为"照无眠"是写照着"欢饮达旦"的苏轼,并非照着"倚枕望月"而被"唤起""离愁别绪"的别的什么人。

请看这首词的小序,苏轼在这里说:"丙辰中秋,欢饮达旦,大醉。"稍加思考,我们难道不会感到这与"政治上的失意人""对久别的弟弟的怀念"而"对月书怀"的"离愁别绪"是有矛盾的吗?他为什么会在这个中秋的夜里高兴得喝了一个通宵的酒?是什么事让他这么高兴呢?评述者、选注者似乎都没有把这个问题放在心上。这首先就是没有落实字、词、句。再者,古人说,"诗言志",不把诗人创作时的思想感情弄清楚,就很难确切理解、训释、评述其作品。《水调歌头·明月几时有》的评述、训释者笼统地从政治上失意、佳节倍思亲的角度来考虑问题,这是对知人论世原则的忽视。由此泛泛地凭字面来推测、想象就难免落入"六经注我"的泥坑。

我们不妨考察一下苏轼的经历,据文献记载:嘉祐二年(1057)苏轼二十二岁应进士试,以《刑赏忠厚之至论》被欧阳修擢置第二名,名动京师,得到宋仁宗的高度赞许。不久因母丧回蜀守丧三年。嘉祐六年二十六岁又应制科考试,系统地提出了他的革新主张,得入三等(一、二等虚设)。这时才真正出仕,任凤翔府参军三年,有政绩。英宗治平二年(1065)苏轼还朝,受到英宗的重视,得值史馆;翌年父苏洵逝世,扶丧归蜀,又守制三年。神宗熙宁元年(1068)除丧,年底回朝,时年三十二岁。不久他就陷入了新旧党争之中。

神宗是北宋的第六个皇帝,宋朝开国已经百年以上,内外矛盾日益突出;神宗即位时才二十岁,是一个企图改变国家积贫积弱的年轻人。他即位第二年就任王安石为参知政事(副宰相),大事改革,推行新法,即历史上的"熙宁变法",也称作"王安石变法"。苏轼虽然也主张革新,但是他同参加过庆历新政的老一辈重臣欧阳修、富弼、韩琦等思想一致,提倡政治清明,刷新吏治,删汰冗官、冗费,但不赞成大肆改制变法,与王安石的政见不合而反对新法。因而苏轼就成了以司马光为首的反对新法的旧党中的活跃分子。这时朝中的官吏大致有三代人:第一代是欧阳修、富弼、韩琦、张方平等年老重臣,他们都比苏轼年长三十岁左右,原来官高权重,但到了致仕(退休)年龄,对变法虽提些反对意见,却对朝政已不起决定作用。第二代是司马光、王安石等,司马光比苏轼大十七岁,王安石比苏轼大十五岁,年龄都在五十岁左右,正是掌握朝政的中坚力量。司马光本来与王安石是朋友,几次写信劝告,王安石执拗不听,于是成了水火不相容的政敌首领。第三代是苏轼这些三十多岁的新进少壮派,如程颢(大苏轼四岁)、程颐(大三岁)、吕惠卿(大四岁)、章惇(大一岁)等。吕、章是王安石手下的干将,二程、苏轼活跃在反对新法的一方。熙宁二年王安石请建学校、罢诗赋、明经诸科,苏轼就作《议学校贡举状》,明确反对。神宗拟用苏轼修中书条例,王安石就设法阻挠,让苏轼以直史馆权开封府推官,想用繁重的政务困住他。却没想到苏轼决断精敏,声誉日隆;熙宁三年,更有《上神宗皇帝书》《再上神宗皇帝书》，反对新法更全面，态度也更坚决。因此熙宁三年八月苏轼就被新党谢景温劾奏"居丧除服，往复贾贩，妄冒假借兵卒"。经过追究穷治，虽属捕风捉影，苏轼却也无法自明，只得请求补外。神宗批了"予知州差遣"，又被中书阻挠，不予"知州"职务，熙宁四年才得通判杭州（通判相当于副知州兼秘书长）。应该说明，这只是出京做地方官，不被重任，但并非像某些著作所说的"贬官"。

熙宁七年四月旱，罢方田法，王安石第一次罢相，出知江宁府；九月苏轼杭州任满，以苏辙在济南，求为东州守，获以太常博士直史馆权知密州军州事。翌年二月王安石复相，十一月苏轼在州衙作超然台。其实苏轼一点也不超然，他深深地沉浸在政务和党争中。他通判杭州，权知密州，正因为并非贬官，只是离开京城到地方做官，反而可以避免政敌的掣肘，能够发挥才能，做出政绩。他在《超然台记》中说："始至之日，岁比不登，盗贼满野，狱讼充斥"（《苏轼文集》二，第351页），"处之期年……予既乐其风俗之淳，而其吏民亦安予之拙也"（同上，第352页）。于是治园圃，修葺超然台，常与宾客登台远眺，饮酒赋诗。我们还可以在他同年所写的《江城子·密州出猎》中，读到他轰动全城的出猎盛况（"锦帽貂裘，千骑卷平岗。为报倾城随太守，亲射虎，看孙郎"）和立功边疆的豪情壮志（"会挽雕弓如满月，西北望，射天狼"，《选译》，第102页）。在苏轼的一生中，这些年应该算是他仕途比较顺畅的时段之一；他也十分关心政务、党争，写下了一些批评新法、不满新政的诗词，种下了后来"乌台诗案"（元丰二年，1079）的祸根，几乎招致杀身之祸。我们应该看到，变法引起的社会矛盾非常激烈，加之新法本身的问题，且用人不当，新党内部的内讧以及实行中产生的弊端，问题越来越多；王安石虽然罢相又复相，仍然无法解决矛盾，神宗对新法的热情和对王安石的信任也在逐渐衰减中。这就是苏轼写《水调歌头·明月几时有》的时代背景。

那么，到底是什么事让苏轼高兴得在"丙辰中秋"（熙宁九年，1076）的夜晚"欢饮达旦"呢？是家有喜事吗？根据考察，我们知道，这时苏轼四十一岁，家中只有继室王季章和三个儿子，大概还有几个家人，"丙辰中秋"前后无重大变化；分别已经五年多（《宋词选》作七年，不确）的亲弟弟苏辙更只是怀念的对象，不是一同"欢饮达旦"的团聚人。有的著作认为是"中秋与客饮于超然台,欢饮达旦",这是缺乏论据的推测之辞,不但小序没有提到"与客",整首词的内容,特别是"起舞弄清影"(出自李白《月下独酌》"我歌月徘徊,我舞影零乱")一语,都点明苏轼是"独酌",不是欢宴亲朋。

既然不是家有喜事,那么从处在党争旋涡中心的苏轼来看,自然不排除政务、党争中有使他颇为高兴的事情。经考察,据《续资治通鉴》卷七十一载:"八月,己丑(按,乃农历初八)罢鬻祠庙。"下面叙述司农寺下令,要把天下的祠堂、庙宇卖给私人,"收取净利";张方平上疏反对说:"阏伯迁商丘,主祀大火,火为国家盛德所乘;微子开国于宋,亦本朝受命建号所因。又有双庙,乃唐张巡、许远,以孤城死贼,能捍大患者也。今若令承买,小人规利,冗亵渎慢,何所不为!岁收微细,实损国体。乞存此三庙,以称国家严恭典礼,追尚前烈之意。""疏上,帝震怒,批付司农曰:'慢神辱国,莫此为甚,可速止之!'于是天下祠庙皆得不鬻。"(第1792页)张方平是向欧阳修推荐苏轼,一直提携、卫护苏轼的前辈重臣。这时,新法在多年的推行中不断失误,旧党反对更加坚决,变法处在转折关头,张方平的这次上疏无疑对新党是个打击,也成了新党失势的标志之一。十月王安石再次罢相,更显示了变法失败的前途。在这样的社会政治形势下,八月上旬从东京开封府发布"罢鬻祠庙"的命令,中秋前无疑会传到密州,这成为苏轼"欢饮达旦"的缘由,应该是情理之中。据此再来看《水调歌头·明月几时有》就会有更贴切的理解和全新的感受。

因此这首词并不是简单地写失意人把酒对月,幻想游仙,怀念久别的弟弟,而是词人带着看到政治竞争对手失势而产生的极大喜悦,在中秋登台赏月,开怀畅饮。上阕写他把酒问天,幻想乘风登月又怕月宫寒冷,担心那会比不上在人间起舞;表面上是写他当时登台赏月的情景和思想活动,实际上也是在写他想乘神宗批评新政而回朝参政的冲动与忧虑。由于朝政的脉搏还把握不定,诗人发出了多个疑问。"今夕是何年"是对朝政风向的探询,"何似在人间"是对回朝参政成败的担心(能否有"为报倾城随太守"的盛况),"高处不胜寒"是对回朝危险处境的认识,也总结了人生的哲理。下阕写对离别多年不见的弟弟苏辙的思念和关怀。"转朱阁,低绮户,照无眠",是对"欢饮达旦"时空转换的描写,而不是写"有心事""不能安眠"人的"倚枕望月"。月亮从东升转到了西落,在欢饮中神驰天宇、人间之后,不能不想到离别已五年多的弟弟。一想到中秋是团圆节,可是同被外放的兄弟却不能团圆,于是把一股怨气移向了月亮("何事长向别时圆")。这表现了他对兄弟的深切怀念。然而从感情转向理智,清醒地认识到"人有悲欢离合,月有阴晴圆缺",这是客观决定的,不随人意。于是只能遥寄一个美好的祝愿:千里之外能永远平安地共赏天上的一轮明月("千里共婵娟")。这里还带上了对弟弟的无限关怀,因为苏轼清楚,苏辙在齐州任期将满,即将解职,可能还京,会不会因政治斗争招惹麻烦,也是他所担心的。果然,《苏颖滨年表》载:熙宁九年,"十月,宰相王安石罢,辙归京师,有自齐州回论时事书"(第273页)。苏辙在上书中对青苗法、保甲法、免役法、市易法都进行了攻击,其中还有"易置辅相,中外踊跃"之语。如《年表》所载,上书应在王安石罢相之后。苏辙未受上书影响,得回朝任职。可是当年十二月,苏轼在密州任满后,原命移知河中府,到了汴京却有命不许入城,后又改知徐州。看来,这正说明宋神宗对苏轼极力反对新法仍存有相当的不满情绪。四年后(元丰二年,1079)更发生了"乌台诗案",这是王安石变法的继承者元丰党人对苏轼的严厉迫害;不但张方平等年老重臣上疏相救,连王安石都不以为然,也出面相救。案情还惊动了两宫,出来为苏轼说话,神宗对某些诬陷之词也不赞同。这样,苏轼才免遭杀戮,出狱后,贬黄州(今湖北黄冈市)团练副使。这是苏轼第一次真正贬官,也是"高处不胜寒"的一种注脚。

据《岁时广记》载:"元丰七年(1084),都下传唱此词。神宗问内侍外面新行小词,内侍录此进呈。读至'又恐琼楼玉宇,高处不胜寒',上曰:'苏轼终是爱君。'乃命量移汝州(今河南汝州市)。"这说明神宗晚年对苏轼反对新法的言行有了新的看法,也说明神宗认为这首词是与变法有联系的。又据《续资治通鉴》卷八十载:元祐三年(1088)神宗的母亲高太后问苏轼,他为何两年之间会从汝州团练副使升为翰林学士(为朝廷草拟文件,并兼侍读)?"轼曰:'遭遇太后、皇帝陛下。'曰:'非也。'……太皇太后曰:'此乃先帝之意也。'先帝每诵卿文章,必叹曰'奇才,奇才!'但未及用卿耳。"又据《续资治通鉴》卷七十七载,苏轼"量移汝州"的详细情况是这样的:元封七年正月,神宗也许是读了这首词以后,"尝语辅臣曰:'国史大事,朕意欲俾苏轼成之。'辅臣有难色"。"复有旨起轼,以本官知江州。"仍然遇到辅臣的阻挠。最后只得"卒出手劄,徙汝州"。元丰八年三月神宗就去世了,这就是"未及用卿耳"的注脚。

最后,我们还补充说一点。有的著作把"明月几时有,把酒问青天",说成是探询月亮的起源,这也是一种以今律古的猜测。其实这两句出自李白的《把酒问月》:"青天有月来几时,我今停杯一问之。"李白的诗句没有探询月亮起源的意思,苏轼的词句自然也是没有的。"明月几时有"在这里只是苏轼对当时中秋月皎洁、明亮、圆满的赞美,表现了他饮酒赏月时的高兴心情,或许也带有认为旧党形势好转的喜悦之情吧。

从今天起,面朝未来

谢 冕

　　谢冕,1932年生,福建省福州市人。曾用笔名谢鱼梁。1955年考入北京大学中国语言文学系,1960年毕业留校任教,北京大学教授、博士生导师。曾任北京大学中国语言文学研究所所长。现任北京大学中国诗歌研究院院长及北京大学中国新诗研究所所长。自1948年开始文学创作,曾在《中央日报》《星闽日报》《福建时报》等报刊发表诗和散文等。五十年代开始从事中国现当代文学的研究以及诗歌理论批评。1979年加入中国作家协会。现为北京文艺评论家协会主席、北京作家协会名誉副主席、中国当代文学研究会顾问(原副会长)、中国作家协会全国委员会名誉委员,兼任诗歌理论刊物《诗探索》及《新诗评论》主编。著有学术专著《湖岸诗评》《共和国的星光》《文学的绿色革命》《新世纪的太阳》《大转型——后新时期文化研究》(合著)、《1898:百年忧患》《论二十世纪中国文学》等十余种,以及散文随笔集《世纪留言》《永远的校园》《流向远方的水》《心中风景》等。主编过许多大型丛书,如《二十世纪中国文学》(10卷)、《百年中国文学经典》(8卷)、《百年中国文学总系》(12卷)、《中国新诗总系》(10卷)等。专著《论二十世纪中国文学》《回望百年》获中国当代文学研究会优秀成果奖。

老师们好,同学们好!今天我跟大家是一个谈心,题目呢有一个,就叫:"从今天起,面朝未来"。我先解释一下这个题目。这个题目也就是我要讲的第一个问题:海子的追念。海子是北大法律系的同学,是一个诗人。他写的一首诗大家都熟悉,叫《面朝大海,春暖花开》。我先通读一遍他的诗:"从明天起,做一个幸福的人,喂马、劈柴、周游世界。"还有一句:"从明天起,和每一个亲人通信,告诉他们我的幸福。"这就是海子《面朝大海,春暖花开》中的诗句,我就偷他的句子,把他的"从明天起"改成"从今天起",他的"面朝大海",改成"面朝未来"。我没有诗人的才情,改得非常拙劣。但是,这是我的真心,我想和同学们讲的一些话都在这里头。

　　刚才讲了,海子是北大法律系的学生,他在校期间就写了很多非常好的诗,我和他的交往,是在他当法律系学生的时候。我第一次读到他在手抄本上的一首诗,是他的一首非常著名的抒情短诗,叫《亚洲铜》。那时候外面都不知道北大有个海子。1989 年 1 月 13 日,海子写了《面朝大海,春暖花开》。1989 年 3 月 26 日海子在山海关卧轨自杀。从《面朝大海,春暖花开》写作到他的去世,一共只有两个月多一点时间。每年的 3 月 26 日北大的同学和老师都会聚集在一起纪念海子,集体朗诵这首诗。

　　我现在要讲的是,我为什么要"偷"他的句子,并改写他的诗句呢? 2009 年 3 月 26 日,在北大百年纪念讲堂有个聚会,那是纪念海子去世二十周年。那次未名诗歌节的题目是:春天,十个人读海子。我是会议上第一个来读海子的,在读的过程中,我有几句话,今天把它引用给大家听:"每年这一天都是春暖花开的季节。今天下午我走过校园,迎春花开满了星星一样的花朵,是迎春,不是连翘(许多人把迎春花当成连翘)。迎春花开得比连翘还要早,那迎春花是迫不及待的灿烂辉煌。这是一年一度春暖花开的日子,一年一度的迎春花星星般地点亮了校园的春天。走在校园里,想象着这是诗人在向我报告春天的消息。心里有一种感动,有点怅惘又有点温暖的感动。"那就是当时我读海子的时候我讲的一段话当中的内容。

　　我现在讲讲我为什么要"改"这首诗。我觉得海子这首诗,可以有许多种的解读。诗歌是多解,可以从各个方面来解读,因人而异,因时而异。那么我今天的解读呢?当然不是全面地读海子。因为海子的诗当中,包括这首诗,包括他的死亡,都是非常复杂的,都是一时道不清楚的。那么我只能取他其中的一点,就是我自己所感受的那一点。

海子说:"从明天起,做一个幸福的人/喂马、劈柴、周游世界/……/从明天起,和每一个亲人通信/告诉他们我的幸福"。他的明天是不确定的。你看,很快他就告别了这个明天,他就没有明天了,他的明天是有点迷茫的。而我们呢,我个人认为我们能把握的只是今天,而且最要紧的事情是紧紧地把握住今天。春暖花开,我和海子的感受是一样的,我觉得(海子的诗)是非常温情的、温暖的、充满了人情味的,我取他的暖意。当然海子的诗当中有寒冷、悲伤,它有很多的悲伤。但是我取他的暖意,温暖世界、温暖人心的那一点点温情。

请原谅我在这里对他的诗,没有经过他的允许做了引用,而且做了别样的解读,自以为是的解读。我取了他对春天的倾听、对人性的向往,我想用这个来鼓励你们。不论海子的本意是什么,也许他不会拒绝我们这样的认为。就是说,我们倾听春天、热爱春天、珍惜春天、珍惜生命。我在那个会(未名诗歌节)上最后说的一句:当然我作为一个长者,我要说的是,我们要珍惜生命。这表现了我对他有很多的认可的同时,也有一点点保留和一点点不认可。

我和海子的交往不是很多,他在没有成名的时候拜访过我。我们最后一次见面是在拉萨布达拉宫前面的一个小平房里头。他那个时候开始了在西藏的漫游,以后我们就没有再见面了。我们没有深谈过,但是对于他的诗,我觉得,他的诗歌的成就,是新诗潮以后成就最集中也最杰出的。海子说的是明天,而且是不确定的明天。我强调的是今天,而且明确地说今天,我们要把握今天的每一时每一刻每一分每一秒。这就是我今天的讲话开头要给大家讲的。从今天起,你们开始奠定你们的未来,你们开始积累你们的未来,这是我讲的第一点。

下面要讲的小题目是:幸运的选择。

你们选择了北大,北大也选择了你们,你们是幸运的。我没有统计过,全国有多少考生,多少考生当中有多少人报了北大,有多少人报了北大的中文系。我猜想,大概一万个人当中有那么一个吧。也许是十万个人中有那么一个?我都不清楚。总之不会是一千个人当中有一个人考取北大,被北大选择。要是你们,在你们的家乡,不说北京、上海这样的大城市,在县城里头,要是整个县有那么几个人进了北大,就是非常了不起、非常轰动的事情。要是你们的学校里头,有那么几个人进了北大,那更是了不起的事。我记得我进北大的时候,中文系招收 120 个人,但分配在西南几省包括西藏的只有 2 个。120 个人当中北京的学生录取的有 10 个左右,上海 10 个。我来自福建,福建当时的教育不错,福建也有 10 个,所以非常幸运。那么,到了北大,这就开启了你们今后四年的大学生活。大学四年以后,也许你们有的会考上研究生,也许会念博士。要是这样的话,四年以外,可能有一些同学有十年的时间生活在北大,这是非常珍贵的一段人生经历。

我想,我们有过童年,那个无忧无虑的、健康快乐的童年,一晃就过去了。少年时代,也是一晃就过去了。童年和少年给我们将来的人生的是模模糊糊的记忆。中学时代要好一点。但是,在人生的经历当中,各个阶段当中,包括毕业以后的就业、社会上的活动在内,最珍贵的、最不能忘的是大学这段时间。就这本科四年来说,那是永远忘不了的。在这个时间里头,你们将会遇到影响你们一生的老师,你们会结交终身不忘的朋友。经过千辛万苦大家聚会在一起,还是你的大学同学最亲切。可能还会遇到爱情,但是友谊肯定是天长地久的。这个阶段是人生非常宝贵的阶段。而且在这个阶段里头,你们想要学业有成,成为对国家、社会有用的人才,关键就在这四年或十年之间。中学时代(学习的)是普通的知识,一般人生的常识。但我不赞成"白卷英雄"、七门功课"红灯",哪怕你是个了不起的小作家,我也不赞同。中学时代就要学好基础知识。但是大学是最宝贵的:将来你做什么,你做得怎样,可能你是个诺贝尔奖获得者,或者很好的学者、教授、记者、公务员,但是基础就在这个地方打下。现在的时间过得好不好,影响到你的一生。

而且这个阶段对于你们更不同,因为你们是北大中文系的学生,这个非常不一样。在人生非常重要的阶段有两个关键词:一个是人生,一个是北大。我现在先说说:关于北大。北大都知道是一所百年名校,全国的青年,乃至世界的青年,都向往这个地方。我在一篇文章中曾经把它比作圣地,而你们今天进了圣地的殿堂。关于人生呢,人生很多阶段,很多遭遇,但这段最宝贵。你们的青春、生命因北大而绚丽多彩。在人生最重要的阶段,你们能和北大的名字、北大的历史联系在一起,你想想看,全中国有多少青年能够有此殊荣,有此幸运呢? 真的不多。在座的也不过一百多位,来自全国的天南海北。但是我要说的是,这可能是快乐,也可能是非常沉重的。这是第二个问题。

下面讲第三个问题,小标题是:学会珍惜。珍惜荣誉,珍惜时间,珍惜你们的青春年华。前面讲过,不要虚度在这里的每一天,哪怕是分分秒秒都不要虚度。选择了北大,就是选择了庄严的承诺,就是选择了沉重的承担。走在你们前面的是一百一十年中国历史上的志士仁人。你们的前辈、老师、学长,他们因为北大而完成了他们的事业和人生。他们走在你们的前面,你们看到他们的背影,而你们是他们的继承者。也许你们离开家乡到北大的时候,你们自己还有家长都会觉得(现在的人都会觉得),到北大去了,念书好了以后有个好的职业,能够有个好的收入,能够回报家乡,回报家庭。这个当然是对的,应该回报自己父母的养育,使自己的家庭和生活过得好一些。过去把这个看作个人主义,这其实不是,而是个人应该有的权利。但是社会和国家同样地对你们有一种期望,也期望着你们的回报,因此你们身上有双倍的重负,沉重的负担。北大这个地方和别的地方有一些不一样,和别的学校、别的高校不一样,就是北大有历史。人家会说我们也有历史,但是北大的历史特别突出。有无数的先贤和智者,他们写下了许多故事,有许多传闻。这传闻有的是非常美丽的,有的是非常神奇的。这样你们在北大就显得有一点与众不同的样子。

下面我要讲的第四点,关于学习。关于学习啊,我参考了这个学期发给大家的课程表。关于课程的设置我有一些感想,给大家讲一下。大家不知道看了没有? 这个课程表包括了各个年级、各种学生包括留学生的课程,但是我现在没来得及整理,我就把这些课程表不分类地笼统地念下来给同学听听:中国古代史、汉语听说(对留学生的)、古代汉语、中文工具书使用、古代典籍概要、中国古代文学史、中国现代文学史、中国当代文学史、中国当代文学作品、中国民俗学、汉语修辞、中国古代文化、理论语言学、语言工程与中文信息处理、理论语言学、古文献学史、民俗学、小说的艺术、大学语文、老舍与现代中国文化、汉语与汉语研究、美国结构语言学、汉语史、目录学、版本学、日本中国学、语言统计分析、《孟子》选读、《切韵》导读、当代文学批评、散曲研究、中国神话研究、西方文学理论史、中国文学理论批评研究、中国古代诗歌专题、汉语方言学、李杜研究、索绪尔语言学理论、《红楼梦》研究、语言学概论、汉语语言学基础……这个就是今年，2009年的这个学期北大中文系给所有学生开设的课程，只是一个学期的课程。看起来有些眼花缭乱，但把它整理起来，大体上就是我们三个专业——文学专业、语言专业、文献专业的各类课程。我这么不厌其烦地读课程的名称，用意在哪儿呢？就是说，这是北大中文系为你们的学习设计的蓝图。也就是说对你们，今年你们是新学年的第一学期，(和)以后学期的一种要求。这些东西就是北大中文系一百年经验的总结，北大中文系办学一百年，许多老师、教授、学者在这里辛勤耕耘，感觉到应该怎么样地来塑造自己的学生呢？这些就是。这也就是对你们的要求，你们将来要攻读这些东西。当然各有侧重，文学专业的可能侧重文学，语言专业的侧重语言。

　　但是我个人的经历是，我们当年的课程比这个还要多。因为多我们就反对、反感。我们学文学的，像我这样的，就是还抱着一些写作、当作家的愿望来这儿的，觉得这个安排跟我们想象的不一样。但是中文系对你是强迫性的。我自己到了现在岁数大了，我知道这个强迫性是非常必要的。我的经历是，这个时候哪怕是非常生涩的果子，你也把它咽下去。你有多大的困难也要克服。(中文系)第一个学期就给我来个下马威，(当时)高名凯教授给我们讲"普通语言学"，现在叫"理论语言学""语言学理论"。我们入学的时候正是向科学进军，学习苏联，声称要办莫斯科大学那样的"超级大学"，一切都学习苏联，包括考试。考试怎么考呢？口头回答，不要你写。教授坐在这儿，我坐在那儿，(中间)铺着白色的台布，一对一。有几个简单的题，你自己抓，抓阄一样的抓一个，我抓了一个(现在还记得)最让我头疼的题：请你说说语言和思维的关系。这是非常大的题目，到现在我都回答不好。我就支支吾吾，支支吾吾地说。那时候当场给分数，而且有个考分表马上就写。高名凯先生大概是觉得我一定有一些地方弄不清楚，不断地启发我，最后勉强给了我五分。但是这个五分是纠缠了好久才得到，现在我想起来还是心里很害怕。这样强迫的学习使我有机会了解语言学的一些基本理论，了解方言学，了解诗律、诗韵，这些东西是过时不再的，以后再也没有机会(接触)的。那时候还有个课,现在这里头(课程表)不叫这个了,现在可能更深,"民俗学""中国神话研究"大概沾一些边。那时候叫"人民口头创作",是朱家玉老师教我的。"人民口头创作"也使我受益匪浅,以后就知道了。除了书本上书写的文学史以外,还有口头流传的文学史。我们中国民族那么多,历史那么久,一些口头相传的文学史那是民间的,它就展开另一个天地。

常说北大学生是有后劲儿,所谓后劲儿就在这。我现在常想,你们现在开始学(中文)了,古汉语一定要学好。那个时候王力先生教我们古汉语,教我们古汉语语法,还有很多文选让我们读。(这)非常好,以后再有没有机会了,也是过时不再。古汉语学好,有许多语言学的基础,再加上深厚的文学基础,将来你去干什么都有后劲儿。哪怕是当新闻记者,我们中文系的同学可能比那些新闻传媒学院、新闻系、新闻学院、广播电视大学的同学都要强。(你)干了几年啊,那些行当规矩摸透以后,就看你的文化底蕴了。当主持人也是一样,(你)当主播、摄影师、记者、公务员……北大这四年到十年之间给你的是一生受用不尽的。不是说北大有科学民主么?这就是科学,这就是强迫性的学习。你现在不了解为什么要这样做,如同我们不了解为什么这个老师要开这么长的书单给我一样。我现在明白他开这个书单就是根据他的治学、他的研究、他一生的积累,觉得你要进入这个门户,这些东西是你非常有必要读的。所以我有的时候和同学谈,你不要拒绝那一个长长的书单。那么长的书单,一个老师开一个,都那么长。到了研究生的时候更是这样,一开就几百本书、几百部作品都要读。这里头当然要灵活一些,不是每本书都要用同样的力量去读,但是你不读是不行的。你哪怕是粗略地看一看,了解他的大概内容也就行了。有一些书就不是这样,要反复地读,不断地读,要做笔记,那是你床头案头的一些书。但是你不能拒绝这个书单,也不能说我不看。我是过来人,我告诉你们。比如说但丁的《神曲》,也许你不要从头到尾地看,但是你要知道但丁有个《神曲》,《神曲》写的是什么。莎士比亚有那么多的诗剧,都读不过来,但是要了解,要读一些。为什么要这样呢?这就是你现在的积累。到了以后工作的时候,假定你是一个编辑,临时要引用一些东西,临时去翻吧,这时候就手忙脚乱的。我毕业工作以后,再回头去读这些东西就非常困难。但是在北大你就有条件,你每天都跑图书馆,你每天不断地翻这些书,翻了以后就是你的财富。有一些东西,我们做学问的人没有看过,你不知道,半句话都不要说。你不能说你没有看过这个作品,就夸夸其谈,这是最坏的学风。我想北大要求你科学就在这点上。必须看,必须真的对它有了解,然后你才敢引用它。前人说的"板凳需坐十年冷",我说"文章不要半句空"。一个事情你说错了,不懂装懂说错了,对一个学者、一个专家来说是非常没有面子的事情。

这个就是我说的蓝图,还有我的读书经验。入学的时候,我想写作,我想当作家、当诗人,我不知道我这些愿望怎么的就被报告到系主任那儿去了,(不知道)谁给我密报上去。其实我还是很好的学生,不捣乱的学生,但也不是最好的学生。(杨晦先生)他知道这个,那时候把我留下来当教员。系主任专门捎话给我:告诉谢冕要"上套"("上套"是北方农家使唤牲口的习惯用语),不要东张西望,不要忙着发表文章。这些话你们中间想当作家的可能听得有些不乐意了,但实际是这样的,你既然到这儿来,你将来就不一定是作家了。杨晦先生还说了:"我们不培养作家,作家是培养不过来的。"我们不是说作家有多么不好,但是不培养。我们培养的是专业的人才,是专家、是学者,即使将来不是学者也是语言文学方面的专门人才,做什么工作是另外一回事。既然你是这样,你选择了这个专业,就要按照这个专业的要求来做。所以今天我要为你们历届的、包括现在的系主任助威,给你们下一个这样的要求:要"上套"。写文章是可以的,慢慢来。要是你们在大学期间能够写出好的学术论文,那是非常好的,但是不要影响基础的学习。

再讲讲北大的自由民主吧。第五点:谈谈独立精神。你们是从中学过来,大家一定感觉到中学和大学是很不一样。而且北大人都说中文系最舒服了,神仙系,你们太幸福了!可能大家松了一口气,高考那么紧张,到大学来整个放松了。学校环境非常好,条件非常好,各方面都非常好,社会国家给你们设计得都非常好,整个就放松下来了。大学的时候是非常快乐的,当然过了一段时间考试来了,学位又来了,就业又来了,可能有另外的压力,但这段时间是非常美好的。在这个美好的时间里头,和中学时代不一样的,老师盯着你,家长盯着你。你们到这儿来,离家千里万里,我们现在的班主任也不可能像中学班主任那样对你们有那么多的指导帮助。要靠自己!从今天起,开始一种非常独立自主的人生,要自己把握住自己。我的看法是这样,要珍惜这一切,包括美好的环境和条件。我记得我们那时候,我们同宿舍有一个同学,他会安排时间。我不一样,我有一些天马行空,不太用功。那个同学非常用功,上海来的。你们可以学习一下他的课程表,他把课程表上空的时间都填满了。我们那时候条件没有你们好,我们是三点一线:宿舍——饭厅——教室或者图书馆。基本上大学就是这样三点一线的生活。在这个物质生活非常丰富、很多欲望很多享受的年代里头,我希望大家也保持这种三点一线的生活。既然你有这么好的机遇进了北大、进了北大中文系,有这么好的条件,没有衣食之虑,我们就专攻学习,学习就是第一要紧的事情。我觉得基本上就是保持三点一线,把那个时间表填得满满的(这个时间里头在图书馆,甚至是看什么书)。有一些同学能够做到,我就做不到这么严格,但基本上大家都是"抢"图书馆的座位,这是肯定的。下了课就去抢座位,我要是没有时间抢,请我的同学代我抢,拿个书包放在那儿,这就是我的了。这当然不太好,人没到就开始抢。因为那时候太紧张,座位太少,能够得到一个座位是件很幸福的事情。得不到座位的人只好回到宿舍里头,在宿舍读书、学习、写字。现在的条件我不知道了,今天进了这个教室我就出了一身汗,我找不到这么好的条件,过去没有。学习要保持一种紧张的状态。体育锻炼、娱乐,要吗?要的。但学习时间是不能玩的,应该这么要求自己,苦一点,苦就是四年,而且也不饿肚子,这为什么做不到呢?我这个同学后来学习成绩非常好,现在是复旦大学资深教授,而且是宋代文学史的专家,苏轼研究在国内占第一把交椅,他就是苦练出来的。

  还有一个同学也很有意思,他遭遇坎坷,因为各种莫须有的原因被发配到北京一个非常不重要的业余中学去当语文老师。就是当语文老师,也不让他好好当。但是我们中文系没有一个不是好样的,一个个都是好样的。到那儿去委屈了他,但他在那个地方卧薪尝胆,现在是破门而出,从文学史进入现代史、进入近代史、进入中华民国史,现在研究蒋介石。他是中华民国史的专家,也是国内第一流的。

  人的遭遇各种各样,有的时候会遇到逆境,不是顺境,但逆境也能够使人进步。所以我有这么几段话要说给大家:一般说来,顺境给人的影响是消极的,而逆境给人的影响却是积极的。一个没有幸福童年和美满家庭的学生可能比那些家庭环境优越的同学更具有优越性,因为他知道珍惜,他的那些痛苦的记忆和经历是别人、特别是那些顺境的家庭条件好的学生所无法得到的财富。这是我的一种看法,可能有些片面。可是你们在座的,可能有来自边远地方农村的,但是是少数。一般家庭在城市里的,家庭都太富裕,家庭条件是很好的。好了以后怎么办呢?好了以后可能要警惕。倒是那些家庭条件不好的同学,我觉得他可能更具有挑战性、竞争力。这是我的一种看法。这看法呢,我现在不想改,我觉得可能是对的,因为我自己就是这么过来的。当然我个人因为家庭贫寒使得我能够知道什么是最可贵的东西,知道怎么样在艰苦中走下去。对我来说非常遗憾的是,我始终不能给我的儿子买一件漂亮的得体的外衣。我大学毕业到我工作以后,到他上了大学以后,我始终条件都不太好。而到了我的第三代,现在情况可是真不一样了,真是要什么有什么!有的时候圣诞节、新年、他的生日,我们要给他一个什么礼物?发愁了,什么都有了!我们应该送小朋友什么礼物,想来想去都不知道,电脑、玩具,他什么都有。社会就是这样进步过来的,在这样进步的社会出现你们新一代,你们现在的大学生,我跟你们讲这些事情,你们觉得有隔世之感。但是对一个人来说,我说的是学问和人生,大体上这些都非常重要。

所以北大是自由的,北大崇尚独立的思想、独立的人格、独立的品味,北大不会给你太多的约束,但是北大又是不自由的。就是说,在做学问方面,在学习方面,在人生方面,北大对你是有要求的。同学们在这里,应该学会怎么样不辜负我们的时代,不辜负我们的学校。我想要是北大是科学民主的话,前面自由独立的思想属于民主范畴,而后面做人生学问的严肃的态度、庄严的态度,是科学的方面。科学和民主是我们的两面旗帜。

我要讲的话差不多了,我今天到这里来,是欢迎你们的,是来向你们祝福的,是因为你们是幸运者来祝贺你们的。我已经很多年没有和同学们讲过话了,离开这个讲台至少有十年了,但是因为你们的到来,我不惧于讲话,不惧于摄像机。最后我还是想用海子的话来送给你们。海子说:"那幸福的闪电告诉我的/我将告诉每一个人/给每一条河每一座山取一个温暖的名字/陌生人,我也为你祝福/愿你有一个灿烂的前程/愿你有情人终成眷属/愿你在尘世获得幸福/我只愿面朝大海,春暖花开"。今天我要讲的是从今天起,面朝未来。我只希望我的这些话对你们未来的设计、对于实现未来是有帮助的。谢谢大家!

根:做人须有根,治学亦须有根

孙钦善

　　孙钦善,偶用笔名闻贤,1934年生于山东烟台市,祖籍山东乳山。1955年9月考入北京大学中文系汉语言文学专业,1960年7月本科毕业,继续攻读同系古典文献专业研究生。1963年3月研究生毕业,留本系任教。曾任北京大学中文系古典文献教研室副主任、北京大学古文献研究所所长。现为北京大学教授、博士生导师,兼任全国古籍整理出版规划领导小组成员。从事中国古文献学兼及中国古代文学和古代思想文化研究。主要著作有《高适集校注》《龚自珍诗文选》《论语注译》《论语本解》《中国古文献学史》(2册)、《中国古文献学》《中国古文献学文选》《全宋诗》(合作主编)、《儒藏》(合作总编纂)等。

同学们好,今天这个讲座叫"静园学术讲座",这个"静"字很好,做学问要静,做人也要静,宁静才能致远。今天我要讲的题目总的叫做"根",再加个副题的话,可以叫做"做人须有根,治学亦须有根"。开学已经四周了,今天才有机会跟新同学见面,相见恨晚,但很高兴,首先要祝贺大家考上北大,进入具有光荣革命传统、优良学风的神圣学府、科学殿堂。北大确实是学人成长的圣地和沃土,作为一名老校友,回顾当初入学的情景,我能深深体验到大家现在满怀着的幸运和幸福的心情。

前几天刚刚纪念过李大钊同志一百二十周年冥诞,我们永远铭记他言志的条幅:铁肩担道义,妙手著文章。这话教导我们如何做人,如何治学。做人须有根,就是要注重道德修养;治学须有根,就是要打牢基础。关于做人之根,不仅涉及个人修养,对于我们从事人文学科的人来说,还肩负着用自己的专业服务社会的责任。因为人文学科是净化、美化人的心灵的,是净化、美化社会风尚的。古人给我们留下很好的传统:修身、齐家、治国、平天下。从我做起,服务社会,任重而道远,北大学人不可不激励自己,时刻牢记做人的使命,非常重要,这里就不多谈了。今天主要想跟大家交流一下有关治学的问题。

考进大学,首先遇到选择专业的问题。现在我们系分三个专业,大家已经选择定了。有个专业方向是必要的,大学本科固然强调通识教育,但也不能泛览无归。但是有了专业,又千万不能作茧自缚,用专业框框把自己限死。视野要放开一些,胸怀要宽广一些,学问要广博一些。应该是广泛涉猎,由博返约,取精用宏,一专多能。

首先是语言、文学要兼顾。我们系叫中国语言文学系,反映了语言和文学密不可分的客观规律,因此汉语和文学两方面的基础知识、专业知识以及研究和实践能力,就是中文学科的根。现在中文系汉语和文学已经分成两个专业,但两个专业绝不可隔绝,要互相选课,互相学习。这里谈一谈我们年级的一段经历:我们是 1955 级,当时入学时,北大中文系有两个专业,即汉语言文学专业和新闻专业,我读的是汉语言文学专业;汉语言文学专业,又分汉语专门化和文学专门化两个方向,我选择了文学专门化。当时汉语、文学之所以不分专业,而仅仅从三年级开始分专门化,旨在强调语言、文学兼通,打好公共基础。因此从1955年9月入学,到1957年夏季"反右"之前,在国家"向科学进军"的号召之下,我们有条不紊、按部就班地根据系里的教学计划,系统地学习了汉语和文学的基础课,听到许多名师的讲授,如文学方面,游国恩先生讲先秦文学史,林庚先生讲魏晋南北朝文学史,冯钟芸先生讲隋唐文学史,吴小如先生讲宋元文学史,吴组缃先生讲明清文学史和《红楼梦》专题研究,季镇淮先生讲近代文学史,王瑶先生讲现代文学史,杨晦先生讲文艺思想史,吕德申先生讲文艺学引论,郑奠先生讲《文心雕龙》,等等;语言方面,魏建功先生讲古代汉语,王力先生讲汉语史,高名凯先生讲普通语言学,周祖谟先生、朱德熙先生讲现代汉语,梁东汉先生讲文字学,等等。为加强文献基础知识的教学,根据杨晦主任的建议,周祖谟先生还为我们开出了古代要籍解题。教学计划中还有一些外系的课,如冯友兰先生给我们讲中国哲学史史料学,历史系老师讲中国通史,外语系老师讲西方文学史,等等。这些使我们着实学到许多东西,奠定了大学学业的可贵基础。从"反右"开始,运动一个接着一个,正常的教学秩序被打乱了,完整的教学计划也受到冲击。1958年教育革命,大鸣大放提意见,我们文学专门化的同学则把注意力放在要求分专业上,即要求成立文学专业,与汉语专业分家,以摆脱被认为是枯燥、繁重的汉语课程。当时系主任杨晦先生坚决不同意,认为学生的知识要博一些,文学与语言有机联系,分专业不妥,反复跟大家辩论。于是杨晦先生一时成为学生鸣放的主攻对象,文史楼里大字报铺天盖地。记得有一张以漫画形式表达的大字报,是我们文学专门化同学的"杰作",上面画着一个学生,两手托着两大摞书,一摞标着"文学",一摞标着"汉语",累得大汗淋漓,书的上面画着一只大公鸡,两只爪子一前一后分别踩在两摞书上,大字报的标题是"有鸡(机)联系"。这张大字报颇有轰动效应,不少同学都认为讽刺得很"过瘾",道出了自己的心声。后来常常想起此事,特别是参加工作以后,书到用时方恨少,随着时间的推移,越来越觉得当时我们的思想存在严重的片面性,还是杨晦先生说的"有机联系"在理。专业方向当然不能没有,但学识却不可偏狭,尤其对年轻学子来说,绝不可过早用专业把自己禁锢起来;至今回忆,自己学术上的成长,深深得益于北大中文系主任杨晦先生和其他著名大师先生"语言文学不分家""文史不分家"的教学理念和相关教学方案的实施。我们在治学上要扎根,一定要处理好博与精的关系,一定要处理好继承与创新的关系,清代考据家江永有几句话说得非常好:"凡著述有三难:淹博难,识断难,精审难。"(《古韵标准·例言》)

上面谈了汉语与文学的关系。我是古典文献专业的老师,下面主要结合对古文献学学科的认识,谈谈古代文史学科治学的根柢问题。

我本人1960年大学本科毕业,接着读古典文献专业研究生。当时研究生不是报考,而是随大学毕业分配一起由组织安排,因此自己之所以与古典文献结缘,并非完全出于自愿,而是半推半就。推,指的是组织安排,组织既根据古典文献这个新专业培养人才的需要,同时又照顾到个人"好古"的兴趣;就,则除了个人兴趣所向之外,还因为自己在大学本科集体科研中参加过《中国文学史》的编写和《近代诗选》的选注工作,对古文献的整理、研究和利用有一些粗浅尝试,体味到其中的甘苦,有心深入下去。但是说心里话,在当时学术界"以论代史""厚今薄古"的大潮流下,自己也觉得学这个涉嫌"材料挂帅""钻故纸堆"的专业颇有些不甘心情愿,总以为不合时尚。而通过研究生阶段的学习,对古典文献专业的认识越来越深,以致达到情感上的执着,终于体会到古典文献专业不仅直接关系到古籍整理与研究,而且对于一切古代学科来说,掌握古典文献就像扎根,根扎得越深,枝叶才能越茂,取得应有的收获。

至于对古文献学学科体系的认识,则经历了一个更长的不断深入的过程,是在长期的专业教学和科研的实践中逐步完成的。认识的结论,正如拙著《中国古文献学史》绪言所说:"古文献学实际上是一种综合性的边缘学科,它与古代语言文字学、古籍目录版本校勘学以及古代历史学(包括通史、文化史、哲学史、思想史等)都有关联。同时古文献学又是实践性很强的应用学科。古文献学本身又有许多分支,诸如注释(包括字词的注音释义及天文、地理、名物、典制等的考证辨析)、校勘、目录、版本、辨伪、辑佚、编纂等,可见它是一个成熟的学科。古文献学不仅为研究整理古典文献典籍的专门学者所必修,对于古代学科的研究者来说,也是需要加以掌握的,因为它关系到对史料的驾驭、精通和考辨。甚至对一般需要阅读古书的人来说,知道一些古文献学的知识也是必要的。因此古文献学又带有基础学科的性质。"后来我在《古籍整理与古文献学》一文(收入《两岸古籍整理学术研讨会论文集》)中又从古籍形式和内容的角度更完整地分析了古文献学的学科体系:"中国浩如烟海的古籍是中国古代文化的重要载体,其形式和内容两方面的特点决定了古文献学是个交叉、兼综的学科。古籍就形式而言,包括语言文字和版本形态,涉及中国古代语言文字学和古籍版本、目录、校勘、辑佚、辨伪、编纂学等。就内容而言,分具体和抽象两个方面,具体方面包括人物、史实、年代、名物、典制、天文、地理、历算、乐律等,涉及自然和社会、时间和空间诸多方面的考实之学;抽象方面主要指思想内容,需要结合语言文字和具体内容由浅入深地剖析探求。按学术性质来分,古文献学又分考据之学和义理之学,有关形式方面的文字、音韵、训诂、版本、目录、校勘、辑佚、辨伪诸学以及有关内容的考实之学均属考据之学,有关思想内容的剖析探求属于义理之学。"这里所叙述的古文献学学科体系,可形象地表列如下:

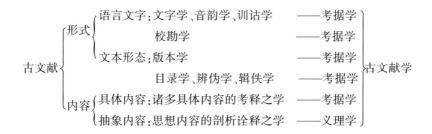

下面对古文献学内涵的各个方面略作分析,并说明其实用价值:

目录是治学的门径。由于我国传统目录具有"辨章学术,考镜源流"的特点和优良传统,其在读书、治学方面的指导作用尤为突出,前人对此多有共识。如唐毋煚说:"夫经籍者,开物成务,垂教作程,圣哲之能事,帝王之达典。而去圣已久,开凿遂多,苟不剖判条源,甄明科部,则先贤遗事,有卒代(即世,避讳改,下同)而不闻;大国经书,遂终年而空泯。使学者孤舟泳海,弱羽凭天,衔石填溟,倚杖追日,莫闻名目,岂详家代,不亦劳乎?不亦弊乎?"(《旧唐书·经籍志》总序引《古今书录序》)宋郑樵说:"学术之苟且,由源流之不分。书籍之散亡,由编次之无纪。"(《通志·总序》)又说:"学之不专者,为书之不明也。书之不明者,为类例之不分也。……人守其学,学守其书,书守其类。""类例既分,学术自明,以其先后本末俱在。"(《通志·校雠略·编次必谨类例论》)清代学者有关言论更多,如王鸣盛说:"目录之学,学中第一紧要事,必从此问途,方能得其门而入。然此事非苦学精究,质之良师,未易明也。自宋之晁公武,下迄明之焦弱侯(竑)一辈人,皆学识未高,未足剖断古书之真伪是非,辨其本之佳恶,校其讹谬也。"(《十七史商榷》卷一"史记集解分八十卷"条)又说:"凡读书最切要者,目录之学。目录明方可读书,不明,终是乱读。"(同上书,卷七"汉书叙例"条)章学诚认为目录可以"即类求书,因书究学"(《校雠通义》卷一《互著》)。又说:"目录一门,不过簿录名目之书,原无深义,而充类以求,则亦浩汗难罄。合而为七略四部,分而为经史百家,副而为释道二藏,其易言耶?……故曰学问贵知类,知类而又能充之,无往而不得其义也。"(《章氏遗书补遗·史考释例》)龚自珍在《六经正名》中曾就我国古代目录的创始之作《别录》《七略》说:"汉二百祀,自六艺而传记,而群书,而诸子毕出,既大备。微夫刘子政氏之目录,吾其如长夜乎?"(《龚自珍全集》第一辑)这里把目录比作指路明灯。张之洞《书目答问略例》说:"读书不知要领,劳而无功。知某书宜读,而不得精校精注本,事倍功半。"又其《輶轩语·语学篇》"论读书宜有门径"条说:"泛滥无归,终身无得。得门而入,事半功倍。或经,或史,或词章,或经济,或天算地舆。经治何经?史治何史?经济是何条?因类以求,各有专注。至于经注,孰为师授之古学?孰为无本之俗学?史传孰为有法?孰为失体?孰为详密?孰为疏舛?词章孰为正宗?孰为旁门?尤宜抉择分析,方不致误用聪明。此事宜有师承,然师岂易得,书即师也。今为诸生指一良师,将《四库全书总目提要》读一过,即略知学问门径矣。"另外目录可借以考察版本的源流,确定校勘的底本和校本,鉴别古书的真伪,考察古书的存佚、完缺和辑佚的线索,等等。

版本学涉及文献文本的考察和鉴别。读书、治学应选择版本,依据可靠的善本。如张之洞《书目答问·略例》说:"诸生好学者来问:'应读何书?书以何本为善?'……读书不知要领,劳而无功。知某书宜读而不得精校精注本,事倍功半。"因此研究古代学科,需要具备版本学的知识和技能,不仅要懂得版本的鉴定,还要懂得版本源流系统的考证。特别是版本源流系统的考证,为一般版本学著作所忽略,而对版本的选择和校勘来说非常重要,尤为古代学科研究者所应该重点掌握。

校勘是借助有关的理论和知识,运用相关文献比对、综合考订的方法,以极其审慎的态度,校正古文献在流传过程中产生的种种错误,包括字句的讹误、篇章的舛乱等等,以期恢复文本的正确面貌。校勘的意义十分重大,它是取得可靠文本的重要手段,是读书、治书、治学存真求是的先决条件,诚如王鸣盛《十七史商榷序》所说:"欲读书必先精校书,校之未精而遽读,恐读亦多误矣。"因此整理古籍、研究古代学科,必须具备校勘的知识和方法,能独立校正古书的错误。

辨伪有广义、狭义之分:狭义辨伪仅指关于书籍本身包括名称、作者、年代等方面真伪的考辨;广义辨伪除此之外,还把关于书籍内容真伪的考辨包括在内。辨伪是一项鉴别史料的基础工作,诚如清人崔述《考信录提要·释例》所说:"然则伪造古书乃昔人之常事,所赖达人君子平心考核,辨其真伪,然后圣人之真可得,岂得尽信以为实乎?"又说:"大抵文人学士多好议论古人得失,而不考其事之虚实。余独谓虚实明而后得失或可不爽。故今为《考信录》专以辨其虚实为先务,而论得失者次之,亦正本清源之意也。"因此对于古籍整理和古代学科研究来说,辨伪是一个首要的环节。否则会真伪莫辨,无所适从,甚至产生偏差:或轻信伪书,以受其欺;或误用伪书,混淆是非,如现传《尚书》的 25 篇伪古文,有人竟当作真书引用;或疑古过头,把真书误判为伪书而加以摈弃;或对书中的伪事、伪说不加考辨,轻信援据;等等。

辑佚是从传世的有关文献中钩稽、辑录已经散佚的整部古书或现存古书中部分遗失的内容(包括完整的篇段和残章断句),前者称辑集,后者称辑补。辑佚不仅是古文献整理的重要课题,也是古代学科研究的需要。就某些方面而言,辑佚甚至可以说是整理或研究的先决条件,具有填补空白的作用。如《四库全书》从《永乐大典》辑出的书很多,而且有不少大部头的书,如一百五十卷《旧五代史》、二百卷《建炎以来系年要录》等。又如鲁迅写《中国小说史》,先辑编《古小说钩沉》。再如研究古代诗文作家,没有别集传世的,要重新辑集;即使有别集传世的,也还有补辑集外佚作的问题。前人热衷于补遗,目的正在于此。以北京大学古文献研究所编《全宋诗》为例,建档诗人近一万家,其中有集传世的仅有六百多家,被称为"大家";无集传世的占94%,被称为"小家"。"小家"仅存零篇断句,散见于各类文献当中,他们的诗作几乎全靠辑佚所得来编定。"大家"的集外诗,也靠辑佚来补遗。如北宋理学家张载,明嘉靖间吕柟编《张子钞释》,文集仅一卷,其中所收诗悉自《宋文鉴》出,清乾隆间刊《张子全书》沿之,遗漏甚多。北京大学古文献研究所编《全宋诗》,广泛辑佚,从吕祖谦《宋文鉴》、邵雍《伊川击壤集》、吕本中《紫微诗话》、阮阅《诗话总龟》、吴曾《能改斋漫录》、赵与时《宾退录》、刘克庄《后村诗话》续集、金履祥《濂洛风雅》(以上宋代)、《永乐大典》残本、《诗渊》、朱存理《赵氏铁网珊瑚》(以上明代)以及清汪景龙《宋诗略》辑得诗八十首,又从晁说之《晁氏客语》、吕本中《童蒙训》和《紫微诗话》、王应麟《困学纪闻》、陈景沂《全芳备祖》辑得零句九则,编为一卷(见《全宋诗》第九册)。类似的例子很多,不胜枚举。即使有集子传世的作者,辑补佚诗也很重要,如唐代诗人高适的集子《高常侍集》,世传版本不少,但敦煌遗书中所存集外佚诗很多,这些佚诗对于诗作的校勘和高适生平行事的考证均具有重要价值,详见拙著《高适集校注》及所附《高适年谱》。辑佚又往往服从于校勘、辨伪等方面的需要,如不少他校材料,得靠辑佚搜获;辨伪有时也靠辑佚,因为古人作伪,往往依傍有关书籍的佚文,如果能辑得有关佚文,就容易发现作伪者是如何借助这些佚文妄加增益的,如前人辨伪《古文尚书》就是这样做的。至于辑佚与古代学科研究的关系,如皮锡瑞《经学历史》第十章《经学复盛时代》在谈到清代经学的三大成就时,"辑佚书"居其首,次为"精校勘""通小学"。由此可见辑佚之重要。梁启超《中国近三百年学术史》在谈到辑佚书时,在肯定清代辑佚成绩的同时,还流露出对辑佚工作的轻视,他说:"总而论之,清儒所做辑佚事业甚勤苦,其成绩可供后此专家研究资料者亦不少。然毕竟一钞书匠之能事耳。"辑佚是繁复的考证工作,无论佚文材料的搜集、甄辨、拼合,还是材料出处的准确注明,都离不开翔实的考证,绝非如梁氏所说"毕竟一钞书匠之能事耳"。

  古文献的语文解读在古文献学中居于基础地位。古文献是用文字记载的以书面形式存在的文本,也就是说古文献是以书面语言为载体的。因此要了解古文献的内容,必须从弄懂语言文字入手。这样就决定了语文解读在古文献学中的基础地位。语文解读包括认字、读音和释义,涉及文字学、音韵学和训诂学。所谓传统小学，狭义指文字学，广义则包括文字学、音韵学、训诂学，一般用其广义。从汉代起，小学就成为经学的附庸，小学著作著录在"六艺略"中。东汉许慎撰《说文解字》，既是服从于研读古文经的需要，又是为了纠正今文家对文字的穿凿附会的解释。不仅许慎，汉代的古文家多兼小学家，王国维有《两汉古文学家多小学家说》一文，举张敞、桑钦、杜林、卫宏、徐巡、贾逵、许慎等人的事迹为例，结论说："由此观之，两汉古文学家与小学家实有不可分之势，此足证其所传经本多为古文。"（《观堂集林》卷七）中国古文献学有一个优良传统，就是以小学为中心。这个传统属于科学的认识和实践，反映了古文献学与语言文字学密不可分的客观规律，从而确定了语文解读在古文献学中的基础地位。就古代而言，清代是中国古文献学发展的一个高峰，也是传统小学发展的高峰，两者是相辅相成、互相促进的，因此清代学者对小学在古文献学中的地位认识得非常清楚。例如，顾炎武说："故愚以为读九经自考文（按，指文字）始，考文自知音始，以至诸子百家之书，亦莫不然。"（《亭林文集》卷四《答李子德书》）这里把读古书与考订文字、考订文字与通晓古音的关系，说得非常明确。又如戴震说："经之至者道也，所以明道者其词也，所以成词者字也。由字以通其词，由词以通其道，必有渐"，"诵《周南》《召南》，自《关雎》而往，不知古音，徒强以协韵，则龃龉失读"，"而字学、故训、音声未始相离，声与音又经纬衡从宜辨"（《戴震文集》卷九《与是仲明论学书》）。这里不仅强调了小学在古文献中的重要地位，而且说明了文字、音韵、训诂密不可分的关系。纪昀对戴震的小学成就及其对古文献学的影响评价很高，说："戴君深明古人小学，故其考证制度、字义，为汉已降儒者所不能及。"（《考工记图序》）钱大昕也是小学成就极高的古文献学家，他说："六经皆载于文字者也，非声音则经之文不正，非训诂则经之义不明。"（《潜研堂文集》卷二四《小学考序》）与顾炎武的观点完全一致。又如王念孙师从戴震，其子王引之又家学相承，都是以精通小学见长的古文献学家，龚自珍在《工部尚书高邮王文简公墓表铭》中曾转述王引之的话："自珍爱述平日所闻于公者曰：'吾之学，于百家未暇治，独治经。吾治经，于大道不敢承，独好小学。夫三代之语言与今之语言，如燕、越之相语也，吾治小学，吾为之舌人焉。其大归曰用小学说经，用小学校经而已矣。'"（《龚自珍全集》第二辑）"用小学说经，用小学校经"，准确道出了王引之古文献学的特点；如果把"经"扩大到"经、史、子"，那又是王念孙古文献学的特点；而"用小学"属于方法，则是他们父子的共同特点。阮元《经义述闻序》说："古书之最重者莫逾于经，经自汉、晋以及唐、宋，固全赖古儒解注之力，然其间未发明而沿旧误者尚多，皆由于声音、文字、假借、转注未能通彻之故。我朝小学训诂远迈前代，至乾隆间，惠氏定宇、戴氏东原大明之。高邮王文肃公以清正立朝，以经义教子。故哲嗣怀祖先生家学特为精博，又过于惠、戴二先生，经义之外，兼核诸古子史。哲嗣伯申继祖，又居鼎甲，幼奉庭训，引而申之，所解益多。著《经义述闻》一书，凡古儒所误解者，无不旁征曲喻而得其本义之所在，使古圣贤见之，必解颐曰：'吾言固如是，数千年误解之，今得明矣。'"这里作者立足于所生活的年代，把从清初到乾嘉时期以小学为中心的古文献学历史总结得相当精要。至于其后晚清的古文献学也是如此，例如著名的古文献学家俞樾、孙诒让，都是继承乾嘉传统，特别是以继承王念孙、王引之父子相标榜的。俞樾重视小学，以小学校释古书，其《群经平议自序》说："本朝经学之盛，自汉以来未之有也。余幸生诸老先生之后，与闻绪论，粗识门户。尝试以为治经之道，大要有三：正句读，审字义，通古文假借，得此三者以治经，则思过半矣。……三者之中，通假借为尤要，诸老先生惟高邮王氏父子发明故训，是正文字，至为精审，所著《经义述闻》，用汉儒读为、读曰之例者居半焉。或者病其改易经文，所谓焦明(鸟名)已翔乎寥廓，罗者犹视乎薮泽矣。余之此书，窃附王氏《经义述闻》之后，虽学术浅薄，倘亦有一二之幸中者乎。"孙诒让继承乾嘉传统，以小学治古书的指导思想也很明确，他说，"年十六七，读江子屏(藩)《汉学师承记》及阮文达(元)公所集刊《(皇朝)经解》，始窥国朝通儒治经史小学家法"，认为"我朝朴学超轶唐宋"，十分景慕"乾嘉诸先生"，"深善王观察《读书杂志》及卢学士(文弨)《群书拾补》，伏案研诵，恒用检核，间窃取其义法以治古书，亦略有所寤"(《札迻序》)。不仅如此，他在金文、甲骨文等古文字的考释上更超越前人，对《说文解字》多有补正，而且把古文字资料与传世古文献互相证发。他研究古文字的目的有二：一是"证经"，一是"说字"。如其《古籀拾遗序》说："考读金文之学，盖萌柢于秦、汉之际。《礼记》皆先秦故书，而《祭统》述孔悝《鼎铭》，此以金文证经之始。汉许君作《说文》，据郡国山川所出鼎彝铭款以修古文，此以金文说字之始。"他继承了"证经""说字"这两个传统,并大有创获。总之,如王力先生所说:"古人把文字(字形)、音韵(字音)、训诂(字义)看成继承祖国文化遗产的基础知识,那是很有道理的。"(《汉语音韵·小引》)就现当代而言,一些著名的研究古代学科的学者,也都是以精通古文献为基本功底;他们精通古文献,十分强调传统小学根柢,也是从掌握古代语言文字学入手的。例如章炳麟是著名的小学家,并用小学治古书,培养了不少知名弟子,影响很大。王国维是学贯中西的国学大师,就古文献方面而言,他既精通传世文献,又精通出土文献,并且提出了科学的"二重证据法"。他十分重视传统小学,把小学视作古文献学的基础,在文字、音韵、训诂方面皆有著述,并且多有创获。关于章、王二人,详见拙著《中国古文献学史》第七章第十四节。罗振玉也十分重视小学,最早汇编了《高邮王氏遗书》。又如陈寅恪,俞大维《谈陈寅恪先生》一文说:"关于国学方面,他常说:'读书须先识字。'因是他幼年对于《说文》与高邮王氏训诂之学,曾用过一番苦功。"(见《谈陈寅恪》,台湾传记文学出版社1978年版)冯友兰在《我的读书经验》一文中说:"我所读的书,大概都是文、史、哲方面的,特别是哲。经验总结起来有四点:(1)精其选,(2)解其言,(3)知其意,(4)明其理。"(见李常庆编《北京大学教授推荐我最喜爱的书》,陕西师范大学出版社2001年版)所谓解其言,就是懂得语言文字。冯先生在同篇文章中继续写道:"我们看不懂古人用古文写的书……这叫语言文字关。攻不破这道关,就看不到这一道关里边是什么情况,不知道关里边是些什么东西,只好在关外指手划脚,那是不行的。我所说的解其言,就是要攻破这一道语言文字关。当然要攻这道关的时候,要先做许多准备,用许多工具,如字典和词典等工具书之类。这是当然的事,这里就不多谈了。"闻一多也是如此,他是诗人,又是卓有成就的古典文学研究学者,但是笔者曾听季镇淮先生讲过,闻先生非常重视传统小学,总是把《高邮王氏四种》(《读书杂志》《广雅疏证》《经义述闻》《经传释词》)放在案头,经常阅读,还对他所指导的研究生们强调说:"这是经典之作。"关于闻一多先生的这段轶事,朱自清先生也有过类似的说法,见收在《朱自清散文全编》中的《中国学术界的大损失——悼闻一多先生》一文,文中说:"后来他在《诗经》《楚辞》上多用力量。我们知道要了解古代文学,必须从语言下手,就是从文字声韵下手。但必须能够活用文字、声韵的种种条例,才能有所创获。闻先生是最佩服王念孙父子,常将《读书杂志》《经义述闻》当作消遣的书读着。他在古书通读上有许多惊人而确切的发明。"(原载1946年8月《国文月刊》第46期)2008年6月下旬,我在北京语言大学汉语古文献研究所成立仪式的座谈会上作了一次发言,强调古文献学科必须重视"小学"。发言内容后来被《中华读书报》以"古文献忽视'小学'为'大谬'"为题作了摘要报道,我认为这个题目拟得风趣而犀利,有警醒作用。

古文献的内容考实就是指对古文献具体内容的各个方面诸如人物、史实、年代、名物、典制、天文、地理、历算、乐律等的实事求是的考证。古文献的内容考实直接关系到对古文献的正确理解和阐释,前引戴震《与是仲明论学书》已经作了很好的说明。不仅如此,内容考实也是古代学科研究中准确掌握、利用古文献的前提。

除了前面提到的"小学"之外,还有古文献的义理辨析值得特别强调。因为长期以来存在一个误区,即认为古文献学不必涉及义理辨析,这个问题应该留给文史研究者来做,不是我们分内的事。谈到古文献的义理辨析,首先要明确义理与文义有别,文义是平常所说文献语言的字面意思,是语文解读所要解决的问题;义理则指通过语言所表达的思想,属于文献的内在意义,是义理辨析所要解决的问题。义理辨析作为古文献学的内涵,属于最后一个环节:即首先取得可靠文本为依据,然后对文本进行准确的语文解读和内容考实,最后在前两个步骤的基础上对古文献的内在意义进行正确的理解和解释。只有完成义理辨析这一环节,才算得上对古文献由浅入深、由表及里的完全理解与掌握。因此,义理辨析是古文献学的灵魂,绝不可忽视。

古人对如何探求义理,提出过很好的见解。但由于历史局限等原因,传统义理辨析的成果,穿凿附会者多,实事求是者少。如孟子曾说:"故说《诗》者,不以文害辞,不以辞害志,以意逆志,是为得之。"(《孟子·万章上》)这里《诗》指《诗经》(也可以用以泛指文献),"文"指文字,"辞"指语言,"志"指作者在作品中表达的思想。"以意逆志"指以读者之心去揣摩作品的思想。孟子认为在作者表达或读者理解时,都可能在语言文字和作品思想之间产生矛盾,因此读者阅读时不要受语言文字的局限,要心领神会去了解作品的思想。这一见解,很有参考价值。但是"以意逆志"绝不可摆脱语言文字,否则易陷于主观附会,孟子的实际做法正流入此弊。又如戴震说过:"经之至者道也,所以明道者其词也,所以成词者字也。由字以通其辞,由辞以通其道,必有渐。"(《与是仲明论学书》)除了语言文字之外,他也强调内容考实,认为属于义理的"道"亦依附于文献中的名物、典制、天文、地理等具体内容,所谓"圣人之道如悬绳树槷,毫厘不可有差"(同上)、"贤人圣人之理义非它,存乎典章制度者是也"(《题惠定宇先生授经图》),因此只有考清具体内容之后才能明道。关于训诂和考实为推求义理的先决条件,他还说过:"松崖先生之为经也,欲学者事于汉经师之故训,以博稽三古典章制度,由是推求理义(同义理),确有据依。"(同上)戴震认为探求义理必须从理解语言文字入手,以考清文献的具体内容为前提,但他具体做起来仍难免陷入主观附会,其《孟子字义疏证》一书,名义上是疏解《孟子》书中的某些字义,实际上是借题发挥,表达自己的思想,这是历史局限。当代有的学者号称运用马克思主义分析古文献的义理,实际陷入教条主义和形而上学,既歪曲了马克思主义,又歪曲了古文献的义理。面对复杂而深奥的思想内容,没有正确的人文、社科理论为指导,不可能准确地剖析其义理。前人义理学的失误,归根结蒂是理论上的局限。人文、社科理论发展到现代,成果极其丰富,应该博采众长,用以指导具体研究。应该特别指出的是,辩证唯物主义和历史唯物主义仍然是颠扑不破的真理,必须善于运用这一锐利武器去剖析古文献中复杂的社会意识形态,结合其存在的历史现实基础,揭示其真实含义。发展科学的义理学任重而道远,只要我们善于总结前人的经验、教训,勇于探索,是会不断取得新成果的。还应该看到,现在人们非常重视诠释学(或称阐释学)。关于中国是否有诠释学,学术界存在不同的意见,主要有两种:一种意见认为中国没有诠释学,诠释学是西方创造的,只能从外引进;另一种意见认为中国有传统的经典诠释传统,但只停留在经验或具体方法阶段,始终未上升到理论而形成"学",因此也要引进西方诠释学,建立中国的诠释学。笔者对上述两种意见均不敢苟同,认为中国不仅有悠久的经典诠释传统,而且诠释方法极为丰富,经过不断积累、总结,早已上升到理论阶段,形成自己固有的诠释学。中国历史上虽然没有"诠释学"的名称,但存在"诠释学"的实质,只是名称不叫"诠释学"而已。从解释层面来看,一般可分为三个层次:1.语文解释,包括字、词和文义的训解串释;2.文献具体内容(如史实、人物、名物、典制、天文、历法、地理、年代等等有关空间和时间的具体事物)的考释;3.文献思想内容的诠释。思想内容的诠释是最深的一个层面,中国传统称为义理学,义理学即相当于诠释学。我们当今的任务,既不是引进诠释学,也不是创立诠释学,而是继承传统义理学,以此为基础,并借鉴西方诠释学,进一步发展适合中国古文献解释的诠释学。

古文献学是关于古文献整理、研究和利用的学问,它不仅与古籍整理、研究有关,而且与全部古代学科的研究有关,因为"巧妇难为无米之炊",古代学科的研究必须以有关的古文献为主要材料依据,而凡是涉及古文献,就存在全面搜集、正确理解和准确利用等问题,要解决这些问题,必须依靠古文献学。因此古文献学实属基础学科,具有广泛的适用性。现在人们常提国学,但对国学的内涵,理解不尽相同。国学实指研究中国传统的学问,实际上可用以概括全部古代学科。传统正是把古文献学包括在国学之内的,不过我们还要强调一句,古文献学不仅属于国学,而且是国学的基础。现在我们看到文史哲领域愈来愈多的学者意识到古文献学的重要,如文学学科,不仅强调古文献学,而且出现了专科文献学著作,先有张君炎教授的《中国文学文献学》(江西人民出版社1986年版),继后又有薛新力、段庸生教授合作主编的《古典文学文献学》(中州古籍出版社2007年版)等,他们虽然讲专科文学文献学,但并未偏离综合的文献学。汉语言文字学科,有高尚榘著《汉语言文字文献学》(社会科学文献出版社2007年版)。哲学学科,有的学者也呼吁哲学史史料学向古文献学靠近,如杨海文教授在《文献学功底、解释学技巧和人文学关怀——论中国哲学史研究的"一般问题意识"》一文的"文献学功底:'不负有心人'"一节中说:"古文献学,在中国哲学史学科的科班体制中,一般称之为史料学。……近年来就有学者纷纷提出要教育部完善中国哲学史史料学体系。现行的大学科班体制借助什么样的有力措施,才能使得年轻一代中国哲学史研究工作者受到优良的史料学训练呢?基于年轻一代的中国哲学史研究工作者在国学基础训练方面先天营养不足这一客观事实,笔者认为,假如条件允许,我们就有必要深化'中国哲学史史料学'的教学内容,尤其是要使研究生教育层次上的中国哲学专业中的这门必修课逐渐朝着'中国古文献学'靠近。"接着作者引据拙著《中国古文献学史》绪言中关于古文献学内涵和性质界定的表述,又说:"基础性、综合性、边缘性、应用性是中国古文献学在'学科意义'上成熟的标志,中国哲学史史料学显然从中可以吸收十分丰富的营养。"(《儒家伦理争鸣集》,湖北教育出版社 2004 年版,第 503—504 页,原载《中山大学学报》2002 年第 6 期)又如历史学科也重视古文献学,并且产生了历史文献学。现存的历史文献学有两种含义,一种与古文献学内涵等同,另一种则是针对历史学科的文献学。有的学者认为第二种含义的历史文献学是不现实的,如说:"历史文献学是历史系不能承载之重","首先是作历史系系主任的领导层要转变观念。所谓'转变观念',就是要改变那种认为历史文献专业既然冠以'历史'二字,那它就是属于历史系一家的狭隘观念,建立历史文献专业至少是涉及中文、历史两系,甚至是涉及所有文科系的'大历史'观念,说白了,也就是'文史哲不分家'的中国传统学术观念。……众所周知,我国的古籍,首先涉及的是社会科学的各个学科,其次还涉及自然科学的许多学科,用传统的图书分类法来说,叫做含有经、史、子、集四部;用现代的学科分类,就含有中文、历史、哲学等等。由此可见,古籍并不是只有史书,史书只是古籍的一部分。而历史文献专业的研究对象是古籍,经、史、子、集都包括在内,并不是只研究单一的史部书,试问,仅仅一个历史系怎么能够吃得消呢?"(吕友仁在中国历史文献研究会第二十六届年会上提交的论文《历史文献学是历史系不能承载之重——历史文献学学科建设刍议》,2006 年 4 月 5 日载入学术中国网)这说明历史学科需要古文献学,但历史专科文献学很难独立存在,必须向综合的文献学靠拢。总之,文史哲等古代学科越来越重视古文献和古文献学,是非常可喜的现象,对此怎么称扬都不过分,因为这是在彻底摆脱"巧妇难为无米之炊"的教学、科研困境,因为这是在大力发扬"板凳宁坐十年冷,文章不写一字空"的传统优良学风,让人们看到与古文献相关学科改进的灿烂曙光。

另外中国传统文化以古文献为主要载体,研究和弘扬中国优秀的传统文化,也离不开古文献和古文献学,否则只能流入空谈和奇谈,这种错误倾向,无论历史和现实均不乏其例,值得我们引以为戒。现在随着我国综合国力的不断提高,中国文化已进入自觉、自信的时代,弘扬中国优秀传统文化,不仅对发展我国新文化,提高"软实力",培育国民人文素质,具有重要意义,同时也是为了满足世界人民日益增长的了解中国文化的需求,为了适应中外携手、共建人类和谐家园的需求,以便为人类文明的发展做出更大的贡献。为适应这样的需要,对于从事中国古文献和古文献学研究的人来说,责任重大。我们应该做好本职工作,严肃认真地把中国传统文化的重要载体古文献保存好,研究好,整理好,奉献真品,提供精品,避免由于草率从事或主观歪曲而"诬古人,惑来者"(清代朴学家关于古文献校释的戒语)。

科学研究贵在创新
创新前提继承借鉴

陆俭明

　　陆俭明,1935年生,江苏吴县人。1955年进入北京大学中文系学习,1960年毕业留系任教。现为北京大学中文系教授、博士生导师。兼任国家语委咨询委员会委员以及17所海内外大学的荣誉教授。曾任国际中国语言学学会会长(一届)、世界汉语教学学会会长(连续两届)、北京大学汉语语言学研究中心主任(连续两届)、北京大学文科学术委员会委员。研究方向为现代汉语句法、现代汉语虚词、对外汉语教学、中文信息处理以及中学语文教学等。著有《现代汉语句法论》《八十年代中国语法研究》《现代汉语虚词散论》(合著)、《汉语和汉语研究十五讲》(合著)、《现代汉语语法研究教程》《作为第二语言的汉语本体研究》《陆俭明自选集》等,参与编写《现代汉语小词典》《现代汉语虚词例释》等。

我觉得教书最大的好处是跟年轻人在一起,年轻人的这种青春的活力会感染自己,使自己也好像变得年轻了,虽然人在一年一年地老化。

今天我要讲的题目是"科学研究贵在创新,创新前提继承借鉴"。我想我不要讲一个半小时,尽可能讲得短些,希望有更多的时间互动,大家有什么问题我们互相讨论。这样我想更好。

科学研究贵在创新。科学研究的实质就是"以已知求未知"。那么什么是"已知"呢?所谓"已知",就是前人的研究成果。这个"前人的研究成果"既包括本学科国内外前辈和时贤的研究成果,也包括别的学科的国内外研究成果。大家绝对不要将"已知"只看成本学科的、本国的一些研究成果。我们应该这样来全面理解:本学科的国内国外在这方面的研究成果,另外别的学科的国内国外的研究成果。

要获得"已知"必然要做两件事情:一件事情就是继承,还有一件事情就是借鉴。"继承"是针对本学科本国的前辈和时贤的研究成果而言的;对本学科、本国的前辈和时贤的研究成果一定要很好地吸取并传承下去。"借鉴"呢,是针对两方面内容来说的:一个方面就是要吸收、借鉴本学科外国的前辈与时贤的研究成果,另一个方面就是要吸收、借鉴国内外其他学科的研究成果。把"继承"和"借鉴"合在一起,那就是我们通常讲的"继往开来"里的"继往"。怎么"继往"?这就是"继承"和"借鉴"。

对前人的研究成果,不虚心学习、不虚心吸收,那是不行的。因为我们知道,继往开来、周而复始是科学发展的轨迹。科学上一个正确结论的获得、一项新的发现,表面看来是当时某个研究者或者某些研究者智慧和勤劳工作的结果,可是事实上在这一个研究成果里边,凝聚了好几代人、各种学派的研究者的研究心血。没有先驱者的经验和教训,不可能有今日研究者的辉煌业绩。这一点大家一定要明白。科学研究是无止境的。年轻人要登上科学的顶峰,只能而且必须踏着前人的肩膀一步一步往上攀登。现在有个别年轻人为了使自己尽快地"面世"、尽快地"出山",就不惜采取对前人的研究成果,或者说得一无是处,或者进行剽窃这样一些所谓的"办法"。

其实这是十分错误的。这是在踩着前人的脸往上爬。我想大家不会做这种人。

真正的"继承"和"借鉴"都不能是被动地学,更不能是盲目地学。这里边就涉及我们怎么来看待我们的前辈、我们的时贤他们的论著这样一个问题,也关涉如何看书的问题。根据我自己的体会,我觉得读书(包括专著和论文)要尽可能使自己达到三个目的——我不知道大家有没有考虑过这一点。

第一个目的,了解内容,也就是了解自己不曾知道的新知识。这是读书最起码的目的与要求。这个我想每个人基本上都能做到。看了一本书、看了一篇文章,知道这本书、这篇文章讲了什么内容,这一般都能做到。但是,更重要的是下面要谈的两个目的。

第二个目的,就是从中吸取营养,把论著的内容转化为自己头脑里的知识。一个人的知识之所以能不断地增长,就在于能转化。"转化"不等于你要认同这本书、这篇论文的观点。这一点大家一定要分开来。"转化"是说要把书或者论文里边的内容转化为自己头脑里的知识。这个转化很重要。有的人可能能做到,但是我们发现有很多人不懂得要进行并做到这个转化。一个人的知识积累、知识更新就靠这个转化。

第三个目的,要能发现问题。注意,这儿所说的"问题"包含这样几层意思:或者指要回答、要解释的问题,相当于英语里边的 question;或者指需要进一步解决的矛盾、疑难,相当于英文里边的 problem;或者指论著的重要、关键之点,相当于英语里边的 theme 或 key;也指论著里边存在的某些毛病、失误,相当于英文里边的 wrong 或者 fault。

这里我要特别提醒大家注意的是,即使对学术大家、对公认的学术权威的论著,我们也得采取这样的态度,绝不能盲目崇拜。我这儿举一个例子。

我们语言学界有一位王士元教授。他是世界著名的美国华人语言学家,被认为是世界级的语言学家。他原来在加州大学伯克利校区任教,退休后应聘到香港城市大学任教,现在应聘至香港中文大学任教。这是一个很有成就的语言学家,而且被国际语言学界视为世界顶尖级学者之一。但就是这样一个大学者,他也会有失误。失误在哪儿呢?汉语语法学里有一个经典例子:

(1) 鸡不吃了

这个"鸡不吃了"为什么会成为经典例子呢？因为"鸡不吃了"有歧义。歧义在哪儿呢？"鸡"和"吃"在语义上或者说在意义上既可以理解为是动作者和动作的关系，比如我天天给鸡喂白菜帮子，那鸡吃着吃着不爱吃了，我们就会说："那白菜帮子鸡不吃了。"但在一定的上下文里，那"白菜帮子"可以省掉，就说"鸡不吃了，咱们明天别再给鸡喂白菜帮子了"。这个"鸡不吃了"里的"鸡"是"吃"这一行为动作的动作者，是活的一只鸡。还有呢，"来来来，你再来一块鸡！""不不，鸡我不吃了，我已经吃得够多的了。"这句"鸡我不吃了"有时我们也可以省掉"我"，说成："不不，鸡不吃了，我已经吃得够多的了。"这里的"鸡"是"吃"这一行为动作的对象，指的是鸡肉。所以"鸡不吃了"会有歧义。这个经典例子告诉我们，词的序列一样，内部的构造层次一样，内部的语法结构关系一样，如果内部的语义关系不一样，会表示不同的意思。由此说明研究语法不能光注意形式，还必须考虑意义。

过去很多人都曾经分析、解释过造成这个例子歧义的原因。过去是怎么解释的呢？说是我们在言语交际中，为了表达细腻，常常会将句子里某些词语换一下位置，转换成别的说法。比如说，"弟弟打破了我的杯子"，我们为了表达的需要，也可以说成"弟弟把我的杯子打破了""我的杯子被弟弟打破了""我的杯子弟弟打破了"。这些不同的说法，基本意思都一样："我的杯子"破了；谁打破的？"弟弟"打破的。但是，"弟弟把我的杯子打破了""我的杯子被弟弟打破了""我的杯子弟弟打破了"跟"弟弟打破了我的杯子"，在意思表达上有细微的差别，或所说的话题不一，或所要表达的重点不一。这个大家都能承认。如果没有细微的差别、完全一样，语言里边不会存在这样多种不同的说法。不同的说法意味着有不同的表达需要，因此一个句子常常会根据不同的表达需要而有所变化。那么"鸡不吃了"也是这样来的。另外，有的时候为了表达的经济，也就是说为了让表达遵循"经济的原则"，有时需要省略一些可以不说的词语。这样，我们可以设想，本来是两个不同意思的句子，经过转换、省略，就有可能出现意思不同而表面形式完全一样的歧义句。请看：

(2) a 鸡不吃白菜了【"鸡"为动作者】

b 老虎不吃鸡了【"鸡"为动作对象】

　　大家注意,"鸡不吃白菜了"里边的"鸡"是"吃"的动作者;"老虎不吃鸡了"这个"鸡"则是"吃"的受动者,即"吃"的对象。现在我们来看可能的变化:"吃"的对象原先在"吃"的后边,为了表达的需要,挪动到句子头上去了,例(2)变成了例(3):

　　(3) a 白菜鸡不吃了【"鸡"为动作者】
　　　b 鸡老虎不吃了【"鸡"为动作对象】

　　可有时候为了某种表达的需要,为了表达的经济,将"吃"的对象给省掉了,这样例(3)变成了例(4):

　　(4) a 鸡不吃了【"鸡"为动作者】
　　　b 老虎不吃了

　　有时候,可以根据表达的需要,并为了表达的经济,将"吃"的动作者省掉了。这样,例(3)又成了例(5):

　　(5) a 白菜不吃了
　　　b 鸡不吃了【"鸡"为动作对象】

　　现在我们看到,例(4)有个"鸡不吃了",例(5)也有个"鸡不吃了",可这两个"鸡不吃了"实际上是从不同的句子来的,只是形式上重合了——例(4)里的"鸡不吃了",来自例(2)a句"鸡不吃白菜了",其中的"鸡"为"吃"的动作者;而例(5)里的"鸡不吃了",来自例(2)b句"老虎不吃鸡了",其中的"鸡"为"吃"的对象。例(1)的歧义句"鸡不吃了"就是这样来的。这是先前学者的解释。

　　王士元教授这位被誉为国际知名学者的语言学大家,2006年应邀来清华大学中文系作系列演讲,部分演讲内容在《清华大学学报》上发表。其中有一篇,发表在2006年第6期上,题目是"语言是一个复杂适应系统"。在这篇文章里,王士元先生对汉语语法学界的这个经典例子"鸡不吃了"的歧义现象,在前人解释的基础上进一步作了新的解释——从词汇角度,具体说从"词的词义延伸"的角度来加以解释:

"鸡"既能用来代表一种家禽,也能代表这种家禽的肉。同样的,也可以说"鱼不吃了"有歧义,因为"鱼"可以指一种动物,也可以指这种动物的肉。但是,如果说"牛不吃了",或者说"马不吃了",就没有这样的歧义了,因为"牛"和"马"只能指动物,而不能指这些动物的肉。

王士元先生的上述看法中有可取之处,也有考虑不周之处。

可取之处是,他注意到了表示动物的词在意义上可以分为两种情况——一种情况是既能表示某种动物,也能表示那种动物的肉;另一种情况是只能表示某种动物,不能表示那种动物的肉。王士元教授的看法无疑是对汉语词义研究的一种贡献。目前一般辞书上,还未见有对"鸡""鱼""虾"这类词注出上述两个义项的。但是,王士元先生以此来解释"鸡不吃了"的歧义,就欠考虑了。

如果我们按照义项将"鸡"分化为"鸡$_1$"和"鸡$_2$"——"鸡$_1$"表示鸡这种家禽,"鸡$_2$"表示鸡这种家禽的肉。语言事实告诉我们,即使是表示某种家禽的"鸡$_1$"所形成的"鸡$_1$不吃了",照样还可能产生歧义。设想某动物园里,给狮子、老虎这些肉食动物每天只是喂鸡,结果狮子、老虎吃得有点倒胃口了,看到鸡,如果是死鸡,只是闻闻,咬一两口就不吃了;看到活鸡,只是戏弄,不怎么吃了。饲养员向领导汇报,说"狮子、老虎现在鸡不吃了"。这里的"鸡不吃了"里的"鸡"在理解上完全可以理解为鸡这种家禽,即"鸡$_1$"。这说明,"鸡"作为家禽理解时,也可能形成受事主语句"鸡$_{1[动作对象]}$不吃了"。至于"羊不吃了""牛不吃了""马不吃了"在某种语境下也可能会有歧义——一指"牛/马/羊不吃什么东西了",一指"老虎/狮子不吃牛/马/羊了"。

其实,"鸡不吃了"这一句式是否有歧义,从根本上说,取决于按"NP 不 V 了"(NP 代表名词语,V 代表动词)这种句式所造成的句子里,那 NP 与 V 之间是否既可以理解为"施事—动作"语义关系,又可以理解为"受事—动作"语义关系。如果按"NP 不 V 了"这一句法格式造出的句子,其 NP 与 V 之间可以作两种语义关系理解,这样的句子就会有歧义。当然,在实际上下文里是否表现出歧义,还得看上下文语境。我们说王士元先生"考虑不周",就指他没有意识到这一点。

我举上面这个事例为的是要说明,对于学者专家、学术权威的论著我们一定首先要好好地学,虚心地学,但他们毕竟也是人,不是神,也难免会有思考不周之处,特别是如果所谈内容并不是他所专注的研究领域的话。因此,我们在学习、研究的过程中,对前辈、时贤的论著首先要虚心地学习,认真地吸收;同时也不要盲从,不要以为专家学者特别是权威的论著里的内容都是对的,自己不能说个"不"字。重要的是,我们自己要勤于思考。

我们读书除了要达到上述三个目的之外,还得注意一点,那就是在语言上也要实行转化,具体说,要根据对象用自己的语言深入浅出、通俗易懂地来表述自己的研究成果和教学内容,来讲解好每一个"为什么"的问题。

我这儿需要指出,近十多年来在刊物上发表的文章,很多文章讲了一大篇还不能让读者了解它说什么,或者是本来很容易懂的问题讲得大家都不懂。实际上这是败笔。真正好的文章应该是什么样的呢?专家看了认为没问题、符合科学原理;一般人看了、非专业人士看了,也基本能看懂。我们一定要做到这一点。当然真要做到这一点并不容易,但是我们要努力去做。关键在两条:一条,我们对问题要真正理解,要想透。另外一条,也很重要,心中要有读者。我们不能自己怎么想就怎么写。你为什么要写文章?你写文章的目的不就是为了要让读者来接受你的观点吗?那你就得要考虑怎么样让读者接受自己的观点与想法。因此大家一定要考虑,该怎么开头,该怎么提出问题,该从哪里切入,该怎么一步一步展开进行深入论证,怎么选择最能说明问题的材料和例子。这个都得要考虑。作为一名教员,心中要有学生;作为一个作者,心中一定要有读者。

"继承"和"借鉴"是科学研究创新的前提,因为我们是要用已知求未知,那当然首先要知道已经有的研究成果,因此需要继承、需要借鉴。不过,这只是科学研究创新的一个前提,更重要的是要进一步创新。为达到创新的目的,需要做两方面的工作。做哪两方面的工作呢?一个是要不断发现事实、挖掘事实,另外一个是在理论方法上要不断更新。这两方面可以说是科学研究的两个基本的要素。下面分别作些解释。

以求实的态度努力挖掘、发现事实,这是我们科学研究的一个基础,而且可以说是一个永恒的研究课题。为什么说是一个永恒的研究课题呢?因为任何一个学科领域,它所研究的客观对象都是非常复杂的,我们很难一下子就把它认识清楚了。打个比方的话,我们现在所能看到的可能只是它的冰山一角。因此作为研究对象的客观事实不能认为前人都已经发掘完了，远远不够。因此我们一定要以求实的态度努力去挖掘、发现新的事实。这是科学研究中的基础性的工作。这里要注意的是"事实"有显性和隐性之分。什么叫显性和隐性之分？我这里不妨举两个例子。当然，我是搞语言研究的，我只能举语言方面的例子，不能举文学方面的例子，但是我相信文学方面照样也有类似的例子。

比方说大家都知道现代汉语里边有个量词"位"。那个"位"该怎么用？那个"位"只用于人，不是人不能用"位"，我们不说"我们养了三位羊"；另外，用"位"含有敬意，所有语法书和词典都会这样告诉你。既然含有敬意，说到自己或自己一方时，不能用"位"。我们不能说"我是一位研究生"，只能说"我是一个研究生""我是一名研究生"；也不能说"我们两位都是从山东来的"，只能说"我们两个都是从山东来的"。对别人，为了尊敬，我们常常用"位"："这一位贵姓？""他们二位是大夫。"所有的语法书上、词典上都是这样说的。北大附近有一个饭店叫"新开元"。有一天家里来了三位日本客人，他们都是教汉语的，我和我老伴儿请他们到新开元大酒店吃午饭。现在大饭店门口都有很多服务员站着迎候客人，客人一进门，他们就问："请问几位？"那天我回应时就脱口而出："我们五位。"一位女服务员就将我们引领到包间。坐定下来，有一位日本朋友发话了，他问我："陆先生，现代汉语里边这个'位'的用法是不是发生变化了？"我说："没有啊。""不是你们书上都说'位'不能用于第一人称、不能用于自己一方，可是刚才服务员问'请问几位'，您说'我们五位'。那'位'不就用在第一人称了吗？"我一下子回答不出来了，我只是说："好像这个场合就得这么说。我不能回答说'我们五个'。"当时没有讨论下去。但是这成了我心里的一个问题。我为了要了解这个情况，就到新开元一进门的那个厅堂里边坐着，假装是要等客人。一拨一拨用餐的客人进来，我就看他们怎么回应——

"请问几位？""我们四位。"

"请问几位？""我们三位。"

"请问几位？""我们七位。"

……

我一共调查了163拨客人,其中用"位"的有151拨,将近94%;只有少数用"个"。用"个"的进来的是一个人或者两个人,没有超过两个人的。具体是:

"请问几位?""就我一个。"
"请问几位?""我们俩。"

这个现象过去没有注意过。从那天起我就思考这个问题:怎么解释这个现象?我不是北京人,于是我将这个情况告知我的两位北京学生,听取他们的意见。那两位学生是晁继周(六十年代毕业的)和张伯江(八十年代毕业的),他们现在都已经是社科院语言研究所研究员了。他们都觉得在那样的场合就得那样回答,如果回答说"我们五个",反倒别扭。张伯江还提醒我说,比方说狗,可以论"条",可以论"只",如果问对方养了几条狗,对方好像一定回答说"就一条狗"(假如只养了一条狗),不会回答说"就一只狗";反之,如果问对方养了几只狗,对方好像一定回答说"就一只狗",不会回答说"就一条狗"。

于是我就调查这方面的情况。我们小区就有很多人家养宠物,他们一早一晚会出来遛狗。我就有意识地一早一晚在小区内溜达。碰到遛狗的,我有时用"条"问:"请问你们家养了几条狗啊?""啊,就一条。"有时我用"只"问:"请问你们家养了几只狗啊?""养了两只。"我连着几天这样反复地问遛狗的人,结果是:凡是我用"条"发问,他们就用"条"回答;凡是我用"只"发问,他们就用"只"回答,没有例外。我还想到香烟,可以论"支",也可以论"根"。于是,我看见抽烟的,当然是我比较熟悉的,就开口问:"老张,你一天抽几根烟啊?""不多,就七八根。"这是用"根"问。"老王,你烟瘾挺大的吧,一天得抽几支烟啊?""我大概十来支吧,也不是很多。"这是用"支"问。情况一样,你用"根"问他,他就用"根"回答你;你用"支"发问,他就用"支"作答,也没有例外。

由这个情况我又想到了我家乡的一个情况。我家在太湖中间的洞庭东山,简称"东山"。我家乡东山最出名的物产是碧螺春茶叶,正宗的碧螺春茶叶就是我家乡生产的。"碧螺春"这个名字还是康熙皇帝南巡到我们家乡去的时候御赐的。我们家乡就只有东西向一条路,小时候看着还是挺宽的,现在看很窄。在路上两个熟人碰面,你们知道是怎么打招呼的吗?"你朝东去?""唉,我朝东去。你朝西去?""唉,我朝西去。"叫外地人听着会觉得那都是废话。那么在我们方言里,说朝向,有两个介词,一个是"朝",一个是"往"。如果用"朝"发问,对方的回答也是用"朝",比如说:

"你朝东去啊?""我朝东去。你朝西去?""啊,我朝西去。"
"你朝西去啊?""我朝西去。你朝东去?""啊,我朝东去。"

如果是用"往"发问,回答也用"往",比如说:

"你往东去啊?""我往东去。你往西去?""啊,我往西去。"
"你往西去啊?""我往西去。你往东去?""啊,我往东去。"

后来又想到一个现象,很奇怪的。比方说我们下课了同学们都在外边,上课铃声一响,同学们陆续进教室了,可还有同学没进来。老师就在楼梯上说:"同学们快来快来,上课了!"有的同学应声回答说:"老师,马上就来!"什么叫"来"?"来"是表示朝着说话人的方向或某个目标移动,"去"是表示离开说话人的方向。学生应声回答,按说应该说"老师我马上去",但一般都不这样回答,一般都说:"老师,我马上就来。"再有,我们在电话里,跟对方说:"小张,你快点来啊!"小张在电话里一般都这样回答:"哦,我马上就来。"不会说:"哦,我马上就去。"

上面所谈的种种现象过去没发现,现在发现了。我翻阅了国内外有关会话研究的文献,会话理论里谈到了合作原则、礼貌原则,这都是从内容上讲的,在谈话内容上双方应遵循怎么样的合作原则才能展开正常的对话,在内容上怎样怎样才是礼貌的说法,但都没有谈到过我们汉语里面的这种现象。这种现象就是显性的语言事实,因为看得见的。我对这种现象进行了研究,写成文章正式发表了。我针对这种会话现象提出了一个会话原则,叫"应答协同一致性原则"。

还有一种事实是"隐性的事实"。什么叫"隐性的事实"呢?是说某个事实大家都已经注意到了,但是原来对这个事实的认识或解释是错的。譬如说,在欧洲中世纪,都持"地心说",认为太阳是绕着地球转的。这观点有"事实根据"呀,你看那个太阳不是每天早晨从东边升起来,从西边落下去,第二天又从东边升起来,从西边落下去,周而复始。那太阳不是绕着地球转吗?这好像是事实。后来哥白尼研究发现实际不是这样,这才确立了"日心说"的正确观点,才认识到太阳是中心,地球是围绕太阳转的。这个新认识所指就是隐性的事实。我们语言研究中也有类似情况。我举两个例子。

一个是"台上坐着主席团",这是一个经典例子。这种句子叫"存在句",表示存在,表静态。类似的句子比如说:

A	B
门口站着许多孩子。	墙上贴着画。
床上躺着一个病人。	门上贴着一副对联。
桌子底下趴着一条小狗。	头上戴着一顶皮帽。
……	

这些都叫"存在句"。这种句子早就被注意到了,而且有关这种存在句的论文少说也有上百篇,还有专著,好像研究得不要再研究了。以往怎么分析这种存在句的呢?基本都是这样分析的:在句法上,或分析为——

"主—谓—宾"

或分析为——

"状—谓—宾"

在语义上都这样分析:

A 组为"处所—动作—施事";
B 组为"处所—动作—受事"。

目前在对外汉语教学界都是这样分析的。在中文系的"现代汉语"课里也都一直是这样讲授的,没有一个中国同学提出过意见,因为大家只是作为一种知识在那儿接受。可是就在对外汉语教学的过程中,外国学生提出了问题:

一、这种句子在句子表面没有表示存在意思的词语,所表示的"存在义"是从哪儿来的?

二、A组句子的"孩子""病人""狗"分别是"站""躺""趴"的施事,即动作者,它们怎么跑到动词后面去了?

三、B组动词"放""挂""贴"的施事怎么不在句子中出现？

四、老师常常跟我们说，宾语的语义角色不同，整个动宾结构的语法意义就不同，譬如"吃苹果""吃食堂""吃大碗""吃父母"等就各不相同。可是存在句，虽A、B组宾语的语义角色不同——一为施事，一为受事，但二者句子的语法意义是相同的，都表示存在，表静态。这为什么？

再举个例子。我们可以说：

(1)十个人吃了一锅饭。｜十个人能吃一锅饭。｜十个人吃不了一锅饭。

例(1)这些句子好分析，好理解。从句法上来说，是"主—谓—宾"结构；从语义关系上来说，是"动作者—行为动作—动作对象"的关系。可是我们也可以说：

(2)一锅饭吃了十个人。｜一锅饭能吃十个人。｜一锅饭吃不了十个人。

例(2)这些句子很奇怪，但是我们都能接受。这些句子该怎么分析呢？目前一般都仿照对例(1)句子的分析法，也是在句法上分析为"主—谓—宾"结构；只是在语义关系上分析为"动作对象—行为动作—动作者"的关系。可是，按这样分析，外国学生根本不能懂得例(2)各句的意思，虽然句子里的每个词他们都学过，意思也都懂。这为什么？

为什么出现这种困惑？原来我们原先对这种句子的语义关系的分析和认识不是很恰当。大家都知道，句法上"主—谓—宾"、语义上"施—动—受"（"施"即施事，代表动作者；"动"代表行为动作；"受"，即受事，代表动作对象），这是从古希腊传下来的，在我们的脑海里已根深蒂固。因此碰到所有的凡是以动词为核心的句子都这样分析。但事实上这种分析并不适用于所有句子。

先看上面所说的存在句。实际上存在句内部的语义关系已经不是原来所想的那种"处所—动作—施事""处所—动作—受事"的关系。不管是A组的"门口站着许多孩子""床上躺着一个病人"和B组的"墙上贴着画""门上贴着一副对联"，它们内部的语义关系实际上已经变成下面这样的关系了：

"存在处所—存在方式—存在物"

所有存在句,不管是 A 组还是 B 组的句子,句子头上的成分都表示存在的处所,中间"动词+'着'"这一部分是表示存在的方式,最后那一部分表示存在物。

再看上面所举的例(1)、例(2)各句。不管你说"十个人吃了一锅饭"也好,或者"一锅饭吃了十个人"也好,实际上它内部突显的也不再是原来的"施—动—受"和"受—动—施"这种语义关系了,突显的是下面这样的语义关系:

"容纳量—容纳方式—被容纳量"

不管是例(1)或例(2),句子前面含数量成分的部分,表示容纳量;句子最后含数量成分的部分,表示被容纳量;中间那部分,表示一种容纳的方式。现在我们不妨看一下例(1)和例(2)里最后的那个句子:

(3)十个人吃不了一锅饭。

(4)一锅饭吃不了十个人。

这两个句子具体意思当然不同。但整个句子格式所表示的语法意义是一样的。假设前面那部分为"X 量",后面那部分为"Y 量",那么这两个句子都表示:

X 量容纳不了 Y 量

例(3)就是表示"十个人的饭量容纳不了一锅饭的饭量",这或意味着人的饭量小,或意味着锅里的饭多。而例(4)就是表示"一锅饭的饭量容纳不了十个人的饭量",这或意味着人的饭量大,或意味着锅里的饭少。总之,例(1)、例(2)各句都是表示前面那个量能容纳或不能容纳后面这个量,都是这个意思。

那有人会说了,难道"站"和"孩子"之间就没有动作和动作者的关系?难道"人"和"吃"之间没有动作者和动作的关系?"吃"和"饭"之间没有动作和受动者的关系?有。但这种关系是潜在的,在这种句子里边凸显的不再是这种关系。这一点有点类似于我们人类社会里边人和人之间的关系。比如说我有个儿子,我跟他是父子关系,这个跑到哪儿都去不掉,跟他是父子关系;但不等于在任何场合凸显的都是父子关系。假如我儿子下海了,成为一个公司大老板了。公司大老板要赚钱,一个是要经营有道。商场就是战场,要有谋略,这是很重要的。可是还有一条,这是公开的秘密,那就是要打国家政策的擦边球、钻政策的空子。可是你要打好擦边球就要依靠一个人。什么人呢? 会计。我儿子开的公司很兴旺发达,赚钱赚得很多。为什么呢? 因为他除了有商业头脑,会谋略外,他有一个好会计,那会计善于帮我儿子打擦边球。可现在糟了,那会计病了,得了癌症了,住了医院了,我儿子抓瞎了。他当然要考虑"怎么办",当然要尽快找到一个中意的会计。可是找会计哪那么容易啊? 他一想,知道老爸是一辈子当会计的。他就来求我了,说:"老爸啊,您看我这个会计干得好好的,突然得癌症了,现在没人了。我得找啊,我还没找到。您能不能来帮帮我的忙,好不好? 一年。"他看见我没吭声,"半年,行不行?"作为老爸能不帮我儿子吗? 而且老爸身体还挺硬朗。"行,儿子! 帮你! 什么时候开始上班啊?""今天已经29了。这样吧,您下个月1号开始上班。"于是老爸从1号开始就到儿子公司去上班。同学们你们想一想,这个老爸进了儿子公司以后跟他儿子凸显的是父子关系吗? 不是的,到了公司以后跟他儿子凸显的不是父子关系。父子关系只是潜在的关系,在公司里凸显的是雇员和雇主的关系。老爸为儿子打工,儿子每个月给老爸开工资,就是那么种关系。我这是举例,我儿子不经商,我也不是会计。

  语言里边的词语之间也是那样。那么像这样一种现象、这样一种语言事实,我们把它称作"隐性的语言事实"。我们从事语言研究的,就得非常注意挖掘这种隐性的语言事实。

  从科学研究的角度来看,对事实的考察、挖掘、描写固然重要,但它毕竟是研究的基础,还没有达到真正意义上的科学研究。这一点大家头脑必须清醒。真正意义上的科学研究必须对考察、分析、描写所得的语言事实及所发现的内在规律作出科学的解释,并进一步从中总结出具有解释力的原则,深化为理论,以便用这样的原则、理论来解释更多的语言事实。因此对科学研究来说,理论思考、理论总结、理论升华都是至关重要的事。我们知道,任何科学领域,新的研究分析理论与方法的不断出现和更新,都是有深刻原因的。这个原因是什么? 以语言研究为例——

第一是为了解释新挖掘和发现的语言现象。一种新的语言现象出来了,我们要去解释它,那就得考虑用什么样的理论去解释它。这是一个原因。

第二是为了更好地解释已知的语言事实。有的语言事实过去有人解释过,但是现在看来这个解释有问题,那我们就要去作出新的解释。

第三是客观事物太复杂了,而且又在不断地发展变化,原有的理论方法只能解决或者解释一定范围里边的问题与现象。所以当我们碰到有些问题、有的现象难以用原有的理论方法去解决或者解释的时候,研究者势必要去探索、寻求新的理论和方法。

因此,任何学科领域里,一个又一个新的研究理论和分析方法的出现或者产生,这是反映了这个学科研究的不断深入,而不是简单的代替。我常常举这样的例子来说明这个道理。比如说我们过河。原始时候怎么过?不就跳下去扑通扑通游过去嘛。后面有狮子老虎追着,你不跳下去渡过河可能就会被狮子老虎吃了。大部分人游过去了,有的人可能淹死了。要是河再宽一点,怎么办?人就动脑筋了,想着那树枝会浮在水上,他就设法弄一根树枝夹在胳肢窝里面游过去了。慢慢地又想出来扎一个木排、扎一个竹排,后来又想出来弄成一个船,再弄一个帆,这样可以更快些。慢慢又发明了机器,造出了机帆船。再后来造出了十万吨级、几十万吨级的现代化的大轮船。同学们,这是一个发展,这不是简单的代替。你在芦苇荡里边、你在黄河的激流里边,不还是需要小木船、木排或竹排吗?那大轮船再先进,用不上。

研究方法也是这样。理论方法的更替不是简单的代替,它是一种发展。牛顿定律即万有引力定律,好啊,引起了物理学的革命。但是后来发现在微观世界、在宏观世界高速运动当中,牛顿定律不起作用了。比如光速,你就没法用牛顿定律来解释其中的力学问题。好,后来爱因斯坦逐步逐步揭示了相对论,后来又有了量子力学,解决了微观世界的运动当中的力学问题以及宏观世界高速运动的力学问题。但这是一个发展,不是简单的代替。不能认为有了爱因斯坦相对论,牛顿定律就不要了。对于一般的宏观世界低速运动范围里的力学问题,我们用牛顿定律去解决很容易、很方便,你要用爱因斯坦的相对论,也能解决,但要复杂得多。那你何必杀鸡用牛刀呢?这个道理是一样的。因此,在科学研究领域里边的任何一种公认的理论和方法都有它可用之处,但同时各自又都有它的局限之处。局限不等于缺点,"局限"是说它只能解决一定范围里的问题,解释一定范围里的现象。任何一个理论方法都不能包打天下,都不可能解决所有的问题,解释所有的现象。因此我们不能满足于已经有的研究分析理论方法,也不能因为出现了新的理论方法就将原有的理论方法抛弃了。科学研究无止境,理论更新永远需要。而各种理论方法之间都存在某种互补作用。这也就是为什么我们老要强调在理论方法上必须坚持多元论。我希望你们注意这一点。一个人的能力是有限的,只能按照某一种理论方法去深入研究,但千万不要拒绝、排斥别家、别派的理论方法。别家、别派的理论方法你也要去了解、也要去学习,吸取其有用的东西来为我所用,这样更有利于自己的研究与创新。

　　就我们中文学科来说,包括文学研究和汉语研究,重视事实、重视材料的爬梳,这是我们的好传统。我记得我是1955年进北大学习,也就是说半个多世纪之前,我跟你们一样,刚进北大。那个时候教我们的老先生,文学方面游国恩、林庚、吴组缃、王瑶等诸位先生,语言方面王力、魏建功、高名凯、袁家骅、朱德熙等诸位先生,都给我们上过课。他们都一再地强调材料的重要性。王力先生特别教导我们在研究上要牢记一条,那就是"例不十,法不立",老跟我们强调这个。意思是你没有找到超过十个例子,你不要随便立一条语法规则或者立一个什么规则。强调材料的爬梳,这个学风应该说是一个很好的学风,是一个求实的学风,我们必须坚持与传承。但是同时我觉得我们也需要树立两种意识:一个是理论意识,一个是假设的意识。

　　文学怎么样我不敢评论,反正语言学,中国的语言研究,我们就吃了理论意识薄弱的亏。我们现在在语言研究里边碰到一个什么分析方法,往往就说外国的哪一位哪一位提出来的;碰到一个理论就说这是外国的哪一个语言学家提出来的。其实,回过头来看看我们的前辈,从二十年代到四十年代,现在语法研究里的分析理论、分析方法,就其基本观点来说,在那个时期就已经萌芽,在我们这些前辈的论著里面已经萌芽,已经有这种观点,甚至有的对语言事实的挖掘和分析比西方学者深得多。可是遗憾的是什么呢?遗憾的是我们缺乏理论意识。我们没有去升华为理论,没有进一步抽象为原则,这就吃了大亏。因此现在一提到一个什么理论方法,往往就说是外国哪一位哪一位提出来的。这个就像什么呢？这里我们要认识一点，"有观念"甚至"有观点"，这跟"有理论"不是一回事。人会分类，甚至小孩一出来不久就会知道这是爸爸、这是妈妈，这实际也是在分类，但不等于小孩就有分类的理论。这是两码事。我们一般人，老头儿老太太他们都会比较，因此俗话说"不比不知道，一比吓一跳"。大家都有这个比较观念，但是不等于有比较的理论。观念和理论是两码事。我们就吃了理论意识薄弱这个亏。

  在科学研究中，归纳法需要，假设也必不可少，特别在当前假设的观念普遍薄弱的情况底下，可能是更需要强调的。我们知道，理工科靠的就是假设，在原来研究成果的基础上作出一个新的假设。理工科为什么要做一次又一次的实验？学生进来以后为什么老师就要他们跟着不断做实验？实验的目的就是要求证原先的假设。而这种求证不是一次就能成功的，往往是十次、几十次，甚至是上百次、上千次才能成功。而在这过程中往往会修改实验方案，所谓修改实验方案就是修改假设。总之，理工科领域离不开假设。比如牛顿对苹果落地的观察和思考，他脑子里边有一个假设在那儿，那就是有伽利略关于宇宙空间力的假想在那儿。因为有这个假想，促使他去思考苹果为什么往地下掉，不往天上飞。就我们语言研究领域来说，无论过去和现在，许多重要的突破都离不开科学的假设。大家还记得小学学拼音、掌握拼音方案的事，当时老师会告诉你们声母、韵母、声调什么的，对不对？声母里面有个概念叫"零声母"，"零声母"也是个假设。因为汉语是节律很强的一种语言，是讲究节律的一种语言。汉语的音节结构实际有两种情况：一种情况是声、韵、调齐全，还有一种情况是只有韵母、声调，没有声母。什么叫声母？声母就是一个音节开头的辅音。可是，像"爱祖国"的"爱"，"爱"前面就没有辅音；"安全"的"安"，音节开头也没有辅音；"呕吐"的"呕"，头上也没有辅音，是不是？那怎么办呢？你们想想应该怎么办？从理论上来说，只有两种可能。一种可能，分别处理。那就是说汉语的音节结构有两类，一类是声、韵、调齐全，还有一类就只有韵母和声调。我们的老祖宗没有采取这个处理办法，我们的老祖宗采取了一个非常聪明的办法。什么聪明的办法？说"爱祖国"的"爱"、"安全"的"安"、"呕吐"的"呕"、"肚子饿了"的"饿"头上也有辅音，不过这个辅音是个零。于是认为"爱""安""呕""饿"这些音节的头上也有声母，只是那是个"零声母"。可见，"零声母"实际是一种假设。可别小看这一假设,有了"零声母"这一假设,汉语的音节结构就变得很简单又很有规律性。这就是假设在科学研究里边的运用。

科学的创造性工作的重要特色是先用理论预言某些论据。所谓先用理论预言某些论据就是假设。然后用实验来确认它。科学都是这样发展的。被誉为"当代爱因斯坦"的霍金也说过,科学最基本的态度之一就是疑问,科学的最基本精神之一就是批判。我国研究四维力学的著名的科学家刘岳松教授也指出,奇迹往往从幻境中诞生。所谓"从幻境中诞生"什么意思?就是通过假设去探索、求证,最后得到奇迹。因而从某个意义上说,科学研究有点像盲人摸象,自圆其说。我们都应该看到,现阶段的任何一个结论你都应该把它看作是一种假设性的结论,不要认为这就是千古不变的定论。大家绝对不要这样看。这只是现阶段的假设性的一种结论。当然可能有人会不同意,你把科学研究也说得太不值钱了,怎么等于盲人摸象、自圆其说?我这个可是个大实话。而且我觉得,这是对科学研究的真实写照或者说是真实描绘。你比方说从我们汉语语法研究来说,已有的结论或者看法都只能看作一种假设性的结论或看法,随着研究的逐步深入,其中有的将会被证明并确认为定论,但是大多数的结论或者看法将会被修正,甚至被完全放弃。因而我们在研究上,我觉得必须坚持继承、借鉴、怀疑、假设、探索、求证、循环往复、螺旋式上升。这 21 个字在我看来是科学研究发展的必由之路,也是文学研究和汉语研究发展的必由之路。

我今天就讲这些。不一定对,欢迎大家提意见,欢迎大家批评。谢谢大家!

养成学术兴趣　培养理论思维

孙玉石

孙玉石,1935年生,辽宁海城人,满族。1960年北京大学中文系毕业,1964年北京大学现代文学专业研究生毕业,后留校任教。北京大学中文系教授、博士生导师,2003年退休。曾任北京大学中文系主任。曾先后在日本东京大学、神户大学讲学三年。主要从事中国现代文学史、鲁迅与五四文化以及中国现当代诗歌研究。著有《〈野草〉研究》《中国初期象征派诗歌研究》《中国现代诗歌艺术》《中国现代主义诗潮史论》《中国现代主义解诗学的理论与实践》《中国现代诗学丛论》《我思想,故我是蝴蝶》、散文随笔集《生命之路》等,编有《象征派诗选》《中国现代诗导读》《中国新诗总系》1917—1927、1927—1937两卷等。

在座的各位，都是北大的新校友，我们应该都是同学了。五十四年前，我走入了北京大学校园，五十四年以后，我又坐在这里，作为一名退休的老师，和新走近这个校园的各位同学们，交流一些如何当好北大学生的经历和想法。

我是1955年秋天入学的。我看网上发给我的材料，在我前面做讲座的，是谢冕老师，我们也是校友，是同年级入学的同学，后来当老师的同事，又是都喜欢诗歌的朋友。大家邀我来做这个讲座，我作为前辈的校友，首先向大家考上北大中文系表示祝贺，欢迎同学们成为北京大学中文系新的成员，我的最年轻的新校友。

我年纪大了，非常马虎，从漆永祥老师发给我的邮件里，我看了时间，几点几分在什么地方讲座，但要讲座的具体题目和要求，就没有仔细看。今天早上再次打开来看的时候，才知道主要不是讲专业的东西，而是帮助大家入学后知道如何提高自己的素养。我之前准备了一个题目，叫做"文学作品的阅读和接受"，是关于文学审美的内在思维养成的问题，或者是谈一些比较容易懂的诗和较为难懂的诗这两个艺术流派如何理解和接受的问题。我想暂时就放下原来准备的话题的稿子，觉得那个要谈的问题太专业化了。今天上午回学校，又打了一份提纲，就是与这个讲座有关系的内容。如果以后，同学们需要，或有兴趣的话，我可以再来给他们专门讲一次，关于一些难于理解的新诗或者复杂的文学作品，如何阅读和接受的问题。这是这次讲座内容上的一些调整。

我今天所讲的题目，叫"养成学术兴趣，培养理论思维"。就这个问题，谈谈我自己走过的弯路和一些零散的想法。作为北京大学一年级的学生，这是进入学习之门时，如何更好养成自我学习意识，培养自己迈入学术之路的一个重要的问题。我想通过自己走过来的一些弯路，经历过的一些感受，来谈谈这方面的一些感想。

作为北大的学生，进学校以后，在这个学校的训练要求，和今后自己的努力方向，比如说将来要考研究生，比如说将来准备做教师，或者做其他一些工作,如果要做好,就需要有一个最基本的东西。这个东西是什么呢？据我就自己经历的认识和体会,就是首先要养成学术兴趣和理论思维能力。我这里所说的学术兴趣,并不是一般的兴趣,而是一个大学生要将自己造就成一个理论型人才,所必须具有的对于学术研究接受理解和深入思考的浓厚兴趣和自觉意识。由这种学术兴趣和意识出发,进一步在此基础上,再努力培养自己的理论思维,不断提升自己理论思维的能力。从我自己的体会来说,做一个大学生,这一点是很关键的。我看了几个老师讲课的记录提纲,很多老师对这方面都有所涉及。为了避免重复,我更多结合个人的一些感受和体会,或者说,用自己亲身经历的一些教训,帮大家入学之后在学习上少走一些弯路。

我想说的第一点是:作为北大的一名新生,特别是这样入大学不久的学生,怎么尽早地改变对于学科认知与兴趣选择的犹豫和徘徊,尽早改变犹豫不决的状态。这一点很重要。我讲一点自己经历过的教训吧。我是先在农村一个小学读书,后来转到鞍山,从小学毕业,一直到高中毕业,然后从鞍山一个中学,1955年夏天考到北大中文系这儿来的。从一个小的地方,来到一个这么有名的最高学府,开始我有很多梦。我是带着一个想当作家的梦考进来的。我中学读书的时候,就喜欢文学,喜欢写作,还梦想将来能够当一个文学家。我的语文老师也是这样鼓励我的。那时候自己课余时间读了很多中外文学家的名著,常喜欢写一点东西,特别是写诗,也梦想投稿。我参加了由喜欢文学写作的学生成立的一个文学小组,还办了一个文学墙报,大家把自己写的东西贴在上面"发表"。有的同学,还贴上一叠厚厚的长篇小说。前我一年,1954年,当时已经是全国名气很大的青年作家刘绍棠,进了北大中文系念书,这也给自己和很多喜欢文学的中学生很大的刺激和吸引力。我于1955年考进北大中文系之后,就抱有这样一个将来想当作家的梦,有这样一种追求,也可以说是一份不敢言说的寄托。当时北大中文系,有很多著名教授,有的教授本身就是著名的作家、诗人,比如中文系的杨晦、吴组缃、林庚,西语系的冯至、朱光潜,哲学系的宗白华;当时还是在哲学楼办公的北京大学文学研究所上班,后来才搬到城里去的作家诗人俞平伯、郑振铎、何其芳、力扬等等。我们听吴组缃、林庚等先生的课,我也听过诗人冯至、何其芳、力扬在哲学楼101做的讲座。当时自己也认真听系里其他很多教授的讲课,根据指定的书目,阅读一些文学作品、理论研究和语言学方面的教材与著作。但是,剩下来的许多课余时间里,完成作业和指定的必读书之后,自己往往都钻到一个教室里,比如最多的就是现在的地学楼103那个教室里,或者在当时西门内的老的大图书馆、文史楼上的文科图书馆里面,找一个僻静角落里的座位,在那里完成作业之后,就看自己喜欢的书,写自己的那些破诗。当时自己用课余时间读了很多作家的作品,像普希金、莱蒙托夫的诗集,马雅可夫斯基、聂鲁达、希克梅特的诗选,郭沫若、冰心、冯至、艾青、田间、穆旦等人的诗等等。自己没有花更多精力去多读一些学术研究著作,多读一些古典文学作品和相关的研究文章。当时自己这样盲目地读书,忽视了按照老师的要求去按部就班学习,去训练自己,培养自己。其结果,是令自己后来挺沮丧的、挺不好的后果,就是自己理论思维能力的训练就很弱了。到了1957年初,大学二年级下半年的时候,要每个学生都写一篇学年论文,进行学术研究训练,就出了问题了。当时老师给我们出了一些题目,贴在我们住的32楼四层楼正对楼梯口的墙上,里面列有很多题目,让大家自己选,我根据自己的兴趣,当时选了一个冯钟芸先生出的题目:《谈杜甫的〈秋兴八首〉》。冯钟芸是一名女教授,教我们古代文学魏晋南北朝到隋唐一段文学史。我喜欢唐诗,也喜欢杜甫的诗,选了《谈杜甫的〈秋兴八首〉》。为此,我还买了一部仇兆鳌的《杜诗详注》。但是当我进入资料阅读的时候,才发现我选的这个题目,是过去被注释最多、研究最多的,古人论述也很多,现代的研究论文更是很多。那么,自己怎么在别人研究的基础上写出自己的一点见解,有一点新意和突破呢?做到这样,很难。那时自己怎样写,写什么东西,都不知道,后来就找冯钟芸老师谈,她说你得先看看别人的研究成果,看杜甫的诗和其他相关资料,找出一些自己对于别人研究的想法,然后再来具体论述你自己的意见。我把《秋兴八首》诗的全文抄录下来,贴在我住的29楼四层楼一间屋子二层床的墙上,天天背诵,阅读资料,很长时间还是写不出来。后来,五六月份,北大由1957年的"大鸣大放",后来很快开始了"反右派"运动,上课都成了问题,写学年论文的事也就无形中停止了。有的同学完成了,我自己没有写出稿子来。当时自己好像还有一种"解放"的感觉。但这件事本身,对我却是一个很大的教训,一次"敲"醒。我们入学的时候,杨晦是系主任,他不止一次在学生大会上说过:

中文系不培养作家,谁想当作家来的,给我走人。他这样说,就是警告学生,不要把精力都放在胡乱幻想搞创作上,要下死功夫,多认真读点书,学会思考和提出问题,学会为了解决问题阅读搜集资料的方法,努力训练和培养自己的理论思维能力、分析问题的能力。但我们考大学的时候,就很盲目地看,1954年考了一个刘绍棠,1953年又考了一个什么人,那时候就奔着这个来的,实际上是自己想错了。北大当然也可能会出作家,但北大中文系主要不是培养作家的。当时自己对于这个问题不明确,所以进来以后,一年多的时间里,就走了这样一段弯路。一直到1957年,写不出来学年论文,后来是"反右"斗争来了。我从弯路里得到教训,是什么呢?就是充分认识了入大学后最重要的,是如何训练和提高自己进行学术研究的思维能力和方法。到了1958年初,自己开始补课,开始调整自己的学习方法,在实践中训练自己的学术思维能力。

第一个开始,经过是这样的:1957年秋,"反右"斗争过去了。1958年初,开始进行在极"左"思潮指导下的"学术批判"运动,就是贯彻上面的意图,对于所谓的"反动学术权威",进行"拔白旗插红旗"。在这个所谓的"学术批判"运动中,我们1955级的学生首先组织起来,要自己动手编写《中国文学史》。我被编委会分配做隋唐五代文学编写组的组长,与十来个人一起,要在半年时间内完成编写出隋唐五代那一卷文学史的任务。我自己承担中晚唐诗的部分写作。完成自己任务后,别人的稿子交到我手里,自己还得看一些书,进行统稿工作。就这样,在这种客观上时间性很强的压力底下,我开始进入对古典诗歌的阅读、思考、写作、修改别人完成的稿子。现在看,当时这场所谓"红皮"《中国文学史》的编写活动,从上面的领导意图到参加编辑的指导思想,实际上都在贯彻一种极"左"的指导思想,特别是当时苏联批评家提出的文学史要贯穿一种以现实主义和反现实主义来划分历史上作家、文学史要以民间文学为中心的理论。那些同学加上一些年轻一点的老师,先在一起"解剖麻雀",开全体编辑人员讨论会,辩论当时学术界正在争论的热点:王维的诗、《琵琶记》,到底是现实主义还是反现实主义的作品?甚至我们当时就在书里面点名批判我们自己的老师。"统一思想"之后,就按照分工,进行书稿初稿的写作。我负责中晚唐一些诗人的写作。写作最基本的要求,就是把有些诗人原来的集子找来,要翻一翻,仔细阅读,参看别的文学史和论文的成果,进行抽象、归纳、论述,按照规定字数,写出历史评述性的文字来。从进行的这项工作来看,本身是在极"左"的错误路线指导下进行的,贯彻批判"资产阶级学术权威""将颠倒的历史颠倒过来"的错误思想做出来的成果,现在看起来,也完全是一个反面教材,这是一个很左很主观也很轻率的东西,算不上学术研究成果。里面还点名,批判了我们的几位老师的观点,说他们是资产阶级学术权威。前个时期,我还重新翻阅了一下这本红皮的《中国文学史》,初步统计,里面以"资产阶级学术权威"帽子点名批判游国恩、林庚、刘大杰等先生的地方,就不下十余处。这个活动和那时候出版的"成果",从指导思想到出版成果,是完全错误的,应该是全部否定的。到1959年,何其芳就组织过讨论,发表文章,否定了这部红皮文学史的错误指导思想和论述。后来,接受一些意见,又重新编写了黄皮的《中国文学史》,批判的色彩淡化了一些。从我个人来看,除了反思在极"左"思潮影响之下扭曲学术研究,伤害一些老师的沉痛教训之外,能够有所"收获"的,只是经过这样的实践,进行了一次如何培养自己理论思维和进行学术研究基本方法的训练。我们认真读了一些书,对作家作品进行理解,并最后把它上升成一些看法,落实到文字上。这主要还是我们从编红皮《中国文学史》,经过批评反思,吸取教训,到重新编写黄皮的《中国文学史》,这样一个自己动手写书的训练过程,逼着自己进行了理论思维的训练和学术写作的实践。这个行动本身仍是极"左"路线的产物,我以为是应该彻底否定的。但对于我个人来说,它的意义,是逼着我开始在具体运作中,学会怎样进入学术性思维训练的实践,以理论思维进行最基本的学术研究。现在,我们这个大学培养的方向是多元的,我们毕业以后可以做各样的工作,包括有极少数人成为作家。但是无论将来自己做什么工作,最重要的,是要培养自己的学术兴趣和研究能力,包括理论思维的能力、理论概括的能力,从搜集史料、阅读文献、参考前人研究成果,也可能有所发现,提出新的学术见解,到自己如何落实到理论文字表达上来的能力,从形成自己观点到理论书写的这种能力。后来,我与其他同学,到邯郸部队,帮助他们写部队史,一个抗美援朝的英雄部队,帮助他们把一个团的历史写出来。回来以后,谢冕、我、洪子诚,还有孙绍振、刘登翰、殷晋培,几个学生,在《诗刊》副主编徐迟的邀请和组织下,又一起撰写了从五四运动到1958年这几十年的诗歌历史的《新诗发展概况》，每人负责一章，我负责抗战时期这一章。这次实践，实际上也是一次学术思维、学术性写作的再训练。我自己进入一种更深一点的理论思维的训练和学术性研究，还是毕业后我被分配做研究生以后的事了。

放弃了当诗人作家的念头，我就这样走到了一个以学术训练为主的新学习阶段的开始。1960年大学毕业之后，我被分配做中国现代文学的研究生，我的导师是王瑶先生。还没有读半年时间，1961年我被抽调借去，参加游国恩先生主编的《中国文学史》编写工作，分在唐代组，参与编写讨论，自己负责写中晚唐几个作家。回来后开始读现代文学研究生，一直到1965年才毕业，写的研究生毕业论文是《鲁迅改造国民性思想问题的考察》。前后加到一块儿，我差不多在北大念了十年书。这十年实际是我从沉醉个人兴趣走出来，进入学术研究训练的过程，从错误的学术批判转为走入真正学术研究实践的过程。这个学术思维训练和学术研究功夫的养成，关键在哪儿呢？我自己觉得，就是你要学会潜下心来，从搜集阅读资料开始，从大量史料和前人论述中发现需要解决的问题，自己学会提出问题，再依据史料进行论述解决问题。这就是一种科学的培养训练自己学术思维的过程。学会自己在读书中，关注搜集资料，努力发现新的资料，同时学会运用学术思维，培养自己进行学术研究的能力。做研究生了，与编写教材又不同：不是给你一个杜甫，你来叙述，不是给你个李商隐，你来叙述，而且这叙述应该有学术稳定性，写的字数又是有限制的，那不是自己如何写好富有创见性的学术研究论文。做研究生则不同。完全是按着老师指定的必读或参考书，自己去阅读、思考，自己去搜集资料，形成见解，做创造性学术研究的。汇报时，老师就听着你汇报的意见，有时提出批评意见，有时什么意见也不提，就逼着你看书，问你看哪些杂志了，看哪些书了，你自己有什么看法？他从中就知道你独立理解与思考的情况，而不是那种普通文学史里概括性的评价，就是让你能够不断发现问题，并且解决这些问题。我参加编写《中国文学史》回来，做现代文学研究生的时候，王瑶先生最先要我做的，是通读《鲁迅全集》。王瑶先生有个规定：你们先读书为主，在研究生期间，不要乱写文章，要老老实实读书。他定期检查读书笔记，要交读书报告。我当时对鲁迅有兴趣，又对新诗有兴趣。我便一边读《鲁迅全集》，一边摘录鲁迅关于新诗的一些论述文字。1962年10月写了一篇读书报告《鲁迅对中国新诗运动的贡献》。王瑶先生看了之后,在我不知道的情况下,将它交给了《北京大学学报》,在1963年第1期上发表了。这是我发表的第一篇学术性的论文。后来研究生毕业论文题目是《鲁迅改造国民性思想问题的考察》,完成于1964年7月。这篇论文,因为"文革",直到十五年后的1979年才在上海的《鲁迅研究集刊》上发表。我自己这个学术思维和学术研究能力的训练过程,整整经过了九年多的时间。对于一个人一生来说,没有几个九年。但至今我觉得,在曲折的道路中,在老师的指导下,我从一个文学道路上追寻的盲者,成长为一个懂得如何做学术研究的学人,虽然成绩平平,有愧于老师,有愧于"北大人",但为了收获这个"懂得"所经历的艰辛、所走弯路付出的代价,现在想起来,我确实还有一种无愧无悔的感觉。

现在的大学生,要进入学术思维的训练,要经过本科生,经过硕士研究生,再到博士研究生,差不多也得经过十余年的时间。但是,现在不必走我那时候的弯路了。读本科生,也不一定就一律要求放弃喜欢创作、想当作家的兴趣追求。各人自己所选择的空间和余地大得多了。但是无论怎样改变,作为中文系的大学生,训练自己的科学思维、理论研究能力、学术写作能力,还是不能放弃这个要求的。而且,文学创作与理论思维训练也是可以结合在一起,不应视为相互对立的。前些年里,我就遇到这样的大学生。有一年,大约是五四文学社评奖,系里一位学生打电话给我,送我十余篇作品,匿名评审,要我做最后终审,确定前几位入选的名次,并为入选者都写个评语。我答应了。我认真读了每篇作品之后,评出了一个一等奖,两个二等奖,几个三等奖。这里有诗歌,有小说。最终结果怎么样,它们的作者是谁,我都不知道。后来是一个叫徐钺的同学的父亲,给我打来电话说:"谢谢老师,您知道徐钺得奖了吗?"我说我完全不知道这个事。他说还是您写的评语。我说:"我当时完全不知道那些作者都是什么人,要知道是徐钺,我也许就不给他了。"因为这会有私人关系的嫌疑。徐钺是王瑶先生女儿的孩子,王瑶是我研究生的导师。徐钺评上了一等奖,是一篇小说,二等奖的诗里又有他,一个人得两个奖。徐钺当时是本科生,后来读硕士,现在是陈平原老师的博士研究生。我讲这个事,是想说明,现在进北大中文系读书的学生,入学之后,并不要求大家放弃搞创作的兴趣和努力,放弃将来当作家这样的想法，现在还鼓励同学们有这样的雄心和梦想。从 1977 级、1978 级以来，就出了像陈建功、黄蓓佳、刘震云、张曼菱等几位有名的作家。我这里想说的是这样一个意思，做中文系的学生，最重要的，还是要老老实实多读书，多看材料，学会根据材料归纳出自己的问题、见解与想法，进一步学会论述和解决学术问题。最起码的，你要把一个问题弄清晰，写一篇论文，它毕竟就是要提出和解决一个学术问题，将好多好多材料搜集起来，论述清楚了，突破过去别人这么说的不对，我自己想通过这些材料证明，他的看法自己认为是不恰当，或者是错误的，通过很多材料最后归纳出一个观点，纠正了前人的不妥或错误。这就是我们平时做读书笔记的意义，不是仅仅将资料抄下来，作为知识的记录，而是通过阅读大量的材料，对已有的学术研究做一点点的积累、突破、发展和推进。王瑶先生的《文集》里面，有十六篇《读书笔记》，读一下，可以给我们这方面的启示。上面我要讲的一个意思，从根本上就是，我们要做到"学源于思"，即做学问起源于自我独立思考，起源于怀疑，要怀疑前人的结论，不能相信前人的结论都是正确的。看不同的材料、不同的观点，可能有自己新的发现，懂得这个道理，就要努力做到：读书、做学问，要能够思考，能够提出疑问，然后自己动手去解决这些问题。胡适在很多文章里面都谈到过顾颉刚，顾颉刚开始就是胡适约他写稿子，写历史的一些新的研究成果，但他就发现了历史书有好多不对的地方，于是他就开始去考证，从这本书找到那本书，从那本书找到另外一本书，一串串找出来，最后编成了《古史辨》。七巨册《古史辨》，把古代历史一些错误的地方纠正过来了，这就是学术。学术是怎么出发的，就是从阅读、发现、怀疑、思考到论证，没有这些，想做学术，起码第一步就不大对，这是学术的基础，也是学术的最基本的能力。这种思考的能力、怀疑的能力，然后是自己重新论证的能力，这是做学问最基本的。

  第二点，我想讲一下，进行学术研究，要根据自己的兴趣，根据自己的素养、特长，根据每个人的思考、兴趣。现在我们一年级进来就分了专业了，有的是古文献专业的，有的是汉语言学专业的，有的是文学专业的。分了没分呢，漆老师，现在分了吧？还没分，嗯，将来要分的。我们进来没有分，是到二年级才分的。我们一个年级的像陆俭明老师，他们是语言学专业，十几个人，多数是文学专业的。到 1959 年才成立了古典文献专业，也有一些学生，那个已经是研究生时的方向,到研究生才开始的,像孙钦善老师。要根据自己的兴趣、素养、特长,选择自己学术的主攻方向,这是我们做学生要考虑的一个问题,现在还不是说就已经定了,进来以后可以有一个思考的过程:我的素养,我的兴趣,我的特长,我将来选择什么工作。关于主攻方向,起码你自己选择这个方向是有一种根据,这个根据,就是自己有没有这个兴趣,学术上有没有较大突破的可能性。要考虑,我选的这个方向、做的这个题目,它的基础是怎样的,突破性的可能是什么样,甚至还有它的社会意义怎么样。比如我开始做研究生,对自己未来方向的想象就是泛泛的,就是研究现代文学。毕业前进入写论文时,才定下来做鲁迅研究的方向。但是现代文学毕业后呢,等于是没有做学术研究。1965年夏天毕业,留校后,先做班主任,讲了两次关于毛主席诗词的课,就碰到这么几个事情:去延庆参加"四清"运动,"文革"开始后调到宣传部编资料,办文学杂志,编新北大校刊。从1965年到1976年,这十余年都在"文化大革命"中,在学校做一些杂事,业务荒废了十多年。直到1977年才开始回到系里,参加注释《鲁迅全集·坟》的工作,后来开始教学。你们现在入学,直接就进入你们学习研究的这个学科。主要是完成学习任务。但随着学习的深入,就需要逐渐了解一些自己学科的学术历史和现状,该学科学术研究存在的主要问题、存在的主要难点是什么。假如大家进入了文学专业、语言专业、文献专业,就要逐渐思考这个问题了:我为什么要选择这个方向?我的兴趣和这个专业的热点和难点是什么?也就是大家都在同一个起跑线上,怎么选择好自己的起跑点,选择好自己的学术兴趣和学术方向,尽早进入自己学术研究的领域或者是前沿,找到能够引起更大关注的问题。特别是自己想考研究生的,更应该想这些问题。我自己,因为研究鲁迅和新诗,始终是脚踏这两只船的。虽然也写些现代文学史中别的研究论文,但主要的方向,就是这两个方面。需要多考虑自己的突破点最初应该从哪里开始,这是我们从本科生就应该开始思考的,想读研究生或已经读了研究生的,更要思考。进入学术研究,选择如何突破学术难点,很重要。我当时考虑到对鲁迅的研究从五四开始,一直到后来,到六十年代,要开出一个新的局面,但是从哪儿突破呢?我当时考虑,进入学术的时候,就要讲一些最难的文本,就是比较复杂的问题怎么解释。我确定了自己首先要碰的,就是关于鲁迅的《野草》。我起码想要努力把这些篇一个个读懂,觉得读懂后,我便写了自己的第一本书《〈野草〉研究》。这也就是说,我们要有一个自觉的学术意识,在自己这个学科里要找学术难点、学术突破点:如何做好对于一些复杂文学文本的接受和阐释的问题,怎么结合这些作品恢复其在文学史上的地位问题。当时正在争论,批评"朦胧诗",强调现实主义主流,不敢谈象征主义。我没有参与理论的争论,我想用历史研究"发言"。就说鲁迅的作品,谁也不可能说《野草》是"逆流",但多说《野草》太晦涩,不好懂,很多篇讲不通,或者说他有哪些阴暗的事情,但是究竟是什么意思,能不能就认为是一些消极面的东西?我想通过自己从历史到文本的研究,进行一点恢复历史原貌的工作。另一个,我在北大给1977、1978级学生最早开了一门专题课"象征派、新月派、现代派诗研究",接着开了"李金发的象征派诗研究"。后来又就这些流派的复杂难解的诗歌文本,开了几次"现代诗导读"的课程。我自己讲,也让学生讲,写出作业。我把这些作业中好的,保留下来,作了一些修改。后来,我先编了一本书,叫《中国现代诗导读1927—1937》。里面除了我自己写的解诗文章外,收入了不少本科生、研究生、作家班学生的作业。后来接着又给研究生开了几轮这样的讨论课。他们的有些作业、发言稿,经过修改,加上我自己写的,加另外一些约稿,又收于另外两本《中国现代诗导读1927—1949》《中国现代诗导读·穆旦卷》中。从现代主义诗的萌芽、初期创作,经过三四十年代现代派,到"中国新诗"派的成熟,从李金发到穆旦,很多诗不大好懂,特别是戴望舒、卞之琳、冯至、穆旦,这样一些人的诗,说不容易读懂可以,但说这些人的诗是"逆流",后来就已经不大可能这样断言了,这已经是大家公认的了。现在的研究,从思维到理论,已经大大突破我那时的研究。他们对西方诗也了解更多一些。从这一过程中,我感觉到,在复杂理论现象、复杂文学文本的研究中,认准方向,敢于坚持,努力突破一些学术"禁区"和学术难点,用理论阐释和作品解读的成果进行实践性的发言,这是比一般性理论争辩更有价值的学术努力。

这里应该有分开的几个层面。我们大学入学以后,自己不一定要放弃自己的兴趣。你喜欢诗就喜欢,喜欢小说就喜欢,没有什么理由一定要强迫放弃。根据自己的兴趣、爱好,发展自己的意愿,自由选择进入什么专业,可以进法律系,可以进中文系。其次,兴趣也可以根据自己的意愿有所变化。

例如前面提到的徐钺,最初是学理科的,但他对文学有兴趣,后来读硕士时就改为学文学。他虽然喜欢创作,但最后还是选择了攻读现代文学的博士。我以为,这里最重要的,还是要注意提高自己的素养,培养学术思维和研究能力。培养训练自己的学术思维,重要的是有创造性、创新性、沉潜性,有努力突破既成理论的意识,有进入更深思考的超越性追求。以为自己所说的就是定理,在社会科学里,几乎是不可能的。王瑶先生告诉我说,在人文社会科学里、文学研究里,做学问、写文章,有三种层次,首先一个层次,是做到言之成理;第二个层次,是做到自圆其说;第三个层次,也是最要不得的,则是人云亦云了。想达到好的学术研究,不能像有些人那样,不看别人的研究成果,不去寻找学术研究的缝隙、问题,努力做到有所突破、有所创新,自己就在那里一味地炒冷饭,这是缺乏清醒的学术意识的表现。你想论述一个问题,起码要把此前别人的有关学术专著、论文都看一遍。我常常举到这样一个例子:我记得我们读书那个时候,说何其芳要写一篇关于《红楼梦》的文章,他让秘书将此前所有关于《红楼梦》的学术论文都找来自己认真读了一遍。五四之后有一批人都做过红学研究,有些他知道,有些新的东西他没有见过,自己要进入研究,就要都翻一翻,读一遍别人既有的成果,然后他才能动手写。我写《〈野草〉研究》那本书时,首先就翻阅了发表《野草》的《语丝》杂志,将那上面发表的原文,和1927年出版的《野草》一书,逐字逐句地认真校勘,看里面有哪些修改;并且几乎读了全部在我之前所发表的有关《野草》的论文和专著。这些过程是我研究写书的基础,同时我根据阅读的笔记、卡片资料,写成了两篇史料性的文字,一篇叫《〈野草〉修改蠡测》,一篇叫《〈野草〉研究索引》,作为附录(一)(二),放在全书后面。这是我们进行研究的一个最基本的学术工作。现在有些研究者,不做这些工作,甚至不懂得做学问必须尊重学术史这个基本常识。要弄清楚是谁最先提出这个观点,后来又有什么发展,你现在怎么突破它?别人已经发现的东西,在理科研究里一定不允许你重复去做,说这是自己的发现。哥白尼已经发现的东西,你不能说现在是我发现的了。文科研究有些不同,但大体也应该遵循这个规则。举个例子:鲁迅《野草》里的一篇《好的故事》,在《语丝》最初发表时,将"如缕缕的胭脂水"的"如"字,排版时给丢掉了,就剩下"缕缕的胭脂水"。在下一期《语丝》上,鲁迅自己就作出了一则《更正》:"《好的故事正误》:'十二行乌下脱柏字;十五行桨误浆;廿六行缕上脱如字;末行的下脱夜字。"这样,在《野草》初刊中,原稿的"如缕缕的胭脂水",成了"缕缕的胭脂水",比喻句变成了叙述句。鲁迅这个亲自校勘的《更正》,我在1982年出版的《〈野草〉研究》附录《修改蠡测》中,已经作了特别注释说明。在1996年《鲁迅月刊》连续发表、2000年由上海书店出版的《现实的与哲学的——鲁迅〈野草〉重释》中,又在注释中说明:在应该是鲁迅自己写的《更正》里说:"廿六行脱如字。因此,这句话应该是'大红花和斑红花,都在水面上浮动,忽而破碎,拉长了,如缕缕的胭脂水',但在成书的时候,可能是鲁迅自己忘记将'如'这个漏字添上了,因此一直沿袭至今。"可是,2005年出的新版《鲁迅全集》的《野草》一书的注释者,却不看此前已多次发表的这一校勘成果和说明,还自己在报刊上发表文章介绍"经验"说,是自己第一次发现了《野草》中的这一修改。这位研究者,是研究鲁迅的行家,写过上百万字的两大卷《鲁迅学通史》。《通史》里面还专门在两章里评述了我的《〈野草〉研究》《鲁迅〈野草〉重释》。评论别人的书,连这一条注释修改的文字说明都没看到,到了2005年的时候,还说这是自己的"新发现"。我说这一事实,并非为争什么"发现权",而是说明我们当今社会科学研究里,有一种不尊重学术研究历史这样的不正"学风"存在的事实,应该引起我们的注意,研究中对于自己严格要求。当今现代文学学术研究存在包括抄袭此前成果、重复别人观点、理论炒冷饭等弊病。很长的学术论文,厚厚的一大部博士论文,有些观点,有些史实,总是在那里重复一堆别人早已经说过的意见,而且毫不羞愧地将先前的"已有"当作自己的"发现"。这是当今文科学术研究中一个颇有普遍性的"癌症"。

  2004年我在武汉大学的"闻一多国际学术研讨会"闭幕式上的发言中说,我听了会上很多好的发言,但谈及"开拓创新"话题时,我说了这样一些话:"闻一多先生学术精神的核心是努力开拓创新。季镇淮先生在《闻一多先生的学术途径及其基本精神》里论述闻一多先生的治学态度与科学精神的时候说,闻一多的'研究气派是富有自信心和创造性的。他不甘心跟在别人后面走熟路,吃现成饭,而总是自辟蹊径,自我作古,脚踏实地一步一步地走出自己的道路来,并由此逐步深入,直探本源,以求全面彻底地解决问题。但他在学术问题上,又始终是实事求是的,坚持真理,修正错误。求真务实,开拓创新,是闻一多研究事业继续发展的生命,也是以闻一多精神研究闻一多的学术品格的集中体现。要使闻一多研究能在现有研究成果中实现'突围',提升至21世纪应有的新的水平,首先就是要继承和发扬这种开拓创新与求真务实的学术精神品格。为此就要在充分了解20世纪闻一多研究学术成果和达到的水平的基础上,发现一些研究的难点、疑点和问题,找到一些薄弱环节和突破口,关注并投入精力攻坚一些可能引起突破性进展的新的理论与思考,潜心开掘,深入探讨,坚实拓进。不能跟在别人后面走熟路,不能吃现成饭,原地踏步,炒冷饭,说老话,说废话。经验说明,举行一些研讨会本身,可能会推进学术研究的深入,也可能制造学术研究的肤浅。我们应该反思自己,以这次研讨会为契机,更自觉地倡导闻一多研究的创新意识,提倡潜心于创新性开拓性的研究,促进今后闻一多研究出现新的局面,新的水平,新的高度。"

　　在这里我想强调一点,学术研究上的突破和创新,要自觉训练自己努力做到,在复杂文学文本的阅读上,能够透过文学表层意义而进入作品意象的深层内涵,理解作者所要传达的真正意义。在研究中通过复杂文本的阅读,提高自己对于多种流派作品的艺术敏感和理解能力,我自己也是在研究实践中逐渐体悟和提高的。如《野草》里题为《颓败线的颤动》的一篇散文诗,鲁迅讲了这样一个故事:自己在做梦,第一段梦,讲一个破旧小屋里,一个年青母亲,因为饥饿,为抚养两岁的女儿,出卖自己的肉体而苦痛,惊异,羞辱,欢欣,告诉为饥饿而叫喊的孩子:"我们今天有吃的了!"作者说"我"的噩梦突然醒了。散文诗第二段,写"我"接着做梦,但这已经是多年以后了。年轻的女人已经变成了一个老太太。她的女儿结了婚,还有了一群小孩子。他们都怨恨鄙夷这个垂老的女人。女儿对着老太太斥责说,"我们没有脸见人,就只因为你",女婿也指着她说:"使我委屈一世的就是你!"甚至连面前不懂事的孩子,也拿着一片干芦叶,对着她大声说道:"杀!"垂老的女人听到这些话,痛苦已极,遗弃了一切背后的冷骂和毒笑,在深夜中离家走出,拖起她痛苦的耻辱的身体,走到荒凉的旷野上,伸着两臂向天,口唇间漏出人与兽,非人间所有的"无言词的言语"。"她那伟大的石像,然而已经荒废的,颓败的身躯,全面都颤动了。"这颤动,起伏如沸水在烈火上,"空中也即刻一同颤动,仿佛暴风雨中的荒海的波涛"。这篇《颓败线的颤动》,传达的显然是一种人生中经历的深刻痛苦的悲剧情绪。八十年代初之前的鲁迅研究中，只有冯雪峰关于《野草》的长篇论文中，指出散文诗中"老女人"含有一种强烈的复仇情绪。这应该是"作者自己曾经经验过的情绪，是一个热烈地爱人们而反抗性也极强烈的人，在遭着像这个老女人这样的待遇的时候才会发生的。这是一种最痛苦的情绪"。当时比较流行的是李何林先生的意见，他说这和《祝福》里的祥林嫂一样，写一个劳动妇女的悲惨命运，是一篇现实主义的作品。我读了《野草》之后，写了《〈野草〉的艺术探源》一文，探索鲁迅《野草》在艺术表现上与波德莱尔、屠格涅夫散文诗的关系，也就是跟西方象征主义文学潮流的关系。我认为《颓败线的颤动》是一篇象征主义作品，它是通过老妇人这样一个象征人物的命运，内心的痛苦和颤栗，隐蓄暗示地传达了自己内心的一种痛苦和复仇的情绪。为什么这样说呢？这要看当时的鲁迅日记、鲁迅给许广平的信、鲁迅和狂飙社高长虹这些人的来往与遭遇。当时高长虹，还有其他几个年轻人，受鲁迅的指导爱护支持，后来却反过来又来骂他。鲁迅这个时候给许广平的信里说："我先前何尝不是自愿，在生活的路上，将血一滴一滴地滴过去，以饲别人，虽自觉渐渐瘦弱，也以为快活。而现在呢，人们笑我瘦弱了。……这实在使我愤怒，怨恨了，有时简直想报复。"鲁迅为他们出书，出刊物，为他们校对稿子，但他们翅膀一硬，便反过来骂自己。《颓败线的颤动》这篇散文诗，跟波德莱尔、屠格涅夫的那些散文诗作品一样，是一篇典型的象征主义的作品。我在大连召开的纪念鲁迅一百周年北方片预备学术研讨会上，以这篇论文作了一个发言，提出了鲁迅《野草》与象征主义表现方法关系的问题，会上引起很热烈的讨论，有同意的，有不同意的，有的说这是一篇现实主义作品，有的就说这是象征主义的作品。到现在，大家的看法，大体都是一致的了。

屠格涅夫的散文诗，很有名。其中一些篇章，是用的象征主义方法。他有一个短篇小说，题目叫《木木》。讲一个女地主的一个仆人，很孤独，他非常喜欢一只小狗，叫这小狗"木木"。那个女地主婆不允许他养这只小狗，一定叫他把它弄死。他无法抗争，最后只能是到一个船上，到湖面上，把狗静静地摁到水里头，活活淹死了。就那么一个故事，非常简单，也非常悲哀的故事。这里其实不是讲一条狗，是讲作为一个奴隶的"人"的整个悲惨的命运。从表现上，这也是一种象征的方法。这就像陀思妥耶夫斯基说的那样,他的好多小说,他笔下的人,都只是一块湿漉漉的肮脏的"抹布"。他的创作,是想在这些"抹布"上找出光亮来。抹布是最脏最被瞧不起的。他在那最下层、最"被侮辱与被损害"的人身上,努力发现一种灵魂的光亮。从象征,到写实,这里充满着一种最高尚的人道主义,从托尔斯泰到陀思妥耶夫斯基,都是这样。所以,讲到鲁迅《野草》的这篇和其他有些散文诗,也都不是简单的现实主义作品,而是一些象征主义的作品。鲁迅很熟悉象征主义,他的《野草》里面很多篇用了这个艺术方法。像《复仇》,写两个全身裸着的人,捏着利刃,对立于广漠的旷野之上。他们将要拥抱,将要杀戮。路人们从四面奔来,拼命伸出颈子,要鉴赏这拥抱与杀戮。然而,他们立在那里,既不拥抱,也不杀戮,而且也不见有拥抱杀戮之意。他们俩这样地至于永久,以致圆活的身体已渐将枯干。看热闹的路人们于是无聊,甚至这无聊从一个人的毛孔钻到别的人的毛孔中。他们终于疲乏,终于面面相觑,走散,甚至觉得干枯到失了生趣。而他们俩依然裸着全身,捏着利刃,干枯地立在那里,"以死人似的眼光,鉴赏这路人们的干枯,无血的大戮,而永远沉浸于生命的飞扬的极致的大欢喜中"。这样的作品是现实主义的吗?不可能。这就是诗人想象中荒诞的故事,但是在非常荒诞的故事里面,却包含着非常深刻的道理。对"戏剧的看客"这样非常麻木的举动,他可以用非常写实的办法去写,就像鲁迅那篇小说《示众》那样,大家可能都读过,是在绍兴的街上,一个警察用绳子拉着一个"犯人"来示众,外面围着一圈一圈看热闹的人,一个卖包子的小男孩,喊"热乎的包子!刚出笼的包子!"他看人群围得都没缝了,挤不进去了,就挤得一个男人屁股挪了一下,钻进去看,看完以后,"看客"们呼啦一下就散了。示众不是杀头,示众完了就走了。看客都散了,小孩子又在那边叫卖:"热乎的包子!刚出笼的包子!"这是一个高度写实主义的小说,就是写中国人的麻木,以致麻木到把别人被杀头、被示众都在当作热闹看,就像刚出笼的包子一样,热乎的包子,完了以后人就呼啦一下都散了。这样的描写,非常写实,但作者批判极尖锐,内心极痛苦。鲁迅在杂文里也这样写过,他说,你若不信,你随便往地上吐口唾沫,吐完了就站在那里看,肯定有人会走过来看,有一个人到那儿看,肯定会有第二个人看,有第二个人就有第三个人,有第三个就会有一圈人,有一圈人就会有几圈人围着看,但都不知道看什么东西,就是往前挤着看,等到有人说这是一口唾沫，大家才呼啦一下就散了。鲁迅说，这就是麻木的中国人的国民性。

　　回头再来看鲁迅的《野草》，是典型的象征主义，不是现实主义作品，是很清楚的。所以，我的经验就是这样：东西读得多了，你在这方面的敏感就增强了，后来再来读这样一类作品，反复多读一些，艺术上就会变得非常的敏感。这样，鲁迅的许多过去读过、看似很熟悉的东西，也会有新的发现。1978、1979年的时候，我生病，全身神经疼痛，系里安排我到小汤山疗养，在那儿每天都有各种理疗，不准带书，我就带了一本很薄的《野草》，每天一个人有时间就读，反复读，突然有一天，我忽然发现《颓败线的颤动》这篇散文诗，不是像过去别人讲的那样，也不是我过去读时理解的那样，里面有很深的意思，就是对人的丑恶的道德、忘恩负义的道德的复仇。我讲出来后，一位日本研究鲁迅、周作人的专家木山英雄先生说，我同意你的意见，而且这里讲的不只是一种个人的道德、一个民族中的丑恶道德，更是对人类的丑恶道德的复仇，他写的那种颤动、那种呼号，都是有愤怒抗议的。讲了这么多，归结到一点，就是你读某一类的东西读得多了，艺术的敏感就会增强，一些理论思维很强的东西读得多了，自己的理论思维也可以得到训练，象征的东西读多了，有些看过的东西你就会看得比以前深了。

　　比如说，八十年代放过一个苏联的电影，片名叫《岸》。里面讲的是二战期间，一个苏联高级知识分子为了反侵略而到德国去打仗，到了一个小镇里住下来，他和负责指挥的官员住在一座比较好的房子里，那里面有个女孩，父亲已经不在了，一个俄罗斯的士兵要强暴她，这个军官把她救下来，慢慢跟女孩在家里面谈话，后来俩人相恋了。有时候镜头是黑白的，展示战争场面，有时候色彩暖一些，是他们谈话的场面。最后军队开拔了，军官离开了，谁也找不到谁，也就忘记这个事了。多少年以后，德国一个出版商出了一本书，是写苏俄战争的故事，请该书的俄罗斯作者来参加新书的发布会，顺便访问一下，他就去了。在发布会开完后，这个老板请他到家里喝咖啡，老板是女的，两个人看看书，聊聊天，结果，她去煮咖啡的时候，桌子上有一本相册，他随手一翻，突然就看见了多年前的他和那个女孩，两个人相恋时候的照片。女老板是有意识请他的，但他不知道这个事，到发现了以后，两个人就惆怅地在威尼斯城水边上喝咖啡、聊天，然后就送他到机场，隔着下着雨的玻璃,俩人挥手惆怅地告别了。这个故事大家看了都会懂,但导演在里面还插入了一个副线的故事,另外一个故事,就是两个苏联的小孩,两小无猜,在伏尔加河大水泛滥时,淹到教堂只剩一个塔尖了,他们划着个小船,到那个塔尖底下,女孩在船上等着,男孩一个猛子扎下去,敲那个教堂的钟,对爬在船底上的女孩喊:"你听到了吗?"她的回答是:"我听到了。""你听到了吗?""我听到了。"这个镜头穿插着出现几次,就是这么一个细节,但为什么在战争的故事里插入了两个小孩在洪水泛滥中听教堂钟声的故事呢?一般观众看过了,可能说不知道。但作为一个学文学的、有一定素养的人,你就应该追究作品这一复杂设计,导演的意图是什么?实际上这是一个副线,它在烘托战争对人类最美好感情的摧残、对爱的摧残,实际上战争也是跟洪水一样,小孩非常纯洁地渴望听到一种和平的声音,教堂的钟声,他到洪水水里面去敲钟,敲完了问这个女孩她听到没有,两个非常美好的小孩,实际上就是用这个来控诉战争对人类美好感情的摧残,这样相互渲染强化了整个电影要传达的深意。导演插这个镜头进去,绝不是随意,绝不是多余,也绝不是无意的。从鲁迅的作品,到一部普通电影,只要我们留心点去读,去看,去思考,就可以提高自己,通过阅读思考,理解的训练、思维的训练,就可以使我们对整个作品的接受理解提高到一个更深的层次。我们不应该停留在"小沈阳"那个层次上,笑一笑就完了,而是要有更高的追求。大家都注意来这里读书了,就应该把自己的文艺素养、自己的理论思维能力、自己对作品接受和鉴赏的能力,提高一个层次。

在这里还想说一点,我自己讲课和研究的过程中,始终很感谢我另外一个老师——林庚先生。林庚先生是三十年代的著名诗人,他待我像对自己的孩子一样,我研究他的诗,跟他的关系也很密切,经常到他的家里求教、看望。我曾经在日本教学,1996年阪神大地震时,我正好在神户大学,那时非常恐怖,到处一片瓦砾。震后的新年里,我给林先生写了封信,表达祝贺。林庚先生给我回了一封信,里面写道:"山川道远,多蒙关注,神户地震之初,曾多方打听那边消息,后知你们都已移至东京,吉人天相,必有后福,可贺可庆。惠赠尺八(我寄的贺卡上面是一个日本女孩手拿尺八的画),贺卡极有风味,日本尚存唐代遗风,又毕竟是异乡情调,因忆苏曼殊的诗:'春雨楼头尺八箫,何时归看浙江潮。芒鞋破钵无人识,踏过樱花第几桥。'"引完了这首诗后,林先生又接着说:"性灵之作,乃能传之久远,今日之诗坛乃如过眼云烟,殊可叹也,相见非远,乐何如之。"信的结尾,林庚先生是借这个信抒发了自己对当前诗坛的看法。他不止一次对我说过,好多诗他不懂,你写你的,我不读就是了,现在很多诗就是写给自己看的。他说"性灵之作,乃能传之久远",林先生自己的诗作,很多都是传达自己的一种"性灵"。"盛唐气象晚唐诗",林庚先生特别推崇"盛唐气象",他写的就是自己内心的"盛唐气象",而用的方法,则是晚唐李商隐的方法,所以开始你也会有读不懂的感觉。林庚过去也曾被认为是一位读不懂的诗人,现在好多诗应该都能读懂了。后来他给我写了个斗方,我在日本买了几枚方硬的"色纸",请他给我写字,他给我写的其中两枚内容是:"人生的提纯,诗人因此也是一场修行。"他把句子前面的字省掉了,也即是:诗是人生的提纯,他把"诗人"省去了,"人生是一场修行",只有你人生修行到一定境界,你的诗才能达到那种境界。还有一枚写的是:"美感与快感,诗和人生的分野。"意思是:人生多是追求快感,而诗人、诗本身,应该是追求美感。

我这几年做的工作,归纳起来,一个是通过《野草》这样的书,通过李金发、戴望舒这样流派研究的书,通过现代诗歌作品的文本导读、现代诗歌和西方诗歌关系的理论研究,和最近出版的一本书《中国现代解诗学的理论和实践》,等等这样一些书,呼唤对现代诗的历史合理性和正确性的认识。其次是,努力沟通艺术的创造者和艺术的接受者之间的审美距离,不能让你写你的、我不读我的这样的状态老是存在下去,好的诗应该让人读懂。

胡适在五四的时候推崇元稹、白居易的白话诗"明白易懂",说晚唐李商隐难懂的诗是"妖孽诗",《锦瑟》这首诗一千年了也没有人知道他说的是什么"鬼话"。梁启超却反对胡适的这种意见,他说:"近来提倡白话诗的人不消说是极端反对他了。平心而论,这派固然不能算是诗的正宗,但就'唯美的'眼光来看,自有他的价值。"他觉得李商隐的诗很美,包括他的《锦瑟》《过圣女祠》等,"我敢说他能和中国文字同其命运"。虽然文义不一定解得出来,"但我觉得他美,读起来令我精神上得一种新鲜的愉快。须知,美是多方面的,美是含有神秘性的,我们若还承认美的价值,对于这种文学,是不容轻轻抹煞啊"。他的诗跟西方的诗不一样,西方的诗像喝咖啡,很浓了还要加几块白糖;而中国这样的诗像是喝龙井茶,很淡但很有味道。这是

1922年梁启超在清华学校讲演的一篇长文里讲的,他的这篇讲演稿收在《饮冰室文集》里面,他讲演时所引的诗几乎都是背出来的。里面讲古诗时,他用象征派、现实主义、浪漫主义来概括古诗的三种传统,说李商隐是中国的象征派,这是很新奇的观点。胡适提倡诗要明白、有力,所以他反对这些诗。这是对于中国诗的两种不同的艺术观念,我们可以接受这个见解,但应该抱多样的态度。胡适的有些诗写得也可以,也挺好。但是你不能反过来说梁启超肯定的李商隐这些诗,包括林庚先生的那些不好懂的诗不好。他的有些诗,写得是非常富于灵气的。林庚写的是"性灵之作",这个月9号有一个林庚的纪念会,我想了一个题目就叫做"盛唐气象晚唐诗",他有他的盛唐情怀,他整个一生都追求诗的美、诗的韵味,先生一直到97岁去世,都能保持自己的激情,没有更多个人偏狭的情绪。林庚先生晚年很淡泊,很宁静,精神很好,有时还在燕南园里散步呢。去世之前,快过中秋节的时候,他还问:"怎么月亮还不圆呢?"那天先生叫保姆说:"我想睡一会儿。"他还要吃点儿点心,吃点儿月饼。但吃了一口月饼后,觉得不舒服,保姆马上给隔墙的校医院打电话,医生来了,先生已经过去了。我当时在大连开会,没在北京参加先生的追悼会。但是他的诗,他的人生追求,他的文学史研究,他的唐诗研究,乃至他最后告别人生,都是非常纯的,所以能够达到这样一个境界,"人生的提纯"的境界。如先生给我题字说的,他的人生也是一种作为诗人的修行。

最后,我简单讲一下关于学术精神方法、素养坚守和提升的问题。这个离大学生活稍远一点,应该在研究生和博士生的时候来谈这个问题。我们只是入门,但是有这个意识比没有这个意识要好。

这里讲两点。第一,学术的自觉意识和方法的科学性问题。如果大家关注一点学界的文章,大体有这样三种:玄学化的倾向,拔高化的倾向,功利化的倾向。不光是年轻的学者,老一点的学者有的也难以避免。所谓玄学化,就是把一些很普通的问题说得玄而又玄,你不知道他说的是什么东西,用一些新名词新术语来阐释。另外一种是拼命拔高,喜欢一个对象,就把他拔得非常高。还有一个是功利化。对当前的政治、社会以至整个物质化的生活不满和批判,都可以,但你不能用学术研究作工具来发泄。我认为学术就是学术,这个东西跟写杂文、写政论文章不一样,但不少人还是以学术作为服从政治的工具,以之为学术的根本作用,这就是某种功利化。有人反对独尊学术的倾向,强调学术研究的现实意义。各种学科的研究对象和任务不尽相同,笼统这样要求,我是不敢苟同的。因为你们现在还没有进入到这个层面,我这里就不展开讲了。

  第二,是现在的文学史研究,要多借鉴一点古典文学与文化研究的学术规范和方法。做现代文学、当代文学研究的,不太讲究学术规范,随意性太大。闻一多研究的学术会上的论文,我翻了很多,不能都说好话,就说了我们有些教授写的论文,注释都不大规范,有的论文、专著,注释引得太随便了,引的材料太不讲究。比如说,引徐志摩的有关资料,注解只说引自徐志摩的《〈猛虎集〉序》,哪个《猛虎集》? 是哪一年出版的? 哪个出版社出的? 你要引得清晰、准确、严谨。如果直接找这个书找不到,你找可靠的工具书也好,找到原书的出处,不大会出错,至于文字有没有校对,那是你的事。但这些功夫他都不去做。他论文页脚注释是:"见2008年上海学林出版社《徐志摩选集》。"我在会上就说,这样的研究学术方法,"作为一个老师,一个教授,你怎么去教学生?"我看博士生的论文,首先就要看他的注释,要是挑出这类15到20条以上的不准确、不科学、不规范的或者是错误的,就可能要说他这篇论文是不应该通过的,作为老师,说一个徐志摩《〈猛虎集〉序》,你已经说了这个作品了,出版年月很容易查,你就注出来是哪年哪月哪个出版社出的,你注一个2008年学林出版社出版的,这样当下随便什么人编的书,能有多大权威性? 它毕竟是新出的书,新出的书它的可靠性有多大? 就是你注释的引文一个字也没错,但你的引述,按照学术研究也不规范,没有历史性学术研究的历史感和严密性。我认为不能这样做学问。包括搞理科的,搞古代文学的,搞古典文献的,都不能够这样。我们搞现当代文学研究的,太随意了。二十年前,我们系里有的博士毕业的时候,我读了论文觉得材料的引述不严肃,缺乏学术的严密性。我当时是系主任,在全系大会上,特别说到我们的学风问题,应该值得注意。我看了那篇博士论文,注解里面引了梁实秋的一句话,收在《浪漫的与古典的》那本书里的一句话,但是他的注解是:"见"李欧梵的一本书,李书又转引自美国的另外一位教授的书,我说你转引美国的,美国的再转引自美国的另外一个学者,而可这个书就在我们的图书馆里,就叫《浪漫的与古典的》,而且那时候我们做现代文学研究的学者手里面差不多都会有这本书,因为上海书店把这个书影印了,随便就可以买到、从图书馆里借到。没有原版的书,影印的也可以,它不会改变,页码也不会变,里面原出版社及时间也不会变。你做一个博士论文,论文要答辩了,里面看出这样的注释,还不止一条两条,这怎么行啊?最近在闻一多的那个会上,我又提出了这个问题,我觉得这里面就是一个学术研究古典化的原则,要讲科学化的问题,搞古代文学绝不会这样写论文的,搞古典文献的也都知道这样不行。另外,就是包括一些史料、引文的错误,什么都不去校勘,很随意,校勘是一门学问,要专门上课的,但是搞现代文学和当代文学的,有些论文甚至专著往往都不管这一套。

在这次闻一多会上,要我做总结,我在会上讲了很多不客气的话。我说你们新编的《闻一多全集》,武汉大学花多少年编的《闻一多全集》,这次又给了一等奖,但就是在《闻一多全集》里面,就有不少问题。闻一多有一篇文章,题目叫《〈九歌〉——古歌舞剧悬解》,这是闻一多1944年写的一篇东西,闻先生死了以后收在1948年《全集》里面,死了以后朱光潜根据手稿也发表在他主编的《文学杂志》上了。我因为读到《文学杂志》原刊的这篇论文了,就把他下载下来,跟新编《全集》的文本校勘了一下,结果发现好多差异,这个差异是《文学杂志》错了,还是《全集》错了?我就找1948年出版的《全集》核对。1948年《全集》是根据手稿校对的,新出的这套《全集》也说是根据手稿,但手稿没有了,就根据原来的《全集》校对,结果这个新《全集》漏掉了几乎几十个字的一大段话,因为上一段文字跟这几十个字完全一样。校对就最怕这个,一句话、两行诗有一样的,中间忽然就接上了,就把那些漏掉了,新编《全集》有两大段都漏掉了。这个《全集》是我们刚授过一等奖的,结果本身有地方就不如1948年的《全集》那么准确了。我不是从《全集》里对出来的,而是看了朱光潜主编的《文学杂志》上刊发的那个东西,发现怎么有那么多的差异,到底应该是怎样?最后找了1948年的《全集》来对才弄明白,这个新编《全集》有部分手稿不在了,就照着1948年的《全集》录。负责这个工作的是一个年老的先生,我相信他是非常认真的,但是校勘还是出了这些问题,还丢掉了两三处,另外有地方也弄错了,这就给我们学术研究一个教训。现代文学也有校勘的问题,好多有错的,就是博士论文里也有,所以我们读书要养成这个习惯,多去翻阅原始文献,多去翻原版书、原始期刊和报纸，古代文学也有这个问题，要看原来出版的著作，即使一些现代重新印的版本，也应该去怀疑一下，要去看看原版或更为可靠的版本是什么样的。我在好多文章里面讲过，有人说中国现代文学这个学科已经基本成熟了，我表示怀疑。我说这个学术功夫做得还远远不够。好的功夫是什么？起码这套研究规范要确立，而事实上我们的学术研究成果随意性太大。今天我们可以说赵树理是一位伟大的作家，因为1942年以后他创造了一种新的现代白话小说，等到"文化大革命"以后，毛泽东的讲话作为经典范式被质疑以后，否定了讲话一些精神又来彻底否定赵树理。现当代文学研究这种科学性，与这个学科研究对象缺乏学术稳定性有关。我们的学术研究，不能老是随时代气候变幻"跟风"，不能总让主观随意性和时下功利性动摇自己学术意识的坚守。

汉字进入了简化字时代

苏培成

苏培成,1935年生,天津市人。1962年北京大学中文系汉语言文学专业语言专门化本科毕业,先后在几所学校做教师。1988年初调入北京大学中文系,1994年晋升为教授,1999年退休。现为中国语文现代化学会名誉会长、中国辞书学会顾问、《现代汉语词典》第五版第六版审订委员、《汉语大字典》第二版审订委员。主要从事中国语文现代化、现代汉字、汉语辞书和标点符号等方面的研究。已经出版的论著有《现代汉字学纲要》《二十世纪的现代汉字研究》《语言文字应用探索》《语言文字应用丛稿》《当代中国的语文改革和语文规范》《中国语文改革的回顾与展望》《关注社会语文生活》《标点符号实用手册》等,在汉语辞书方面出版的著作有《汉字简化字与繁体字对照字典》(后修订改名为《繁简字对照字典》)、《汉字形义分析字典》(与曹先擢共同主编)、《错别字辨析字典》(后修订改名为《现代汉语辨析字典》)、《新华多功能字典》(与曹先擢共同主编)、《台湾与大陆常用汉字对照字典》,主编的论文集有《现代汉字规范化问题》(与尹斌庸共同主编)、《周有光语文论集》《周有光语言学论文集》《信息网络时代的汉语拼音》《语文现代化论文集》(与颜逸明、尹斌庸共同主编)等。

很高兴能够在这儿和大家谈一点语文问题。首先用一点时间做一个简短的自我介绍。我是咱们中文系的教师,长期担任的是"现代汉语"方面的课程。按照学校有关规定,我在六十五岁退休。退休以后的生活内容是看点书,写点文章,参加一点学术活动。我的专业方向,从大的方向说属于"汉语"或者叫现代汉语。具体说呢,这些年我热心的主要是汉语研究的三个分支学科。

一个就叫做"中国语文现代化",也叫做"中国语文改革",就是我们的语文生活也要随着时代的发展逐渐向现代化这个方向前进。这方面呢,当前社会上有许多争论的问题,值得我们关注。比如说字母词的使用。今年年初,《人民日报》(海外版)有一位高级记者叫傅振国,他就给中央打了一个报告,说现在啊英语入侵很严重,断言三百年以后汉语要消亡,所以提请中央领导严肃地注意这个问题,要抵制、要防止英语的入侵。这就是一个语文现代化的问题。为这个问题,我跟傅先生当面进行过辩论。我说今天中国要走向国际化,英语是重要的工具,无所谓"英语的入侵问题"。你可以不学它嘛,你不学不就完了吗?你今天不学行吗?不行!汉语是不是三百年后就没有了呢?怎么可能呢?语言的本质是它的基本词汇和语法结构。外来的英语词是一般的词汇,它既不是语法结构,又不是基本词汇,它怎么能改变我们汉语的本质呢?我就举这个例子,说明语文现代化实际上跟我们的日常生活、我们的关注有很密切的关系。这方面呢,我十年期间给这个中国语文现代化学会编了十本论文集,都公开出版了;推出了几百篇文章,促进这个学科的发展。这是我这些年来做的一个方面的事情。

第二个分支就是"现代汉字"。汉字在我们中国有很大的影响。我们关注自《说文》以来的传统汉字学。传统汉字学往上延伸,就是古文字学,也就是古汉字学;往下延伸也就是现代汉字学。什么是"现代汉字"?"现代汉字"就是记录现代汉语所用到的汉字,也就是现代白话文里用到的汉字。现代汉字中有许多问题,比如汉字的简化,这几年争论得很激烈。去年一年,按照我个人的观察,先后有四拨人提出来要恢复繁体字。这个说法对还是不对？有没有必要？有没有可能？我们要研究这个问题，从学术上作出回答。比如说去年的8月份，教育部国家语委公布了一个《通用规范汉字表》，公开向全社会征求意见。半个多月的时间，群众通过各种渠道包括网络，提了几千条意见，可以说把这个"征求意见稿"批得灰头土脸。我个人呢一直关注这件事，也在一定程度上参与了这件事。我对这个字表并不满意，我把我的意见写成文章，直接送交教育部，请他们参考。我认为这个《字表》存在着六大问题。那么到现在一年过去了，就是刚刚过去的这个星期天，10月10日，我接到教育部的通知，到北京师范大学参与了一个研讨这个《规范汉字表》的会议。在会上我获知，我提出的这六个建议都被"修订稿"接受了。我很高兴，这就是我们为国家的语文工作做出的一点贡献，这是多年来我热心做的第二个方面的事。

第三个就是汉语文辞书的研究和编写。我个人在学习和工作当中，离不开辞书，特别是汉语文辞书。汉语文辞书在社会上发行量最大、影响最大的一个是《新华字典》，一个是《现代汉语词典》。我们学语文的人，离不开语文辞书，这两本是最基本的辞书。我个人因为得益于汉语辞书，到晚年了，我也愿意加入这个队伍中来。这几年我编了几本辞书。跟曹先擢先生两个合作编了两本字典：一本叫做《汉字形义分析字典》，北大出版社出版；再一本叫做《新华多功能字典》，商务印书馆出版。这两本书出版之后这几年呢，就实践看，社会大概是接受了，没有发现我们这个书有重大的硬伤。编字典、词典，一点小错儿也没有、零差错不可能；但是一大堆错那绝对是不合格的产品。《现代汉语词典》现在各位在书店买的是第五版，我参与了第五版的修订，我是它的审订委员。现在他们正在做第六版，又继续聘我做审订委员。我们还有套大书叫《汉语大字典》，2010年出了第二版，我是第二版的审订委员。我参加了新闻出版署关于辞书的编校质量的检查。这个工作对我也有好处，使我更多地了解目前我们汉语文辞书（包括双语辞书）存在的一些问题。

这就是我这些年做的一点工作。这几个分支学科概括起来是属于语言文字的应用研究。我们语言文字有本体研究，如现代汉语课讲语音、讲语法，那是本体研究，这个不要放松，这是基础。但本体研究以外还有应用研究，学语言文字说到最后是为了应用，如果你那些知识理论对实际应用一点用都没有,那你学它有什么用呢?当然,应用,有的是直接有的是间接。作为一个语言文字的学习者或者是工作者来说,要关注社会语文生活。我们周边的语文生活每日在发展,有各式各样的复杂的问题要我们去回答。我们的老一辈的语文学者,我的老师辈,像王力先生、语言所的吕叔湘先生、我们系的魏建功先生,他们都拿出很大的精力来关注社会语文生活,包括词典的编写。所以今天借这个机会呢,我也愿意把这些事情简要地给各位介绍一下。

我想今天在这个地方,利用这个机会,给大家谈一谈简化字的问题。我今天讲的题目就叫做"汉字进入了简化字时代"。这个题目是什么意思?就是我给简化字作一个学术定位——从学术上看,简化字它在我们文字生活中处在什么位置。我希望我今天谈这个问题呢,能够为大多数同学接受,帮助大家思考这方面的问题。这个开场白我就说完了,下面我就讲正题。

这个题目我分五个问题来谈。第一个题目是:"汉字发展中的新旧交替"。汉字自甲骨文时代算起,到现在已经有三千多年。在这三千多年中,汉字始终在发展变化。这就是一个观点,语言文字不是停滞的,而是发展变化的。不过有时候发展变化得快,有时候发展变化得慢。汉字发展的总趋势是由繁到简。三千多年来汉字的发展,有由繁到简这个趋势,也有由简到繁这个趋势:这是两个对立的发展的方向;但是主流是由繁到简,我们并不否定有由简到繁的部分。怎么说总趋势是由繁到简?可以从字体和字形两个方面来分析。

汉字的字体就是汉字的结体体势和书写风格。我们现在看到的最早的成批汉字是甲骨文,甲骨文是殷商后期盘庚迁殷以后留下来的文字,到现在是三千七百年。另外还有金文、大篆、小篆、隶书、楷书,还有行书、草书,一直到今天的简化字。从字体的一连串演变里边,我们看出来有什么规律呢?下边我引用启功先生的一段话。他说:"每一个时代中,字体至少有三大部分:即当时通行的正体字;以前各时代的各种古体字;新兴的新体字或说俗体字。以人为喻,即是有祖孙三辈,而每一辈中又有兄弟姊妹。例如秦时有祖辈的大篆,有子辈的小篆,有孙辈的隶书。"秦时不是只有一种字体,至少有祖孙三代,而且每一代又有兄弟姊妹。《说文》告诉我们"秦书有八体",除了这祖孙三代之外还有另外五种字体。所以,"前一时代的正体,到后一时代常成为古体；前一时代的新体，到后一时代常成为正体或说通行体"。启功先生这段话告诉我们字体演变的规律，他说得非常精辟。字形就是汉字的组织构造。甲骨文时期许多字就有简体和繁体的区别。例如兵车、战车的"车"字。有的笔画比较复杂，有车轮、车厢，两个车轮之间连有车轴，车厢连着车辕，辕前面有套驾马的车横；有的就比较简单，只有两个轮子和一个车轴。在殷商时期，车是人们交战中常用的，写那个繁的很麻烦，于是就有了那个简单的写法。这就说明，在甲骨文时期同一个字就有繁体和简体的差别。而流传到后世的"车"字，不是那个笔画多的，而是那个笔画少的。到了楷书的"车"，比甲骨文那个简单的还简单，只剩一个车轮了。到了简化字，车轮也看不清楚了，用一个撇折代替了车轮，总共只有四画。从这个字形的演变来看，也是由繁到简的。这样的例子可以举出很多很多。总的来说，汉字在发展中存在着新旧交替。不是说旧的一下子消失了，新的一下就出现了，文字的演变是渐变的，有一个新旧并用的时期，但是发展的趋势我们看得清清楚楚。

第二个问题，我给各位介绍一下当代中国的汉字简化工作。当代中国的汉字简化，是我们文字生活里的一件大事。这件事从什么时候说起呢？从清末。最早提出采用简体字的是教育家陆费逵先生。1909年陆费逵先生在《教育杂志》的创刊号上发表一篇论文，题目叫做《普通教育当采用俗体字》。他认为在普通教育里，应当采用俗体字。陆先生讲的"俗体字"，就是或者主要就是我们后来讲的简体字。因为在他那个时代，简体字是不能进课堂的，普通教育里也要学传统的正体字。陆先生认为这个不合适，他建议普通教育要用俗体字，主要就是简体字。随着社会的发展，随着民族民主革命的发展，要求推行简体字的呼声是一浪高过一浪。到了五四以后，汉字简化运动有了进一步的发展。把汉字简化运动推向高潮的是钱玄同先生。五四时期他是北京大学的教授，热心文字改革，几次向政府提出要推行简体字。1922年，钱先生在国语统一筹备会上提出《减省现行汉字笔画案》，获得通过。1934年钱先生又在国语统一筹备委员会上提出《搜采固有而较适用的简体字案》，也获得通过，会议推举钱先生担负这项工作。那时候钱先生身体很不好，他抱病工作，最终编成了一个简体字的资料，叫做《简体字谱》，里边收了两千多个简体字。

在上世纪三十年代，社会上对简体字有要求，文化界也有要求，所以出现了简体字运动的高潮。在 1935 年春季，上海文化界人士，以陈望道先生为首，联合上海的文字改革工作者，组织了一个"手头字推行会"。陈望道先生说的"手头字"，就是我们现在所说的"简化字"。《共产党宣言》最早的中文译本就是陈望道先生翻译的。他是非常进步的语文工作者，积极促进语文改革。所以他号召组织"手头字推行会"，选定第一批手头字 300 个。在 1935 年 2 月间，由文化界 200 个人，和当时在上海出版的《太白》《世界知识》《译文》等 15 个杂志联名发表《推行手头字缘起》，号召社会、号召出版界用这个手头字。因为这些刊物、这些发起者都是有社会声望的，他们《缘起》的发表引起了社会的关注。到了 1935 年，南京国民政府教育部看到国内要求推行简体字的形势，决定采取行政措施推行简体字。那一年的 8 月，教育部公布了一个文件，叫《第一批简体字表》，这个字表有 324 个简体字。这 324 个简体字，就是由钱玄同先生编的《简体字谱》里边选出来的。公布《第一批简体字表》的时候，教育部提出了明确的要求，要求出版界、教育界到了 1936 年暑期中小学开学的时候，中小学的课本一律用《简体字表》里头的简体字。你不用，不允许你出版。公布的时候把这个简体字推行的重要性、它的意义考虑得非常的周到。可是《字表》公布之后，一方面受到了进步的文化界、教育界的欢迎，一方面受到保守势力的阻挠。而最终因国民党高层保守势力比较强大，这个《字表》没有能够正式推行。在 1936 年 2 月，国民政府教育部又发出决定，说这个字表"暂缓推行"。这一缓缓到什么时候呢？缓到现在的台湾，再也不提这个事了。所以我借今天告诉各位，如果说推行简化字这个事情是正确的，首先的功劳是国民党的，它开的这个道，政府推行嘛；如果说这个事是错误的，那首先也是国民党的。这是历史。我讲这个历史，我觉得对我们正确认识大陆这个简化字是有些帮助的。下面我重点说一说新中国的汉字简化工作。

　　1949 年新中国建立之后，国家要发展教育、发展文化，决定大力推行简化汉字，把国民政府没有完成的推行简体字的主张付诸实践。具体的过程我在这里没有办法详细地说，只告诉各位一件最重要的事情，就是 1956 年 1 月 31 日国务院公布了《汉字简化方案》。公布之后，我们分四批在中国大陆推行方案内的简化字。1956 年公布的《汉字简化方案》里边有多少简化字呢？有515个简化字，还有54个简化偏旁。自新中国建立以来到今天为止，人民政府推行的简化字就是这一批。简化字自1956年推行到现在，已经有半个多世纪了。推行过程中的很多细节问题，各位有兴趣可以找有关的资料来看。我在这里只想说明，大陆推行的简化字，从构成说又分成了两种方式。一种叫"个体简化"，比如说这个繁体的"寶"简化为简体的"宝"，一对一，一个繁体简化为一个简体，这叫"个体简化"。另一种叫"偏旁类推简化"，比如"言语"的"言"，繁体字有七画，作为简化的偏旁只有两画，写作"讠"。按照汉字简化方案的规定，凡是有言字偏旁的字，一律把七画的繁体字的"言"改成两画简体字的"讠"。这个偏旁一减，几十个字、上百个字，这叫做"偏旁类推简化"。《汉字简化方案》里边为什么要分这么两部分？因为光有个体简化，得到的简化字数量比较少，不够应用，所以要有偏旁类推简化。半个多世纪证明，采用这两种不同的方法进行汉字的简化，这种考虑是正确的，是成功的。

1956年国务院公布了《汉字简化方案》，到1964年经国务院批准文改会（就是"中国文字改革委员会"）编印了《简化字总表》。《简化字总表》跟《汉字简化方案》这两个文件里的简化字是同一批简化字，不是两批不同的简化字。《简化字总表》跟《汉字简化方案》的区别主要在于调整了可以类推简化的偏旁。《简化字总表》包括三个字表。第一表是"不作简化偏旁用的简化字"，也就是个体简化字，共收350个。如"礙""骯""襖"简化为"碍""肮""袄"。第二表是"可作简化偏旁用的简化字和简化偏旁"，共收简化字132个和简化偏旁14个。例如，"爱""罢"本来是《汉字简化方案》里面就有的简化字，到了《简化字总表》里明确规定，它们用作简化偏旁时要进行类推简化。第三表是"应用第二表所列简化字和简化偏旁得出来的简化字"，共收1753字。例如根据第二表"愛""罷"简化为"爱""罢"，第三表列出"嬡""璦""嬡"简化为"嫒""瑷""媛"，"擺""罷""糶"简化为"摆""罢""耀"。《简化字总表》还规定"未收入第三表的字，凡用第二表的简化字或简化偏旁作为偏旁的，一般应该同样简化"。这是很重要的规定，至今仍旧有效，我们应该执行这条规定。我们这样介绍《简化字总表》听起来可能有点糊涂，但是只要把这个字表拿来一看就清楚了。我们要了解并且熟悉《简化字总表》。

《汉字简化方案》里面的简化字有 515 个,怎么到了《简化字总表》就变成了 2235 个?怎么多出来这么多?其实就是把通用字范围内用偏旁类推得到的简化字都列出来了。如果有人问你,说大陆一共推行了多少个简化字?你可以回答,根据《简化字总表》是 2235 个。现代汉语的通用字是 7000 个,而简化字有 2235 字,可以看出简化字大约占了通用字的三分之一。五十多年来我们推行简化字,不过就是两千二百多个字。

　　近年来,有的学者对于偏旁类推简化的范围提出了不同的意见。他们认为按照《简化字总表》的规定,会有一批罕用字得到简化,而这些字是很少使用的,他们建议对偏旁类推简化限定一个范围,在范围内的字类推简化,范围外的字不类推简化。这种主张可以叫做"有限类推简化"。1999 年 10 月上海辞书出版社出版的第六版《辞海》就采用了这种主张。例如,同是有"马"字旁的字,在这一版《辞海》里有的要类推简化,如"驯""驭""驰",有的就不类推简化,如"䮭"和"䮨"。我几次写文章,认为这样处理会带来严重的问题:不管这个范围怎么划,使用汉字的人根本无法记住哪些字属于表内字,哪些字属于表外字;而且同属一个偏旁的字,有的简化有的不简化,结果必然造成繁简混用,这是汉字正字法所不允许的。

　　下面我再给各位介绍简化字推行后取得的效果,这自然就涉及对简化字的评价。第一是减省了笔画。《简化字总表》有简化字 2235 个,笔画的总数是 23025 画,平均每个字是 10.3 画;被代替的繁体字是 2261 个,笔画的总数是 36236 画,平均每个繁体字是 16 画。繁简相比,平均每个字减少 5.7 画。如果写 2000 个简化字,合计可以少写 10000 画。如果每个汉字 10 画,就等于少写 1000 字。第二是减少了字数。因为简化字不都是一对一简化,包括有同音代替和近音代替,比如"升斗"的"斗"代替了"斗争"的"斗(鬥)";还有合并简化,"收获庄稼"的"获(穫)"和"猎获动物"的"获(獲)",繁体字是两个字,简化字合并成一个字。这样一来,一共减少的字数是 102 个。汉字的字数是很多的,《康熙字典》五万多个字,《汉语大字典》收了六万多个字。汉字字数多,不是优点,是缺点。所以在我们的汉字整理和简化当中,如果能省几个字,比多几个字好。我们的汉字简化,节省了 102 个字,省的字数不算很多,但已经给我们带来了一些方便。第三是提高了阅读的清晰度。比如说简化字的"乱七八糟"的"乱(亂)"、"乌龟"的

"龟(龜)"、"郁闷"的"郁(鬱)"远比它们的繁体字清晰。简化字对电脑录入没有太大的帮助,但是屏幕上显示出来的简化字远比繁体字清晰。近视眼的人是很多的,提高汉字的清晰度是有好处的。这一点不能无视。

我这里列出了简化字取得的三个方面的成果,那么简化字有没有缺点呢?有。汉字简化有利有弊,但是利大于弊。有百利而无一弊的事是不存在的,只要是利大于弊,这个事就可以考虑、就可以做。我认为汉字简化就属于这种情况。原来的文改会的老主任叫吴玉章,他有一个对汉字简化的评论:"简化汉字的推行,无论在儿童教育、扫除文盲和一般人的书写方面都有很大的利益,因此受到广大群众特别是少年儿童的热烈欢迎。"这个评价是准确的。我们推行简化字,是为了减轻汉字学习和使用的负担。简化字推行之后,在一般的书报上,我们都要用简化字,就不用繁体字了。但在中国大陆,繁体字并没有被废除,只是缩小了它的使用范围。从事文史哲、考古等专业的专业工作者他们照样要熟悉繁体字,他们照样要读古书。这个要明确。不是文史哲、考古等方面的专业工作者如果只会简化字,就可以满足日常文字生活的需要;如果个人愿意业余学习繁体字,这不受限制。我们现在从政府的角度说,不提"海峡两岸书同文",因为海峡两岸并没有出现"书不同文"的现象,我们是"同文同宗"。台湾用繁体字,我们也用繁体字,只不过我们繁体字使用的范围比台湾要小。这就是我给各位谈的第二个问题,当代汉字的简化工作。

下面我讲第三个问题,半个世纪来简化字的应用范围逐步扩大。

第一,简化字在中国大陆。1958年1月10日,周恩来总理在《当前文字改革的任务》的报告里说:"方案(指《汉字简化方案》)公布后,两年来,简字已经在报纸、刊物、课本和一般书籍上普遍采用,受到广大群众的欢迎,大家称便,特别是对初学文字的儿童和成人的确做了一件很大的好事。河南一位老师向小学生介绍简字,说'豐收'的'豐'字今后可以简写成三横一竖的'丰'字,孩子们高兴得鼓掌欢呼。天津一个工人说,'盡、邊、辦'这三字学了半年了,总记不住,这会简化成'尽、边、办',一下子就记住了。李凤莲同志有个弟弟,在家乡种地,写信给李凤莲同志诉苦,说农民普遍感到汉字难学。农民常用的一些字,像'農民'的'農','穀子'的'穀','麵粉'的'麵','麥子'的'麥',还有'雜糧'这两个字,这一类字都不好写。李凤莲同志给他弟弟寄了一本简化汉字的书去,他弟弟高兴极了,回信说'这些新字好学得多',还埋怨他姐姐为什么不早些给他寄去。简体字是要比繁体字好学好写,因此包括工人、农民、小学生和教师在内的广大群众热烈欢迎简字,这是很自然的事。"周总理还说:"我们应该从六亿人口出发来考虑文字改革的问题,而不是从个人的习惯和一时的方便来看这个问题。""我们站在广大人民的立场上,首先应该把汉字简化这项工作肯定下来。"——最后这一句就是一个很重要的观点。

解放初期,我国的文盲占全国人口的80%。用繁体字扫盲十分困难,学来学去,认识的还是那几个笔画少的字。一个成年人让他认识两千个繁体字十分困难,你们年轻人没有体会过,年年扫盲,年年回生,繁体字学完了就忘。这个问题要怎么解决?不扫盲又如何建设社会主义?所以在上个世纪五十年代汉字简化是件大事。今天的年轻人感受不到,因为你们生活的时代和那时候不一样。所以农民说:"政府年年办冬学,我们年年从头学。"这种现象直到推行简化字后才有了改变。1964年,我国在进行第二次人口普查的同时,也对国民的文化素质进行了调查。结果显示:13岁以上人口的文盲率,已经由解放初期的80%下降到了32%。汉字简化对扫除文盲起了积极的作用。文盲率的降低,当然与我们教育、科技的发展都有关系,但跟汉字简化也有一定的关系。

另外,我再告诉各位一些数据。前几年我们进行了一次全国的语言文字使用情况调查,这个调查结果已经在2004年发布了。调查的结果是全国有95.25%的人平时主要写简化字,只有0.92%的人平时主要写繁体字,3.84%的人繁简两种字都写。95.25%的人平时主要写简化字,这个数据很重要,它说明简化字已经在广大民众中扎下了根,我们已经进入了简化字时代。下面还有一个数字,就是当今不同年龄段的人主要写简化字、繁体字的比例不一样,比如很年轻的,15—29岁的平时主要写简化字的占97.99%;年纪再大一点,30—44岁的,平时主要写简化字的比例降低了,降低到97.34%;再一个年龄段,45—59岁的,平时主要写简化字的,下降到93.47%;60—69岁的,平时主要写简化字的只有78.13%。上面的数据有力地说明,简化字已经成为汉字的主体,从不同年龄段使用简化字的比例看,汉字的未来是属于简化字的。有人说:这个比例不说明问题,因为政府推行,整天都教简化字,当然小孩子都会了。我认为政府推行是一个方面,但如果广大群众不同意、抵制,那也不会有这么高的比例。可见政府推行是一个重要因素,而老百姓欢迎是一个更重要的因素。所以这个比例还是一个有力的证据。

还有,在中国大陆,简化字不但用来出版印刷现代白话文,而且也用来出版印刷文言文。中学语文课本每册都有一定比例的文言文。自推行简化字以来,这些文言文的课文一直使用简化字。五十多年来,中学生就是通过学习简化字印刷的文言文课文来学习文言知识,吸收优秀的传统文化。近年来,用简化字来印刷文言古籍有了发展。北京大学出版社出版的简化字标点横排本的《十三经注疏》,市场销售状况良好。简化字标点横排本《十三经注疏》的读者大体说有两类人:一类是只熟悉简化字的读者,他们要读古代经典,就只能找简化字本来读;另一类是熟悉繁体字的读者,他们也愿意读简化字本的古籍,因为简化字本要比繁体字本清晰。现在看来用简化字印刷文言文的这种趋势今后还会发展。我自己小时候学的是繁体字,到现在我读繁体字、简化字都没有困难,但是我读"十三经",还是愿意读北大出版社的简化字标点横排本。标点横排,看着更清楚、更容易,不加标点的繁体字本有时候断句还是感到困难。各位年轻的朋友可能没有这个感受。如果要念"十三经",不妨比一比,以前中华书局出版的阮元《十三经注疏》是繁体字本的,把它和北大版的放一起,你愿意看哪本书?中央并没有提倡用简化字大量印刷文言文古书,但是由于社会的需求,几部重要的典籍,像"十三经",甚至像"二十五史"都有简化字本了。这个趋势我估计还会有发展。

在中国大陆,简化字的推行至今已经持续了半个多世纪,汉字繁简体的应用已经出现了重大的变化。简化字在各阶层的民众中已经逐渐扎下了根,成为国内外汉字应用的主体,繁体字退出了社会一般使用的领域,汉字进入了简化字时代。下面我引周有光先生的一句话,周先生是我们老一辈的语言文字学家,周先生今年106岁,106岁还在写文章,他每月至少有一篇文章发表。他对汉语拼音的创造做了很大的贡献,有人称他为"汉语拼音之父",我没听他本人说过,这是别人说的。周先生说:"一种文化工具,只要易学便用,适合时代需要,它本身就会自动传播,不胫而走。"这句话深刻地揭示了半个多世纪来简化字的应用不断扩大的原因。

下面我再简单说说简化字在台湾。今天台湾正式的出版物使用繁体字，他们叫"正体字"。有人误解，说"正体字"这个词是台湾创造的。不对，这是我们的老祖宗创造的。唐代的《干禄字书》就说"字"有"俗""通""正"，一个字有俗体、正体、通行体。解放前，我们都说"正体字"。大陆解放后，我们习惯说"规范字"，"正体字"说得少；台湾没改，一直叫"正体字"。现在大陆也有用"正体字"的，大家不信可以去看《现代汉语词典》前面的"凡例"，里面就有"正体"。台湾人平时手写很多时候也用"简体字"，不过台湾的"简体字"和大陆的"简体字"并不完全相同，相同的占大部分。海峡两岸沟通以来，台湾的书报进了大陆，沿海一带短时期出现了繁体字的高潮。国家语委到福建视察，到福州、厦门的马路一看，大量都是繁体字。他们回来说了两句话，一个是"繁体字铺天盖地"，一个是"文字的使用状况惨不忍睹"。但是这种情况没有多久就改变了，现在到福州、厦门去看的话，照样是简化字的天下。而且两岸的文字交流是相互的，台湾的繁体字可以到大陆，大陆的简化字也大量地到台湾。大家知道这些年来，每年有多少简化字的书在台湾卖？我们北大中文系老先生的许多书现在在台湾都买得到，我们现在出版的简化字的语言文字的书在台湾照样买得到。前年台湾有人到我们这边来进行学术交流，有个台湾学者就说他家里书架上语言文字的书有一半都是大陆的简体字版。大家不应只看到繁体字的回潮，也应该看到简体字走出大陆。台湾人为什么需要大陆的简体字书？主要是这些书有内容，有重要的信息。而且简化字是简单的，台湾普通民众不用专门学习，慢慢看着就可以认识得差不多。所以繁简字的差异，在两岸的阅读中不构成障碍；当然也不是一点障碍没有，但这个障碍不是致命的，不是严重的。

下面讲简化字在海外。我们对外汉语教学，台湾用的是注音字母、繁体字，大陆用的是汉语拼音、简化字。过去因为大陆没有实行改革开放，对外汉语这一块主要是台湾的影响大。这些年来我们加强了对外汉语教学，大陆的汉语拼音和简化字已经在海外教学当中占据优势。这种趋势还会发展。

下面我谈第四个问题，有关汉字简化的争论。汉字简化是语文改革的重要组成部分，既然是改革就会有阻力。汉字历史悠久，深入到人民生活的许多方面,汉字简化会受到保守势力的反对。面对汉字简化引起的种种争论,我们要认清汉字发展的方向。自古至今汉字发展的总趋势是由繁到简,我们要积极推动这种发展,而不是妨碍甚至反对这种发展。简化字虽然受到一些人的责难,但同时受到更多人的拥护,反对汉字简化的声音至今虽时有所闻,但它的影响逐渐减弱。最近一年来,围绕简化汉字的争论主要有以下几个:

第一是推行简化字会不会妨碍继承古代文化遗产。很多老知识分子对于简化汉字有这个担心,他们担心年轻人都不认识繁体字了,都没法读古书了,古书读不了,又怎么继承文化遗产呢?我们优秀的传统文化会不会中断呢?去年2月2日,新浪网发表了署名"老愚"的博文,题目是《季羡林老人谈国学》。作者说自己头一天(就是2月1日)到医院访问了季先生,季先生和他谈了关于语言文字的四点意见,于是他在网上把它发表了出来。季羡林先生的意见,要点是:"读古文必须读繁体字","汉字简化及拼音化是歧途,祖先用了几千年都没感到不方便,为何到我们手里就抛弃了?追求效率不是简化字的理由"。"季先生着重谈到当年简化汉字时,把'皇后'的'后'与'以后'的'后'弄成一个字所带来的遗憾"等。这是那个博文里面讲的季先生的观点,因为季先生是知名学者,这篇博文在新浪网发出之后,两天之内的点击量是二十万。但是季先生的这个看法并不符合我们国家的语言文字政策,也不符合简化字的实际使用情况。为了回应季先生这个话,就在去年2月2日之后不久,我到人民网接受了一次访谈。各位去人民网上去查,可能现在那个访谈记录还有,我谈了一小时。

我非常尊重季先生,但是学术问题应该允许不同的意见摆事实、讲道理,不涉及我们尊重不尊重季先生的问题。我的访谈最后整理成一篇文章,在《中国教育报》发表了。我主要是这样看的:说"读古文必须读繁体字",推行简化字就会妨碍继承古代文化遗产,可是实际不是这么一回事。我们的古代文化遗产当然要继承,简化字推行五十年以来,继承古代文化遗产也没有中断。继承文化遗产有两种途径,一种是直接继承,一种是间接继承。在直接继承方面,就是文史哲、考古等方面的专家必须学繁体字。他们直接读古书,而且读了古书,研究了前人的思想,用简化字写成通俗的文章,供广大民众阅读。广大民众很难直接继承,而是主要靠间接继承。念古书必须要认识繁体字,但认识了繁体字就能念古书了吗?还不能。如果认识了繁体字就能念古书,同学们还学习古代汉语做什么?要念古书,还要懂文字、音韵、训诂,还要懂版本、目录、校勘、辑佚、辨伪,古汉语有一大套学问,门槛很高,要读古书不是认识繁体字就够了。汉字简化以前,中小学生都认识繁体字,他们都能念古书吗?不是的。现在台湾没有进行汉字简化,台湾人都认识繁体字,他们都能念古书吗?不是的。不学习古代汉语的这套知识,古书照样念不懂,有很多的例子。《诗经·豳风·七月》里的"七月流火",一个简化字都没有,大家都能读懂吗?是说七月热得不得了了吗?《尚书》第一篇"曰若稽古",一个简化字都没有,四个字可能大家都认识,什么意思呢?不一定懂吧。读不懂是不用繁体字的原因吗?不是吧。所以我说,推行简化字并不妨碍文化继承,因为继承文化,就普通民众来说,主要靠间接继承。季先生说,我们老祖宗几千年用繁体字都没有感到不方便,为什么到我们手里就抛弃呢?这个不成理由啊。我们老祖宗几千年用油灯,我们现在为什么用电灯呢?我们老祖宗几千年骑毛驴,我们现在为什么开汽车呢?文化工具在发展嘛,有了新的、更先进的,为什么用落后的?季先生说"追求效率不是简化汉字的理由",怎么不是?现代化就是要效率,简化字就是比繁体字效率高。怎么能不追求效率?不追求效率就是"少慢差费"啊,和我们要建设现代化社会的观点不一致。季先生说"把'皇后'的'后'与'以后'的'后'合并,这是一个遗憾",我告诉大家繁体字本的《大学》的第二句话"知止而后有定,定而后能静,静而后能安,安而后能虑,虑而后能得"的"后"就是"皇后"的"后"。我想这个季先生应该知道的,可能是上年纪忘了。

第二是小学生要学繁体字吗?2008年两会期间,以宋祖英为代表的几位歌星联名提了一个提案,建议小学设繁体字教育,理由是"繁体字是中国文化的根,知晓繁体字,就是知晓汉字的由来、知晓中国文化的由来。而汉字的简化是一种进步的表现,但同时也造成了中国文化的一种隔断"。各位赞成不赞成小学设繁体字教育呢?汉字是中国文化的根,中国文化的根就是繁体字吗?没有汉字以前,中国没有文化吗?文化比文字早很多,文字是文化发展到一定时期才产生的现象。繁体字是汉字产生之初就有的吗?不是啊,楷书繁体字是汉末才有的,魏晋时期楷书才大行于世。夏商周时期还没有繁体字,那文化有根吗?这样看来,这种提案应该是不合理的。小孩子正在成长时期,要学的东西很多,学简化字够用了。等长大了要从事文史哲类的工作再学习繁体字也来得及。让小学生学习繁体字是加重孩子的学习负担,学了又有多少用处?小孩子将来一定从事文史哲类的工作吗?这个提案一提出来,当时的教育部部长周济就回答说:"欢迎大家对教育的讨论,不过请大家学习我们国家的语言文字法。我们有基本国策,就是要使用简化字,就是要推广普通话,这是一个基本要求。所以我想,我们朝着这个方向努力。"我觉得周济部长的回答是非常好的,因为教育部有这个责任。

我再讲第三个问题,有人说:"复兴繁体字是中国的新使命。"这个话发表在2007年6月7日的《环球时报》上,作者是林治波先生,他是《人民日报》的记者。他在这篇文章里全面否定简化字,提出要复兴繁体字。这篇文章的观点是完全错误的。《国家通用语言文字法》规定我们要推行简化字、推广普通话,根本没有"复兴繁体字"这么一说。我刚才已经回答了,从事文史哲、考古类的工作者照样要读古书,一般人不从事这类工作,没有任务要读古书。让广大人民群众都去学繁体字,这要增加多少负担?大家都学了繁体字,中国就"复兴"了吗?中国的科技就会发展吗?中国在现代化的道路上就能大踏步地前进了?不是那么回事。

最后一部分,说一说简化字时代的文字生活。我们现在已经是简化字时代了,我们的文字生活怎么样呢?

第一,要坚持使用包括简化字在内的规范汉字,使汉字成为规范、易学、便用的文字。第二,推行简化字,并不是说要废止繁体字。在中国繁体字使用了上千年,有大量的传世文献,这是一笔了不起的财富,更何况港澳台地区现在还在使用繁体字。第三,我们说"汉字进入了简化字时代",并不意味着今后要大量简化汉字。汉字的形体应保持稳定,正在使用中的简化字也要保持稳定。今后,对汉字的简化应持谨慎态度。至于要不要继续简化汉字?如果要,什么时候简、怎么简,都要经过认真的研究,征求各方面的意见然后再作决定。第四,一百多年来的汉字简化运动,始终伴随着激烈的争论。其实反对简化字的不是广大的一般民众,其中有一部分是高级知识分子。高级知识分子之中,有赞成汉字简化的,也有反对汉字简化的,保守力量主要来自那一部分反对汉字简化的知识分子。最后一点,加强对汉字的科学研究和传播，反对胡乱解说汉字，大力宣传科学的汉字学。这几年，胡乱解说汉字的风气很盛，大家去书店看看，语言文字这一块，有科学的汉字学的著作，也有胡闹的、假汉字学的著作。各位研究语言文字，要学会分辨这些问题。

今天我要讲的就讲完了，有不合适的欢迎批评指正。谢谢各位！

说梦与圆梦
——北大中文与北大精神

钱理群

钱理群,1939年生于重庆,祖籍浙江杭州。1960年毕业于中国人民大学新闻系,1981年毕业于北京大学中文系,获文学硕士学位。北京大学中文系教授,现代文学专业博士生导师,已退休。主要著作有《心灵的探寻》《周作人论》《周作人传》《丰富的痛苦——堂吉诃德与哈姆雷特的东移》《1948:天地玄黄》《中国现代文学三十年》(合著)、《大小舞台之间:曹禺戏剧新论》《话说周氏兄弟》《返观与重构:文学史的研究与写作》《走进当代鲁迅》《与鲁迅相遇》《鲁迅作品十五讲》《我的精神自传》《语文教育门外谈》等。

我已经和诸位久违了。我在 2002 年退休以后,就很少来北大,更不要说和同学们见面聊天了。最近一次是 2008 年 4 月 27 日北大一部分学生社团组织的北大一百一十周年民间纪念会上,听了已经毕业的、诸位的老学长老汉唱他写的歌《未名湖是个海洋》,其中有几句歌词:"就在这里,就在这里／就在这里,就在这里／我的梦／就在这里",深深地感动了我,并因此即席讲了一段话。我说,一个人不能没有梦,一个无梦的人生是很难想象的;一个国家、一个民族,更不能没有梦,特别是民族的年轻人,如果没有一个地方可以让他们做梦,那就更加可悲。在我看来,北京大学,就应该是可以让所有的北大人甚至中国的年轻人做梦的一方土地,一个作为精神寄托的"梦乡"。老汉的歌唱的就是这个意思。它让我感动,以至震动,是因为这样的想法、这样的歌唱,在当今的中国以至今天的北大,都是不合时宜的;现实的中国就是一个无梦的国家,现实的北大也越来越失去了精神梦乡的品质。但唯其如此,我更要固执地强调,今天的中国,今天的北大,尤其需要做梦;因为所谓梦,就是对现实的超越,梦本质上就是超越于物质之上的对精神的追求。中国经济的发展并没有带来相应的精神的升华,反而出现了物欲横流、道德水准下降的精神危机,以至溃败。所有关心国家、民族未来的人们都为之焦虑不安,痛心疾首。正是在这样的关键时刻,北大,不但没有发挥它应有的民族精神中流砥柱、梦乡的作用,自身的精神也日渐衰退以至堕落了。这就是我退休后很少来北大的真正原因所在:我宁愿在我的梦中保留一个精神梦乡的北大。今天诸位想听我演讲,我也只能说梦话,讲我理想中的大学生活,我理想中的北大,我理想中的中文系。

　　所谓"梦话",其实都是一些常识;只不过在物质主义、实利主义的时代,一切都被扭曲,常识、常理都成了似乎高不可及、不可想象、无法实现的梦幻了。我下面要讲的,都是最基本的问题:上大学是干什么的?北大应该培养什么样的人才?但现在似乎很少有人,包括北大人去认真想这些问题。在座的诸位大概也很少考虑,但却是应该好好想想的。

　　先问一个问题:你作为一个大学生,有没有想过,"大学"在你的人生的长途中,处于什么位置?为了看清和说明这一点,可以作两个比较。一是和"中学"比。在人生的中学阶段,你是一个"未成年人",你的一切,从生活到学习,都要由成年人,主要是老师和家长管着,你没有自己的独立自主性,即使有,也是很有限的;然而,到了大学,你已经成为"公民"了,这就意味着你已经独立成人了,尽管作为学生,你在经济上还在很大程度上依赖家长,你还必须依照学校安排的计划学习,但你已经有了较大的自由支配自己、管理自己的权利。但和大学毕业以后的"工作"阶段相比,你尽管已经享受了公民的权利,但因为你还处在人生准备阶段,没有直接的社会责任和家庭责任,说句玩笑话,你享有公民权利,却基本上无须尽公民义务,天下哪有这样的好事!这就是"大学"阶段在人生长途中的特殊地位和优越之处:既独立自主(和中学比),又没有负担、责任(和工作阶段比),这是一个人一生中最自由、最快乐的时光,但却仅仅只有四年、五年,如果你想延长时间,还可以读研究生,但充其量也只有十多年,这样的大学生活实在是人生难得,仅有一次,应该倍加珍惜,千万不要虚度!

在我看来,关键就在于,你要牢牢地掌握自己学习、生活的主动权,独立、自由地设计和发展自己,同时又为自己的选择,承担一切后果。

要做到这一点,就必须有一次思想的解放。毋庸讳言,诸位都是应试教育培养出来的,甚至可以说你们是应试教育的佼佼者,从另一个角度看,也是中毒最深的;因此,从中学到大学,特别是来到北大,首先就要从应试教育的牢笼里解放出来,彻底摆脱应试教育的观念、思维和方法。最关键的,就是要破除对分数和考试的迷信,绝对不能再围绕着考试、分数学习和生活了。我对每一个和我接触过的大学生,都是这样一个告诫:一定要把分数、考试看淡,真正值得看重的,是你有没有获得真知识、真本事,这是你真正应该用力之处。当然,在现在的教育体制下,学习成绩确实不能忽视,但说一句我似乎不应该说的话:你们其实在中学里,已经学会了不用大力气而获得高分的应试技巧,真的用不着每一门功课都同样花那么大的力气。所谓"学习的独立自主性",就表现在你心中一定要"有数":哪些课程应该下大功夫、真功夫,认真学好;哪些课程只需略用力气,应付过去就行了。什么事都要"有所舍弃,有所不得,才有所得",不能一切求全,平均使用力气。听说有的同学到现在还在用中学应试教育的那一套应对大学的课程,上课记笔记,下课对笔记,考试背笔记,可见中毒之深。除了应试,已经不会读书、学习了。我实在感到痛心,拜托诸位,千万不要再做分数与考试的奴隶了。

我曾经说过,在某种意义上,诸位是最不幸的一代,因为你们在中学阶段遇到了应试教育,好不容易上了大学,又遭遇了就业教育。这是你们在成长过程中必须面对的两大阴影。我听说有的同学一入学,就到处打听如何学会就业技巧,有的受社会风气影响,认为就业的关键在有没有关系,于是就热衷于参加社会公关活动,跟有权势的老师和团委搞好关系,把主要精力集中在建立各种人脉关系网上,而完全放弃了学业,或者只关注于所谓"与就业有关"的课程。坦白地说,我得知这些以后,心情特别沉重,真为你们以及民族的未来担心。记得在刚才说到的北大一百一十周年校庆座谈会上我专门就"大学教育与就业"谈了一大段话,今天也还是要对诸位作两点提醒。

第一,大学生毕业后不能适应现代社会发展需要,确实是个必须正视的问题。但应该弄清楚的是,不能适应的是什么?据我的了解和理解,除了大学某些专业课程设置、教学内容比较陈旧,需要调整以外,主要的还是大学生的素质问题。我看过一些就业单位的调查,他们对当代大学生素质的主要批评有三:一是独立自主能力比较差;二是缺少团队精神,不善于和他人合作;三是知识面太窄,独立思考和创新能力不足。这三大问题其实都是独生子女家庭教育和中学应试教育的后果。按道理说,到大学就应该弥补这些缺陷,着眼解决精神素质方面的问题。如果还是遵循应试教育和就业教育的逻辑,按职业知识、技能的要求来设计自己的大学生活,那么,你们中许多人就很可能在中学成了应试机器,到大学又成了就业机器,这样来度过自己的青春时代,且不说会影响自己一生的长远发展,单就个人生命而言,也太委屈自己了。

第二,对就业问题的看法,应该有一个长远的眼光。未来的社会是一个知识社会、信息社会,其最大特点是职业转换很快,随着社会和科学技术知识的发展,不断有新的专业、新的课题、新的职业出现,这就使得每一个人都必须不断变换自己的职业、自己的社会角色。因此,知识社会、信息社会对人才是有自己的特殊要求的,一是应变能力要强,二是创新能力要强。未来社会的竞争,是一个素质、学养的竞争,一个应变能力和创新能力的竞争。

一个真正有眼光有抱负的大学生就应该按这样的人才要求来设计自己的大学学习,除了努力提高精神素质以外,我认为还应该着力培养自己的三大能力:一是终身学习的能力,包括中外语言的听说读写能力,利用文献、工具书的能力,等等;二是研究能力,发现问题、提出问题、解决问题的能力,等等;三是思维能力,具有思维的开阔性、广泛性、创造性、批判性和想象力,等等。有了基本的精神素质和这三大能力,你在未来工作的职业变动与竞争中就能获得主动权,游刃有余地应对一切变化。如果放弃这一点,一味追求眼下的市场需求,把自己的视野、知识面和能力训练弄得非常狭窄,那么即使取得一时之效,可能找到一个较好的工作,但是底气不足,在持久竞争中迟早要被淘汰。我对很多大学生都这么讲:在应试教育中你们的视野、学养已经非常狭窄了,如果到了大学,再浪费大好时光,只关注眼前利益,忽略对自己长远发展的必备素质、学养的培育,最后迟早是要为自己的目光短浅付出代价的。我还要忠告那些热衷于搞关系的同学:"关系"是建立在沙滩上的,关系人(包括你的有权势的父母、亲戚)一旦塌台,就会殃及你自己;更重要的是,想要靠关系往上爬,不管你主动还是被动,都是要以出卖良知和突破道德底线为代价的,其间的得失是应该认真考虑的。当然,如果你已经横下一条心,要不择手段地不惜代价地往上爬,那就是另一个性质的问题,不在我们今天讨论的范围内了。

这里,实际上就提出了第二个层面,也是更为根本的问题:上大学到底要干什么?这里我要引述大家都十分敬仰的大科学家爱因斯坦的一句名言:"学校应该永远以此为目标:学生离开学校时,是一个和谐的人,而不是一个专家",更不能成为"一只受过很好训练的狗"。这句话说得很深刻,也很尖锐,可能和诸位的自我预设有距离。大多数同学上大学的目的,大概都是希望自己成为一个专业人才,学有专长,因此获得一个较好的职业,既有利于自己的发展,也可以报效父母。应该说,这样的求学目标并不错,不仅满足父母,也符合国家对你们的要求。但这样的认识并不全面,这也是爱因斯坦所要强调的:大学并不只是一个知识的传授所、职业的培养所,它的最基本的任务和职能是培养"和谐的人"。这其实也是我们北大的老校长蔡元培先生的教育思想,他主持北大的校政是把"养成健全的人格"放在第一位的。这就是说,专业知识、技术固然不可缺少,但人的精神、品格更重要,因为知识技术是要人去驾驭的。如果一个人掌握了众多的知识,技术也很高明,但人不好,或缺德,没有良知,或没有独立性,甘当奴才,那充其量不过是爱因斯坦所说的"一只受过很好训练的狗"。这才是教育的最大失败,恐怕也是个人的最大失败,大概也不是你们的父母所期待的吧。这是一个重要的提醒:上大学,不仅要求知识,学技术,还要培育自己的人文关怀。所谓"人文关怀",就是要关心人之为人的精神问题,注重自我和他人的精神成长。具体地说,就是要思考、探索"人生目的,人活着是为了什么;人与人之间,人与社会,人与自然,人与宇宙世界应建立起怎样的合理健全的关系"这样一些根本性的问题,进而建立起自己的精神信念以至信仰,为一辈子的安身立命奠定一个坚实的基础。同时也要不断地开拓自己精神的自由空间,陶冶性情,铸炼性格,在发展个人爱好、兴趣中充实与发展个性,提高精神境界,开掘与发展想象力、审美力、思维力与创造力。这样,才能使自己最终成为爱因斯坦所说的"和谐的人"。

在我看来,提出人文关怀、精神信仰的问题,对在座的诸位,中国的80后、90后的年轻人,是有现实的针对性和迫切性的。对80后、90后的年轻人,社会上有各种议论,我不赞成夸大你们的问题,我曾说过,每一代人都有自己的问题,要相信每一代人都能自己解决自己的问题,并顺利地接班,上一代人没有必要过分担忧和干涉。但你们自己,却应该正视自己的问题。于是,就有同学问我:你认为我们的问题是什么?我经常只说一点:据我的观察与了解,当下中国年轻一代最大、最根本的问题,是生活没有目标。对诸位来说,你们在中学阶段,似乎是有明确的目标的,就是要考上大学;现在,你们如愿以偿地成了北京大学的学生,在最初的兴奋过去以后,就产生了失去目标的迷茫。特别是功课的压力骤减,许多同学就无所措手足了。当然,有人又会给自己提出新的具体目标,例如出国留学、考研究生,等等,但并不能根本解决问题,因为所谓"生活目标",本质上是一个"信仰"的问题。这个问题在中学阶段并不尖锐,可以用具体目标来替代;但到了大学,也就是你们成人以后,就无法回避了。当然,信仰的建立,是一个漫长的过程,而且需要到社会实践中去检验;但在大学期间,又确实需要为自己的信仰奠定基础,以确立一生发展的目标和动力,也即前面所说的寻找安身立命之处。这才是大学最应该解决的问题,大学最基本的任务。

有同学可能要问：在大学阶段，应该如何去为确立自己的信仰做准备，奠定基础呢？我通常的建议有二。首先，也是最主要的，就是要"自由地读书，自由地思考"。前面已经说过，这是大学得天独厚之处，也是大学生应该紧紧抓住不放，所要做的两件大事。信仰，不是冥思苦想出来的，而应该建立在对人类文明的精神资源的广泛吸取基础之上。大学阶段的自由读书，应该有两方面，一面是古今中外的基本经典的精读，那里集中了我们民族与人类文明的精华，要尽可能读熟读透，数量则不必太多；另一面则是尽可能广博地泛读，如鲁迅所说，要特别读专业外的书，好读书而不求甚解，读多了自然触类旁通。自由阅读之外，还要自由思考，不要有先入之见，不要迷信任何权威，要不拘一格，不受羁绊，保持自己的独立性，对一切都要提出"为什么？""对不对？"并且"不动笔墨不读书"，随时写下自己的思考、心得、发挥和疑问。如此持之以恒，日积月累，必有收获。在广泛阅读的基础上，必然发现和你"心有灵犀一点通"的大师，就可以集中精力，读其全部作品，并进行一定程度的专门研究，以作为你一生治学和做人的基本精神支柱。我自己就是在大学阶段找到了鲁迅而受益终生。大学期间除读书之外，还要适当地参加一些社会活动，最好利用假期到社会底层，特别是农村去志愿服务，这对你了解中国国情民意大有好处，也是为学、做人的基本功。有了这两个基本功，你的一生就有了"底"，也就不会枉费大学时光了。

"上大学是干什么的"这个问题，就讲到这里。下面要讨论的是，北京大学应该培养什么样的人才？诸位要如何做一个名副其实的"北大人"？这或许也是大家很少思考却应该追问的问题。我也讲三点意见。

其一，我们的老校长蔡元培先生曾把大学分为两类：一类培养"实用型"人才，另一类是培养"研究型"人才的。在他看来，北大要培养的是"研究型"人才。这里，我想谈谈自己对此的理解，供同学们思考时参考。在我看来，"实用型"人才，最重要的就是要有用，能用，是一种工具性的人才，主要担任国家机关、国营或私营企业的职员或雇员，他最重要的品质与能力是善于领会上级领导或老板的意图，并迅速落实，保质保量地完成任务。其优势是高效率，能最大限度地满足需要，因此最受上司赏识，缺点是缺乏独立性、主体性和创造性，走到极端就变成国家机器和商业机器里的有用的螺丝钉。应该说，在我们国家现行国家体制和教育体制下，培养出来的最好的学生也大都是这样的人才。而所谓"研究型"人才,其最大特点,就是他是研究者、思想者,他的思维具有原创性、开拓性、超前性和批判性,因此,永远不满足现状,永不停止思想、学术的探索。北大作为国家的最高学府,就应该培养这样的真正的创新型人才。我曾经提出,北大应该出两类人,一是思想家,为国家、民族、人类,为学术发展提供新思维、新价值理想;二是能够成为学术带头人的各学科的专家、学者,是本专业新的学术思想、新的研究领域和方向、新的技术和方法的开拓者。为保证培养出这样的人才,北大的教育应该有自己的特点,我以为主要应该有三:一是真正发扬北大的"思想自由,学术无禁区"的传统,要保护具有原创性和异质性,喜欢"胡思乱想、胡说八道",敢于挑战权威的学术新生力量。二要更加注重于基本的学理、基础的理论,北大应该是国家的理论库。三要注重自然科学、社会科学、人文科学的相互吸取和综合,"文理交融"本来就是北大的传统。以上所说,作为北大学子的诸位,听起来也大概有听"天方夜谭"的感觉,因为它距离北大的现实实在太远了,今日的北大完全是反方向的运动:越来越向"实用型"大学靠拢,市场需求几乎成了学校一切教育措施的基本出发点与归宿,北大越来越向高等职业大学的方向倾斜,越来越成为蔡校长谆谆告诫万不可做的"养成资格之所""贩卖知识之所"。我无意贬低实用型大学、职业教育的意义,我反对与警惕的是北大这样的研究型大学的职业教育化和市场化。但我的反对自然无用,不过是"说了也白说,白说也要说"罢了。

其二,关于北大要培养什么人,胡适有一个明确的说法,就是要培养"精英",甚至夸张地说,要当"学霸",就是要做引领思想、文化、学术潮流的人。鲁迅也说,北大的传统是"常为新的,改进的运动的先锋";但同时他又说,做"天才"固然很好,但当"泥土"却更为切近。人们常说,北大是集天下英才于一校,北大人要做精英,这本身并不错,国家的建设与发展,确实需要精英。问题是,这是怎样的精英?精英与泥土的关系应该是怎样的?我说过,真正的民族思想文化的精英,他必然是民族与人类良知的代表、社会公共利益的代表,必然有强烈的人文关怀、社会关怀,对世界、国家、民族、人民有高度自觉的责任感、承担意识和牺牲精神;同时,又是有着强烈的底层关怀的,他的目光是既向上也向下的,因此,这样的精英和泥土并不是对立的,而是相互补充、渗透的。我曾经用"脚踏大地,仰望星空"八个字来概括我心目中的精英的风范、精神和境界，做这样的精英确实应该是我们每一个北大人努力的目标，即使达不到，也要心向往之。但现实的所谓"尖子"学生，有相当一部分（当然不是全部）往往是一些我所说的"高智商的利己主义者"。论知识与能力，他们都属一流，但致命的问题是没有信仰。最大限度地谋求个人利益，成为激烈竞争中的"成功者"，做"人上人"，就是他们唯一的生活目标与动力。这样的人，是鲁迅说的"精神的资本家"，他为别人或社会做的每一件事，包括每一个微笑，都是一种投资，是要收回最大利息的。他们也会最大限度地利用体制的弊病，迎合体制的一切需要，以谋私利。恰恰是这样的人，最容易成为，而且事实上已经成为现行体制的接班人，从而成为国家、民族未来发展的根本性的隐患。这也是我在观察北大的教育时最感痛心的：北大正在自觉、不自觉地培养这样的"伪精英"。这个问题，不仅北大的各级领导应该警惕与深思，也和我们每一个北大人，包括我自己，以及在座的诸位，息息相关，我们都应该反躬自问：在这个价值混乱的时代，我究竟要做什么人，做国家、民族需要的有担当的真精英或泥土，还是危害国家、民族未来的伪精英？也许，我这样提出问题，过于严峻与尖锐，但如果你要做名副其实的北大人，就必须面对这个问题，并做出自己的选择。

  关于精英，还有一个问题：研究型、思想型的精英也是自有弱点的，除了容易脱离一般民众，也就是泥土之外，也容易好高骛远，不做小事、实事，陷于空谈。这其实也是北大人的致命弱点，即所谓"志大才疏，眼高手低"。我几乎对每一届的北大学生都要讲一个道理，也是一个常识：不肯、不屑、不能做小事、实事的人，也是干不了大事的，所有的独立创造都是要落实到一件件具体的小事情上的。"仰望星空"一定要和"脚踏大地"结合、统一起来，缺一方面，都是跛脚的精英。因此，我还有一句话："想大问题，做小事情。"强调的也是"大"与"小"、"想"与"做"的辩证统一。

  关于我理想中的大学教育、我理想中的北大教育，都说了。本来，还有一个题目——"我理想中的中文系"，时间来不及，就不说了。没完没了地谈理想，说梦话，也是会烦人的。如果大家愿意听，以后再找机会，今天就留下这么一个"悬念"吧。

眼望巅峰　脚踏实地

蒋绍愚

蒋绍愚,1940年生于上海,籍贯浙江富阳。1962年毕业于北京大学中文系,留校任教至今。北京大学中文系和国学研究院教授,清华大学人文学院教授,博士生导师。国家级"有突出贡献专家",国家级"教学名师"。曾任北京大学中文系学术委员会主任,北京大学汉语语言学研究中心主任,教育部高等学校中国语言文学学科教学指导委员会委员,中国语言学会第三、第四届副秘书长,国际中国语言学学会常务理事(1998—2000),香港科技大学人文学部兼任教授(1999—2005)。主要著作有《古汉语词汇纲要》《唐诗语言研究》《近代汉语研究概况》《蒋绍愚自选集》等,主编《近代汉语语法资料汇编》(3卷),合编《古代汉语》(3册)等,参与增订《古汉语常用字字典》等。

今天和大家见面,感到很高兴。大家上了北大,我以双重身份欢迎你们。我是你们的老师,也是你们的老同学,五十多年以前,1957年,我也是作为一个新生,来到了北大。当时,我和你们一样,感到无比兴奋。确实,进入这个有着光荣传统的大学,作为一个北大的学生,是一件非常值得自豪的事情。在此时刻,我送你们两句话:希望你们从进入北大开始,能眼望巅峰,脚踏实地。

你们进入了北大,都会有一个不凡的抱负:希望以此为人生道路的新起点,开始勇攀高峰。什么是高峰?古人的目标是泰山,孟子说:"孔子登东山而小鲁,登泰山而小天下。"杜甫诗说:"会当凌绝顶,一览众山小。"泰山是古人心目中的最高点,登上了泰山,眼界就开阔了,境界就高远了。我们今天当然知道,泰山不是最高的,世界最高峰是珠穆朗玛峰;我们的目标应该是珠穆朗玛峰,也就是说,我们的目标应该是登上世界最高峰。作为个人来说,这也许有点狂妄,但就你们这一代人来说,就中国的整个学术来说,这完全是理所应当的事情。我们的祖先创造了如此灿烂的文化,在世界上曾经是领先的。今天,我们要实现中华民族的伟大复兴,我们的学术文化为什么不能站在世界的前列?今天,我们的经济发展了,我们的国家强大了。但就学术文化而言,我们并不站在世界前列。我是学语言学的,在今天的世界上,无论中外,一谈起语言学问题,总是索绪尔如何说,布龙菲尔德如何说,乔姆斯基如何说,而没有人说中国的某某某如何说。我曾经说过,学术文化的话语权不在我们手里。这种情况如果不改变,中华民族的伟大复兴是无从谈起的。一个国家,一个民族,如果只有经济上的优势,国防上的实力,而没有学术文化上对世界的贡献,没有学术文化上对世界的影响,就称不上一个强大的国家,称不上一个伟大的民族。所以,我国在学术文化上一定要掌握话语权,一定要居于世界前列,这样才对得起我们的祖先,才能真正做到中华民族的伟大复兴。这个担子,历史地落在你们这一代人的身上。作为一代人,你们一定要有这个雄心壮志。作为个人,你们也一定要有这个目标,古人说:"取法乎上,仅得其中。"你们的目标一定要高远,这样才能促使自己不断地上进。这就是"眼望巅峰"。

有了这个目标,应该怎样行动呢?"千里之行,始于足下。"要从进入北大的那一天做起。要充分意识到大学和中学的不同,充分利用北大的优势,让自己在北大的四年充实地度过。这就是"脚踏实地"。在这里,作为你们的老同学,我谈几点自己的体会。

第一,要充分利用北大的优势。

(1)要向自己的同学学习,互相切磋,取长补短。

我想,你们进入北大,一定会有这样的体会:周围的同学,知识都很渊博,能力都很强。和他们相比,可能有点自愧不如。这样的体会是正常的,我刚进北大时也是这样。我们在中学里大概都是尖子,可能比周围的同学高出一截,因此有些优越感。到了北大,别的同学也是尖子,尖子和尖子碰到一起了。相互一比较,就会觉得别人比自己强,至少在某些方面比自己强。有这样一种体会是件好事,可以激励自己不断努力。能生活在这样一个群体里更是一件幸事,有机会和这些优秀的同学互相切磋,在学业上可以更快地成长。这些同学不仅是大学里学业上的伙伴,在毕业以后也会是事业上的朋友。我所在的北大中文系1957级,有不少同学毕业以后在事业上很有成就,包括有几位是全国知名的语言学家。我和他们的友谊,我们之间的相互切磋、相互帮助,从大学一直持续到现在。

(2)要向自己的老师学习,学习他们的独立思考和创新精神。

一个人从小就受到老师的教育,童年时代、少年时代的老师对自己的关爱和教育,我们是终生难忘的。进了大学,更要向老师学习。北大有一支优秀的教师队伍。当你们上了一段课以后,你们会感到,北大的老师学识渊博,这是你们需要学习的。但更值得学习的,是他们的气质,他们的精神。北大有着五四的优良传统,继承这一传统,北大人最突出的品格是独立的思想和创新的精神。所以,北大的学生毕业后,到了社会上,周围的人往往觉得他们有点"怪":他们不怎么听领导的话,也不随声附和,而总是有自己的见解;他们不大接受现成的观念,不满足于已有的结论,而常常提出一些与众不同的想法。在北大老师身上,这些特点也很突出。北大的老师不会人云亦云,说一些空话、套话,也不会拿着一份发黄的讲稿,年复一年地在课堂上宣读。你们最应该学习的,是老师们这种独立的思想和创新的精神。这一点,你们上课多了,和老师接触多了,自然会有体会。

(3)充分利用北大图书馆。

北大还有一位不说话的老师:图书馆。我曾说过:"北大的好学生不是听课听出来的,是钻图书馆钻出来的。"我的意思不是说老师的教育不重要,我在北大有幸聆听各位学术大师的教诲,是我终生难忘的。我说这句话的意思是:北大的学生坐在同一个课堂里听同一位老师讲课,但有的学得很好,有的学得不太好,这原因不在老师,而在于学生自己会不会学习。除了听课以外,学生学习的主要场所是图书馆。图书馆是知识的海洋,智慧的结晶,大学生有很多知识都是自己从图书馆里获得的。特别是北大图书馆,古书藏量是全国第二,仅次于中国国家图书馆。身为北大的学生,身边有这么丰富的资源,如果不好好利用,实在是太可惜了。去图书馆,不仅仅是翻检资料,获得知识。更重要的是:在图书馆里,各种不同的资料放在你面前,各种不同的观点呈现在你面前。你首先要学会选取有用的资料,选择正确的观点。初次去图书馆,面对浩瀚的资料,你可能感到无所适从,去的次数多了,就会慢慢学会选择和取舍。这就是对做学问方法的训练。所以,常去图书馆,既能扩充知识,又能提高能力。我上学的时候,文科图书馆就在文史楼的三楼,总共200多个座位,要在那里抢到一个座位,必须一清早在文史楼面前排队等候,稍晚一点就抢不到位置。你们现在条件好多了,一定要充分利用图书馆。

(4)积极参加适合的学术活动,有选择地参加社团活动。

北大还有两个明显的特色,其他大学也有,但不如北大那样突出。一是高端优质的学术报告。北大,特别是北大文科,在全国是第一流的,在国际上也是享有盛誉的,所以国内外的一流学者都愿意来北大讲学。北大的各个学科,都经常会有一些精彩的学术报告。这些学术报告,有些可能更专门一些,初学者不容易听懂;有些可能深入浅出,适合广大的听众。同学们可以根据自己的情况,选择一些适合的来听。随着年龄的增长,知识的积累,一些专门的也就能听懂了。这些报告的学术观点可能是各种各样的,听这些报告不是要求大家每一个观点都加以接受,这样会使自己无所适从;听报告是为了开阔眼界,知道一个学术问题可以有多种不同的视角和观点,以此提高自己思考问题的能力。另一个特色是丰富多彩的社团活动。北大的学生多才多艺,兴趣广泛,因此各种学生社团都很有特色。开学时到三角地和大讲堂前走一走,可以看到各种招收会员的通告。同学们根据自己的兴趣爱好,参加一些社团,不但可以发展自己的特长,而且可以提高自己的活动能力和组织能力。

(5)处理好广博和专精的关系。

上面讲了这些,都是北大的优势,给大家的学习成长提供了十分广阔的天地。大学生活是丰富多彩的,大学阶段是打基础的阶段,这个基础要厚实一点。学中文的,不论是文学专业、汉语专业、古典文献专业,都有一些共同课,学的时候不能偏废,即使你将来专攻文学研究,语言学和古典文献的基础知识对你还是有用的。不但如此,作为文科的学生,文史哲的知识,古的和今的,国内的和国外的,都要懂一些。有了这么一个广博厚实的基础,对你将来的发展大有好处。所以,大学阶段,学习的面要广一点。但是,一个人的时间、精力毕竟有限,如果面铺得太广,每一样都是泛泛而过,没有一样能深入进去,那又会流于浮泛。所以,既要广泛学习,又要有所侧重,要在"广"的基础上求"精"。特别到了三四年级,要选择一个主攻方向,在深入方面多下一些功夫。究竟怎样处理好"广"和"精"的关系,可以在学习过程中向老师请教,但更主要的是靠自己逐渐摸索。

第二,把自己培养成有研究能力的创新型人才。

对初入学的同学,我常常喜欢问一个问题:"你到大学来干什么?"不少人会回答:"学知识。"这个回答不算错,但并不全面。到大学来当然是学习知识,但更主要的是培养能力和学风。

(1)能力。能力以知识为基础,但知识不等于能力。能力是能够发现问题,分析问题,解决问题。同样是人们司空见惯的现象,有人就能从中发现问题,有人就不能。同样的一个问题,有人能分析的非常深入,有人的分析就只停留在表面。同样是解决问题,有人不但能解决某个问题,而且能找到隐藏在背后的规律,有人就只能就事论事,而且解决得不那么完满。这就是研究能力的问题。

(2)创新。创新是学术发展的动力。学习是接受、掌握人类积累起来的研究成果,创新是为人类知识宝库中增添一些新的东西。学术水平的高低,归根到底不是看你掌握了多少知识,而是看你有多少创新。如果一个人博览群书,满腹经纶,却只会背诵现有的知识和结论,那就谈不上任何学术创造,也不会对学术有任何贡献。学术是不断发展的,近几年来学术发展很快,有很多新的理论方法,这些都是创新的成果,我们要密切注视学术前沿。但我们在学习别人创新成果的时候,也要有创新意识。在学习的时候,不能满足于接受现成的结论,要问一个"对不对",问一个"为什么",要有自己的判断和自己的想法。年轻人的创新可能不成熟,不完美,不完美的地方要改掉,但不能挫伤创新的锐气。

（3）求实。新的不一定就是好的,符合事实的才是好的。创新要和求实结合起来。"例不十,法不立。""例外不十,法不破。"事实是学术研究的出发点,也是学术研究的标准和归宿。研究总是立足于事实,从全面地掌握资料开始,从事实中发现问题。发现了问题要求得解决,要分析问题,总要凭借一定的理论和方法；现在新的理论、方法很多,各有自己的长处和短处；哪一种理论方法有用,主要看哪一种理论方法能更好地解决实际问题。研究的目的就在于解决问题；即使是纯理论的研究,其价值归根到底也是能够解决实际问题。

（4）兼容并包。这是学术发展的必要条件,也是北大的优良传统。这样的事例能举出很多。比如,胡适和钱穆对老子的时代看法不同,胡适认为老子是春秋晚期人,略早于孔子,钱穆认为老子是战国时人,晚于孔子,略早于韩非子。一次教授会上,两人相见,钱穆说:"胡先生,老子年代晚,证据确凿,你不要再坚持了。"胡适说:"钱先生,你举的证据并不能使我心服；如果能使我心服,我连我老子也不要了。"说完,两人大笑。学生问究竟谁的看法对？胡适回答说:"在大学里,各位教授将各种学说介绍给大家,同学们应该自己去选择,看哪个是真理。"还有一个学生回忆说:"教文字学的有两位老师,一位是新派的钱玄同,一位是老派的黄侃。我选的是钱玄同的课。一天,我正在课堂听钱老师讲课,不料对面教室讲课的黄侃大声骂起钱玄同来了。钱听了也满不在乎,照样讲课。后来,我既听听钱玄同的课,也听听黄侃的课,以便两相对照。"这种优良传统,我们必须继承。"有容乃大",一所学校有这种校风,学校才能兴旺；一个学人有这种胸襟,学问才能长进。

希望同学们能注意培养自己的这些能力和学风,这些将成为你们终身受益的精神财富。

我的五十年学术生涯的感悟

严绍璗

严绍璗,1940年出生于上海市。1959年考入北京大学中文系古典文献专业,1964年毕业,留校任教,从见习助教到教授。1990年转入比较文学与比较文化研究所,1998年任所长至今。曾任中文系学术委员会委员、主任,北大人文学部学术委员会委员,2008年至今在校内兼任教育部人文社科研究重点基地外国语学院东方文学研究中心学术委员会主任。1998年至今任中国比较文学学会副会长兼任学术委员会主任。2001—2005年任国际比较文学学会东亚研究委员会主席,2009年当选为国际中国文化研究学会第一届主席团执行主席。2009年至今为全国古籍整理与出版规划领导小组成员。撰著出版《比较文学与文化"变异体"研究》《日本中国学史稿》《日藏汉籍善本书录》(3卷)、《比较文学视野における日本文化》(日文版)、《中日古代文学关系史稿》等十四种学术专著,发表论文百余篇。曾先后获得北京大学人文社科研究成果第一、二、四届优秀成果奖,北京市第十届哲学社会科学优秀成果一等奖,中国比较文学学会首届优秀图书著作一等奖,教育部第五届人文社会科学研究优秀成果一等奖,亚洲太平洋出版协会(AP-PA)学术类图书金奖。

各位同学：

漆永祥老师、沈阳老师给我一个很愉快也是很困难的任务，他跟我说，我们的"静园学术讲座"和"孑民学术讲座"两个讲座合在一起，在开学的时候，要我给大家做一个综合的讲座，这件事情对我来说呢，第一很高兴，第二很困难。很高兴呢就是不管我们的年纪多大，只要和同学们在一起，就会感到自己还是行走在青春的步道上。但现在把两个讲座合在一起呢，在内容上有点麻烦，"静园讲座"是针对刚刚入学的本科一年级同学的，"孑民讲座"是针对我们的研究生的，两个讲座在接触的文化材料啊、文化感知啊，种种方面可能都有些不一样的状态。我要讲一个什么样的题目才合适呢？漆永祥老师建议我谈谈在北大的半个世纪亲历的感受，于是定下现在这个题目，叫做《我的五十年学术生涯的感悟》，把我自己个人在北京大学五十年的足迹，向诸位做一个回忆性的陈述。前辈文化大师钱穆先生曾经有过这样的名言，他说，"能追忆者，此始是吾生命之真"。我要感谢漆永祥老师开启我追忆生命之真的回忆，感谢我们系的这两个联合讲座为我的追忆提供了合适的场所，当然更感谢诸位来参加这个讲座。

几天前，在"北京大学2010年入学典礼"上，周其凤校长语重心长地对同学们说，"你们要做新时代的主人"。我听到这句话就想到五十一年前，就是1959年我入北京大学的时候，在东操场举行的开学典礼上，当时的北京大学校长马寅初老先生，他已经78岁了，用带有很浓重的浙江嵊泗口音的官话对我们说："兄弟代表学校当局，希望各位成为国家未来的栋梁。"从马校长到周校长，五十年中北大校长大概经过了八九代之变，但他们表述的精神和本意却是始终如一。他们这种谆谆嘱咐啊，殷切的希望啊，都在他们的祝愿之中。什么是"国家的栋梁"，什么是"新时代的主人"，我想大家都可以从自己的感受、从多层面有各种各样丰富的解读，但是有一个基本点，我想大家应该是一致的、共同的，这就是我们北大的学生应该为社会发展，应该为时代进步，贡献自己的智慧和力量，这就是马寅初校长一直倡导的"北大主义"呀！"北大主义"就是不论在物质财富还是在精神财富的多个层面中,"北大人"不应该仅仅是"财富的消耗者",更应该成为这个时代财富的积极的创造者!这是北京大学一百一十多年来所经历的事实,也是各位现在进入的北大中国语言文学系一百年所走过的道路所表现的真精神。正是在这样的意义上,我反省自己五十年来北大的感悟,那么我最根本的感觉,就是集中在一点,这一点就是:"北大是神圣的!"

"北大是神圣的"这句话我在去年的研究生入学典礼上也是这样说的,这是五十年来我最深沉的体验,我们无论经历什么样的风雨,遭受什么样的冲击,面临什么样的诅咒。譬如说,在"文化大革命"中间,有的时候就听到有人说"我很爱北京,但我恨北大,因为北大是资产阶级的大染缸",我对他们这种情绪、这样的愤怒始终感到不可思议。不可思议之处就在于,我觉得作为在北大生活了这么多年的人,我们的生活乃至一呼一吸都在北大土地上的人,你怎么会没有感悟到在这块土地上它内蕴着极为丰厚的精神力量呢?真是很奇怪!我觉得他们的"呼吸系统"出了问题。

我自己生活在北大五十年,北大给了我做人的基本力量。北大有这样那样的不是,但从根本上考量和体验,"北大"实在是很阳光的!五十年来我只要走进北大的校门,无论是东门、南门、西门,北大没有北门啊,我无论走进哪一个校门,我觉得我都有一种很神圣的感觉,有一种敬畏的情感。因为我觉得我行走在北大的土地上,就是我行走在中国乃至世界的精神家园的厚土上。因为在这里,有我的无数的先辈,也有我的同辈,也有我年轻的朋友们,共同创造着许许多多的精神财富。我真的感知到,五十年来,在我们北大的这个大圈子里边,我们许许多多的先辈,还有我的同辈乃至比我更年轻的朋友,他们不露声色,毫不张扬,默默无闻地在这里创造,在这里思考。应该说他们是中国和世界上很杰出的栋梁。

我先说两个小故事,可能其中有大道理。

我的家住在蓝旗营小区,在出门走向北大东门的人行道上,你只要留心,那里行走着的有许多是在中国和世界很杰出的优秀的人。他们中几乎没有脚穿世界顶级皮鞋、肩跨世界顶级背包的。有一次,我从学校回去,在蓝旗营的后门口,看见一位老人蹲在一个修自行车的车铺前,正在用小锤子敲击自行车的气门芯。我眼睛一瞥,发现他就是我们北京大学当时的校长陈佳洱先生。我说:"陈老,您怎么在这里弄自行车呢?"他跟我说:"气门芯歪了，怎么也打不进气去。"我说，我帮您弄吧，他说好啦好啦，这就好啦。陈佳洱先生，北京大学校长，中国科学院院士，中国自然科学基金会主席！按照眼下时髦的"级别论"来说，他跟中央各部部长、各地被仰望如泰山般的省长和省委书记们都是同等级的，可他就在我们蓝旗营修自行车的铺子边蹲在地下，捡了个锤子敲打气门芯。我当时就想起鲁迅先生写一个人力车夫的《一件小事》，他从中感知到了"中国人的脊梁"！陈校长这件小事情我想对当代的很多中国人是不可思议的。但是在我们北大呢，我看见过很多老先生，他们就是这样的平常，他们挺起了北京大学的乃至中国的脊梁。

还有一件小事，2002年6月29日，北大"对外汉语教学中心"扩建为"对外汉语教育学院"。我接到他们成立的邀请，学院的先生们很客气地要我坐在前三排"贵宾席"上，我自己退坐到了第四排。这时恰好文科主管副校长吴志攀先生入内，他与主人们寒暄过后，望着还很空荡的"贵宾席"问道："这些贵宾席是干什么用的？"他们的副院长说："我们请了一些人，安排在这里。"吴校长问："学院的老师们呢？"副院长用手指指会场的最后面，我回头看去，诸位老师坐在最后几排中。吴校长边向他们招呼，边对学院的负责人说："这不行！学院的主体是教师，今天学院成立，主人怎么可以坐在最后！你们到前面来，坐在这儿！"他指着前三排"贵宾席"说："把这撤了，让老师们坐到前面来！"他不停地招呼说："全过来，全过来！办学院，主人不出面，这学院怎么办！"吴校长的这一举动使我为之一怔，而他当场破坏会议设计者们的"老套构思"而"越俎代庖"把作为"主体"的"教师"招呼上来重新安排会场座次结构，更令我十分吃惊。我参加过无数次相关的会议，从未见过有参加会议的"主要首长"竟然在当场招呼一般"众生"坐上"贵宾席"的，而此时北京大学的主管校长表现出的对构成北京大学基本主体的教师的一种实在的"敬重"，使我刹那间感到我们一贯高谈的"北京大学人文精神"不正是在这里得到证实，得到切实的彰显吗！从前读《尚书》的时候，对这部佶屈聱牙的中华最古文献虽然不甚明了，但对夏、商、周三"书"中逐步形成的"敬天保民"的思想却还是能有一个基本的把握，觉得这是中华精神文明系列中最本质的精神形态。一个握有权力的人，若对于他实施权力的对象没有"敬畏"和"敬重"的德行，那他无论官位大小，必定是个暴戾之人；无论他一时的业绩有多少，身后必然轰然坍塌。我多少次想过，不说全中国,只说中国的教育系统中,一切事业中最缺少的精神其实就是这样一种"敬畏"精神。对于一个有权力的人来说,这不是一朝一夕之功,而是造就自己人格的基本修养。

五十年来我作为中文系的一个学生,作为中文系的一名教师,就是在这样的文化氛围中慢慢地成长,慢慢地思考自己喜欢思考的一些事情。就我自己来说呢,我五十年里的感悟啊,大概可以分为两个层面给你们做一个回忆性的陈述。一个层面是我的纯粹的精神形态,是属于世界观和人生观层面的;一个层面是属于我的学术观念、学术道路这个层面的。

我多次仔细想过,在我的精神形态方面,在我对人生的看法、社会的看法、世界的看法,在这样一些根本的层面上,北大和中文系给了我什么样的启蒙?给了我什么样的教养呢?细细想来,大概可以归纳为三个方面的感悟。

第一个感悟就是,北大和中文系使我逐步地建立起了从事人文学术研究要着眼于国家民族"大文化"发展的信念。听起来是一句大话,其实它是贯彻在我们自己每一步的学术思考之中的。我们的先辈和同辈常常以他们自己对于现实世界的感悟来教育我。对于我们来说,学术从兴趣出发,兴趣的关注点是应该和我们民族的"大文化"发展联结在一起的。我们生存的价值和学术的兴趣本来是属于我们自己的,但它必定是有特定的时间和空间的,也就是它必定会有"大文化语境区"内的价值内容,我们自己的兴奋点,我们自己的学术关注点,北大告诉我们,不应该是玩世不恭的,不应该是纯粹娱乐的,不应该是钱财物质至上的。1959年冬天,我大学一年级上学期结束的时候,系办公室发现我在修读的"英文课"本来应该编班在"公共外语"一年级上学期的,却错编在"公外"三年级上学期了。这样原本两年半的英文,我半年修完了。当时我们的专业主任魏建功先生,他后来出任北京大学的副校长,他跟我说,严绍璗,你现在还有四年多的时间(我们当时是五年制),你英文及格了(72分),再去学一门日文吧,日本人接受了中国大量的文化,他们搞了我们很多的东西,不知道他们做了什么,我们将来是一定要有人把它们弄清楚的,你去学日文吧!后来我慢慢地明白了魏先生他心里关注的,就是中国文化在外传以后,具体地说例如在传到日本以后,在日本极为复杂的社会文化关系中,这些东西从历史上到现在到底发生了什么,到底是怎么回事,我们必须要把它们弄清楚。我就遵循魏先生的教导,开始读日文了。

十年后,就是1971年夏天我从江西五七干校回来,学校里空荡荡的没有人烟,我在未名湖边上坐着,看见我们当时的老系主任杨晦先生走过来。烈日之下,他看到了我,先问了一些五七干校的情况,之后忽然问我说,你那个外文丢了没有?我说,您说的是哪个外文啊?他说你那个日文怎么样了?我说日文还马马虎虎吧,这次去了江西一年半,我带了《毛主席语录》和《毛泽东文选》,都是日文版的。他说你这样很好,又问道,那英文怎么样了?接着说,有时间的话再学点德文什么的,外文这个东西,别看现在没有用,将来是一定会有用的!杨先生啊,他当时自己还是"反革命修正主义分子"啊,又是"资产阶级反动学术权威"啊,可是他毫不在意,他心中关心的是像我这样一个青年教师的将来,更关心我们民族文化的未来啊!我们是中文系"师生对话",可是先生关注的却是一个年轻人一定要把握好"中国文化"与世界连接的"工具"。在那样一个"非常的年代"里,他始终认为现在的这种状态一定会过去的,中国文化的未来一定是会发展的,而且中国文化未来的发展一定是和世界有关系的。我意识到他瘦小的身躯中燃烧着的是对于民族文化未来的希望。我在北大受到的就是这样一些老前辈的教育,他们的精神意识慢慢地就深深扎根在我的思想观念中。他们经历过非常复杂的社会生活和非常复杂的时代,追求真理的精神却始终萦绕在心!我们作为北京大学的后辈人,时时刻刻应该把自己的学术和追求真理的勇气联结在一起。魏建功先生的嘱咐,杨晦先生真诚的教诲,都是着眼于我们民族"大文化"的建设和发展,我常常激励自己要把这些作为自己学术的关注点,作为自己学术的兴奋点。

第二个感悟是,北大使我逐步地树立起了人文学术研究一定要有"一字不识,终身之耻"的理性。一般人以为人文学术是很情感化的东西,就像现在的"大话历史"一样,可以想怎么说就怎么说。我昨天刚对朋友说,前几天在一个大牌论坛上一位"大牌名嘴"说"当年孙子总结出'三十六计',现在已经成为世界上最高的军事智慧",我就起身离席了。如果我的先生们还在世的话,听到这样胡言乱语可能真的会被"气死"了的。作为北大的教师或学生,应该明白"高度的理性认知"才是自己学问的"呼吸器",关乎学术的"生死"。理性也是一种情感,说起来有点抽象,但其实它在具体的运行中是一个非常明白易懂的东西。那就是在学习研究的层面上,我们自己要"读真经,见真人,说真话"。在你的领域里,你一事不知,永远是耻。我们拒绝"平庸",警惕"趋利",不能容忍"唯利"。老先生们给我的印象极为深刻的就是"一字不识,终身之耻",他们对于自己的学生"一字不识,蒙混糊弄"一定是耿耿于怀,不能容忍的。

在我身上发生过两件事,我会永远记住,终身不忘的。

1974年冬天经国务院和周总理批文,北京大学组成"社会科学访日团"前往日本14所大学访问。我作为成员之一,回来后系里和专业要我讲讲访问日本的感觉。我讲到中国的禅宗传到了日本,其中有一个宗派叫黄檗(bò)宗,日本京都府宇治市中的万福寺是它的大本山,当年万福寺刻板的《大藏经》的"模本"板子现在还都保存在这所寺庙中。当时我在讲黄檗宗的时候,因为自己不认识这个"檗"字,只是看到这个"檗"字的字形就是"劈开"的"劈"下边的"刀"变成了一个"木"字,于是就"望形生音"把它念成"pì"了。第二天,阴法鲁教授看到我,阴先生是中国杰出的音乐史家,敦煌音乐史研究的权威,西南联大(北大)文科研究所首届研究生出身。阴先生跟我说:"你昨天有一个字啊,念错了。你说'黄檗(pì)宗'是不对的,应该叫'黄檗(bò)宗'。你一定看到这个字的'形',便发了这个音。我们有一种树,就叫做黄檗树。"然后他跟我说:"念错一个字呢,看起来不是很重要,但是,你是古文献专业的教师,是不应该念错这个字的。中国字当然很多很多了,但只要我们一个字一个字地把握它的发声,不要'望形生音',不要'望文生义',就会慢慢积累,丰富自己。"我心里是难过和感动二者兼有。阴先生作为我的老师,他认为一个年轻的教师,念错这样一个字是不能容忍的。我想这是北大学术的求实精神。我在一篇回忆文章中写了这个小故事。有一位读者在他的文章中引用了我这个故事,发表在《上海文学报》上。他批评了一位很有名的上海文化人说过的一句名言,即"中国字这么多,念错几个不要老是小题大做"。这篇批评文章中就引用了严绍璗当年因为一个字念错怎样受阴法鲁先生批评的故事,说"两位同样是上海人,但'严先生在北大受到的教育使这两个上海人的精神形态就很不一样了'"。但是,阴先生他也非常有人情味,他不在会上当场就指出我这个字念错了,他十分顾及我的面子,所以到第二天才私下里跟我说你念错了,我真是很感动的。这样的要求是北大的老先生们对他们的学术后辈的普遍要求。

1988年的时候我出版了一本书,叫做《中日古代文学关系史稿》。这本书呢,实事求是地说评价不错,被称赞为系统地研讨中日文学关系的"开山之作",日本学者在评论中还赞扬了此书在"双边文学研究"中对"理论观念"的建树。书的销量也不错,出版当年的下半年香港中华书局就把版权买去翻印了,所以,有老先生非常好心地鼓励我说:"你呀,应该去争取破格申报教授了!"北大的教师职称评定以"五年"为"间隔期"。我1985年升任副教授,按标准是在1990年开始有申报"教授"的权利,我当时自己有点膨胀,在得意中就申报了"破格提升教授"。外审的5位教授中4位完全同意,我的老师周一良先生的评价说"绍鋆这本书,确实非常好",他在表述了许多积极的评价后说:"我在书里检出绍鋆对文言'其'字的用法把握不当。譬如说,他引用某书的时候,就写道'其曰'什么,应该是'其文曰'什么,我以为一个中文系的教授,如果不能掌握这个字的基本的意义,是不合适的。"周先生在全书五十万字中检出9处"其曰"。周先生不能容忍在我们北京大学文科教授的队伍里,有一个在古代汉语中连最基本的"其"的词义都弄不明白的人混迹其中。我在震惊后思考,我觉得我应该服气,周先生从"一字"抓起,击中命脉,我确实对古代汉语掌握不到位。看来只是弄错了一个字,但实际上这样使用"其"字,正是自己知识的"死穴",只知道这个字属于代词,却不明白这个作为代词的"其",它的后面是不能直接连接动词的。周先生一定认为一个已经是副教授的教师,从使用这个代词的错误中可以看出他对学问还缺乏严肃的态度,周先生不能容忍这样一种对学问的玩世不恭,给我很大的震撼。周先生的这种要求,对于我一生是非常非常有意义的。我现在写相关论著的时候,自己就非常谨慎了。北大的学术精神不能容忍浅薄、平庸和玩世,不能容忍想当然,唯有这样,才能造就真正的人文学术的精品。

第三个感悟是,我觉得北大也养成了我在人文学术层面上的一种面向世界的情感和眼光以及预见性。就是说在自己的研究中,你应该想到中国文化和世界文化的联结及其在世界文化中的意义和价值。我觉得呢,很多老先生是这样的。我刚才说的魏建功先生,他之所以让我去学日文,就是为了要弄清楚日本是怎么样来处理中国文化的,这实际上就是一种世界眼光。魏建功先生在进入北大"中国文学门"(中文系)之前,就在"北大预科"先是学习俄文,后又学习英文。他在1936年出版的《古音系研究》这部奠基著作中,梳理了欧洲学者从法国中国学家沙畹(Chavannes)开始经由伯希和、马伯乐、高本汉等学者所从事的"汉字古音"研究,一直连接到中国学者李方桂、罗常培诸位,这是中国学术史和文化史上建立起来的第一个国际学术界研究中国汉字音韵的系统,为中国学术界提供了一个"大视野"以及与欧洲研究联接的通道;杨晦先生更是一位熟悉德文、俄文、英文的中国文艺理论研究权威,当年在批判他的"修正马克思主义文艺理论"的时候,他当场展示马克思著作同一文本的德文版、俄文版、英文版和中文版四种文本,认定自己阅读和阐述的是马克思的德文本的论说,就是"原文本"论述,认为俄文本、中文本"不诚实"。他的学术信念和学术力量就是建立在这样丰厚的学识基础上的。

  上面我讲的这三个感悟,就是我在北京大学接受多元的引导而获得的终身受用的教益,在这个基础上,我慢慢地养成了自己在特定领域里的研究意志和研究观念,形成了一种具有自我个性的、属于人文学者的人生观、价值观和世界观。

  第二个层面我想向各位讲述的呢,就是我五十年来在上述"研究意志和研究观念"导引下的学术通道,以及从中获得的学术心得,希望对你们迈入学术之门有点借鉴意义。

  方才我发给大家的材料中有两篇文章,一篇是今年8月6日钱婉约博士在《人民日报》的"足音专栏"上撰写的文章,叫《严绍璗:圆融与超越》,另一篇是9月5日记者柳霞在《光明日报》的"新闻人物"版上做的一个报道,题目叫《严绍璗:为学术开门挖洞》。这是作者和学界同仁对我表示的好意,我把这两篇文章发给诸位,是因为我觉得它们的标题很耐人寻味,很精练地概述了我一生的学术道路,而且还含有对人文学术发展的某种思考。"圆融超越"和"为学术开门挖洞",内含的意思就是严绍璗的学术没有一个"固态的定位",也就是说,在现有的学科界限内,给严绍璗做一个学术的"学科"定位,似乎是有些难度的,因为他在几个学科内,例如在中国文化和古典文献、在国际汉学和中国学研究、在日本文化和文学研究以及在比较文学与比较文化研究这样四个学科中，都有活动的学术踪迹和学术身份。比如，刚才漆永祥老师介绍我的时候，说我是中文系学术委员会主任、比较文学与比较文化研究所的所长，这是我现在学术立足的基点，但我同时还是我们北大外国语学院东方文学研究中心学术委员会的主任，这就属于"外国文化研究"领域了，与它相关的是我还担任国家"宋庆龄基金会孙平化日本学学术奖励基金"专家委员会主任大概有八年了，所以许多朋友又把我作为"东亚研究"特别是"日本研究"的学者，粗看起来与中文系的学科好像有点距离了。我现在落根在比较文学研究所，当然就做"比较文学"的业务啦，但我还是"全国古籍整理与出版规划领导小组"成员，这显然是属于"古典文献"学科的。2007年年初，中华书局出版了我二十五年间在日本断断续续调查和研究的成果：自上古以来流布在日本列岛、至今仍有收藏的明代以前（包括明代）汉籍达10800余种，我记述了它们在文化史意义上的来龙去脉，编成3卷，有380余万字，启功先生题签书名《日藏汉籍善本书录》。书出之后，评价不一，当年3月18日北大负责人告诉我，说国务院领导看到这部书，很高兴，要谢谢严教授，也谢谢北大。5月下旬中央电视台来函，希望采访并制作"东方时空/东方之子"。但同时也有批评我的先生，说这部书完全是外行做的，严先生是"中日文化关系史研究家"，他做自己的本行一定会比这本书要好得多，显然表示我在学科界限上已经"严重越轨"，标题用的就是"中华书局竟然也出这样的书"，言下之意是一个"外行"做的、"糟透了"的。而前辈乐黛云先生评价说："它根本不是一部目录学著作，这是一部集文献学、历史学、民俗学、经济学等等学科综合而成的跨文化著作。"特别有意思的是，日本文部科学省直属国际日本文化研究中心在2008年3月28日特地在日本京都举行了"严绍璗先生著《日藏汉籍善本书录》出版纪念"祝贺会，国际比较文学会会长川本皓嗣、日本东方学会理事长户川芳郎以及东京大学、京都大学、神户大学、早稻田大学、庆应大学等12位名誉教授出席了会议，他们的年纪都在七十岁以上了，还有一批中青年学者，这是日本的国家级人文研究机构第一次为中国人的一部著作举行"出版祝贺"，它们认为这部《书录》的编撰成功，"为推进日本文化研究增加了助动力"。围绕我这部书发生了这样热闹的多元化表述，其实推究其核心还是在于如何为这部书进行"学术定位"。现在通行的学科分类是以独立的"单一学科"的概念来规范学业的,我的学术观念和具体的学术成果就像这部书一样,实在无法在当下的"单一学科"范畴内就范。

  我的第一个专业当然是"中国文化和古典文献",这是我全部学术的基础。1959年秋天我进入中文系的古典文献专业读书,这可以看成是我接受最基础性的学术训练的开始。在这个意义上,中国经典文化和中文系就是我的学术的生存之地、生长之地和立根之地。我可以自豪地说,我和我的同学们在北大本科时期接受过非常良好的中国文化教养,这是北大给我们的恩惠。五年中我们接受了42门课程的训导,其中如"学术史课程"8门、相配套的"史料学课程"2门:"中国古代文学史",由游国恩、林庚、冯钟芸、吴组缃诸位先生讲授;"中国古代通史",由张政烺、田余庆、邓广铭、袁良义诸位先生讲授;"中国古代哲学史",由张岱年先生讲授;"中国经学史",由顾颉刚先生讲授;"中国古代文化史",由郭沫若、吴晗、侯仁之、启功、史树青、席泽宗等先生在两年中轮流讲授;"敦煌文献研究五十年史",由王重民、向达、阴法鲁诸位先生讲授;相配套的"中国文学史史料学"由彭兰先生讲授;"中国哲学史史料学"由冯友兰先生讲授。汉语语言学3门课程:"现代汉语"由林焘、朱德熙两位先生讲授;"古代汉语"由王力、吉常宏、赵克勤三位先生讲授;"文字音韵训诂学"由魏建功先生讲授。中国经典文献专书研读课程6门,分别是"《论语》研究""《孟子》研究""《左传》研究""《史记》研究""《淮南子》研究""《文选》研究"。还有专业技能培训课程"目录版本校勘学",由王重民先生讲授,等等。现在回头来看,应该说北京大学和中文系为我们组织了一个很强大的授课阵容。上一次讲座上听乐黛云教授说,她在北大念了四年,几乎没有上过课。乐先生上学的时代是上世纪四十年代末到五十年代初,中国社会在翻天覆地的变化中,激烈的动荡使校园不可能有琅琅书声。我是1959年进入北京大学的,1964年大学毕业,这是另外一个"时间段",这五年恰好是在"大跃进"造成了严重创伤以后,社会开始停息下来,大家需要"休养生息",各行各业正在回归"本位"。我们大学生当然也有劳动,也有政治运动,比如批判校长马寅初先生的"人口论"呀、批判苏联修正主义呀,但基本上用的是课余时间;我们也有体力劳动锻炼,但不是像师兄师姐们半学期或整学期地去农村工厂,只是零星地出去,比如两个星期呀,最多一个月就回来。我们在北大也正恰逢其时,五年里接受了二十世纪中国学术界许多非常杰出的学者的教诲。那个时候，不论是在清晨的朝阳中还是在夕阳的余晖中，未名湖畔、32楼四周的空地上，都有琅琅的书声。比我高三个年级的洪子诚先生当年在《前线》杂志上刊出一篇特别优美的散文叫《未名湖畔朗朗的读书声》，描述的就是当年北大学生晨读的情景：在东方阳光熹微时，未名湖畔坐满了文科的学生，他们口中念念有词，仿佛迎着阳光背诵古文就是在建设祖国的未来。这篇文章写得很美，我每次重读，就好似回到了那青春的时光，一切都重现于眼前。

我当年大学本科做的毕业论文是属于中国古文献的一个基础性的大作业，就是我们三个同学共同为清代人黄本骥编纂的《历代职官表》再编制一个索引。各位不要认为编制索引就很简单，其实它需要有从西周到清代的政治史知识、制度史知识，需要中国文化史的多方面素养，还要有多种工具书检索知识。二十世纪三十年代末美国哈佛大学和美国教会在中国的燕京大学联合为编纂中国古代文献的索引专门设立了一个"引得编纂处"，地址就在今天的未名湖北岸。这个基础性的工作在外行的人看起来很没趣味，其实很有学术容量和乐趣，它的基本训练为我后来在国外寻找中华文献在打下了很扎实的根基。我们的索引总共编了15万字左右。1964年5月完工，中华书局就接手于1965年年初出版发行了，十五年后当中国一个新的"文化高潮"到来之时，这本作为我们"毕业实习"的《索引》竟然于1980年重印了，1984年又第三次印刷。想来也是不可思议的事情吧！"文革"期间，我们专业的几位老师也还是"革命和专业"两不误，我和孙钦善老师、陈铁民老师抓紧空余时间，又一起编著了一部《关汉卿戏剧集》，1977年也由人民文学出版社出版了。

我自己在"接受再教育"的业余时间，与编纂《关汉卿戏剧集》差不多同时，自己还撰写了一本《李自成起义》的小书，1976年由中华书局出版，1982年又重印了。我对中国文化真的很有热情，在"文革"中，我们仍然依靠自己在北大受到的教育，依据自己的判断，把中国文化中有价值的成分，尽自己所能做成"作业"，交给社会。这些事情都是出于"喜欢"，现在理性地想想，这就是北大给我们的教育呀，这就是"北大影响"在潜移默化中发酵的表现吧！

在上面这些半隐蔽半公开的编书写书的同时，我自己还抄录了一些当时能够得到的关于欧洲传教士翻译中华经典文本的资料和日本学者研究中国古文化的资料。为什么会关注这些材料呢？这就要回到之前我讲过的，老先生们一直教导我们要有"文化大视野"的观念，我一直想弄清楚中国文化历史悠久，积累丰厚，它们在世界上到底有什么作用？对推进世界文明有什么作用？抄录一些材料，就是回答这样的"自我质疑"。

后来回过头来看看，这种"自我质疑"事实上正在把自己引向未来的一个新的学科领域的起点，开始无意间从中国文化典籍的学习和研究发展到关注中国文化在世界上的传播，这有一个学科定名，叫做 sinology。现在有人称之为"国际汉学"，有人称之为"国际中国学"，可以统称"国际中国文化研究"。当时我们国内对这一层面的学术淡漠得很。1964 年 8 月我在北大当助教后，副校长兼古典文献专业主任的魏建功先生安排我的第一件工作就是前面说的，参与开封十六年前被北平市军事管制委员会封存的原"燕京—哈佛学社"中国文献资料的编纂与整理，虽然这件事情后来停止了，但是它对于我心中这样的"学术质疑"有一个小小的启蒙。我在"文革"中抽空抄录这些材料也就是这类工作的一个继续吧。

1970 年以后北大开始招收"工农兵学员"。工农兵学员来自各个层面，对工农兵学员到底应该怎样评价，是一个需要历史地加以考量的问题，和他们本人没有什么关系。工农兵学员入校，恢复上课，建立了相对稳定的教学秩序，教师们一边教学，一边批判自己的资产阶级思想，学生们一边读书，一边创建社会主义新大学，北京大学就成为中国文化革命在教育领域"成功"的一个典型。北京大学开始在当时的中央政府领导下对外国开放，就是说不断地有世界各国各个层面的人士来参观访问。1971 年夏我从江西五七干校回来一个月左右，校系领导叫我也参加这个工作。当年 8 月 24 日，我与北大的周培源教授、周一良教授一起，接待了来访的"日本第十届青年访华团"。此后的六年多时间中，我参与接待过大约两百多批外国人的参观访问，上至国家元首，下至"动力车工人""部落民代表"，其中以知识界人士为最多。他们的表达方式，他们所提出的各种各样的问题、对于中国历史与文化的再认识，对我的思考有很大的启示。后来我进入了"国际中国文化研究"这样一个领域，我开始明白，我当年接待的这么多外国访问者对于"中国历史和中国文化"的许多看法和质疑，事实上就是"国际中国学"的直接资源之一。为了应对这些外国人的访问,有关方面也特地允许我们在图书馆内阅读一些当时"不开放"的书籍文献。于是我就利用这个机会,阅读了20世纪初期"日本中国学"中"国家主义学派"的经典学者井上哲次郎的《日本的朱子学》《日本的阳明学》和《日本的古学》三大名著,还有像石田干之助的《欧洲的中国研究》等名著,慢慢地形成了新的视野。

　　生活真是充满了辩证法,有人就说严绍璗的这个经历其实为他后来走向新的学术层面提供了多元文化的视角。当然,并不是所有的"外事接待员"后来都变成"国际中国学"的研究者了,这也是由每个人的自我"文化语境"决定的。1974年,日本国立京都大学邀请中国人文学者赴日本访问,北京大学接受国务院的委派,经周恩来总理批示,组成"北京大学社会科学访日团"于11月到12月出访日本。在"文革"中间,这是中国派出的第一个人文社会科学的学术团队,很受人瞩目。我们在日本访问了14所大学,14位大学校长会见、陪同,合计大约有两百余位"中国学家"出场。我是第一次与这么多"中国学家"共同研讨,亲眼目睹了日本收藏的若干种"中华文献典籍",慢慢地转化成了一种学术意识,一种学术观念。2007年新华社在报道我前面提到的中华书局版《日藏汉籍善本书录》时,特别提到,这一使日本学者感到惭愧而使中国学者感到高兴的业绩,盖起源于1974年严先生访问日本国立京都大学,在东洋学文献学中心目睹了当年八国联军侵华中被日本兵抢得的《永乐大典》两卷残本。报道虽然有点极端,但中心意思是不错的。我对"域外汉籍"的追踪、调查和研究的内在观念的形成,启蒙于魏建功先生的教导,而定型于这样的一系列经历。

　　"文革"结束以后,国家推进新文化发展的时代来临了,我就积极地把自己的理念和手中已经积累的这些资源转化为自己的学术。举两个例子:1980年刚刚建立不久的中国社会科学出版社出版了我编辑的《日本的中国学家》,这部书著录了当时健在的日本中国学家1105人,有64万余字,报告了他们每一位的学术方向和基本的学术业绩,这是我国学术史上第一部相对完整的"国际中国学"领域的工具书,1982年重印;1981年经严家炎先生的力荐,《中国现代文学研究丛刊》分两辑刊发了我的《日本鲁迅研究名家名作述评》,收集、翻译、整理和评论了从二十年代青木正儿到七十年代丸山昇大约三十余位日本中国学家的"鲁迅观",这是第一次系统地整理了日本学术界对鲁迅的研究。八十年代中期我们古典文献专业经学校批准成立了"古文献研究所",在研究所内设立了"国际汉学研究室"。这是中国大学中设立的第一个关于国际中国文化研究的研究室,1986年获国家学位办批准,又第一次在全国招收国际汉学研究方向的硕士研究生。现在咱们系的刘萍老师就是全国国际汉学研究专业第一届硕士。1990年我转入了比较文学与比较文化研究所,1995年又经学位办批准,在比较文学博士点中设立了"国际中国学方向",并建立了相应的"博士后"流动站。钱婉约老师和刘萍老师是我国最早的国际中国学研究专业博士,王青老师又是这个专业全国第一位博士后出站的学者。我自己从三十年前的学术疑问开始,在前辈的教导指引与北大、中文系的推进和支持下,在北大中文系开始建设形成了"国际中国文化研究"的学科链,内心有一种特别的喜悦。2009年由14个国家的中国文化研究家合作成立了"国际中国文化研究学会",推举我担任主席团的执行主席,我相信这是我们北大,也是中文系获得的一种国际性的认定。我可以告诉诸位,站在北大的校园内,我们可以很自豪地说,"国际中国文化研究"在三十年来中国人文学术走向世界的行程中,作为具有"前沿性"的标志性学术,它的学科链的建设和成型,都是在北大实现和完成的。

但是,我自己在"国际汉学""国际中国学"的研究中,又产生了新的疑惑,问题愈来愈多。集中的问题是,我早期是把国际学术界对中国文化的研究看成是"中国文化向世界的自然延伸",因此一直把"国际汉学""国际中国学"作为"中国学问"的一个层面,但是,当研究向前推进的时候,困惑便不断地出现。

可以举一个经典的例子:中国学术界很多人都把日本称为"儒学国家",其实中国学术界能够真正把握到日本文化"实像"的人并不是很多,日本文化的"实像"远比我们所知复杂得多。

《论语》传入日本列岛大约是在四世纪至五世纪,但当时只是在一个相当狭小的范围内传播,上没有达天皇和皇室,下甚至也没有到一般的贵族阶层,遑论其他社会群体了。"儒学"只是在实际掌握政治运行的极少数高层贵族知识人中作为一种"虚设的政治伦理"而存在。在从《论语》传入一直到十七世纪的一千二百多年中,日本社会没有出现过一部称得上是"研究

《论语》"的著作,相反,中国诸子百家的观念却散见于日本社会的各个层面。只是到了我方才说的十七世纪到十九世纪上半叶的德川幕府时期,"儒学"作为"幕府政权"的意识形态元素,才开始相对宽泛地流布于日本社会,前后有二百五十年左右的时间。

以1868年为绝对年代,日本进入了以"明治维新"为标志的向近代社会的转型时期。考察"明治维新"最初二十年日本社会的观念、思想与精神状态,则当时几乎所有要求推进社会向所谓"近代"转型的社会流派,无论他们在政治上是"民权派"还是"国权派",在哲学上是"唯物论"还是"唯心论",都是把以孔子为代表的儒学作为"成就日本未来"的"主要对手"。一时间中国的古书被抛掷在廉价市场上,东京帝国大学"汉文学科"只有一两个学生报名。

1890年明治天皇发布了《教育敕语》,以"敬神尊皇"为核心,以儒学观念为阐述框架,要全体国民明白"日本国家国体之精华"在于"皇祖皇宗肇国宏远、树德深厚;臣民克忠克孝、亿兆一心",提出为国家长远计,国民应当遵循皇祖皇宗之遗训,正名分、明大义、重国宪、修国法,以辅佐天壤无穷之皇运。这一《敕语》的发表,表明皇家正在以极大的努力采用儒学的"政治伦理"来支持日本国家主义和皇权主义的"建国思想"。1891年东京帝国大学中国哲学副教授井上哲次郎在德国留学六年有余后回国,对天皇《敕语》作了一份《衍义》,这就是日本思想史上著名的《教育敕语衍义》。《衍义》的全部核心,就是把对天皇的忠诚解释为全体国民应该具备的"爱国主义"这一基本的道德纲目。这一阐述经过明治天皇过目,由文部省颁至全国,成为学生必读的"修身教本"。于是,日本国家主义与儒学观念的合流被引向所谓"爱国主义"精神层面。"儒学"以这样的阐述方式重新在日本社会复兴。它在发展中最引人深思并且也是最不可思议的则是,1906年在"甲午战争"十年纪念与"日俄战争"结束之时,两次指挥和参与战争的日本军人在东京北部的足利学校举行了"祭孔典礼",以"战争胜利"告慰孔子的英灵。足利学校是日本中世纪时代著名的汉学学堂,校内建有"大成殿",高大的木制孔子像居于大堂。这次日本军人"祭孔大典"的主祭人是日本陆军元帅、海军大将伊东佑亨。此人原来是"甲午战争"中日本联合舰队司令,就是他下令打响了东亚近代史上日本侵略中国的第一炮。这一炮就是射击中国山东威海卫的丰岛冲,距孔府所在地曲阜并不是很远,假如孔子有灵,他一定听到了日本军国主义集团进攻自己祖国的炮声。"祭孔典礼"的第一陪祭人是日本陆军大将,不久后升任海军元帅的东乡平八郎,这个人国人应当不陌生,他就是在电影《甲午战争》中出现的穷凶极恶的日本联合舰队"浪速号"舰长,指挥击沉我北洋水师主力"东升号",杀害我大批水军士兵的凶手。现在,他们在打败中国和俄国为日本夺得了"制海权"后,竟然集体来向孔子表示敬意,竟然来感谢孔子的精神让他们战胜了他的祖国。沿着这样的"儒学解读"发展下去,1926年,后来被称为"日本法西斯思想魔王"的北一辉在中国上海的居室挂牌"孔孟社",在室内"辟谷"四十八天撰著而成《日本列岛改造法案》,成为后来日本法西斯主义的纲领。这样的"日本儒学",诸位是不是觉得非常不可思议?我个人处在很大的困惑中:他们的祭孔和孔子到底有什么关系?作为研究者,我们必须要解释并揭示"这二者之间究竟是什么关系"。

　　这样的质疑困扰我好多年,慢慢地我通过各种学术思想和知识的填补有所醒悟,原因就在于我们对于"国际中国文化研究"即"国外中国学"的"本体性质"没有把握到位,所以产生了学术错觉。我们站在中国学术本位的立场上,以为国外研究中国文化是中国文化自然的延伸,甚至以之为考量"对中国友好"的标尺。其实,这样的认知是片面的。世界上每一个国家的文化,都具有它们自己的"能动"的意识形态本体,它们对于一种外国文化的研究,比如对于中国文化的研究和表述,内在核心取决于它们的哲学本体价值和意识形态特征。在这样的意义上说,国际中国学首先是它们的一种特定的文化形态,这种文化形态是以"中国文化"作为特定的对象构成的。在这样的意义上说,"国际中国文化研究"是一种具有多边文化性质至少是双边文化性质的学术体系,譬如说日本在那个时代,它的主流意识形态表现为"亚细亚主义"和"脱亚入欧"两个层面,核心都是日本"国家主义"。把"儒学"阐述为"爱国主义"的,几乎都是"亚细亚主义"的多元表述;把"儒学"描述得一无是处的,几乎都是"脱亚入欧"的多元表述。由于国内意识形态的需要,他们才做出了对儒学的不同判断。这样我就开始明白了,你要理清楚国外对中国文化的研究,必须进入对方的文化本体中去讨论:如果研究"日本中国学",却不懂日本文化,那你就说不清楚"日本中国学"中各种流派的本质特征;如果研究"法国中国学",却不懂法国文化,研究"德国中国学",却不懂德国文化,你就很可能陷入迷雾,甚至被对方的阐述所误导。

于是,我终于明白了,一个纯粹的中国文化学者,事实上是做不成"国际中国文化研究"的。这样,为了真正弄明白与把握"日本中国文化研究"的"本像",我就开始进入以日本文学为主要对象的日本文化的本体论研究层面,在我的学术通道中开启了第三个层面。

或许是由于我是中国古典文献专业出身,所以我始终觉得"观念的形成"基础在于理解"基础文本","经典性原文本"的细读是进入对象国文学和文化的"起点",当然,"经典性文本"也是一个能动的过程。基于这样的思考,我就以阅读《古事记》《万叶集》《古今和歌集》《竹取物语》《源氏物语》等著作作为起步。因为是"原文本"的细读,当然是一个比较艰难的过程。稍微有点日本文明史知识的人都知道,像《古事记》《万叶集》《古今和歌集》是日本古代文明进程中的三种不同的"文形",使用的文字、词汇和文体各不相同,当代日本人也只能阅读现代日语的译本。而一切"译本"对"原文本"来说都是不经典的。大多数中国人都觉得日文中有不少的汉字,中国人读起来是很容易的,这都是不懂日本文化的臆想。对中国学人来说,"日文汉字"是阅读日本经典文本的"难点"之一。我自己是采用"原文本"和"现代日译本"对照着阅读的。

我一直听到不少日本文化研究者(也包括我国十九世纪末以来的学者的论说)都强调日本文化的"独特性",称它为"以神道信仰为核心的纯粹文化"或者"海洋文化形态"等等。但是,在我逐步地进入这些经典文本后,依靠我自己的中国文化素养和长期积累的世界文明史的知识,我感觉到从本质意义上着眼,所谓"纯粹"的日本文化内部,可能存在着"非日本文化"的一些元素。我是以《古事记》和《万叶集》这两部文本为基础来进行解析的,结果发现,日本最古老的经典文本中事实上存在着"族群本源文化语境""世界文明发展的共识性文化语境"和"异质文明透入的文化语境"这样三层文化语境构造。我以这样的学术认知视角考察日本的文学,也考察文学之外的更加宽广的文化领域,涉及其思想史和宗教史,撰写成一些论文,刊登在中国和日本的相关刊物上,于是,大家都觉得我是"日本文学研究者"或"日本文化研究者"了。

1994年11月,为了纪念京都建都一千二百周年,日本的明仁天皇要在京都接见六位外国研究日本文化的教授,我被邀请参与了这次会见。日本自"记纪神话"中传说天皇诞生到1994年共计126代天皇,这是天皇首次会见中国教授。天皇问我:"先生研究日本文化,请问读什么书?"我说:"要读的书是很多的,但是我觉得如《古事记》和《万叶集》这样一些著作,对于日本文化来说最具有经典意义,都是必读的。"天皇说:"这几部书对于我们日本国民来说也是很难的,先生觉得怎么样?"我回答说:"确实是很困难的,但是,我相信这两部书在编纂的时候,编纂者们同时也受到了亚洲大陆文化的不少影响,在这些经典中以各种不同的方式透露了这种影响,所以一个中国学者读这两部书,或者可以读出与日本国民不同的价值和意义来。"天皇说:"确实是这样,日本文化受中国文化的影响是很多的。"随后天皇以日本京都的建筑仿效中国长安的建筑布局为实例,表述了他个人关于日本文化受中国文化影响很深的感受。与明仁天皇对话这件事使我感到,中国人文学者只要立基于自身的学术,又具有把握对方文化的认知能力,就能够在国际文化的表述中逐步获得相应的"话语权"。这样的"话语权"可以提升我们对世界上特定文化的把握,并引导对方关注中华文化的价值。这种认知有可能进一步揭示人类文明发展的进程中过去被人们所忽视的一些领域,能够较为生动地展示中国文化在世界文明进程中的意义,我想这也是前辈先生们寄托于我们的希望。

当年,季羡林、乐黛云诸位先生对我说:"你做的这些都是比较文学的研究!"这使我很是振奋。因为我历来觉得"比较文学研究"是人文学术的"前沿学科",有很深奥的欧美学者表述的"学理",与我的"中国古典文献出身"有很大的距离,我做的一切学术作业,都是依据我自己的学术思路一步一步地推进,现在竟然达到了"比较文学研究"领域,喜悦之余好像顿开茅塞:原来人文学科的许多领域是互相连接着的,并且不以人的意志为转移,在一个层面上推进到一定的程度,为了回答学科不断提出的"质疑",为了寻找答案,学术本体就会引领你进入又一个新的领域。就这样我就进入了"比较文学研究"领域,到现在正好二十年了。在这个领域的最大收获当然就是"教学"与"研究"相得益彰:到2010年,我指导的21位优秀学子获得了博士学位,他们正在国内外从多元层面推进人类共同的文化研究事业;在学术上，我终于在研究中建立起所谓的"比较文学研究"观念，它在本质上就是一种"在跨文化多元视野中观察、解析和阐述社会人文的一个逻辑系统"，在这样的观念统摄下，我逐步构建了"自我学术理念系统"。这个系统是由"多元文化语境""不正确理解的中间媒体"和"变异体生成"这些具有内在逻辑的理性观念和"多层面原典实证方法论"的实际操作手段共同组成，被称为"文学的发生学"。当然，"文学发生学"这一理念在历来的各种比较文学研究教科书上都是没有的，重要的原因第一是因为欧美学者没有提出过这样的"思维命题"，第二是我逐步提出的这个"理念系统"还具有很强烈的"个体知识生产经验"的特征，它主要是以东亚文学作为阐述的文本，我个人还没有把它推广到世界各国的文学中进行"原典性阐述和实证"。2004年国家社科基金"外国文学研究项目指南"曾经接受我的建议，把它列入"指南"中，随之这一"个体知识生产"的"经验"逐步获得了研究者的介入并取得了相应的业绩，我自己也被学界推举为中国比较文学学会的副会长并兼任学术委员会主任，我对我国跨文化学术研究这样的发展感到由衷的高兴。

  总结我自己五十年的学术道路，就是做学问这件事情一定要在充分读书的基础上形成问题意识，要建立自己的文化大视野，要在文化大视野下发现文化的互相交叉，在交叉之间探求文化的本相。我们要打通原本互相关联、只是近代学术造成分割的各个学科的各个层面，从而从相关的整体层面上进行学术的思考。我们一定会有新的体验。正是这种不断地思考，才能够获得不断的成果。我想正是在这个意义上，我们北大在很多学科都有在学术的某一领域具有引领性作用的人。我们可以重新返回到几代校长对我们的期望：你们要做社会的栋梁，你们要做时代的主人。我以为我们就是在走这样一条道路。

  我上面所讲的这些完全是个人的感悟，漫谈式的。五十年来在北京大学走过了很长的路，经过了无数的风雨。北京大学充满人文的精神关怀。当然生活的发展本身就是充满了辩证法的，北大也是社会的一个层面，也有人心善良和人心险恶的争斗，但是，以我在北京大学五十年的经历来说，争斗常常是人道和人文占据着上风。所以北京大学仍然引领着中国的学术向前发展。各位同学在这里，无疑是给北京大学增添了新的力量。你们可以在北大学习四年,可以继续向上再读三年,七年、十一年地发展,可以在北大校园很长时间,可以尽情地享受校园中厚重的人文精神。北京大学和我们已经交融在一起了,已经没有任何力量可以把我们这些人和北京大学分开了,但是北大必须要有大量年轻的新生力量来补充和支持,它才能有更大的发展。未来,我想就在你们身上。谢谢大家。

历史就在你的脚下
——讲给北大中文系新生的故事

李 零

　　李零,1948年生于河北邢台,在北京长大。中学毕业后,曾在山西和内蒙古插队七年。1977年入中国社会科学院考古研究所参加金文资料的整理和研究。1979年入中国社会科学院研究生院考古系,师从张政烺先生做殷周铜器研究,1982年毕业,获历史学硕士学位。先后在中国社科院考古研究所、农业经济研究所工作。1985年至今任教于北京大学中文系,教授、博士生导师。著有《〈孙子〉古本研究》《中国方术考》《中国方术续考》《〈孙子〉十三篇综合研究》《郭店楚简校读记》《上博楚简三篇校读记》《花间一壶酒》《兵以诈立——我读〈孙子〉》《铄古铸今:考古发现和复古艺术》《丧家狗——我读〈论语〉》《放虎归山》《去圣乃得真孔子——〈论语〉纵横读》《人往低处走——〈老子〉天下第一》《何枝可依》《待兔轩文存——读史卷》《死生有命,富贵在天:〈周易〉的自然哲学》等。

恭喜各位，欢迎各位。我很羡慕你们，你们都是北京大学的学生了。我是北大老师，但没当过北大学生。我是从中国社会科学院逃出来的难民。1985年，朱德熙先生和裘锡圭先生调我，我才落脚于此。我们古文献的领导、已故的倪其心老师，他有很多经验之谈。有一回，他跟我说，在北大立足，得三条过硬：一是出身过硬，北大毕业；二是师门过硬，老师是北大名师；三是学术过硬，没真本事也不行。鲁菜有一道名菜，叫三不沾。第一条，我肯定不沾，不像你们，名正言顺，有"贵族出身"。第二条，我的老师张政烺，虽然是很多北大老师的老师，在学术界很有名，但不知为什么，1960年被北大解聘。看来我只能在第三条上下功夫，不然就是三不沾。

1998年，北大百年校庆，晚上有个撞钟仪式。北大名人季羡林、王选，还有一个女同学，仨人一起撞钟。电视画面，季老站在前面，王总站在中间，后面那个女生，黑咕隆咚看不清。她名字，发音跟我有点像。第二天，有人打电话，祝贺你呀，想不到你在北大这么牛，居然跟季老一块撞钟。我说哪儿的事，昨天一整天，我一直在家看电视，白天看陈平原老师讲校史，晚上看你说的撞钟。他说行了，你就甭谦虚了。其实，那天是北大校友返校聚会的日子，我根本没资格参加。

北大校庆，活动很隆重。咱们学校编过一部校史，很厚。我粗粗翻了一下，无意中发现一个我熟悉的名字：邹鲁风。校史馆，我从来没去过，对校史一点也不熟。可是今天我忽发奇想，很想跟同学们聊聊我挣钱吃饭的这个单位，从一个外来户的角度讲讲北大校史，浮光掠影，粗枝大叶，讲到哪儿算哪儿。

为什么我要讲这个题目？原因很简单，这些年，教育史和学术史，不知怎么弄的，全都成了大师史。大师什么劲头，据说"特有风骨"，飘飘然，超乎社会、政治之外。现在有个说法，叫"民国范儿"。"范儿"是北京话；"民国范儿"是"民国粉儿"怀念的做派。陈丹青尊鲁，有人说他就是"当代鲁迅"。他把鲁迅也归入"民国范儿"。但鲁迅对民国可没什么好词。"廿年居上海，每日见中华"（《赠邬其山》），他看见的"中华"是什么样？是军阀混战，天下大乱。有人说，1927—1937 年是中国的黄金十年。鲁迅这诗写于 1931 年，正好赶上这一段。他眼拙，愣没瞧出它的灿烂辉煌。

大师是什么人？我理解，那是大乱的产物。国家大乱，学术大乱，教育大乱，一切推倒重来，每次重建都有一批领风气之先的人，这些人就是大师。大师不是吹出来的，而是逼出来的。但现在的理解不一样。他们说了，大师都是 1949 年以前的主儿，不是死了，就是去了台湾，或去了美国，反正跟革命无关，跟老百姓无关，跟共产党无关，特别是跟新中国无关。比如讲学术史，当然是清华国学院的四大导师，王国维、陈寅恪、梁启超、赵元任；讲教育史，当然是北大校长蔡元培、蒋梦麟、胡适，清华校长罗家伦、梅贻琦，燕大校长司徒雷登。这样腾云驾雾讲历史，老实讲，不仅难得其全，也难得其真。

清朝有一种《大狮少狮图》，不知大家看见过没有，大狮子旁边有个小狮子。有一回在福建开会，某人说，现在为什么没有大师？其实不是没有大师，比如我身边这位，他就是大师，关键是咱们不团结，不像人家影视圈，互相提携。我理解，他说的"提携"就是炒作和吹捧。所以晚上，他们开始选大师。大师和小师有不解之缘，关键全在一个"吹"字。有人喜欢吹，有人喜欢被吹。爱吹大师的人多半是摩拳擦掌准备当大师的人。小师吹大师，才能当大师。甚至有人说，看谁活得长，谁长谁是大师。

现在的"大师"有两个意思，一个意思是装神弄鬼的人（如气功大师、风水大师），一个意思是尊孔复古的人。后者一定要在"大师"前面挂上"国学"二字，"西学"好像无"大师"。比如季羡林，明明研究南亚史，他们非得叫"国学大师"。人家自己都不承认，那也不行。他们说，那是大师太谦虚，不承认怎么啦，照样可以强制执行。

我是学考古的。考古，不是挖死人，就是挖死人的东西。搞考古的最清楚，历史就在你的脚下。《兰亭序》说，"后之视今，亦犹今之视昔"。活人变死鬼，那是早晚的事。历史都是鬼影幢幢。杜甫说，"人生不相见，动如参与商"，"访旧半为鬼，惊呼热中肠"（《赠卫八处士》）。大概用不了多久，我也会变成鬼影。我在这儿讲的话，自然也就成了鬼话。

下面分四个问题谈。

（一）北大景观

言归正传，现在讲北大。我先讲视觉中的北大，咱们拿眼睛可以看到的北大。看看它是坐落在一个什么样的环境里。我不是风水大师，但不妨给北大望望气。

北大校史，一百多年，在中国数一数二，但搁欧洲，嫩得很。前几天，我刚去过海德堡大学。海德堡大学有六百多年。

欧美大学什么样？一种像庙，一种什么都不像。很多没校园。有，也没围墙。有些干脆就在市镇上，这条街上有个楼，那条街上有个屋，不加指点，根本看不出来。

北大，现在的校园是燕大校园。老北大在城里，现在是古迹。沙滩红楼，过去是国家文物局和文物出版社，我经常去，现在是新文化运动纪念馆。现在的北大包括燕大。比如侯仁之先生就是燕大的老师。我说的景观是新北大，不是老北大。

我是在北京长大。一进城，先住先农坛，后搬拈花寺、东四六条、铁一号，上学在白米斜街，挨着什刹海。反右运动之后，我家才搬到西郊。

北京，长城打北边过，历史上是个边塞。它东有承德、山海关，连着东三省，西有张家口、大同，连着内蒙古。北方民族南下，把它变成首都。皇城根下，大有胡气。小时候，城里还走骆驼，西郊还有狼。我这辈子，只有10岁以前住在城里，大部分时间都在海淀附近度过。海淀这一带有很多湖。海淀的意思是这些湖。当时，我们不太说"海淀"，即便说"海淀"，也不是海淀区，而是海淀镇。我们常把这一带叫"西郊"。

海淀镇，原先是区政府所在，现在区政府搬地方了。这一带有什么文物古迹，大家可以看侯仁之先生的书，看《北京市文物地图集》，看海淀博物馆。咱们这一带，有山有水，被皇上看中，是个盖花园的好地方。清代有所谓"三山五园"，三山是香山、玉泉山、万寿山，五园是这三山下面的静宜园、静明园、清漪园（颐和园），还有它东边的畅春园、圆明园。每个园里又有很多园。燕园是北大校园，园中有园，园外有园。它东边是清华园，西边是畅春园（属于北大），北边是圆明园，南边是海淀镇。燕京八景，有三个景（蓟门烟树、玉泉趵突和西山晴雪)在西郊。我记得,香山植物园(属中国科学院植物研究所)有朱德送的一屋子兰花,溥仪特赦后,就在那儿上班。

小时候,从城里去颐和园,去香山,要出西直门。一出西直门,满目苍凉,旷野中立着带龟趺的大碑。沿途,窝头状是老百姓的坟,苍松翠柏围着,是太监的坟。海淀博物馆里的金银珠宝,很多都是从太监墓里挖出来的。中关村,早先叫中官坟,中官就是太监。

海淀这一带,墓地文化特别发达。如梁启超墓在卧佛寺,齐白石墓在魏公村,李大钊墓在万安公墓。万安公墓,名人最多。王国维自沉,雇人力车,出清华西门,奔颐和园,淹死在鱼藻轩,纪念碑在清华,墓在福田公墓。李云鹤(江青)的墓也在福田。我老师的墓就在她前面。利玛窦、南怀仁、汤若望的墓在栅栏墓地,法国耶稣会传教士的墓在正福寺。

解放后,这一带是大学区,北大、清华、人大、师大,还有八大学院,全在这一带。科学院、军科院,也在这一带。1958—1963年,我住人大林园2号楼(后改6号楼),1964—1980年,我住中关村北区10号楼,都在北大附近。中关村北区10号楼,楼上楼下都是著名科学家。这片灰楼,现在破破烂烂,不起眼,但中国最著名的科学家,包括中央研究院的第一届院士,包括两弹一星的功臣,原来都住这个院。钱三强、何泽慧住14号楼,两口子一直住14号楼,到死都没离开。军科院也是名将所聚。粟裕,百战名将,遭贬黜,在军科院当副院长。彭德怀下台,住吴家花园,就在北大西边。

我第一次进北大是1966年。我去干什么?看聂元梓的"第一张大字报"。看完,从三角地转到未名湖,眼前唰地一亮。哎呀,天下怎么还有这么漂亮的校园。我记得,中央"文革"在大操场讲话,灯光惨白。江青哭诉他们家的矛盾。陈伯达说,我的中国话讲不好,请王力同志翻译。这以后,我经常来这儿看大字报。有一首诗,我还记得,题目是《过关》,"万年太久争朝夕,朝夕有时抵万年。子胥过关须发白,白了须发未过关",不知何人所作,就是抄在大字报上。当时,高校武斗,全是原始武器,北航发过枪,刚发就收回去了。我记得,北大南墙那排楼,墙被打穿。清华、北大架高音喇叭,深更半夜,突然放哀乐,瘆得慌。

我来北大,突出印象是改革开放,一幕一幕,历历在目。我还记得,知识分子哭穷,推倒南墙办商店。哲学系有三个老师办了"风入松"。后来,中关村成了电子一条街,成了"知本家"的天下。现在,"风入松"关张,南墙被恢复,知识分子已脱贫致富,课题制的大潮席卷一切,"弄潮儿向涛头立,手把红旗旗不湿"(潘阆《忆余杭·长忆观潮》)。墙外是红尘滚滚,墙内也是红尘滚滚。原来的北大什么样,大家已经忘了。难怪有人说,魂兮归来。

(二) 北大是革命家的摇篮

北大最有名,莫过闹学潮。

北大建校百年,百年主要在二十世纪的范围里。这一百年里,地球上发生过两次世界大战,两次大战引发两次革命。不管你高兴不高兴,时代主题是"战争与革命"。北大发生过三大运动,全跟这个主题有关。离开这个主题讲历史,你什么史也讲不清。

第一次是新文化运动(1915—1917)。

新文化运动是文化运动,但不是一般的文化运动,而是弃旧图新的运动。为什么要弃旧图新?因为有世界性的大危机。它的大背景是第一次世界大战(1914年8月—1918年11月)。这场战争肮脏透顶。如果不是"民主国家"窝里斗,哪有俄国革命(1917年11月7日)?没有俄国革命,哪有中国革命?

上世纪的风云人物是应运而生,时机很重要。他们多是世纪之交的人,早一点儿是十九世纪的80后、90后,晚一点是二十世纪的00后或10后。他们不早不晚,正好赶上这场大危机。

新文化运动的代表人物,很多是"海龟",出国取经,不忘父母之邦,不像现在的"海王八",忘爹忘妈,一去不复返。他们,除蔡元培年纪大(比其他人大十来岁),主要是十九世纪的80后、90后。张政烺先生说,北大教授都很年轻。当时的人,跟现在不一样,结婚早,出名早,死得早,很多人都活不过五十岁。"五十之年,只欠一死",活到五十岁,就得考虑后事,人生有如压缩饼干。

1. 蔡元培(1868—1940),前清进士,四十九岁当北大校长,是北大最有名的老校长。他是老同盟会,属于革命党,但不是共产党,而是国民党。"四·一二",蒋介石杀共产党,他跟老蒋站一边,但"九·一八"之后,拥护国共合作，又跟宋庆龄、鲁迅是一伙，毛泽东称他为"学界泰斗，人世楷模"。蔡元培的"兼容并包"，至今为人称道，但蒋介石最恨这四个字，恨他坐大了共产党。他对这位老同志十分痛恨，骂他一生"但有罪过而已，尤其是教育受其乡愿式之影响更恶劣也"（蒋氏日记，1960年11月18日）。其实，蒋氏所恨，正是其光荣伟大之处。

2. 陈独秀（1879—1942），三十八岁当北大教授。中国共产党，他是第一任书记，但1929年被共产党开除。他的两个儿子也是中共领导人，全被国民党杀掉。

3. 李大钊（1889—1927），三十一岁当北大教授。从照片看，好像年纪很大，其实他只活了三十八岁。他也是中国共产党的创始人。北大的马克思学说研究会就是由他发起。当年，张作霖杀李大钊，没钱下葬，很多北大教授捐了款，就连汪精卫都捐了1000元。

4. 鲁迅（1881—1936），曾兼课北大，讲《中国小说史略》。他呕尽平生血，大骂中国人。中国人骂中国人，日本人爱听，对他推崇备至，但他的话，不是骂给日本人听，而是骂给中国人听。他死后，沈钧儒写了个挽幛，称他为"民族魂"。鲁迅不是共产党，但对苏俄好奇，跟瞿秋白是莫逆之交，帮过很多共产党人。他翻译过《铁流》。曹靖华翻译《第四十一个》，他参与过编校。他对革命，不光同情，而且理解，对它的正反两面都有很深刻的理解。他很清楚，革命不是跟"君子"闹革命，而是跟"小人"闹革命，不是戴着白手套，而是沾血带污。他只活了五十五岁，没能看到抗战和抗战以后的事。冯雪峰回忆，鲁迅对周扬整胡风、黄源很反感，当年就敢顶撞共产党的领导，他的骨头确实很硬。

5. 周作人（1885—1967），三十三岁当北大教授。抗战期间，出任伪职。战后，国民政府以汉奸罪判他十四年大狱，后来特赦，人是放出来了，但没去台湾。解放后，共产党对他很宽大，毛泽东批准，让他在家写作。

6. 钱玄同（1887—1939），曾兼职北大，只活了五十二岁。

7. 刘半农（1891—1934），二十六岁当北大教授，只活了四十三岁。

8. 胡适（1891—1962），二十六岁当北大教授，五十四岁当北大校长。他是中国自由知识分子的代表，崇美，反共。反共与蒋介石有共同语言，崇美可不一定。他1949年离开大陆，先去美国，待了很久，后来才被请回台湾。1957年,胡适当"中研院"院长,蒋介石祝贺,大骂五四,说五四导致赤化,当场遭胡适驳斥,原因就在他是个自由主义者。他支持过雷震的《自由中国》。蒋敢抓雷,不敢抓胡,私下骂胡为"狐仙""蟊贼"(蒋氏日记,1960年11月18日)。胡死,蒋称"暴卒"(蒋氏日记,1962年2月24日),说是总算"除了障碍"(蒋氏日记,1962年3月3日)。

这八个人,全跟北大有关。他们的共同点只是"新",后来分道扬镳。

第二次是五四运动(1919年5月4日)。

五四运动是爱国运动。爱国的意思并不复杂,当时叫救亡图存。爱国是救国,又不是打别人。自己的国家要亡了,怎么就不能救一下?现在有人说,救亡图存挡了启蒙的道,这叫什么话?还有人拿"爱国贼"骂人,简直丧心病狂。美国骂人话,"民族主义"很时髦,那是骂落后国家的落后人,骂他们不该爱他们的国家。他们自己,那是家家挂星条旗,爱国爱到发狂。比如美国人连导弹都以"爱国者"命名。他们的反导系统,也叫这个名。"九·一一"之后,小布什借口反恐,还立了个"爱国者法案",明可监听,暗可虐囚。民主投票,到海外打仗,这在美国就叫爱国,谁敢说个不字。

五四健将多是北大在读的学生,比上面那批人年龄小一轮。上面那批人是老师辈,这批人是学生辈。

1. 邓中夏(1894—1933),马克思学说研究会会员,中国最早的共产党员。1917年入北大中国文学门(即后来的中文系),是咱们中文系出的革命家。他是洪湖苏区和红二军团的领导人。王明上台后,对他无情打击,撤销一切党内职务。接替他的叫夏曦,几乎把洪湖苏区的老同志全部杀光。1933年,邓中夏被捕,国民党说,你为共党卖命,他们把你整得这么惨,你图什么?他说,这是我们共产党自己的事,患深度杨梅疮的人不配嘲笑伤风感冒的人。死时仅三十九岁。

2. 高君宇(1896—1925),马克思学说研究会会员,中国最早的共产党员。1916年入北大预科,后入地质系。他写过一首诗,"我是宝剑,我是火花。我愿生如闪电之耀亮,我愿死如彗星之迅忽"。他只活了二十九岁,死葬陶然亭,确实如闪电、彗星。

3. 罗章龙(1896—1995),马克思学说研究会会员,中国最早的共产党员。1918年入北大哲学门(即后来的哲学系)。1930年以另立中央罪,被开除出党。"文革"后是中国革命博物馆的顾问。

4. 张国焘(1897—1979),马克思学说研究会会员,中国最早的共产党员。1916 年入北大预科,后入哲学门。他是鄂豫皖苏区和红四方面军的领导人,长征途中搞分裂。1938 年逃离延安,加入军统,最后死在加拿大。

5. 傅斯年(1896—1950),1913 年入北大预科,1916 年入北大中国文学门。他是五四游行的总指挥。1928 年创中央研究院史语所,"史"是以考古学改造中国的经史之学,"语"是以比较语言学改造中国的小学。他是当时文史之学的组织者和灵魂,咱们中文系出的大学问家。他的口号是"上穷碧落下黄泉,动手动脚找东西"。1949 年,傅氏随国民党迁台,除任台大校长,还兼史语所所长。1949 年后,史语所的"史"是"无土栽培",他们只能炒冷饭,整理大陆带去的老资料,考古资源全在大陆。

6. 罗家伦(1897—1969),1917 年入北大外国文学门(即后来的外文系)。他是五四宣言(《北京学界全体宣言》)的起草人,"五四运动"这个词就是他的发明。清华大学从教会学校改国立大学,他是第一任校长,后被清华师生赶下台。1949 年,他也去了台湾。

还有两个人也和北大有关,毛泽东(1893—1976)和瞿秋白(1899—1935)。毛泽东在红楼当图书管理员,不是北大学生。瞿秋白交不起学费,也没上成北大。但咱们北大有蹭课传统,毛泽东和瞿秋白是旁听生。毛回忆,他在红楼,职位低微,没人搭理他(见斯诺《西行漫记》)。这并不等于说他对北大怀恨在心。1945 年,傅斯年去延安,与毛长谈。毛夸傅是五四名人,有大功。傅谦言,我们不过是陈胜、吴广(指在北京闹学潮),你们才是项羽、刘邦。因此,毛写了章碣《焚书坑》相赠,曰:"竹帛烟消帝业虚,关河空锁祖龙居。坑灰未冷山东乱,刘项原来不读书。"

五四以来,学生分左右,就是一个家里,有时也分左右。左翼跟文学关系比较大,跟学术关系比较小,很多人都投笔从戎,参加革命,站在政府的对立面,不可能像傅斯年、罗家伦他们,依附国民党,办教育、做学问,这是形势使然。左翼史学,郭沫若是代表,他是被通缉追杀,躲在日本,才有可能治甲骨金文。这样的机会太少。瞿秋白很羡慕他(见《多余的话》)。这就是"刘项原来不读书"的注脚。

第三次是"一二·九"运动(1935 年 12 月 9 日)。

日本侵华,东北被占,华北危急。这是又一次历史性大危机。"一二·九"运动,参加者有北大、清华的学生,也有其他学校的学生,甚至包括中学生。他们是十九世纪的10后,"九·一八"后入学,比五四时期的学生又晚了一轮。

1. 郭明秋(1917—2010),1935年入北平女一中,北平学联主席。1935年加入共产党。

2. 姚依林(1917—1994),1934年入清华大学化学系,北平学联秘书。1935年加入共产党。

3. 邹鲁风(1910—1959),1933年入北平东北大学俄语系,北平学联总纠察。1936年加入共产党。

4. 黄敬(1912—1958),1935年入北大数学系,北平学联总交际。1932年加入共产党。

5. 孙敬文(1916—1998),1934年入私立静湖中学,北平学联总交通。1935年加入共产党。

6. 韩天石(1914—2010),1933年入北大物理系,北大学生会主席。1936年加入共产党。

7. 葛佩琦(1911—1993),1933年入北大物理系,北大学生会副主席。1938年加入共产党。

8. 邓力群(1915—2014),1936年入北大经济系。1936年加入共产党。

9. 蒋南翔(1913—1988),1932年入清华中文系。1933年加入共产党。

10. 周小舟(1912—1966),1931年入北师大国文系。1935年加入共产党。

这回,蒋介石说对了,上述学生领袖,运动前后,或早或晚,全都加入了共产党。他们不仅参加了共产党领导的敌后抗战,还参加了推翻蒋家王朝的解放战争。蒋败走台湾,痛定思痛,只恨杀人太少,后悔药一直吃到五四。其实,这才是挟怨报复。

(三)也说"民国范儿"

民国时期是个天下大乱的时期,根本不像现在人吹的,简直是黄金时代。天下大乱,最倒霉是谁?是老百姓,不是知识分子。知识分子再不舒服,也跟老百姓没法比。你不能把全部历史都写成知识分子的受苦受难史。即使"文革"也不能这么讲。当时谁都知道,首当其冲是老干部,知识分子顶多是陪绑。更何况,整知识分子的,很多也是知识分子。

这是一段战争与革命的历史,血流成河、泪流成河,中国人受了很多苦。但这也是一个英雄辈出、大师辈出的时代。它既催生了武夫、政治强人和革命家,也催生了现在让人羡慕不已的"学术大腕"。国家多难,英雄和大师都是幸存者。在中华民族的苦难史当中,知识分子并非神游物外,而是身在其中。他们或者被政治抛弃,想搞政治而不得,或者寄生于政治的夹缝之中,有如裤裆里的虱子(阮籍的经典比喻),躲避政治还来不及。很多人的学问都是逃避政治逃出来的。

中国传统,读书人"以天下为己任",热衷政治。天下有道,可以搞政治。但天下无道怎么办?孔子说,得保全自己,等待时机,东山再起。但起不来怎么办?于是而有隐逸。隐是隐士,逸是逸民。"独立之精神、自由之思想",注脚是逃避政治。

比如王国维,他对政治本来很上心,革命绝了他的望,他才借学术打发时光,像鲁迅说的,"无聊才读书"(《赠邬其山》)。他根本看不惯这个时代,觉得革命就是天下大乱,天下大乱有什么好。他跟罗振玉东渡日本,就是出去躲政治。国民党也好,共产党也好,在他看来,都是乱党。什么时候不乱?当然是大清朝,特别是早一点儿的大清朝,其父祖之辈的大清朝。陈寅恪也如此,他的感情也在民元以前。此人无党无派,要说派,是名士派,台湾不去,北京不来,国民党也好,共产党也好,他都不买账。现在有人说,某些文化保守主义者对保存文化有功,这是对的。但说"万般皆下品,唯有保守高",就过了。

这两位大师,讲范儿也是"前民国范儿"。真正的"民国范儿"是国民党的范儿。

现在讲"新史学",真是越讲越乱。梁启超讲进化史观,自称"新史学"。傅斯年尊兰克学派,台湾叫"新史学"。现在倒好,文化保守主义可以叫"新史学",国民党史学可以叫"新史学",唯独左翼史学不许叫"新史学"。其实左翼史学才一味求新。谁都知道,它最重考古学和民族学,最强调社会史和比较研究。你就是再不喜欢,也无法把它归入旧史学。

　　1949年,蒋介石兵败如山倒,逃往台湾。国民党不得民心,连挺蒋的美国人都大失所望,打算换掉他(文换胡适,武换孙立人)。现在倒好,有人说,大陆沦陷,文化断裂,传统文化全都去了台湾,不但人去台湾,东西也去了台湾。比如"中研院",那才叫人才济济;台北故宫,好东西全在那儿。这不是胡扯?

　　当时,中国的知识分子,有几个想上台湾?实在不敢留大陆,那也是去美国。1948年底,蒋介石有"抢救大陆学人计划",派人拿飞机接,谁都不去。1948年中研院选出的第一批院士,共81人,除郭沫若是左翼人士,一水儿全是"民国范儿"。他们,只有傅斯年、李济、王世杰、董作宾去台湾,陈省身、李书华、汪敬熙、林可胜、李方桂、赵元任、萧公权去美国,胡适先去美国,后去台湾,其他人全都留在了大陆。胡适幼子胡思杜、李济之子李光谟,还有傅斯年的侄子傅乐焕,他们也留在了大陆。

　　文物,台湾那点家底,跟大陆没法比。故宫南迁文物,只有1/4去了台湾,东西在他们的故宫。殷墟的标本,山彪镇与琉璃阁的标本,还有居延汉简,东西在他们的"中研院"。老河南省博物馆的收藏,东西在他们的历史博物馆。他们带走的东西,就这么多。中国的文物绝大多数还在大陆。更何况故宫搬不走,殷墟搬不走,中国的风水宝地搬不走。考古在大陆从未中断,新文物层出不穷,即使"文革"也未中断,真正的文化资源还是在大陆。

　　出版,大陆也未中断,即使"文革"也未中断。商务印书馆、中华书局、文物出版社和科学出版社,整理古籍,翻译外文,印考古报告、文物图录,不知出了多少东西,台湾没法比。

　　当然,历次运动,大陆学者受冲击,不知遭过多少罪。他们,即使在监牢里也有人写东西、译东西。受委屈还有这等贡献,这叫什么?这叫可歌可泣。

　　民国有什么遗产,咱们来看一看。

　　台湾学者的传灯录,杜正胜来北大讲过。他们的第一代学者是上述迁台五院士,以及北大、清华和中研院的个把老人,根子在大陆。第二代是留美的余英时(1930—)、许倬云(1930—)、张光直(1931—2001),也是从大陆走的。第三代是杜正胜(1944—)他们这一代。这一代才是在台湾长大。我记得,1990年"中研院"选院士,呼吁本土化。他们的院士,国籍多是美国。本土化的意思是台湾化。

余英时和许倬云,家庭背景都是国民党。因为人在美国,国籍是美国,他们更喜欢的身份是"世界公民"。

余英时是燕大历史系的学生,跟社科院考古所的陈公柔是同学。考古所的老所长徐苹芳先生也是燕大的。他跟我讲过余去香港的前前后后。余去香港是跟钱穆学,去美国是跟杨联陞学。钱是文化保守主义者,后来是蒋介石的"帝师"。余的历史研究,中心是士。《士与中国文化》,强调中国文化,命运系于士。他最恨"暴民造反"。比如《陈寅恪晚年诗文释证》,经他索隐,处处暗伏玄机,全是骂共产党。他说郭沫若剽窃他老师,也是为了打倒左翼史学。他回忆说,他在燕大时,自由主义者分化,左翼向中共靠拢,右翼以胡适为首。他的表兄是北大地下党的负责人,劝他参加革命,无论左派、右派,他都不参加。他提到的"表兄"不是别人,就是1983年当过北大代理书记的项子明(原名汪志天)。项子明病故,他只写了几行字,说他本想写点什么,唯恐下笔不慎,产生副作用,现在不写,将来总会有机会写。

许倬云是台大历史系毕业,迁台五院士,胡适、傅斯年、李济、王世杰和董作宾,还有李宗侗,他都奉为老师。他在匹兹堡大学教历史学和社会学,性学专家李银河留学美国就是跟他学。王小波"以性交解构文革"。许说,王的作品经他推荐,才在台湾获奖。许的代表作是《汉代农业》和《西周史》。前书,我在农经所时,曾从农业科学院借阅过,我意外发现,此书是送给杜润生(中共负责农业的高官)的。后书,罗泰(Lothar von Falkenhausen,张光直教授的学生)写过书评,可参看。

他们两位对台湾影响很大。台湾的很多学者都是他们的学生。

张光直是台大考古人类学系毕业,考古,师从李济,人类学,受凌纯声影响最大。李济是中国考古第一人。离开大陆,无古可考,是他最大的遗憾。1960年,大陆策反李济,他没回来(夏鼐写过信)。他的学生圆了他的梦。

张光直是李济最得意的门生。他是把新中国的考古发现介绍给世界的第一人,也是促成中美考古合作的第一人。1994 年,"中研院"请两个本省人执掌该院,正院长是李远哲,副院长是张光直,两人都是有国际声誉的学者。当时,张光直已患上帕金森症。

张光直是台湾人,但他说,他也是中国人。他在台湾做过发掘,但更大的愿望是回大陆发掘,因为中国考古的基地毕竟在大陆。李水城回忆,张先生和夏鼐联系过,想回社科院考古所工作,也跟宿白联系过,想回北大工作,都未成功。商丘考古是他的圆梦之旅,可惜已经太晚。当他终于站在商丘工地的探方里,已举步维艰。他比前两位小一岁,但早早离开了我们。

这里我想重点说说张先生,说说他和前两位有什么不同。

(四)张光直先生

张光直是台湾人,但在北平长大。当时的世界,当时的中国,和现在不同,不是全面向右转,而是全面向左转。世界上的大学者、大文豪和大艺术家,纷纷加入共产党。他生活在北平,受时代风潮影响,思想左倾,同情革命,再正常不过。他大哥张光正(何标)和同学温景昆(南开教授温公颐之子)对他影响最大。1945 年,张光正去晋察冀参加革命,成为共产党。

张光直是 1946 年 12 月 31 日随父母去台湾,当时才十五岁。他到台湾不久,1947 年 2 月 28 日,著名的"二·二八"事件,让他碰上了。台湾人反对国民党,殃及外省人。他在《番薯人的故事》中回忆过那一天,远处传来枪声,他的外省籍同学在街上被暴打,血流如注……接着,有一天,"有一个国文老师在我以后的生命中扮演了没想到的角色",这就是他的启蒙老师,一生从事革命的白族诗人罗刚(罗铁鹰)老师(1917—1985)。

1948 年,在罗老师鼓励下,他写过七篇小文章,登在台湾的《新生报》上,如《文学是为多数不幸者存在》,一看题目,就是左倾。他把罗老师的讲授,把他对劳动者的同情写进《伐檀》。他不满学校中的"麻木"和"暮气沉沉",反对"孤立台湾,割断与大陆的一般性和联络"。他怀念北平,怀念那"粗线条的北国"("我感谢它——我的故乡,它孕育了我北国的特性"),不知"什么时候才能重新踏上那黄色的土地"。他盼望那远方的来信,每次读信,都双手颤抖,热泪滚滚。

1949年1月31日,解放军进北平。当时,台湾的民主运动与大陆的民主运动是此呼彼应,国民党风声鹤唳。蒋介石第一次尝到他的对手曾经尝到的滋味,被人围剿的滋味。4月6日,国民党到台大抓左翼学生,把他们一网打尽,是为著名的"四六事件"。被抓学生相信,名单是由他们的校长傅斯年提供。张光直是中学生,也在被抓之列。获罪原因恰好是"北国来信",他与温景昆的通信。他被国民党抓起来,蹲了一年大狱。五十年后,他把他埋藏心底的故事总算写了出来。这就是上面提到的《番薯人的故事》。此书有珍贵的史料价值。他不仅记载了同狱的21个"匪嫌",还见到过金门海战(台湾叫"古宁头大捷")的共军俘虏。他提到的"刘团长"(刘天祥),大陆一直不知下落。这个"死亦为鬼雄"的铮铮铁汉,就是靠了他的笔,才留下最后的身影。狱中的"好人"让他刻骨铭心。

出狱后,1950年,他考入台大考古人类学系。他说他之所以考这个系,目的就是要研究"人之为人"。1955年,带着人生困惑,他去了美国。李济盼他学成回台湾,他却选择留美国。罗泰说,这一选择不知是不是与他的牢狱之灾有关。李光谟则推测,也许是为了日后与大陆合作。

张先生第一次回北京是1975年5月,离开北京已经二十九年。他是随美国古人类学代表团访华,既是为了学术交流,也是为了看望故人,更大愿望是看望故人。这以后,他多次回北京。1980年,他终于见到他大哥。1982和1983年,他在《秋水》杂志(波士顿地区的华文杂志)上写过三个短篇小说,都是写他回大陆看故人。

张先生去世后,三联书店编了个纪念集,书名是我起的,叫《四海为家》,编者前言由我代笔(未署名),我把我对他的理解写在这篇前言中。后来,张光正先生打电话,要我把这篇前言当《考古学家张光直文学作品集粹》的代序,我答应了他。

同样的历史,不同的人有不同的感受。

张先生不是文学家,但他的文学作品,让我非常感动。最近,我又读了一遍,不是当文学读,而是当历史读。它让我想起我的北京,想起我执教二十八年的北京大学,想起我生活其中的上一个世纪。

这一百年只是刚刚翻过的一页,宛如昨日。它不仅对我们的父辈是轰轰烈烈,对张先生是魂牵梦绕,对我也是挥之不去。

记忆的碎片纷至沓来,有如大树飘零。

历史就在你的脚下。

2012 年 12 月 23 日为北大中文系静园讲座演讲

2013 年 1 月 16 日扩大改写于北京蓝旗营寓所

一代人有一代人的境遇，
一代人有一代人的使命

宋绍年

　　宋绍年，1949年出生于北京。1969—1972年，在陕西延安地区富县张村驿公社塘坊村插队务农；1972—1975年，在北京大学中文系汉语专业读本科；1975—1978年，在北京粮食局宣传科工作；1978—1981年，在北京大学汉语专业读研究生(导师：王力、郭锡良、唐作藩)；1981至今，在北京大学中文系古汉语教研室任教，教授、博士生导师，曾任古代汉语教研室主任、中文系副系主任等；2003—2005年，任澳门大学中文系客座教授兼中文系主任。北京大学《中国语言学》编辑部主任。主要著作有《近代汉语语法史研究综述》《古代汉语知识教程》《〈马氏文通〉研究》《古代汉语》(合著)、《近代汉语语法资料汇编》(合编)，参与增订《古汉语常用字字典》等。

各位2012级的新同学：

大家好。今天，我们中文系负责本科生工作的副系主任漆永祥老师，让我来和大家聊聊天。我很高兴来和新同学见面、聊天。看到生气勃勃的你们，我感到很兴奋，你们的加入，为中文系增添了新的血液，带来了新的希望。

首先，我要祝贺你们，你们经过艰苦的努力，进入了有着百年底蕴的北京大学中文系；同时，也欢迎你们加入中文系，并预祝你们在这里健康、愉快地成长，学有所成，将来为社会做出应有的贡献。

四年的大学时光其实不长，可以说转眼就会逝去。在这短暂的大学时光里，什么样的人才会得到最大的收获呢？我想，应该是这样的人：首先，对自己所处的时代、对自己面临的环境具备高度自觉；其次，树立了明确的人生目标；再次，脚踏实地，锲而不舍。只有这样的人，才会在毕业的时候感到自己没有虚度年华，取得了丰厚的收获。

今天我们是聊天，我想和你们聊的第一个话题是："一代人有一代人的境遇，一代人有一代人的使命。"

我先说说我自己。我出生在1949年，属于与新中国同龄的那一代人。一般认为，十年是一代，也就是说现今55岁到65岁的是一代人，都是共和国的同龄人，总人数大约为3000多万。这一代人有着大致相同的经历。

同学们都身经百战，经历过许许多多的考试，我们这一代人考试不如你们多，我印象最深的是初中升高中的考试。那一年是1965年，北京市中考的作文题目是："我在五星红旗下成长"。这个题目很有针对性，因为那一年的考生基本上都出生于1949年，都是新中国的同龄人。那个时候，十六七岁的我们，充满了生长在红旗下的幸福感和自豪感，充满了对未来的美好憧憬，充满了生命的活力，满怀着追求理想和主义的激情。

时间很快，四十三年过去了，回首这一代人的人生历程，有痛苦，有遗憾，也有欢乐，让人感慨万千。这一代人，经历了六十年代初的饥荒，饿过肚子；全程经历了"文革"；经历了上山下乡；经历了下岗失业，这一代中的许多人因此被迫放弃了自己多年打下的基础,去重新开辟生活的道路……

但是,这一代人终于也赶上了中华民族的复兴,赶上了中国崛起并且步入世界大国行列的时代。

如果要问一问,在这一代人的集体记忆中,印象最深刻的是什么?我想,答案的共识度会很高,那就是"上山下乡"。正像一首歌里唱的,"那时候的雪,下得好大,深深的脚印,在青春里面安了家。"那是青春的记忆,是对生活剧烈变动的深刻记忆。2009年恰逢知青上山下乡四十周年,那一年出现了一个规模不小的当年知青返乡寻根的热潮,陕西的、山西的、内蒙古的、黑龙江的、云南的……各地知青纷纷重返曾经插队落户的地方。那是一种纯粹自发的、颇为壮观的现象,这一现象清楚地表明了"上山下乡"在这一代人集体记忆中的深刻程度。

我们这一支下乡的队伍,是1969年2月春节前夕从北京出发的,目的地是:延安地区富县张村驿公社。张村驿和紧邻的"直罗",都是当年陕甘宁边区的管辖地,红军长征到达陕北后的第一个胜仗就是直罗战役。

现在北京到延安有了直达的列车,那个时候火车只能到达铜川,到铜川后要换乘汽车。那天雪下得很大,我们乘坐军队的敞篷卡车行进在黄土高原上,卡车轮胎上都绑着粗大的防滑链,在雪地上留下了深深的印迹。看着外面的风景,山峦起伏,上面覆盖着厚厚的白雪,可以说很有一点"北国风光,千里冰封,万里雪飘……看红装素裹,分外妖娆"的豪情。但是,接下来的情况就有些不妙了,汽车到了富县县城,就不能再往前走了,雪大路险,前面还有五座山,还有近百里山路,要靠我们自己的两条腿走过去。

在风雪中跋涉,艰难可想而知,对城里的孩子来说,尤其如此。我们下乡时,北京市供应一种轮胎底的棉鞋,很结实,但走在雪地上,穿着它就像穿了滑雪板,摔得鼻青脸肿,最后有些同学索性脱了鞋走。天黑了,人还在山上,依靠微弱的星光和雪的反光,我们摸索着往前走,遇到有些陡的地方,简直是坐着往下蹭。这就是我们上山下乡的第一课。这条山路,后来我们多次走过。来到北大以后,读了杜甫的五言古体长诗《北征》,才知道富县就是古代的鄜州,诗人杜甫的家就曾在鄜州。《北征》是杜甫从陕西凤翔回鄜州探家的路上创作的,诗中有"我行已水滨,我仆犹木末"的句子,是说自己已经走到了山脚下,往山上看时,仆人仿佛还挂在高高的树梢上。我想,只有走过山路的人,才能写出这样生动形象的诗句。

来到了我们落户的小山村——塘坊,新的生活开始了:推碾子、磨面、挑水、做饭、洗衣服、种菜、下地干活、上山砍柴、盖房子、养猪……一切都要自己动手。我们的集体户最大的二十岁,最小的十五岁。生活确实是艰苦的,没有自来水,没有电,更麻烦的是无处洗澡,不少人身上都生了虱子。但是,知青生活也不乏欢乐,乡亲们对我们的悉心关照、知青之间在艰苦生活中建立起来的深厚友谊,都让我们永生难忘。

多年以来,知青文学长盛不衰,产生了不少以知青生活为题材的小说、电视剧等。以电视剧为例,比较有代表性的,如《今夜有暴风雪》《蹉跎岁月》《孽债》《北风那个吹》,还有前不久梁晓声的新作《知青》等等。可是没有一部戏能够全方位地反映知青生活,能够得到那一代人广泛的认可和赞同,总是有令人不满意的地方。知青生活带给大家的感受实在是太丰富了,太复杂了,太微妙了,太让人刻骨铭心了,以至到了四十年后的今天,社会还不能形成比较高度的共识,作家们遭遇的难题,其实正是现实生活还没能给出答案的问题。

这一代人有一个经久不衰的话题,那就是:"青春究竟无悔,还是有悔?"至今答案纷纭。我个人不赞成那种"彻底否定某一段历史"的说法。历史是我们自己走过的路,没有昨天,就不会有今天,更不会有明天,新中国的六十四年就是这样一步一步走过来的,历史是不容否定的。历史,是需要有人来担当的。共和国同龄的这一代人,坦然地担当起了历史分派给自己的、无可替代的角色,他们潇洒、淡定地面对着过去、现在和未来。

上面讲了一些从前的故事,这是为了给同学们提供一个参照物,对比一下你们这一代所处的境遇。

你们这一代所处的境遇,与共和国同龄的那一代已经完全不同了,可以说有了翻天覆地的变化,真是有如天壤之别。你们生活在综合国力喷涌的时代——我们必须注意,没有长时期的积累,是不会有喷涌的;你们生活在物质生活大为丰富的时代,手机、笔记本电脑、私家汽车等等,这些过去人们想都不敢想的东西,今天都已经习以为常了。你们已经稳稳地站在了一个更高的起点之上。

但是,在这样一个时代,你们仍然面临着极为严峻的挑战。我们的国家不仅存在着严峻的外患,如东海、南海、藏南问题等,也存在着沉重的内忧。

上海的一位青年作家郭敬明,你们可能对他都很熟悉,他是1983年出生。在9月9日这一天,他发出了一条被称为爱国宣言的微博:

> 你们就当我是中国的脑残粉好了。我就是曾经在天安门看升国旗哭了的人;我就是每次看奥运听见国歌就眼红哽咽的人;我就是曾经半夜看网上北京奥运圣火传递时,中国人保护火炬的图片,看得嚎啕大哭的人。你们不用怀疑,这种人是存在的。我的祖国确实有很多问题,但这并不影响我毫无保留地爱它,为它自豪。

在几个小时之内,这条微博被转发了十几万次,到昨天为止,转发已达23万次,评论的有11.8万人次。意见分歧,有支持的,有批评的,而且批评的比公开表示支持的要多。我想有不少人应该是支持的,只是在现今的舆论环境里,他们不愿公开表达。从郭敬明微博的第一句话,可以看出,他写这条微博是冲破了内心的阻力,下了很大决心的。为什么这样爱国的声音在我们的社会里不能自由地表达?这说明了什么?我感觉,这说明我们的舆论环境已经恶劣到了相当的程度。

《环球时报》有一篇评论文章,写道:"不知道从什么时候起,爱国在互联网上成了不那么光彩的事情。网上出现了许多批判爱国主义的帖子,甚至还有了'爱国贼'的称呼。"舆论环境是衡量社会状况的一个尺度,舆论环境的恶化反映出我们的社会在精神上的全面失守。这些年,所谓"躲避崇高""贬抑伟大"的杂音一直不绝于耳,不仅出现在互联网上,在其他媒体上也很常见。物质的丰富不能遮盖精神的贫乏和矮化,而这一严酷的现实,就是你们这一代所处境遇的一个重要侧面。

6月26日,《光明日报》头版发表了一篇文章,文章的题目发人深省——"打造文学理论的中国学术话语体系",文章的作者是"国家教育部中国特色社会主义理论体系研究中心"。文中有这样几段话:

> 打造具有中国特色、中国风格、中国气派的哲学社会科学学术话语体系,是党中央对理论界和学术界提出的一项重大而紧迫的时代课题。

> (它是)加快我国国家文化软实力建设,推进社会主义文化大发展、大繁荣的迫切要求。

上个世纪九十年代中期，我国文学理论界就已经有学者开始探讨中国文论的"失语症"与"话语重建"问题，中国文论"失语症"既是一个理论问题，也是一个（严重的）现实问题。由于我们独立自主的文学理论话语体系的缺失，以至一些人离开西方文论话语就不能阐释文学现象，就成了学术哑巴。……（要）重新掌握文学阐释的中国话语权，就必须重构话语，构建文学理论的中国学术话语体系。

重构话语，构建中国学术话语体系，最重要的一个资源就是我们的传统文化。所以，要重新掌握哲学社会科学中国话语权，前提是振兴和弘扬中国的传统文化。

"打造具有中国特色、中国风格、中国气派的哲学社会科学学术话语体系"，消除"失语症"，这是一项长期的任务。它不是一句空洞的口号，它需要把握正确的学术方向，脚踏实地付出艰苦的劳动。我想，这大概就是你们这一代人肩负的使命。

与五四那一代人相比，你们和他们形成了一种鲜明的对照：他们的使命是冲破束缚，向外界，特别是向西方，寻求挽救民族危亡的良方，这条路已经走过了将近一百年；如今的中国，已经大不相同了，我们已经走到了应该对世界做出贡献的时候了，不仅仅是经济方面的贡献，更重要的是精神、思想、文化、价值观，以及发展道路方面的贡献。中华民族能不能真正崛起，中华民族的伟大复兴能不能成为现实，责任就在你们这一代身上。

我想跟大家聊的第二个话题是：汉语言文字、文学、古文献。这是北大中文系的三个专业，三者不可分割。其中的道理并不复杂。没有汉语言文字，就不会有浩如烟海的中国古文献，更不会产生灿烂辉煌的中国文学。中国传统的学术是文史哲不分家的，举个简单的例子，一部《史记》，既是历史，又是文学，又蕴涵着哲学，司马迁整理古文献的功夫也尽显其中。至于汉语言文字，更是基础的基础，《史记》的撰写、古文献的整理，没有汉语言文字的功夫，是绝不可能完成的。所以，我们"中国语言文学系"，是三个专业，三位一体，这是历史形成的。

我曾经到过贺兰山，陡峭的山崖上有远古先民创作的岩画。面对这些朴拙的图画，遥想它们作为汉字的前身，如何一步步演变为今天的汉字，你会产生一种厚重的沧桑感、历史感。我们的汉语言文字,还有无数奥秘等待我们去探索,去揭示。

从古籍整理方面说,首先要点校,要疏通文字,这是很不容易的事,但更重要的是对文献义理的阐释。古文献里深藏着中华民族的无穷智慧,如老子的"道可道,非常道;名可名,非常名",孔子的"民可使由之,不可使知之"等等,这类蕴含哲理的经典文段,古文献中有很多。它们究竟应该如何断句、如何解读?哪一种解读才能符合古人的真意?众多的说法如何取舍?是否还可以有新的解释?这是很重要的问题。司马迁在《史记》中指出,先秦诸子的许多家"皆原于(老子)道德之意,而老子深远矣"。《老子》是重要的先秦文献,但它的文本迄今没有形成具有较高共识度的定本,而其标点、断句、翻译和解读,更是意见分歧。这就说明,古籍整理要做的工作还有很多,古文献专业发展的空间很大。

文学作品研究的综合性就更不用说了。《诗经》《楚辞》、先秦诸子、骈文歌赋、唐诗宋词、传奇小说……哪一项研究都离不开语言文字的疏通,离不开文献的版本考辨和义理阐释。因此,三个专业构成了一个不可分割的整体,它们互相依存,互相促进。

现在中文系实行低年级不分专业、高年级再分专业的制度。低年级不分专业,就是强调基础和综合训练。低年级时,有一些全系必修的基础课,同学们不管将来选择哪个专业,都要求必须修读和通过。请大家一定要学好这些基础课,切记不要过早地、盲目地一头扎进自己喜欢的某一个专业里面,而忽略了基础和其他。

高年级分专业也是必要的。中文系历来强调宽基础、宽口径,有了良好的基础训练,再向更具体的专业发展,即所谓术业有专攻,这样才有充足的后劲,才能让你在学术上走得更远。

术业有专攻,选择一个专业钻研进去,不仅会有学术上的进步,也会有丰厚的做人方面的领悟和收获。专业选择,不要太功利。我认为,只要是你真正喜欢的,就不会耽误你日后成才。中文系每个专业都培养出了大量出色的学者,他们在各自的专业领域里都做出了很好的贡献。但是,中文系的师生更应该具备广阔的人文胸怀。我们系里的不少老师,不仅在自己的专业领域内有出色的表现,在专业之外,准确说,应该是在专业周边的领域,也表现出了深刻、丰富的思想，对社会舆论起着正面的引领作用，这正是中文人应有的情怀。

大学不是职业培训所，大学首要注重的是成人教育。请注意，这里的"成人"，是述宾结构，而不是定心结构，意思是使人成长，就是要完善人格，完美人性。你们今后从事的工作不一定与自己的专业一致，但是，北大中文系的四年大学生活，必定会伴随你的一生。

下面，我想给同学们介绍三位八十年代毕业的中文系老系友。

第一位是一位女士。卢新宁，1988年毕业，现任《人民日报》评论部主任。在2012届中文系毕业典礼上，面对年轻的学弟、学妹，卢新宁有一次十分打动人心的讲话。讲话的题目是"在怀疑的时代，依然需要信仰"。这个讲话不仅打动了年轻学子的心，也打动了许多老先生，我就收到过中文系八十多岁老先生的来信，谈卢新宁的讲话。这个讲话在网上流传很广，希望同学们能够找来读一读。卢新宁本科毕业于中文系古文献专业，在一些人看来，这似乎有点意外，其实这正表现了北大中文系的长处，不论哪一个专业，人文精神都是我们的必修课，都是我们的立身之本。

第二位：黄怒波，笔名"骆英"，1981年毕业于中文系文学专业。他是一位诗人，也是一位成功的商人。2011年6月，黄怒波向北京大学捐赠了价值9亿元人民币的资产，并用这笔资产建立了"北京大学中坤教育基金"，用来进一步推动北京大学人才培养和教学科研的发展。他喜欢登山，他热爱诗歌，他用诗表达内心，他是一个真正的儒商，他的人生里有着非常浓厚的北大中文系的色彩。

第三位：胡春华，1983年毕业于中文系汉语专业。毕业时，他志愿去西藏，一干就是二十多年，从编辑部的校对工作做起。他出身农民家庭，从小放羊，走山路如履平地，脚板上的茧子有铜钱厚，穿烂的草鞋有一大堆。在西藏那二十多年，他几乎走遍了西藏的各个角落。他一直保持着关注普通百姓生活的本色，为人也很平易，有机会总要和班里的同学们见见面。就在前几年，他们班在北戴河组织过一次聚会，我也有幸受邀参加。他带着家人，和同学们一起欢聚一堂。

以上三位都是八十年代毕业的，他们的发展方向不一，有做理论工作的，有经商的，有从政的，但都发展得很好。我之所以与大家分享这三位老校友的故事,就是希望你们能够从他们的成长中得到启示,不断增强自己对所处时代和肩负使命的自觉性,明确自己的人生定向和定位,走好大学生活的路。祝同学们永远乐观,永远积极,永远向上。

老老实实做人　认认真真做学问

李小凡

李小凡,1954年生,江苏苏州人。1970年到苏北盐城地区大丰县金墩人民公社插队落户。1975—1977年就读于盐城地区第一师范学校。1977年任教于盐城地区化肥农药厂职工子弟学校。1979年考入北京大学中文系汉语专业。1983年毕业留校,在中文系现代汉语教研室从事汉语方言学教学研究工作。1985—1988年在职攻读汉语方言学硕士学位。1988年任讲师,1992年任副教授,1999年任教授,2000年起担任博士生导师。1983—1988年兼任系团委书记,1989—1994年兼任系党委副书记,1995—2005年兼任系党委书记。曾任韩国国立顺天大学、新加坡国立大学、澳门大学中文系客座教授。曾获国家级教学成果奖和国务院特殊津贴。代表著作有《苏州方言语法研究》《汉语方言学基础教程》等。2015年7月9日去世。

  同学们,大家好。我是中文系现代汉语专业方言方向的老师。系里让我来跟大家来聊一聊,我想,我就以一个在这所大学里生活了三十多年的学长的身份,来跟大家聊聊大学生活,聊聊怎么做学问,怎么做人。

  从哪儿聊起呢?我想起三十多年前,当我作为一个大学新生走进北大时,有一位老先生就像我今天这样,面对大一新生,给我们上有关大学生活的第一堂课。那是王力先生。那次王力先生的谈话给我们那个年级的同学留下了很深的印象。他谈的是怎么做人,怎么做学问。他的观点是:做人第一,学问第二。这两点的确是大学生活最基本、最主要的两个问题。做学问不必多讲,学习本是学生最重要的任务,但王先生强调:做人第一。其实,做人与做学问,有着很紧密的关联。一般说来,做人的态度与做学问的态度是一致的,有什么样的人生态度,就会有什么样的治学态度。这是王先生的经验。现在回想起来,大学生活中的很多细节可能会淡忘,但这两点,却贯穿于求学生涯的始终,是大学回忆中最基本、最深刻的一部分,甚至可能还会伴随我们一生。在座的同学们,会有相当一部分,将来要从事教学、科研工作,那么,做人、做学问,会成为你们一生中永远的主旋律。

  怎么做人?怎么做学问?其实很简单,用王力先生的话,就是:老老实实做人,认认真真做学问。我们那一代大学生,基本都是按这个准则,来安排自己四年的大学时光。尽管三十多年过去了,国家和社会的面貌发生了巨大的变化,但我相信,做人与做学问,依然是不同时代、不同背景下,大学生始终面对的基本问题。所以,今天我就从这里聊起。

  三十多年前,正是我们国家经历了十年动乱之后进行拨乱反正的时期。那时大学生的人生道路比较一致。个人对事业和人生没有今天这样多的选择机会,都是组织上按照国家计划来安排的。比如选择专业,入学之前就已经确定好了。我当年被录取在汉语专业,在科学文化经历了十年浩劫的背景之下,入学时我对这个专业其实全然无知,全班同学也都不知道将要学习什么内容。入学之后,大家都是一门心思学习,当时的状态用"求知若渴"来形容十分贴切。那一代大学生,不少都经历过上山下乡,并没有受过系统的中学教育,一旦有了上大学的机会,就觉得特别珍贵,几乎把大学四年的所有时间和精力都用来学习了。那时有所谓"三点一线"的说法,宿舍——教室——图书馆,构成我们每天活动的基本路线,每天都是在这条线上的三个点之间来回奔走。

现在,我们国家各方面的面貌都发生了很大的变化。当今的大学生,在不少方面,跟我们那时相比,有了很大的不同,也面临着我们那时候未曾遭遇的新问题。其中最重要的一个变化是,你们现在的发展道路不再单一,而是丰富多样、多姿多彩。你们有很多选择的机会,也有充分的选择的自由。我们那时候,从入学到毕业,都是由国家安排和分配。到了毕业年级,国家计委、教育部会有分配方案,规定好有什么岗位,需要什么样的人,下发到系里,最后由班主任来逐一对号入座。一般说来,中文系的毕业生主要分配去当老师,即到科研、教学单位工作,也有的到文化事业单位,或者到党政机关就职,大体上都是差不多的模式。现在不同,你们今后要做什么工作,要干一番什么样的事业,走什么样的道路,都可以由自己来选择。这在三十年前是不可想象的,这是时代的进步。这种进步对同学们而言,当然是好事,因为可以把握自己的发展方向,也有更多元的选择。不过,任何事情都有两面。从另一个角度看,个人的选择自由也伴随着某种不确定性。当选择权握在你手中时,你必须自己判断,自己把握,自己做决定,同时也要自己承担风险。自我定位恰当,选择得好,将来自然会有好的发展;但如果选择失当,或错失选择的时机,实际上不仅失去了选择权,还将陷入被选择的境地。在这个充满机会的自由选择的时代,有些人可以选到适合自己的发展道路,有些人却只能被选择,走上并非理想的人生道路。所以,希望同学们正确认识自己,把握自己,不失时机地做好选择。当然,不是说一进校门就要选定未来的人生道路,但请以自我负责的态度,做好选择的准备,因为选择的时机随时随刻都可能到来。这是我们那一代人所未曾遇到的难题。

下面,我根据自己的观察和理解,具体谈谈在现今的时代背景下,大学生在选择人生道路时可能会面对的一些新问题。因为我们那一代人没有经历过这些问题,我讲的不一定对,姑妄言之,大家姑妄听之吧。

第一,如何合理利用大学生活的自由。在座各位都是高考的胜利者。高考之前,你们经历了从小学到中学的各级应试教育。在这段学习过程中,有老师和家长的诸般管束和诸多要求,有很多事自己想做而不能做,大家一定都感到不大自由。尤其在高考考前冲刺阶段,更是承受着巨大的压力。现在,你们成功通过了高考,令人艳羡地走进了北大这所最高学府。一下子,所有束缚烟消云散,在合法的范围内,你们想做什么就可以做什么,只要自己愿意。面对这样的新环境,有些同学可能想先享受一下这种自由自在的"幸福",放松一下,舒坦一下,爽一下。这种想法是很自然的,但需要节制。如果没有足够的自觉性和自制力,享受自由很容易转变为自我放纵,最终耽误自己的学习和发展。不少同学,在大学一年级时不太能把握自己,迷失在诸多纷繁的外部诱惑中,等到意识到不能再这样下去时,可能为时已晚。我在前面说过,选择总是双向的,你有准备,你主动把握,在机会面前你就有选择权,否则,只能被选择。

我看到过一则报道,某高校禁止大一新生在宿舍安装电脑。据说是出于家长的要求,因为他们发现,他们刚入学的孩子将大量时间花费在电脑网络的虚幻世界中。我想,电脑、互联网,这只是你们将要面对的众多诱惑中的一个方面。现代社会的物质和文化生活都极为丰富,当代大学生活,能够吸引你们的注意力的,已经不再只是学习而已。

相对而言,我们那时没有这样的问题。进入大学后,大家都恨不得把全部时间投入到学习中。特别是像我这样经历过上山下乡,插过队的,总有种迫切的心情,想要好好补回蹉跎岁月带来的知识饥渴。但对你们而言,这个问题是现实存在的,需要大家正视,并妥善处理。其实,大学四年的学习时光很快就会过去,而刚入学的这段时间相当重要,相当关键,希望同学们都能提高自觉性和自制力,合理地用好当代大学生活的自由。

第二,经过三十多年的改革开放,中国的经济水平得到极大提高,当代大学生在物质生活方面也有了比我们那时候更多更高的要求。你们来自不同的家庭,家庭经济条件各不相同,同学之间在物质生活方面不免存在差距。在当今这个充满诱惑的时代,这种差距很容易导致某些同学心态上的不平衡。当然,这是很自然的反应。但毕竟这种心态的不平衡并不利于自己的健康成长,甚至会影响学业和生活,必须加以调整。

我们那时候不太有这方面的烦恼。全班同学,经济条件几乎差不多。那时的奖学金制度,共分三等:第一等每个月19元,第二等每个月16元,第三等每个月12元。第一等一般给有过工作经历的同学,第二、三等则根据各人的家庭情况,由班主任老师统筹安排,加上没有奖学金的同学,差距不超过20元,这就足以维持当时的大学生活了。当然,这种状况反映了当时中国物质生活的贫乏,与当今时代不可同日而语。今天人们要求更好的物质生活,这无可厚非,也是社会进步的表现,但如果过分要求,那实际上是在增加自己的焦虑和烦恼。有的同学可能会去打工挣钱,有的同学可能比较有经济头脑,会在求学期间从事一些商业活动。这些当然都是合法的,从某种意义上说,也是对自己的一种锻炼。但切记,物质追求不可过分,因为它们会占用你们的时间和精力,而当前你们必须以学业为重。

第三,尽管改革开放取得了很大的成就,国家有了很大的发展,但从总体上看,中国社会目前还处在一个转型时期,也就是说,它还没有达到常态的、健康的、稳定的状态。转型期的种种不确定性,使整个社会充斥着一种浮躁的风气,商界如此,政界如此,就连学校也不能完全幸免。这种浮躁之风会影响到每一个人,包括在座各位。现在很多人都想少一点付出,多一点获取,再往前走一步则是投机取巧。如果是合法的获取,想要得多一点也无可厚非。但令人忧虑的是,投机取巧历来被视为可耻,现在却已习以为常,不再令人感到羞耻,甚至反而当作有能耐。当下的社会风气离王力先生所提倡的"老老实实做人,认认真真做学问"已经很远了。

但是我相信,从长远来看,这只是转型期必须经历的"阵痛",不会是社会的常态,将来,我们的社会风气、社会面貌都会走向健康。不过,处在这种非常态时期,要想不随波逐流,做出合乎自身情况的正确选择,并不容易。时代性的社会潮流,是大势所趋,个人往往很难抗拒,但如果你能在时代大潮中把握好方向,有自己的坚持,这对你未来的发展,一定是有好处的。此类经验教训,历史上比比皆是。例如,"文革"期间,在阶级斗争的极左观念的指导下,知识被看作一种无用的东西,甚至是反动的东西,当时有所谓知识越多越反动的说法。这种社会思潮使得很多青年选择放弃学习,抛弃知识,几十万上山下乡的知识青年,有相当大的一部分都淹没在这样的潮流中了,这是时代的悲剧。但终究有一些人,不为潮流所左右,偷偷地坚持学习知识,充实自己,等到"文革"结束,拨乱反正,大学恢复招生后,他们就抓住了历史机遇。而那些随波逐流、放弃知识的人,也就失去了机会。

以上是你们这一代大学新生将会面对的时代性问题,有些是时弊。时弊行将消失,不会持久。但要想完全不受时弊影响,正确把握自己,确实不容易。希望大家对此有清醒的认识,尽量克服、超越干扰和诱惑,不要在时弊中迷失自己。

从中学进入大学,是你们人生道路上的一次成功,但不能停步,要继续努力,在时间上尤其要有紧迫感。时间这个东西,稍纵即逝,一去不复返。机会也是这样,你有准备,当它到来时,就能抓住;一旦错失,就会失去主动权,要想重新找回,可能需要花费几倍的努力。对整个人生而言,大学只是很短暂的四年,却是大家选择人生道路的重要时期。现在你们刚入校,专业方向还未选定,将来在很多方面,有很多事,需要大家自己做判断、做选择。初入学这个阶段,其实很关键,能不能尽早清醒地认识时代的和自身的问题,尽早做准备,对于你们未来的发展前途,会有很重要的影响,希望大家都能好好把握。

接下来,我们回到王力先生提到的大学生活永恒的话题:做人和做学问。

做人,是终我们一生都要面对和处理的大问题,它的内涵极其丰富。首先是人生态度,它是基本的准则;其次是一些具体的问题,比如人际关系。进入大学之后,你们面对的人际关系跟以前相比会有一些不同,需要大家重新学习和适应。我想,在大学里,有三种最重要的人际关系,需要正确对待、恰当处理。

一是同学关系。这是大学中最基本的人际关系。一个班几十个同学,四年中,一起学习、一起生活,将来一起走向社会,这是很难得的缘分。大家应该秉持友善、谦和、宽容的原则,正确地处理同学关系。

我们上大学那时,"文革"刚结束,极"左"的阴影还未完全消除,人际关系还带有政治性,整不整人、打不打小报告还是人际关系无法回避的内容。这种情况现在已经一去不复返了,但毕竟每个人的性格、心理、生活经历、物质条件等各方面都不尽相同,同学之间相处,难免还会有这样、那样的问题。尤其是同一个宿舍的同学,朝夕相对,如同兄弟姊妹一样,如果没有友善、宽容的态度,很容易发生摩擦。这方面的问题在中学时可能不那么直接和尖锐,因为那时除了学习之外的日常生活大多是在家里进行,不会一天到晚总跟同学在一起，即使同学之间有点矛盾，一般不至于发展为特别尖锐的冲突。现在不同，一个宿舍的同学，整天生活在一起，假如不能彼此友善相处、宽容相待，很容易由小问题导致大矛盾，甚至长期郁积在心里，一直到毕业都不能释怀。而一个融洽、团结的宿舍，会是大学四年中很宝贵的小环境。所以，能不能处理好同学关系，对大家的学习、生活会有很大的影响。假如处理不好，你的心情可能长期处于不愉快的状态中，这对你的学习、对你主动把握自己的前途，都是不利的。我想，每位同学都应该采取这样的态度：与人为善，学会换位思考，学会理解和宽容他人。如果别人有什么事，你看不惯，不妨换个位置，想想他为什么会这样，人家又是怎么看你的。

过去讲求集体主义，讲求服从组织，处理这类个人矛盾比较简单。现在讲求个性自由，不太受集体的约束，大家的个性都很强，同学们又大多是独生子女，处理好同学关系，适应集体生活，相信会成为你们大学生活中很重要的一课，希望大家都能互相磨合，经受考验，播种美好的大学记忆。

二是师生关系。大学的老师和中学的老师是不一样的。中学老师对学生是一种管理者、监督者的姿态，管的主要是学习，也包括学生的心理健康等其他方面，管得也比较具体，这是他们的责任。大学老师的主要职责不是管学生，而是传授知识。大学也有班主任，但管得比较松，也不像中学那么具体。

在当今的转型时期，师生关系出现了一些新情况。比如说，现在，在背后的场合，"老师""先生"的称呼似乎越来越少用了。有的同学管老师叫"老板"，师生关系似乎没有那么纯洁了，好像变成了雇佣关系，这主要发生在理工科。这样称呼老师是最近十来年出现的。随着市场经济的发展和科研经费的提高，随着留学海外的理工科"海归"老师回国任教，"老板"的称呼也被引进并叫开了。但我想，我们人文学科的师生之间不存在这样的"雇佣"关系，老师与同学之间的关系还是纯洁的。又比如，由于现在的生活节奏加快，同学和老师的时间都显得不太够用，师生之间的直接接触比我们读书那时要少。在这样的情况下，同学们应该抓住一切可能的机会，主动向老师求教。我想，中文系的老师都不会拒绝任何一位同学提出问题，反而会欣赏这样的同学。

第三种人际关系，可能容易被忽略，但我觉得很重要，值得大家重视，那就是个人和班集体的关系。刚才谈到,一个好的宿舍环境是无价的,一个好的班集体亦然。同学们大部分都是独生子女,直系血亲的兄弟姐妹不多,那种嫡亲的兄弟姐妹间的亲密关系,你们这一代大学生可能很少体会到。大学同学的关系,就接近于兄弟姐妹,因为年龄相仿,身份平等,还有共同的志趣。等到将来东西南北,各奔前途时,同学们可能才会比较深刻地体会到,大学同学的关系,其实是一种非常特殊、非常重要的社会关系,对你一生的事业会颇有助益。一个好的班集体,会有凝聚力,把大家拉到一起,即使毕业若干年后,同学之间还会保持非常密切的联系。相反,如果一个班集体,在大学四年中,没有很好地发挥凝聚作用,可能毕业以后,大家就会渐行渐远,彼此淡忘。这种情况我也见过,有的班,临毕业时,大家还没走出校门,却连毕业聚会都搞不起来,实在令人遗憾。

我们那个班,我觉得是一个很好的班集体。前天,我们刚刚聚会过。得知胡春华同学要来,我挺意外的。因为在不久前结束的十八大上,他被选为中央政治局委员,现在已属于党和国家领导人之列,没想到他能在繁忙的公务之余抽空参加同学聚会。我以为政治局委员的安保制度应该是很森严的,恐怕要带好几个警卫员。去了才知道,其实是胡春华很怀念跟同学们在一起的时光,利用来北京出差的机会,特意留出一个晚上,跟老同学聚一聚,第二天他就要返回内蒙古,不久又要南下广东,奔赴新的工作岗位。而且他是一个人来的,没带警卫员,跟大家还是那么亲切随意。他真诚地表示:无论官居何位,同学始终是同学,将来也不会变化。

我们班上的同学,有在工厂做工和农村插队过很多年的,也有应届高中生,同学之间年龄差距比较大。春华是我们班上最小的,那时个子也很小,我们都叫他"小不点儿",这个称呼到现在也没变,只是把"小"改成"老",称作"老不点儿"。上面我谈到,那时毕业生基本上还不是自主选择职业人生,但春华是自己选的。我们毕业时,正值拨乱反正时期,首都的大学和党政部门都很需要人手,但他就毅然选择到西藏去。其实,按照当时国家下达的毕业分配方案,我们班二十九个同学,全都分配在北京,但有三位同学自己选择离京,其中两位是因为有家室或爱情的牵挂,选择回省工作,而春华是为了追求理想和事业,做出了不同凡响的选择。当年全班同学高歌《出塞曲》为他壮行的情景至今仍历历在目,而他就执着地在雪域高原一待二十多年。现在看来,全班同学中,他的选择无疑是最佳选择,最终也获得了最大的成功。

总而言之,我觉得,班集体的作用是非常重要的,不仅在上学时为你营造团结向上的氛围,毕业后它也可能为你的前途、事业、生活、家庭提供支持和助益。一个好的班集体,需要有一些热心人来当班干部,想办法做好同学间的沟通工作,通过组织各种活动来增进大家之间的友情;其他同学也应该积极参加班级活动,努力融入集体当中。一个班的同学,如果几十年之后还能聚在一起,而且经常想着要聚在一起,那就说明这个班有凝聚力,我们班就是这样的。这种凝聚力,对于这个班的同学的整体发展,是很有益处的。现在大家的独立性增强,更重视个人空间,班集体活动的时间明显比过去要少。希望大家珍惜相聚的缘分,珍惜同窗的情谊,尽量多参加集体活动。我相信,一个好的班集体,会让你乐于融入其中,会让你的大学生活更健康、更温暖,也更快乐。

谈了在大学期间怎么做人之后,我们再来谈谈在大学期间怎么做学问。大学四年,主要是打基础。我想,有这样三件事,需要特别留意,并处理好。

一是选择专业。这个问题,我们那时是不存在的,因为录取时就已经定好专业了,尽管多数同学并不了解自己的专业,尤其是中文系的语言专业和古典文献专业。今天的情况不一样了。你们入学后并不马上确定专业,我想这是一个好的改革。前两年多上些基础性的课,涉猎的面广一些,接受的知识博一些,这对将来在专业上的深造有好处。经过两年的学习,等你们对中文系的各个专业有了比较深入的认识,对自己的长项、短处、自我定位等有了比较准确的把握之后,在大二的下学期,系里会安排你们自己选择专业方向。这比起一入学就懵懵懂懂进入一个自己所不了解的专业来要好。

从我们那时的分配专业,到你们现在的自选专业,中间有一个过渡时期。录取通知书上只写院系,不再写专业方向,而是在新生进校后,系里召开迎新会,其中最后一项程序是填报专业志愿。在迎新会上,中文系三个专业各推一位老师,分别为新生介绍自己的专业,然后同学们当场填志愿。也就是说,在入学第一天,正式上课之前,大家就根据老师的介绍所形成的朦胧印象确定了自己的专业。而现在,你们有充分的时间去做多角度的了解和尝试,可以根据自己的兴趣、学习上的长短项、未来的职业取向等进行充分考量,反复斟酌。在这一基础上所做的选择,一般比较靠得住,至少可以无怨无悔。

选哪个专业,很大程度上要看你们在前两年中往哪个方向发展。虽然从时间上看,选专业是安排在二年级末,但如果你能更早地对自己有一个清晰的定位,更早地做好选择,对下一步的学习是极为有利的。因为做好选择之后,你可以有比较充分的时间,对将来的专业做更为全面深入的了解,帮助自己做好进入专业学习的充分准备。

专业一旦选定,千万不要反复。我们曾经碰到过这样的同学,在专业选择上反反复复,犹豫不定。记得有一个来自元培学院的同学,他先选了哲学系,后来觉得兴趣不大,推荐免试硕士时转报中文系汉语专业,读完硕士,又觉得对哲学还意犹未尽,于是出国攻读博士学位时又改学哲学,但后来又听说,他的博士论文还是打算选语言学的题目。当然,这个同学很聪明,两个专业都有相当的造诣,但古往今来很少有人能把两种学问做得同样成功、同样辉煌,既然如此,不如尽早把双倍的时间和精力集中于一门学问。

总之,我希望同学们在专业问题上严肃慎重,根据自身情况选好专业,而且在审慎的前提下,早一点选择,早一点做决定,使自己早一点进入专业学习的状态。这对造就优秀学者来说是相当重要的。

二是夯实基础。这个问题其实无须多谈。夯实基础无非是认认真真地对待基础课、专业课。北大中文系的课程体系,是在长期教学实践中逐渐形成的,应该说比较科学,也被国内其他院校的中文院系所仿效。尤其是一些基础课、专业课,是从老一辈学者开始,经过多年提炼稳定下来的,有很深的传统和积淀,希望大家认真对待。也许有的课,一开始你会觉得用处不大,但既然是为专业学习打基础的课程,将来一定有它的用处,希望不要轻视。上好课之外,就是读书,大量地读书,勤奋地读书。现在学生读书普遍不如过去多,也不如过去扎实。当然,这有时代的原因,现在获取信息的渠道多了,同学们接受的信息比过去要丰富得多。我们那时没有电脑,没有互联网,要想获得知识,只能是读书。不过,请大家注意,这些便捷的知识获取方式,跟读专业书,进行专业研究是很不相同的。中文系的学生,依然要重视阅读专业书籍,包括读经典,也包括读期刊。期刊能反映某个学科发展的前沿问题,对于开拓视野、把握学科发展走向很有好处。尽管期刊上的文章,现阶段你们可能无法一下子都读懂,但至少可以先泛读一下,从宏观上了解你主攻的专业方向上,有什么样的问题是大家正在探讨的。所以,我建议同学们要好好阅读老师在课堂上推荐的专业书籍,除此之外,还应该经常去浏览一下专业期刊。

第三个问题,其实更为关键。大学学习,要着重培养和锻炼发现问题、解决问题的能力,而首先又在于发现问题。怎样发现问题,我觉得有两个切入点。其一,通过读书找问题,从文献中找问题。这种读书就不是简单地通读,不是一味地全盘接受,而是要带着思考和怀疑的眼光,一边阅读,一边寻找问题。其二,从现实生活中发现问题。对中文系的同学而言,就是从活的文学现象、活的语言现象中发现问题。你发现的问题,可能是前人未曾研究过的,也可能是被反复讨论过的,可能很小,也可能很大,这都没有关系,最重要的是那个发现和钻研的过程。同学们应该有追根究底的精神,不要放过看似意义不大的小问题,也不要觉得某个问题前人已经谈过,就不去深究了,只要觉得是个问题,就要追下去。要知道,小问题往往能做出大文章。在发现和探索的过程中,相信你们会收获很多,甚至可能由此确立未来的研究课题。

这两种切入点,我各举一个例子来说明。

我上大二时,有一次浏览《方言》期刊,读到日本学者小山环树先生《苏州方言的指示代词》一文(刊于《方言》1981年第4期,第287–288页)。因为我是苏州人,对苏州话有语感。读完后,总觉得有问题,他所说的和苏州人的语感不是很吻合。小川先生的基本观点是:苏州话的指示代词有远指、中指、近指三种基本形式。我们知道,汉语普通话的指示代词只有"这"(近指)、"那"(远指)两种基本形式,由这两种基本形式衍生出好几个系列,比如这个、那个,这时候、那时候,等等。而苏州话的指示代词,从形式上确实可以分为三种,分别为:k_E^{44}(该*)/E^{44}(哀*)(注意:斜线/两边是自由变体。右上角加星号*的是表音字),相当于普通话的"这";ku_E^{44}(归*)/u_E^{44}(弯*),相当于普通话的"那";$gə?^{23}$(搿*),跟普通话的指示代词无法一对一地对应。如果按照小川先生的说法,把它们的表意功能也分析为远指、中指、近指三种,恐怕难免日语的眼光,日语的指示词就有三称。但我作为一个苏州人,感觉并不妥帖,于是就想弄清是怎么回事。就这样,通过浏览期刊发现了问题,最后写出了我的第一篇学术论文《苏州话的指示代词》(刊于《语言学论丛》第 13 辑,商务印书馆 1984 年版,第 99—110 页)。文中针对小川先生的观点,提出不同看法。在我看来,苏州话的指示代词,形式上确实有三个,但从语义上看,还是只有远指、近指两类。至于第三种形式 gəʔ²³(辩*),有时候和远指并用,相当于近指,有时候又和近指并用,那就相当于远指。如果要证实小川先生"中指"的说法,就必须在实际的语言使用中,找到能够恰如其分地并用远、中、近指三个指示代词的语境。因为我是苏州人嘛,我当时就设想了各种各样的语境,并查找相关的苏州话语料,最后发现,不管在什么情况下,实际上都不存在这三种形式同时使用,并且一个表远指、一个表中指、一个表近指的语用环境。比如,当面对三个相对于说话人远近不同的位置时,苏州人绝不会说,远的那个是"kuᴇ⁴⁴ taʔ⁵(归*答*)",中间那个是"gəʔ²³ taʔ⁵(辩*答*)",近的那个是"kᴇ⁴⁴ taʔ⁵(该*答*)"(归*答*、辩*答*、该*答*在苏州话中称代处所词),而宁愿用一种较为费劲的办法,近的称"该*答*",中间的用远指"归*答*",再远的那个称"再归*答*"。这就意味着,在语义上,将苏州话的指示代词的表意功能三分为远指、中指、近指并不可取。其实这个问题,前辈学人已经涉及,1928 年,赵元任先生的《现代吴语的研究》(清华学校研究院 1928 年版,第 98 页)就称小川先生所说的"中指"为"泛指"。所谓"泛指",就是说和远指并用时,可表近指,和近指并用时,可表远指,或者单独使用,那就无所谓远近。不过他当时只用一个注语简单地表明他的观点,并未展开详细论述。

以上是从文献中发现问题的例子。即使是知名学者的论文,也不要迷信盲从,只要你带着质疑的眼光,勤于思考,都有可能发现问题。从这些问题入手,你将深入到专业领域当中,体会到学术研究的乐趣。下面再举一个例子,说明如何在活的语言现象中发现问题。

1999 年,我们方言专业的师生到江苏南通做方言调查。调查词汇时,一位如皋的发音人告诉我们,"河"这条词目有一种方言对应说法是"港"。当时我们都感到很奇怪,"港"在现代汉语中的基本义是"港口",怎么还有"河流"的义项?回去后我们查了《现代汉语词典》。这是一部权威的共时性辞书,它是将一个词当前最常用的义项作为第一义项,叫做基本义,其他的义项则按使用频率依次排列。其他义项中会包含一些古义,而这些古义,有的是快要消失，甚至是已经消失的。查检的结果是：在《现代汉语词典》的最早版本，也就是1973年的试用本中，"港"的第一义项是"港湾"，第二义项是"江河的支流"，第三义项是"香港"；在1996年的修订本中，第一义项仍是"港湾"，第二义项却变成"航空港"，"江河的支流"退居第三义项，第四义项为"香港"，第五义项是新增的，用来形容某种事物具有香港地方的特色。

词义是发展的。就"港"这个词而言，它本来的意义恐怕是"河流"，后来发展出"港湾"义，再由此发展出"航空港""香港"等新的义项。有了这个基本判断之后，我们进一步查找文献资料，试图做出具体论证。做学术研究，就是要这样一步一步追下去。经查检，发现上古、秦汉时期的方言中，没有"港"这个词，它应该是比较晚起的。早期字书《尔雅》《释名》《方言》《说文》均未收"港"字，能够查到的最早收录该字的字书是《玉篇》，《玉篇》的作者是南朝顾野王，吴郡人，也就是苏州人。书中所收的义项只有一个，即"水派"，也就是江河的支流，由于字书具有传承性，这个义项为后来的字书所沿袭。"港口"义则出现得很晚，直到1915年初版的《辞源》才开始收这个义项。由此可知，从"港"字进入字书，到"港口"义出现于《辞源》，一千多年间，辞书中的"港"应该只有唯一的"河流"义项。但在实际语言中，至少从宋代开始，"港"已经从"河流"义引申出了"港口"义，元明以后该义项已普遍使用。《王力古汉语字典》揭示了这一词义演变过程，大家可以参看。后来，较早产生的"河流"义逐渐不为人们所使用，在共同语中被淘汰，较晚产生的"港口"义反而被人们所熟悉，并进入共同语。到今天，"港"的"河流"义只在少数地方的地名词中被保留下来，《现代汉语词典》举了几个例子，如江山港，是浙江江山市的一条河，又如常山港，是浙江常山县的一条河。到此为止，我们已经对"港"的词义演变有了一个比较清晰的解释，但问题还没有完全解决，还可以再深入探究下去，尽管它看起来似乎只是一个很小的问题。

《玉篇》最早收入"港"字，并不意味着"港"这个词到顾野王的南北朝时代才出现。一般来说，进入字书的词，应该在字书编撰之前就已经很通行。于是，我们再尝试着在文献中查找"港"的用例。幸运的是，那时北大图书馆刚刚购买电子版四库全书，否则，如果按过去一本一本翻书的查检方法,恐怕一辈子也难查完。通过检索,我们发现,在三国时期的佛经译经中已出现"港"。旅居吴国的高僧支谦在他的译经中,多次使用"沟港"一词。我刚开始不明白"沟港"的意思,就去请教我们中文系专门研究佛教语言的朱庆之老师,他告诉我,"沟港"是表示僧人修行等级的佛教术语。综合译经的上下文看,"沟港"显然不是音译,而是意译。那么,之所以将"沟"和"港"连在一起,一定是从这两个词的本义引申的。沟是人工挖掘的水道,港应该是自然的河流,在"水流"这个意义上,"沟"和"港"可以并行。

再往前追溯,"港"这个词文献中没有直接的反映,但可从地名词典中找到线索。如江苏江阴的申港,地名词典上注明,申港相传是春秋时期春申君的封地。可见,"港"的"河流"义,出现得远比顾野王所处的南朝要早,只是它并没有被收入到早期的主要字书中。那么,为什么早期字书不收"港"呢?我们推测,原因可能是这个词只通行于当时华夏中心区域以外的偏远方域,是个方言词,而非华夏通语。《尔雅》和《释名》反映的都是当时中原地区的语音,《方言》本来应该收方言词,但因为作者扬雄当年只能利用方言区的人进京的机会对他们作异地面询,并未到方言区去做实地调查,他就不知道有这么个方言词。看来,当时中原地区不把河称作"港",而顾野王是吴郡人,属于江南地区,这一带应该是把河称作"港"的。这是一个假设,要证实这个假设,还需要做很多工作。我们做了如下工作:

首先,查地名词典,看看带"港"字的地名都出现在哪些地区。目前最大部头的地名词典是《中华人民共和国地名大词典》,由当时的民政部部长崔乃夫挂名主编。我们做这个课题时,这部词典出了三卷,现在已经出到第五卷。它尽可能多地收录全国各个省区的各级地名,当然,不可能尽数网罗,一定有遗漏,但由于是统一编排,每个省所收地名层级的规格是一致的,所以它所收录的各省地名是均衡的,是具有可比性的。一查,发现全国三十多个省级行政区域中,带"港(河流)"的地名只见于十个省区,其他省区或未出现,或只有寥寥几个,且大都不是"河流"义。这十个省区基本都在长江以南,它们是:江苏、上海、浙江、安徽、湖北、江西、湖南、福建、广东、台湾。当时海南还属于广东省,如果按现在的标准,应该多出一个省区。

然后分析这十个省区中带"港"字的地名,看它们是按河流得名,还是按港口得名。结果显示,福建、广东、台湾这三个省区中带"港"字的地名大多是因港口得名,与河流无关,其他六省区则多以河流命名。前面已经谈到,"港"的"港口"义出现得相当晚,进入辞书是在1915年,在实际语言中可能从宋代开始使用。也就是说,闽、粤、台这三个省区作为地名的"港"字是"港口"义,出现得比较晚,早一点的是江苏、上海、浙江、安徽、江西、湖北、湖南。这几个省区在地理上是连成一片的,从方言地理的角度看,它们覆盖了整个吴方言和江淮官话,赣方言、湘方言大部,以及与江淮官话、湘、赣方言相毗连的西南官话边缘地区。

这个结果意味着什么呢?为什么今天在有的地区,作为地名的"港"字还保留着"河流"义,有的就消失了呢?从现代方言角度解释不通,因为这些省区之间穿插了很多方言。但如果追溯到上古,似乎可以看到解答这个问题的线索。上古的方言区和现在的不一样,在上古,保留"河流"义的那几个省区是连成一片的,春秋战国时期,它们属于吴、楚。那么,我们大致可以推测,"港"大概是古代的一个方言词。从这个方言词在古吴、楚地区分布的密集程度看,它应该是古吴语的一个词,也通用于楚语区。所以,今天作为地名出现的"港(河流)"应该有着很久远的古吴语和古楚语背景,它们的分布地域自然也就限于在上古属于吴、楚的那一片地区。

在方言学史上,有一种观点,是南京大学的鲁国尧先生提出的,认为今天的吴语不限于长江以南,但在古代,吴语的分布地域要大得多,它一直延伸到淮河,包括江苏北部、安徽北部,即长江和淮河之间的江淮官话在古代也属于吴语。这种说法被方言学界所认可,但一直缺少足够的语言内部证据。我们对于"港(河流)"分布区域的考察,或许可以提供一条词汇例证,证明古吴语的北部边界应该在古淮河一线。

虽然"港"的"河流"义出现得很早,但一直只作为方言词被使用。在后代文人的诗赋中,它也颇为多见,显示出要进入共同语的趋势,但最终并没有进入。到了现代,这个古老的方言词词义,基本只在一些地名词中得以保留,在日常生活中已鲜为人知。比如,苏州下辖的张家港,原称沙洲县,1988年改为张家港市。接触到"港(河流)"的问题后,我才发现,今天大多数苏州人都不知道"张家港"是什么意义。它是指港口呢,还是指河流?一般人认为是指港口,因为这个地方的确有一个港口,称作"上海港务局张家港装卸区"。但张家港既有港口,也有河流,那条河从张家港流经常熟、太仓,一直向上海方向延伸,最后注入长江,作为一条河,它的历史比港口要早。港口开始施工兴建是在1968年,竣工则在1970年。一般说来,地名大多会有比较古老的来源,所以,我们还是不能确定,沙洲县改名为张家港市时,究竟是以港口为据,还是依据河流。直到我们查到1982年出版的《沙洲县地名录》,才弄清那条河的来历。《沙洲县地名录》记载:"相传为咸丰七年前后为农田排灌,在香山与镇山之间,由南向北开掘一条潮港,引水往南套河入江。因所经之地大部为张家埭张姓财主之田地,故取名张家港。日后在张家港与南套河相接处渐成集市,亦得名张家港。"由此可见张家港先有河,后成集市,最后才建港口,它是因河流得名的。但1983年出版的《常熟市地名录》就弄错了,认为张家港的这条河"自沙洲县长江口张家港通往上海,以港口名得河名"。

　　正因为"港"的"河流"古义已不为人知,还因此导致了一些误解,我们花费很多功夫,试图把它弄清楚,最后写成一篇论文,为学术界提供一份参考(李小凡、陈宝贤《从"港"的词义演变和地域分布看古吴语的北界》,刊于《方言》2002年第3期,第201—216页)。

　　以上举了两个例子,希望给大家一点感性认识,了解在大学期间应该如何做学问。归结起来,最重要的是发现问题、解决问题。在发现问题、解决问题的过程中,你会主动地寻找与问题相关的专业知识,从而被深深地引入专业领域,这比一般的读书要深刻得多。时间差不多了,我就讲到这里,谢谢大家。

开辟属于自己的读书天地

张 鸣

张鸣,1954年生,1977年考入北大中文系,1982年获文学学士学位；1984年本系古代文学专业研究生毕业,获文学硕士学位,留校执教至今。北京大学中文系教授、博士生导师。曾任古代文学教研室主任、副系主任等职。主要从事中国古代文学史教学与研究,讲授"中国古代文学史(宋元明清)""中国古代文学通论""宋诗研究""唐宋词选讲""苏轼研究"等课程。曾被评为北京大学第四届"最受学生爱戴教师"。有《宋诗选》《从"白体"到"西昆体"》《宋诗活法论与理学的关系初探》《即物即理,即境即心》《王安石与释氏的因缘及有关诗歌臆解》《宋代"转踏"歌舞与歌词》《宋金十大曲"笺说》等论著。

  同学们,下午好。

  系里安排我来和大家聊一聊,告诉我聊什么都可以。我想,如果没有一个相对集中的主题,只是空泛地说,似乎不大像课堂的样子,所以我准备了一个古代文学研究的小题目。希望通过它,跟大家交流一下我对于读书、对于古代文学研究的一些看法。

  我讲的题目是:春风自绿江南岸。为什么讲这个题目呢？大家都知道王安石的《泊船瓜洲》:"春风又绿江南岸,明月何时照我还。"这首诗因为收入小学语文课本,成为宋代诗歌中,在现代最广为人知的作品。不过目前通行的版本,包括你们的语文教材,几乎没有例外地都作"春风又绿江南岸",并且很少受到质疑。实际上,王安石诗集流传至今的三个版本系统,都作"春风自绿江南岸"。吴小如先生最早发现了这个问题,在上世纪八十年代写过一篇文章,论证应该作"自绿"(吴小如《关于"春风又绿江南岸"》,见吴先生《读书丛札》,北京大学出版社 1987 年版,第 240—243 页)。九十年代,我的导师赵齐平老师又写了一篇文章,做了进一步的考证和分析,题目就叫《春风自绿江南岸》,这篇文章后来收入他的专著《宋诗臆说》(赵齐平《春风自绿江南岸——说王安石〈泊船瓜洲〉》,见赵先生《宋诗臆说》,北京大学出版社 1993 年版,第 125—139 页)。至此,这个问题已经比较完满地解决了。但是,很可惜,他们的意见一直没受到中小学教材编写者的重视。所以我每次给同学们讲宋元文学,讲到王安石时,不得不谈这个问题。可以说,我是秉承师说,但又不是盲目地遵从,我是在有了自己的阅读体验和想法的基础上,理解并接受他们的观点。今天,我就跟大家分享一下我对这个问题的认识。我觉得,这个例子会在读书和研究方法上,有一定的参考意义。

  首先说说为什么我们目前接触到的各种文学史教材、文学作品选、诗选等各种文本的《泊船瓜洲》都作"春风又绿江南岸"呢？这跟钱锺书先生有关。上世纪六十年代,钱锺书先生编著了一本《宋诗选注》。大家读过没有？这个宋诗选本注释非常好,非常经典。只要是学文学的,不管你对古代文学、对古代诗歌是否有兴趣，都应该好好读一下这本书。读这本书，对于提升文学理解能力和文学欣赏水平，会有很大的帮助。因此我向大家强烈推荐它。

话题回到《泊船瓜洲》。《宋诗选注》选了这首诗，主要的根据是南宋洪迈《容斋随笔》，诗的第三句作"春风又绿江南岸"。钱先生在注释中引了这条材料，并做了解释发挥。我们来读一下原始材料：

> 王荆公绝句云："京口瓜洲一水间，钟山只隔数重山。春风又绿江南岸，明月何时照我还。"吴中士人家藏其草，初云"又到江南岸"，圈去"到"字，注曰"不好"，改为"过"，复圈去而改为"入"，旋改为"满"。凡如是十许字，始定为"绿"。（南宋洪迈《容斋随笔》续笔卷八"诗词改字"条）

这段材料很有名，你们在语文学教材中应该读到过，说吴中士人家中藏有王安石的草稿，第三句原来是"春风又到江南岸"，后来将"到"改为"过"，又改为"入"，又改为"满"，换了十来个字，最后定为"绿"。这条材料在古代关注的人并不多，经过钱锺书先生在《宋诗选注》中引用之后，产生了很大影响，但凡讲到诗歌的修辞炼字，都会举到这条材料。而《泊船瓜洲》诗也因此出了大名，被收入语文教材，"春风又绿江南岸"一句也随之成为定本而被广泛接受，并成为古代诗歌精于修辞锤炼的著名例子。

但其实这个问题是值得讨论的。首先，从版本角度看，传世的王安石诗文集，有三个主要版本系统，一是《王文公文集》，一是《临川先生文集》，另外一个是南宋李壁注《王荆文公诗》。三个版本的来源、编排都不一样，但它们所收的《泊船瓜洲》这首诗，无一例外，都是作"春风自绿江南岸"。还有一点没有例外，王安石自己在别的诗中引到这句诗时，也是作"春风自绿江南岸"。也就是说，王安石自己的定本应该是"春风自绿江南岸"，不是"春风又绿江南岸"。

其次还有一点要注意，洪迈的《容斋随笔》是一部笔记，它所记录的东西，有很多是得自道听途说，不能完全当信史看。何况，他说"吴中士人家藏其草"，他的依据，即使是亲眼所见，也只是一个"草"，一个尚未确定的草本，难以作为定本来凭信。我们不能简单地以一个还未确定的文本作根据，这个道理,大家在今后的学习过程中,尤其是了解了古代诗歌的版本问题后,会逐渐认识到。如果要讲版本学和校勘学,我们中文系有古典文献专业,很多老师都是学养深厚的专家。大家在以后的学习中,尤其是古代文学的学习,一定会遇到版本异文问题,你们一定要重视,要多了解,多学习,审慎下判断,这里面有很大的学问的。

讨论王安石改诗的问题,有一条材料值得注意。南宋初年的著名诗人汪藻,有一首诗,叫《天台道中》,其中有一句:"东风自满江南岸,不管人间万事非。"大家看看,"东风自满江南岸"是不是借用,甚至差不多抄袭了王安石的原句?而且根据的正是王安石改动中的"春风自满江南岸"这个文本。这说明,在汪藻生活的时代,社会上流传的《泊船瓜洲》,即使是用"满",不用"绿",也是"自满",而不是"又满"。如果是"又满江南岸"或"又绿江南岸",《泊船瓜洲》这首诗解释起来会比较麻烦,会有一些不太说得通的地方,下面我会详细解释。

在详细分析之前,我们一起重读一下这首诗,一句一句读。注意,我们不妨先忘掉大家早就习惯的"春风又绿江南岸",重新去读原文,要细心体会每一句、每一个意象,揣摩作者为什么这么说,有什么深意。

"京口瓜洲一水间,钟山只隔数重山。春风自绿江南岸,明月何时照我还。"诗句表面的意思很简单。通常的解释,都认为它的主题是思乡,是说泊船在外的诗人,面对又一度到来的春风,心中涌起对故乡的思念,所以有"明月何时照我还"的慨叹。但事实上真的是这样吗?我们不妨问一下。有一个问题很关键,第一句为什么一开始就说"京口"?事实上,京口是关系到这首诗写作目的的一个重要地名。第二句紧接着说:"钟山只隔数重山。"钟山和哪里"只隔数重山"?我们可能很自然地理解:既然在瓜洲泊船,应该是说瓜洲和钟山只隔数重山。但是不对。我们看一下宋代的地图,这是瓜洲,在长江北岸,运河与长江的交汇处。京口即今天镇江市,宋代是润州治所,在长江南岸,隔江与瓜洲相望。这是江宁府,今天南京市,钟山位于江宁府,也在长江南岸。

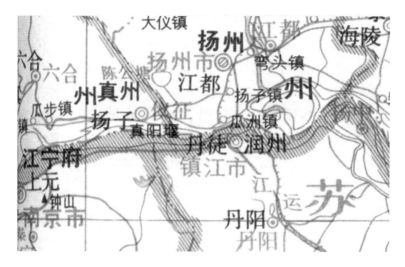

图1 《中国历史地图集·北宋时期·淮南东路·江南东路》局部

好,我们把上图简化一下,看一下京口、瓜洲、钟山这三个地方的位置示意图。

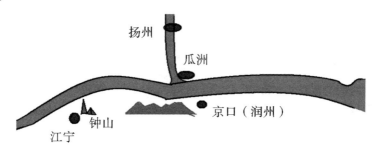

图2 《泊船瓜洲》位置图示

从图上看得很清楚,京口、瓜洲确是"一水间",那钟山跟哪个地方只隔数重山呢?很明显,是京口。如果说是瓜洲,那与实际的地理位置不合,钟山和瓜洲之间,何止是数重山的距离,中间还横着长江呢。

诗歌先说京口和诗人泊船的瓜洲隔着长江,又说钟山离京口不远,反复提到京口,可见这个地方在这首诗中很重要,那道理何在呢?赵齐平老师曾经做了一个很详细的考证,把这个问题的原委弄清楚了。下面我就根据赵老师的文章,并结合我的理解,为大家分析一下《泊船瓜洲》这首诗的写作背景和写作目的。

从宋仁宗嘉祐八年（1063）起，王安石一直住在江宁钟山，宋神宗一即位，很快就下诏召他入京任翰林学士。王安石知道宋神宗即将重用他，于熙宁元年（1068）春，从江宁府前往汴京任职，途中经过京口时，到京口的金山寺拜访寺里的宝觉禅师，并停留了一晚。王安石对佛学有很深的兴趣，和很多禅僧都有交游，而宝觉禅师是他来往最多的僧人，他的诗集里有不少和宝觉唱和的诗。可以说，宝觉禅师对王安石的禅学修养影响很深。他跟宝觉禅师的关系，可以说亦师亦友。请看下面几则材料。

  王安石《赠宝觉》诗序云："予始与宝觉相识于京师，因与俱东。后以翰林学士召，会宿金山一夕。"

  又《与宝觉宿龙华院三绝句》王安石自注云："某旧有诗：'京口瓜洲一水间，钟山只隔数重山。春风自绿江南岸，明月何曾照我还。'"

  《三绝句》其一云："忆我小诗成怅望，钟山只隔数重山。"其二云："但有当时京口月，与公随我故依然。"其三云："与公京口水云间，问月何时照我还。邂逅我还还问月，何时照我宿金山。"

从王安石的《赠宝觉》诗序，我们知道，他和宝觉原本是在京师相识的，在他赴翰林学士任途中，曾"会宿金山一夕"，即在金山寺住了一个晚上，可以想象，在这个晚上，在即将北上承担变法重任的时候，他一定和宝觉禅师谈了很多话。《与宝觉宿龙华院三绝句》其一说："忆我小诗成怅望，钟山只隔数重山。"结合其二"但有当时京口月，与公随我故依然"的感慨，以及其三"与公京口水云间，问月何时照我还"的追忆，这里的"小诗"应该就是《泊船瓜洲》。其三说："何时照我宿金山。"表明《泊船瓜洲》是"宿金山"那一年所写，也就是熙宁元年，这样，《泊船瓜洲》一诗的写作时间就确定了。而这首诗的写作背景，可以从《三绝句》中读出来。写作背景是什么呢？熙宁元年，王安石北上途中，曾与宝觉禅师会宿金山寺，其后离开京口，抵达瓜洲，在瓜洲等待沿运河北上时，写了这首《泊船瓜洲》诗。也就是说，《泊船瓜洲》不仅仅是为自己写的，它的预设读者其实正是宝觉禅师。明白了这一点，才能理解为什么诗中把"京口"放在这么重要的位置。

在写作《泊船瓜洲》的时候，变法还没有实行，王安石刚刚离开江宁的家,要到京城去赴任,他停在瓜洲那个地方,等着从运河北上。刚刚离家,怎么会马上就思乡了呢?如果按通行的说法,把"春风又绿江南岸,明月何时照我还"的含义理解为思乡,这种解释说不通啊。我想,细细体味,既然说"明月何时照我还",这首诗确实含有期望还乡的意味,但期望还乡绝不仅仅是思乡这么简单,诗人的言外之意其实没有明说。到底是什么言外之意呢?我们刚才说到,这首诗的预设读者是宝觉,诗人是要向宝觉表明心志。那这个心志是什么呢?王安石说:"明月何时照我还?"那就是期待早日回到江宁,继续与宝觉和尚来往。因为"钟山只隔数重山",江宁和京口离得很近,将来自己回到江宁之后,与京口的宝觉和尚还可以照样经常往来,请教佛学问题。

怎么刚离开江南,刚要赴京城施行变法大计,就想着要回来了呢?这就涉及王安石这个人对于政治和人生的态度。他的施政,并不是为了个人荣利,不是为了高官厚禄,他心中所系,是天下,是苍生。他想要解决当时的社会问题,想要帮助朝廷摆脱政治上的一些困境,这是他接受重任的直接动机。

宋朝的许多士大夫,都怀抱功成身退的人生观念。所谓的"功成",就是要做出一番事业,要有功业。但是,对功业的追求不是为了个人名誉或荣华富贵,而是出于他们的社会责任心。强烈的社会责任心就是宋代士大夫的一个很突出的特点。他们把治理天下当作是自己的本分,当社会出现问题时,他们认为,解决问题、匡扶社稷是他们的责任。王安石如此,范仲淹、苏轼、欧阳修、陆游、辛弃疾等等,亦莫不如此,都是怀着强烈的责任感和使命感,对功业有很强的追求。如辛弃疾所说:"功名本是,真儒事。"正是在这种时代背景下,宋代思想家张载提出"民胞物与"的观念。"民,吾同胞,物,吾与也。"就是说,民众百姓是我的手足同胞,自然万物则是我的朋友。"民胞物与"的思想真是非常精彩,直到今天,仍然值得我们好好地继承和发扬。张载还有几句很重要的话:"为天地立心,为生民立命,为往圣继绝学,为万世开太平。"他的这种志向和抱负,令人感动,令人肃然起敬。且不谈最终能否实现,能够提出这么一种理想,能够对自己有这重大的人生期许,这本身就足以立于天地之间了。我想,只有在宋代,只有宋代的士大夫,才能提出这样的观点,因为他们的人生追求就是这样,这其实是他们的人生追求的集中表达。

而王安石,他清楚地意识到自己将要去承担重大的社会责任,就是施行变法。这个时候,他并没有觉得自己马上就要飞黄腾达,就要拥有荣华富贵了,他想的是功成身退:早日完成变法大业,早日退居钟山。在王安石心目中,最佩服的人是谁? 是张良。张良就是最典型的功成身退的例子。王安石有一首咏张良的诗,颇为后来的理学家所推崇。根据理学家的解释,一般认为是刘邦用张良,从而得到天下,但王安石不这么看,他认为不是刘邦用张良,而是张良用刘邦。张良通过刘邦这个人,实现了自己的政治抱负,而一旦天下安定,他就退出了,这就是功成身退。王安石同样抱持功成身退的理念。宋人有一本笔记,记载了王安石的一件逸事:

> 熙宁庚戌冬,王荆公安石参知政事拜相。是日,官僚造门奔贺者相属于路。公以未谢,皆不见之,独与余坐西庑之小阁。荆公语次,忽颦蹙久之,取笔书窗曰:"霜筠雪竹钟山寺,投老归欤寄此生。"放笔,揖余而入。(《苕溪渔隐丛话·前集》卷三十四引《隐居诗话》)

熙宁庚戌,即熙宁三年,这年冬天,王安石拜相。在当时读书人看来,拜相就意味着可以施展治理天下的抱负,而且,这可以说位极人臣,是很荣耀的事,所以很多人都来道贺。但王安石呢,却不出来见客,自己和一个朋友躲在"西庑之小阁"。在谈话时,他忽然"颦蹙久之",皱着眉头老半天,然后跑到窗户边上写了两句诗:"霜筠雪竹钟山寺,投老归欤寄此生。"在拜相的时候,在大家都来道贺的时候,在本该高兴的时候,他心里想的却是"钟山寺",是投老归隐。这两句诗很典型地表现了王安石面对功名利禄的心情,他想尽早把变法大业完成,然后告老还乡,参禅学道,这就是功成身退的情怀。如果我们把他的人生抱负、性格特点,以及他对功身成退的追求,这一系列因素结合起来,再回过头看《泊船瓜洲》,那就自然而然可以理解"春风自绿江南岸,明月何时照我还"的含义。离开钟山北上,把江南留给了春风,春风自然来临,吹绿了江岸,我期盼早日回来,回到江南的故居,而回来的前提,就是刚才分析的"功成",就是期待早日完成变法大业。所以,这首诗的确写出了期待早日回乡的心情,但绝不仅仅是表现一点乡愁而已,它主要是向宝觉和尚表达自己的一种人生态度、一种政治追求。从诗意的角度说,如果是"春风又绿江南岸,明月何时照我还",就容易使人误解为一首单纯的思乡诗,这样就会把诗意理解浅了。

除了上面所讲的版本依据、写作背景和诗意,还有一个思考的角度,不可忽视。大家知道,宋人作诗,讲究以学问为诗。他们一方面学习唐诗,一方面又努力在唐诗之外,寻求自己的诗歌道路,其中有一条很重要的途径,就是诗歌写作要体现学问,体现读书的修养,对前代诗人的诗作,在借鉴的基础上,有所改造,有所创新。王安石就是一个很典型的例子,他的很多诗句都是有来历的。比如"春风自绿江南岸"这句诗,其实是出自晚唐诗人唐彦谦的《春草》诗"春风自年年,吹遍天涯绿"两句。另外,"自"字还可以追溯到杜甫《蜀相》诗的"映阶碧草自春色"一句。比王安石稍早的欧阳修的《唐崇徽公主手痕和韩内翰》"岩花涧草自春秋"一句的"自"字,也是相似的意思。王安石的"春风自绿江南岸",明显参照了这些诗句的"自"字的用法。南宋汪藻《天台道中》"东风自满江南岸"一句袭用了王安石的诗句,我们说过,汪藻的袭用证明了洪迈记载的王安石对这句诗改动的一个文本正是"春风自满江南岸"。总之,可以确定无疑地说,这句诗本来定本应是"春风自绿江南岸",而不会是"又绿江南岸"。吴小如先生曾比对"自绿"和"又绿"的优劣,他说"又绿""不过形容时光易逝","显得意境稍浅而用笔亦不免平直","远不如'自绿'的耐人寻味"。因为"春风自绿江南岸"写出了春风应该是有情的,而偏偏无情,"一到春天,和风自管吹绿了江南的岸草","却不管诗人思归不得的惆怅情怀"(吴小如《读书丛札》,第242页)。当然,吴先生的解释还是偏向于思归的意蕴,他还没指出来这首诗背后的政治寓意。赵齐平老师则往前推进了一步,他分析了这首诗的写作背景和王安石功成身退的愿望,并解释说:"王安石诗的本意则是说,一年一度,只要季节到了就春回大地,春天按时来临,自然而然的,不烦招引,而且谁也阻挡不住,如唐彦谦《春草》诗所说:'春风自年年,吹遍天涯绿。'春天如此回归有时,人的去留却不由自主,于是诗人从'春风自绿江南岸'生感,发出'明月何时照我还'的慨叹。"(赵齐平《宋诗臆说》,第129页)

可以说,《泊船瓜洲》这首诗基本的意思,赵老师已经讲得较为清楚了。但这是否意味着对这首诗的解读就没有余地了呢?我们研究古代文学,经常要面对这样一个问题:古代文学的文本和研究对象,经过了很多前辈学者的研究和分析,已经有那么多的文章、那么多的积累,很多东西似乎都被研究透了,没有什么余地了。开始我也这么认为,但后来我发现,远远不是这样,还有很多很多问题,就摆在那儿,就等着后人不断地发现和解释,值得我们探讨的东西还很多。举《泊船瓜洲》为例,如果赵齐平老师说,吴小如先生的文章已经把事实说清了,就是该作"春风自绿江南岸",没有什么可再探讨的了,那么,就不可能有他那篇非常精彩的文章,这首诗背后的政治追求也就不可能为我们所了解。又比如前面谈到的"京口"的问题。为什么一上来就说"京口"?我读这首诗的时候,最疑惑的就是这个事。后来,我查了地图之后,弄清京口与钟山、瓜洲的位置关系,我才彻底弄清作者的意思。而京口与钟山"只隔数重山",可以在两地间经常往来,这一层意思赵老师并未点出。

还有一点,也是前人所未发现的。那就是:"春风自绿江南岸"实际上包含禅意,并且有一个著名的禅宗典故。这句诗强调了春回大地自然而然的状态,而这一层意思暗用了禅宗"春来草自青"的禅语。《祖堂集》卷三记载唐代懒瓒和尚的《乐道歌》,其中有两句:"兀然无事坐,春来草自青。""春来草自青"这句禅语被后代的很多禅师用于参禅的机锋当中,逐渐成为一个禅宗公案。比如《景德传灯录》卷十九记载云门文偃禅师与僧徒的对话,有僧问:"什么是佛法大意?"禅师答曰:"春来草自青。"答非所问嘛,但答非所问恰恰是禅宗的机锋所在。他就是要引导你,不要执着于什么是佛法大意,执着就永远不可能明白佛法大意的真谛。你应该想想别的东西,比如"春来草自青"。"春来草自青"是一种大自然的运转状态,其中蕴含的禅意,要参禅的和尚自己来体悟。另外,《五灯会元》卷十一记载池州鲁祖山教禅师与僧徒的对话,有僧问:"如何是学人著力处?"禅师曰:"春来草自青,月上已天明。""如何是学人著力处",我们同学也会有这样的问题,学语言,学文学,学文献,该从哪里下功夫呢?禅师的回答,是告诉僧徒,不要老想着在哪里着力,你就可以解决这个问题。自然而然地,跟着学习走,如同大自然的自然变迁和运转那样,就可以了。

王安石平常与禅僧交往颇多,他在佛学上也有较深的修养。我写过一篇小文章,讨论王安石与禅僧的交游,并主张对王安石诗歌的解读,应该充分考虑他的禅学背景,以免忽略一些诗中的禅学意趣,使诗意受到误解(张鸣《王安石与释氏的因缘及有关诗歌臆解》,原刊《第五届宋代文学国际研讨会论文集》,暨南大学出版社2009年版;又见《北大中文学刊[2010]》,北京大学出版社2010年版,第378—389页)。我认为,王安石诗歌的佛禅影响因素,有的比较明显,如一些直接表现佛理,或使用佛经语汇、禅宗公案的诗歌;有的则不直接体现在诗歌语言的层面,而是从思维方式或内在的意趣上间接地体现出来,《泊船瓜洲》就是一个典型的例子。

这首诗从题目和诗句表面看不出与禅宗的任何关系,但我们知道,他是写给宝觉和尚表明心志的,而他在诗中所表达的功成身退、视功名利禄如浮云的情怀,其实是一种儒佛互补的人生观的体现。所以,虽然这首诗重点不在说理,但他化用禅语,向方外友人表明心志,则完全在情理之中。因为"春来草自青"这样的话,对于宝觉禅师而言,是他们禅宗的经典,他是非常熟悉的,他应该很容易从诗中读懂王安石的心意。而且,在王安石之前,已经有人用过这个禅宗的语典了,那就是五代的冯道。冯道在五代做过四朝宰相,在这个朝代是宰相,改朝换代了,他还是宰相,再改朝换代,他还是宰相,是这样一个人。后来欧阳修写《新五代史》,对冯道有很多批判,认为他节操太差。欧阳修是很提倡士人的独立精神和节操的,所以对冯道这样的人嗤之以鼻。但在五代的时候,人们不太讲究这些,所以冯道能左右逢源,如鱼得水,屹立四朝不倒。就是这个冯道,写了一首题为《天道》的诗,内容是:"冬去冰须泮,春来草自青。请君观此理,天道甚分明。"这个例子可以证明,以"春来草自青"这句禅语入诗,早有先例,王安石也这么做,并不奇怪。

以上分析,为我们提示了这样一个话题:对诗歌的解读,其实是不可穷尽的。即使前人已经有很多解释,你仍然有发挥的余地。因为对于诗歌文本的解读,一定是跟你个人的性格、思想、修养、生活阅历,以及你对于文学理解的深浅紧密相关,每个人都会有属于自己的个人解读。我希望大家在将来的学习中,一定要注意开发属于你自己的对文本的理解。在理解前人研究结果的基础上,一定要有自己的想法和心得。即使你的心得是片断的、浅薄的、很不成样子的,也要注意把它留下来。怎么留下来呢?写在笔记上,用笔把它记下来。只有对文学作品有了属于你自己的感受,而不是被动接受别人的说法,你在中文系的学习才算是到家了。而开发自己对文学的理解力和感悟力，这是中文系学习中一个很关键的问题，不只是文学专业，汉语专业、文献专业的同学也会面对这个问题。

　　解读文学文本时，大家可能都会碰到这样的情况：当你对一个文学作品刚有一些心得时，查查别人的文章，发现原来自己的想法早被别人说过了，别人说得可能比你还好。这个时候，千万不要失去信心。我觉得，不管别人怎么说，只要是你自己读出来的，那个心得就是有价值的。别人说过，那也没关系。如果你要写文章，你就注明一下，这个观点某某人已经说过了，而我非常认同，然后解释一下你为什么认同，那时候就可以把你的心得一五一十地写出来了。如果你不写文章，你就把它记录在你的读书笔记中。你们这个年纪，正是头脑灵活、思维活跃的时候，一定要尽可能地把你们的读书心得记录下来，这可以建立和保持你对文学作品的敏感度。这些心得可能很多是破碎、片断的感想，但过了一段时间之后，你一定就会有很丰富的积累。我的很多老师都说过，一个人到了四五十岁，思想开始僵化，对文学作品已经不会有太多感想了，那个时候，要想开始做学问，太晚了。所以金开诚先生给我们介绍的经验是：年轻的时候，尤其是上大学的时候，有了想法，就记下来。哪怕你是在床上，突然灵光一闪，你也应该马上从床上爬起来，把你灵光一闪的想法记下来。如果不记下来，那些想法一下子就过去了，记不得了。可如果记下来，等你到了四五十岁，打开笔记本一看，你会为你年轻时的敏锐而感到惊讶。金先生说，他很多后来写的文章，包括题目、主题，甚至很多材料，都是从年轻时的读书笔记中来的。而那些年轻时的心得，是四五十岁的人读不出来的，所以年轻真好！

　　说来惭愧，我现在站在这里，给你们介绍读书经验，但说句老实话，我在年轻的时候，读的书太少，现在是后悔不已。但也不完全是后悔，因为蹚上了"文化大革命"，有时代的不可抗力。"文革"十年，从1966年就没学上了，到1977年恢复高考，1978年年初我来到北大。这中间空隔的十年，基本上是无书可读的状态。那时的文学，小说就一部浩然的《金光大道》，我还真记不起来还有什么其他小说。全国就一个作家，就是浩然。"文革"期间放电影，只有八个样板戏，还有《地道战》《地雷战》，反反复复地看，你们想想，贫乏到了什么程度。不过，放电影时我们还是很高兴，看了多少遍了，还是要看。因为有精神生活的需要，即使是那样公式化了的艺术，也还是要看。

"文化大革命"那十年,正是我们最应该读书的时候,却基本上无书可读。我说那时是得了阅读饥渴症,到什么程度呢？恨不得看到地上有一张写了字的纸,或者印了字的纸,都要把它捡起来读一遍,因为没东西读。那时有一个《无线电》杂志,它不涉及政治,不涉及意识形态,所以在"文革"期间还能出版。它介绍什么呢？半导体收音机的线路图啊,各种无线电知识啊,等等,总之是很专业的杂志。而我没有任何专业知识,记不得从哪儿找到这个杂志,读里面的文字,甚至读线路图,把它当成书来读,现在想起来挺好笑。读的结果是,我学会了装收音机,最开始装一个晶体管的,然后升级,两个管,三个管,一直装到六个管的收音机。但其中的道理,我是完全不懂,因为没学过,完全是依葫芦画瓢。我读《无线电》,也完全因为缺少读物,无书可读。所以我常说,我们1977级的同学有一个共同的毛病,就是阅读饥饿症。

上了北大之后,那就不同了,快活得不得了。星期天,图书馆的文学阅览室只对中文系的同学开放。我们很开心,到了那里,就霸着一个位置,从早到晚泡在里边读书。读什么？读小说。别的系的同学都觉得,你们中文系太爽了,竟然把读小说当成专业。我就跟他们说,在中文系读小说,其实是一件很痛苦的事,一点都不舒服,因为看了之后,要有想法,要有话可说,要写文章。不过,那个时候,就用这个办法,恶补了一批西方小说,也恶补了一批中国古典文学作品。1978年5月,原来在"文革"期间被禁的一些文学作品第一次恢复出版,比如托尔斯泰的小说、巴尔扎克的小说、契诃夫的小说、莫泊桑的小说等,除了外国名著,还有中国古典的《宋词选》《唐诗选》等。这些书出来之后,在新华书店上市的那一天,北大学生,尤其是中文系学生,大家都去排队买书。因为不同的店卖的数量和品种不同,大家就分工排队,一些人在海淀街的新华书店,一些人到城里王府井新华书店。北京的书店在那几天都排起了长队,上百米的长蛇阵,慢慢向前挪动,这成为当时北京城的一大景观。书买回来,就互相交换,因为每个人买的品种不同。这个我买了两部,你那个我没有……就这样互相交换。那段时间,一门心思就忙这个事。大家都抱着书,迫不及待地看。这就是阅读饥饿症的典型表现。

到了现在,我老觉得,为什么有人会厌倦读书呢？对于我这样体验过阅读饥饿的人来说,这是很不可理解的。不过,后来我发现,厌倦读书,有两个原因,一是因为可读的东西太多了,二是因为读的东西太无聊了。读了太多无益无聊的东西,有意义、有价值的反而没兴趣读了。说到这儿,可以强调一点,为了考试的读书,绝不是真正的读书。读教材,背教材,都不能叫读书。你们千万别说,在这个课上,我读了多少教材,我把教材背下来了。背下来固然很棒,但那不叫读书。真正的读书是读原典,就中文系而言,就是读文学经典,读文学文本,那才是真正对你有用的。宋人说:"懒思天下无穷事,愿读人间未见书。"懒得管天下的事情,其实不是懒得管,是人家不让他管。但不管怎么说,这句话表达了一种一门心思读书的心态,不为功利目的,想尽办法找各种各样的书来读。

还谈我们在大学时候的读书。除了在课外恶补了一批文学作品,课内的读书是什么情况呢?已经过世的陈贻焮先生,他给我们讲过魏晋南北朝隋唐文学,也讲过杜甫研究。他就跟我们说,一定要读一些重要的别集,不要只读诗选,要完整地读别集。讲魏晋南北朝文学时,他给我们推荐《庾子山集》,倪璠注本。他说,庾信作诗、作骈文,都善用典故,读他的作品,辅以倪璠注,你可以读到很多在古代文学作品中经常出现的语词和典故,所以一定要通读。到讲唐代文学的时候,他又说,你们一定要读杜甫的诗集,读仇兆鳌注,即所谓仇注杜诗。他说,杜诗中的很多典故、语词,仇注都给它找到了出处,这会为你们的阅读提供很多帮助。读别集,可以对一个作家的作品获得一个整体的认识,同时会熟悉很多古代诗文中反复出现的典故、语词或意象,并通过注释了解它们的来历。或许当时记不住,但起码会留下印象,将来遇到时,不至于生疏。

现在回过头想,当时随着课堂完整读过的别集,还真不少。比如,当时有好几位老师讲过《楚辞》,文献专业的金开诚先生讲过,古代文学的游国恩先生讲过,林庚先生也讲过。所以,我们上过好几回有关《楚辞》的课,《楚辞集注》也就随着课程通读过了。插一句话,说到林庚先生讲《楚辞》,那讲得真是非常之好。我现在回想,林先生讲《楚辞》的场景,就好像还在眼前。真是很感动,坐在下面听,听着听着,就会忘了自己是在听《楚辞》的课。而且林先生讲什么?讲《天问》。《天问》不是一部天书吗?那么难,但林先生讲得那么精彩,那么生动,那么鞭辟入里。除了《楚辞》,《诗经》也通读过,尤其是十五国风,我是一首一首往下读,虽然记不住,但总比没读过强。还有汉魏六朝的《百三名家集》《庾子山集》、陶渊明的诗集等等。唐诗就读得更多了，李白诗读王琦注本，杜诗除了仇注之外，还读了钱谦益的《钱注杜诗》、杨伦的《杜诗镜铨》、浦起龙的《读杜心解》等。魏晋和隋唐部分的别集都是在陈贻焮先生的指导下通读的，他也没检查我们，他就说你们这么读书才有用，那我们就照做。他后来还开过"三李诗研究"课，在他的课上，我们比较集中地阅读了李白、李贺、李商隐的诗集。另外，彭兰先生开过"边塞诗研究"课，她要求我们把重要边塞诗人的诗集通读一遍。所以，实际上，岑参和高适的诗集，我都是在上彭先生的课的时候读的。

现在，我给同学们讲宋元文学，也会开书单，但问题是，现在的同学没有太多读书的时间，对你们而言，完整地读一个别集的机会比较少了。这是一个很矛盾的事情。一方面，时间不够，另一方面，如果你不读别集，你不会有自己的心得，你只能被动接受文学史的叙述。文学史的很多叙述都是带有偏见的，我所说的"偏见"并不是贬义，每一种文学史都不可避免地带有叙述者的立场和观点。当文学史告诉你，李白的诗如何时，如果你完整地读过李白的诗，那么，你对文学史的结论会有你的判断，你会心里有底，假如你没读过，那你只能被动接受。凡是被动接受，心里一定是没有底的。而且到你要用这个观点的时候，可能教科书上说的是对的，但因为你没有关于文本的亲身体会，你转述时加进了自己的话，就把话说过了，或者会出很多漏洞。

那么，如何解决这个问题呢？我想，由于时间有限，在读一些有一定量的选本的基础上，一定要挑一两家的诗集或词集或文集，从头到尾通读一遍。不一定是一个字、一个字地读，但你一定要完整地通读。从头读下来以后，你会对这一个作家、这一部集子，形成一个完整的印象。有了这个完整的印象，以后不管是看别人的研究论著，还是看教科书的叙述，你会有更加深刻的理解、更加准确的判断，甚至你可能指出，教科书说得不对，重点不在这里，那就更好了，那说明你读书有心得了，能够有自己的独立判断。老老实实读别集，对于古代文学的学习而言，很重要。其他专业的同学不一定读别集，但也要老老实实读你的专业范围内的经典著作，基本思路是一样的。

还有一个与读书有关的话题。在座的同学基本都是刚到北大，对自己今后要做什么，还没有明确的想法，还处在适应和摸索的阶段，或者说还处在"望尽天涯路"的阶段。当大家走过这个阶段，对自己的专业发展，已经形成一个初步设想的时候,我建议你们,把你感兴趣的那个专业当中的某一领域的相关文献,尽可能找来,系统地读一遍。北大图书馆的条件非常之好,这是完全能做到的。举个例子,我就对元杂剧很感兴趣,很好玩,真的是很好玩!如果你也有这样的兴趣,不管今后做不做这方面的研究,去把《元曲选》《元曲选外编》和你所能找到的其他元杂剧文献,尽可能都找来,一本、一本地,一部杂剧、一部杂剧地通读。这种阅读不一定要为了做研究,它应该是毫无功利目的,纯粹为了阅读的乐趣。以后,不管谁跟你谈到元杂剧,你都可以大胆地发表你的见解,那时,你心里是不是觉得特别自豪,特别高兴?元杂剧只是一个例子,我的意思是:你要为自己建立一个以某个专题为中心的读书的范围,开辟一块属于你自己的读书园地。读书的范围当然是越大越好,但以我们现在的精力,不可能做到无边无际,所以以集中在某个方面为好。再以唐诗为例,如果你对唐诗感兴趣,那行,你可以围绕初、盛唐,把这两个时期所有诗人的诗,一首不落地全部读下来。这点在现在是完全能做到的,因为《全唐诗》《全唐诗补编》,以及各种各样的唐诗注本,都已经不难找到。有了这样既集中又有一定量的阅读,你会拥有一个属于你自己的读书的天地,你会读出你自己的个性来。读书,一定不能随大流,如果所有人都只读一本教科书,所有人都被同一本教科书洗过脑,那会是一个非常可怕的事情。尤其是在北大中文系,阅读一定不要停留于教科书,一定要形成自己独特的阅读范围,要有自己的阅读思考。这点我跟很多届的同学讲过,可能要求有点高,不过,真的是从个人体会中来的。

最后,简单谈谈另一个关于读书的话题。那就是关于"读书无禁区"的问题。这个话题有它的时代性。在上世纪七十年代末到八十年代,改革开放刚开始的时候,很多书还是阅读的禁区,很多文学作品仍然是禁书。回到八十年代的历史现场,这个话题很重要。在当时的北大中文系,无论师生,大家对"读书无禁区"的观点都有共识。到了现在,虽说基本上没什么禁书了,但有些书还是不能在大陆公开出版的,这也等于是禁书对不对?所以即使抛开时代因素,这一话题对今天而言,还是能给我们带来一些思考。我觉得,书好不好,不是关键,关键在于读的人眼光高不高。能不能形成你自己的眼光、你自己的看法,这一点对读书的影响是最深远的。要形成自己的眼光,生活阅历很重要。除了生活阅历之外,你还要读一大批的东西,有了丰富的阅读经验之后,你才能形成你自己独特的眼光、独特的读书趣味,才能对一部书的优劣下判断。古人有一句话,"雪夜闭门读禁书",这是人生一大乐事。我想,那种乐趣来自阅读的过程,来自你自己独立的发现和判断。有些书,说是不让读,但如果你读了,你有不同于流俗的看法,那其实是一件能让你非常有成就感和满足感的事情。

我记得,1979年我上二年级的时候,沈天佑老师给我们讲宋元文学史,布置课堂作业,我打算以柳永词为题,去图书馆借书,却借不到,说柳永词集有黄色内容,不开放外借。也就是说,柳永词集在那个时代还是禁书。我当时觉得很奇怪,文学史说他是很重要的大词人,但他的词集却不让看。我觉得应该搞清楚是怎么回事,于是就去请教图书馆文科阅览室的李鼎霞老师,她是中文系文学专业毕业的老学长,当时负责文科阅览室的管理,对专业非常熟悉。我去找她,说为了做作业要看柳永《乐章集》,她跟我说,柳永的词集图书馆规定不开放,但你可以去看丛书。她帮我挑了比较生僻的《山左人词》这部丛书,里边就有柳永的《乐章集》。因为丛书的名儿不叫《乐章集》,所以可以看。这是不是有点钻空子之嫌?李鼎霞老师曾经给我们文学专业的学生很多宝贵的帮助,我至今还非常感念。《乐章集》我读完以后,得出一个结论,说柳永词有黄色内容,完全是小题大做,无非就是形容一个女孩子如何美、怎么打扮,形容两个人怎么卿卿我我、怎么交头接耳之类的。总的看下来,与许多古代作家相比,柳永对女性的态度其实还比较真诚、尊重,也比较平等的。而且通读《乐章集》,还有一个收获,我发现苏东坡虽然反对学柳永,但他其实受了柳永很深的影响。苏轼有不少的词,无论是形式,还是写法,还是语言,都明显受到柳永的影响,都有学习柳永的痕迹。当然,苏轼是大才华,学问见识都很高,他的高明之处不是停留于学习柳永,而是以绝大的才力改变了词的境界,大大提升了词的地位。但是如果你仔细看,二者之间的关联还是非常清楚的。于是,我就根据读柳永词集的心得,写了一篇作业。沈天佑老师看了以后,批了很长的一段话,还到32楼学生宿舍来找我们聊天,表扬了一番。沈老师跟我说,你这个文章,得益于通读了柳永词集。他真是一眼就看出来了。

我从禁书又讲回了读别集的问题。好吧,今天就讲到这里。谢谢大家!

阅读是一种信仰

曹文轩

曹文轩,1954年生于江苏盐城。1974年入北京大学中文系读书,毕业后留系任教。现为北京大学中文系教授,博士生导师。当代作家、评论家,中国作家协会鲁迅文学院客座教授,北京作家协会副主席。主要作品有文学作品集《忧郁的田园》《红葫芦》《蔷薇谷》《追随永恒》《三角地》等;长篇小说《埋在雪下的小屋》《山羊不吃天堂草》《草房子》《天瓢》《红瓦》《根鸟》《细米》《青铜葵花》《大王书》《我的儿子皮卡》等。学术性著作有《中国80年代文学现象研究》《第二世界——对文学艺术的哲学解释》《20世纪末中国文学现象研究》《小说门》等。2010年人民文学出版社出版《曹文轩文集》(14卷)。其中《红瓦黑瓦》《草房子》等译为英、法、德、希腊、日、韩等文字。获省部级以上学术奖、文学奖四十余种,其中包含宋庆龄文学奖金奖、冰心文学大奖、国家图书奖、金鸡奖最佳编剧奖、中国电影华表奖、德黑兰国际电影节"金蝴蝶"奖、北京市文学艺术奖、中国台湾《中国时报》年度开卷奖、"好书大家读"年度最佳小说奖等。2004年获国际安徒生奖提名奖。2010年出版"曹文轩纯美绘本"系列,其中《痴鸡》《最后一只豹子》分别获得2010年度和2011年度输出版优秀图书奖。

系里要开迎新会,漆永祥老师给我打了电话,让我代表中文系的老师给新生讲话。那时我正在南京开会,就免了我。没想到这个讲座又让我和同学们见面了。讲什么好呢?反正以后你们也会听我讲课的。讲做学问?怎么做学问?我也不是特别清楚怎么做学问。所以就不讲这样的题目了。昨天晚上反复思量今天到底讲什么。我有三份讲稿,一份是讲我们跟文学的关系的,一份是讲文学在今天的遭遇的,还有一份是讲读书的。究竟选择它们中的哪一份?我把三份讲稿摊开,将眼睛闭上,然后用手不停地摸,最终摸到的那一份是关于读书的。

　　今天,我讲的题目是:阅读是一种信仰。

　　我首先要说明的是,我这里所说的读书,并不简单地指你的专业性阅读,而是指一种广义上的阅读。仅从专业性来谈读书,则是另外一个题目。现在我要谈的读书,不仅与我们的专业有关,更与我们的人生有关。其实,专业性阅读,只是我们整个阅读的一部分,甚至不是主要部分。如果你是语言专业的学生,只是读王力先生的书、朱德熙先生的书,其他如哲学、文学、人类学方面的书概不涉猎,那么我可以肯定地告诉你:这样的阅读是有缺陷的——不仅仅是阅读的缺陷,更是人生的缺陷。专业阅读是为了专业,为了事业,为了你的生计,以保证你有一份工作,有一碗饭吃。而我们现在所说的阅读是为了人生,为了生命。

　　在未进入话题之前,我想先跟你们复述一篇小小的作品——

　　有一个放鹅的孩子,在草丛中捡到了一只鹅蛋,他把它放在太阳下照了照,心里想:我们家的母鹅正在孵蛋,如果我回去把这只蛋放到母鹅的身子下,过几天就会多孵出一只小鹅来。他回到家做的第一件事情就是把这只蛋放到了母鹅的身体下面。过了一些天,小鹅一只一只来到这个世界上,那只蛋是最后打开的,出来的是一只特别漂亮的小鹅。它的两个眼睛下面各有一个黑点,妈妈、哥哥和姐姐们给它起了一个名字:点。哥哥姐姐们逢人就说:"我们家点长得最好看,这是我们家的点。"妈妈领着这群小鹅在草丛里吃草,在河里游泳,到了秋天,这群小鹅已经长得跟妈妈一般高大。冬天,满地大雪,这群鹅展开巨大的翅膀,把地上的雪扇动起来,天空一片沸沸扬扬的雪花。所有看到的人都说:"这一家子,是这个世界上最幸福的一家子。"这一年就这样过去了。第二年春天它们在草滩上吃草,正吃着草,天空突然传来一声鸣叫,一支天鹅的队伍正从东方往西方迁徙。在这篇小小的作品里,有两个象声词是反复使用的。鹅怎么叫?"嘎哦嘎哦"。天上的天鹅和地上的鹅,它们根本不属于一个家族。在天鹅里头有一品种叫"小号天鹅",它发出来的声音是"喀噜喀哩"。点听到天空天鹅的鸣叫就好像听到了号角一样,连忙抬头仰望天空。那群天鹅从它们的上空飞了过去,眼看越飞越远,点把身子蹲下,然后打开翅膀,居然飞了起来。妈妈、哥哥、姐姐们发现它飞到了天上,于是一起冲着天空鸣叫"嘎哦嘎哦",可是它无动于衷,追着那群天鹅飞走了。妈妈、哥哥、姐姐们一直仰望着天空,直到它消失在天边。太阳落下去了,整个西边的天空都被霞光染红,就在这片红色霞光里出现了一个小小的黑点,这个黑点越来越大、越来越大,一只特别漂亮的天鹅出现在了天空——我们的点回来了。它落在了地上,妈妈、哥哥、姐姐们连忙围上去,伸长脖子梳理它的羽毛,它一副惊魂未定的样子。此后的日子看上去非常平静,可是点不时地会抬头仰望天空。妈妈和它待在一起的时间越来越长,因为妈妈似乎预感到了什么。随着秋天的来临,点越来越害怕一种声音在天边响起。这一天它们在浅水滩吃草,正吃着草,那可怕的声音终于在天边响起:"喀噜喀哩……"一支天鹅的队伍又在从西方往东方迁徙。妈妈、哥哥、姐姐们听到了天鹅的鸣叫,全都抬头仰望天空。可是,我们的点却把头低下来,吃这一年剩下的最后一块青草。那支天鹅的队伍飞过来了,它们没有飞走,就在这群鹅的上空盘旋,一圈一圈地盘旋。此时已经不再是一只天鹅在叫,而是所有的天鹅都在叫:"喀噜喀哩""喀噜喀哩"。天空因为这群天鹅的鸣叫而变得一片金光灿烂。点将翅膀打开了,不是飞,而是把脑袋藏到了翅膀下面,好像现在是一个安静的夜晚,它睡着了。天鹅在这群鹅的上空盘旋了很久很久,终于飞走。世界一片安静。点抬头仰望天空,那支天鹅的队伍已经飞得很远很远。它把身子矮下,打开翅膀,然后又合上,然后再打开,再合上,终于飞了起来。但它没有飞走,而是在它村庄的上空,在妈妈的上空,在哥哥、姐姐们的上空盘旋,盘旋了很久很久。那支天鹅队伍眼见着就要消失在天边,这个时候它好像听到了妈妈的声音:"孩子啊,快点飞去,不然就要来不及啦!"它好像听到了哥哥和姐姐们的声音:"你快点飞吧!明年春天我们就在这个地方等你!"它最后看了一眼妈妈,最后看了一眼哥哥和姐姐们,突然发出一声:"喀噜喀哩!"一声哀鸣布满了天空。然后,它就飞走了。

这篇小小的作品叫《天空的呼唤》。

讲完这个作品,我想问诸位:如果这一天我们读了这样一篇小小的作品,我们不说这一生,也不说这一年,只说这一天——这一天你会不会觉得更好一些、更有情趣一些、更有境界一些呢?我相信,书是有这样的能力的,阅读是一件非常非常值得去做的事情。

现在我们一起来思考这样几个问题:一、阅读到底有什么意义?二、阅读有什么讲究?三、阅读有选择吗?

阅读到底有什么意义?

关于阅读的意义,我们可以说出来十条二十条,乃至更多。我这里也有七条,其中一些属于我个人的表述,一些是对他人表述的引申。

一、阅读是一种人生方式。

阅读是对一种生活方式、人生方式的认同。阅读与不阅读,区别出两种截然不同的生活方式或人生方式。阅读的生活和人生的那一面,便是不阅读的生活和人生。这中间是一道屏障、一道鸿沟,两边是完全不一样的气象。一面草长莺飞,繁花似锦,一面必定是一望无际的、令人窒息的荒凉和寂寥。

一种人认为:人既然作为人,存在着就必须阅读。人并不只是一个酒囊饭袋——肉体的滋长、强壮与满足,只需五谷与酒肉,但五谷与酒肉所饲养的只是一具没有灵魂的躯体。这种可以行走,可以叫嚣,可以斗殴与行凶的躯体,即使勉强算作人,也只是原初意义上的人。关于人的意义,早已不是生物学意义上的——生物学意义上的人便是:两腿直立行走的动物。现代,人的定义却是:一种追求精神并从精神上获得愉悦的动物——世界上唯一的那种动物,叫人。这种动物是需要通过修炼的。而修炼的重要方式或者说是重要渠道,便是对图书的阅读。

另一种人认为——其实,他们并没有所谓的"认为",他们不阅读,甚至并不是因为他们对阅读持有否定的态度,他们不阅读,只是因为他们浑浑噩噩,连天下有无阅读这一行为都未放在心上思索。即使书籍堆成山耸立在他们面前,他们也不可能思考一下:它们是什么?它们与我们的人生与生活有何关系?吸引这些人的只是物质与金钱,再有便是各种各样的娱乐,比如麻将,比如赌博,比如洗脚房。至于那些明明知道阅读的意义却又禁不住被此类享乐诱惑而不去亲近图书的人,我们更要诅咒。因为这是一种主动放弃的堕落。几乎可以说:这是一种明知故犯的犯罪。

阅读与不阅读是两种存在观。

古人对读书很在意,尽管读书人在社会上位置不高。但读书与读书人是两回事,看不起读书人,但却看得起读书。于是留下了许多发愤读书的故事。如"萤入疏囊",如"雪映窗纱",如"凿壁偷光",还有"头悬梁,锥刺股"之类的故事,等等。

但是古人对读书的益处,认识似乎并不很深刻。在某些高雅之士那里,也有"读书可以修身养性"的认识,但在一般人眼里,读书的目的也就只剩下一个功利:书中自有黄金屋,书中自有颜如玉。因此,过去一般读书人,总不在一个较高的境界。虽也孜孜不倦,但读来读去,还是脱不去一番俗气。很少有阅读的快意,更少有达抵人生审美境界的陶醉。他们没有看见一个精神的殿堂,没有看出那书原是一级一级的台阶,读书则是拾级而上,往那上方的殿堂里去的。

二、读书可帮助我们壮大经验并创造经验。

天下事,多到不计其数,人不可件件亲自实践。人这一辈子,无论怎样辛劳、勤勉,也无论怎样东奔西突,实际上只能在极小的范围内经验生活,经验人生,个人之经验,九牛一毛、沧海一粟。由于如此,人认知世界,十有八九是盲人摸象,很难有对世界的完整把握。由于如此,人匆匆一生,对生活、对人生的理解也就一片苍白,乃至空洞;人对活着的享受,也就微乎其微,生命看似蓬勃,但实际上只是虚晃一世。鉴于如此之悲剧,人发明了文字,进而用文字写书。书呈现了不同时空里的不同经验。一个识字人,只需坐在家中,或案前,或榻上,或瓜棚豆架之下,便可走出可怜的生活圈栏,而荡入一个无边疆域。明明就是身居斗室,却从别人的文字里看到了沙漠驼影、雪山马迹、深宫秘事、坊间情趣……读书渐久，经验渐丰，你会一日一日地发现，读书使你的心灵宛如秋天雨中的池塘，逐渐丰盈。其情形又犹如你从前只有几文小钱，而随着你对书的一页一页地翻过，你的仓库一日一日丰厚起来，到临终时，你居然觉得自己坐拥金山银山，而你曾因拥有它而着实豪华地享受了一生。此时，你会觉得死而无憾，最后，满足一笑，撒手人寰。

更有一点，却未被多少人揭示：这世界上的许多写书人，不仅仅是将自己的特别经验复述于人，还在于他们常仰望星空，利用自己的幻造能力，在企图创造知识，以引发新的经验。这些知识导引你进行新的实践。这些知识预设于脑，使你在面对从前司空见惯的事情时忽然发现了新意。甚至干脆让你发现许多事情——这些事情在未得这些预设之前，它们虽与你朝夕相处，你却并未将其发现。一条水牛从梨树下过，碰落了一些梨花。一个农人也许对此事浑然不觉，空空走过，但废名先生却觉得"落花水牛"的图景很美，于是就有了一番享受。废名是个读书人。你也是个读书人。你读了海明威的《老人与海》，倘若日后你做事不顺，但终究还是将事做成了——虽然此事从表面上看犹如"一袭马林鱼的骨架"，但你记得《老人与海》，于是你在失败中忽然有了一种优雅的感觉。知识使你的经验屡屡增加，并使你的经验获得了深度。你也活一辈子，但你这一辈子密度甚大，倘若浮到形而上的层面来论时间长短，你这样高密度的一生与一个低密度或者没有密度的一生相比，你算下来就不是活了一生。寿有限而知无涯，而知却可以使寿获得形而上的延长，甚至是大大的延长。读书人就有这点好处，没有这点好处还读什么书呢？

三、读书养性。

人之初，性浮躁。落草而长，渐入世俗，于滚滚不息、尘土飞扬的人流中，人很难驻足，稍作停顿，更难脱浊流而出，独居一隅，凝思冥想。只有书可助你一臂之力，挽你出这糟局。且不说书的内容会教你如何静心，就读书这一形式本身，就能使你在喧哗与骚动之中步入静态。读书具有仪式的作用。仪式的力量有时甚至超过仪式的内容。时至今日，大工业轰轰隆隆，商业化铺天盖地，自由主义无节制张扬，现代情绪漫延滋长，人虽日益感到孤独，却又在众人吵嚷中心神不定，陷入了更大的浮躁。人焦灼不安，从心底深处渴求宁静和绿荫。此时，人的出路也大概只在读书了。那年，我在东京教书时,我的研究生们来信,说了他们工作之后的心态,觉得自己现在变得很难沉静下来,对未来颇感惶恐。我写信给他们说:任何时候,任何地方,只要不将书丢掉,一切就都不会丢掉。

　　读书人与不读书人就是不一样,这从气质上便可看出。读书人的气质是读书人的气质,这气质是由连绵不断的阅读潜移默化养就的。有些人,就造物主创造了他们这些毛坯而言,是毫无魅力的,甚至可以说很不完美的。然而,读书生涯居然使他们由内到外获得了新生。依然还是从前的身材与面孔,却有了一种比身材、面孔贵重得多的叫"气质"的东西。我认识的一些先生,当他们安坐在藤椅里向你平易近人地叙事或论理,当他们站在讲台上不卑不亢不骄不躁地讲述他们的发现,当他们在餐桌上很随意地诙谐了一下,你就会觉得这些先生真是很有神采,使你对眼前的这些形象过目不忘,永驻心中。有时我会恶想:如果这些先生不是读书人又将如何?我且不说他们的内心会因精神缺失而陷入平庸与俗气,就说其表,大概也是很难让人恭维的。此时,我就会惊叹读书的后天大力,它居然能将一个外表平平甚至偏下的人变得如此富有魅力,使你觉得他们的奕奕风范好不让人仰慕。此时,你就会真正领略"书卷气"的迷人之处。

　　四、读书能帮助我们发现前方,并引领我们走向前方。

　　说到底,读书其实培养的是一种眼力。日后我想写一本书,书名叫《目光史》,里头肯定有一章要谈一个"阅读与目光"的题目。不读书的人其实是没有前方的,也是没有未来的,也是没有过去的。拿我自己讲,我写了那么多的书,那里头的那么多故事,其实都是写的我的来路——几十年的来路上发生的故事。我有时候在想:和我一起成长起来的人,他们为什么写不出小说来呢?我回老家,经常与他们聚会,我发现,我说到的童年往事,他们往往都没有印象了,有印象的,又不能像我这样去深入地理解。那十几二十几年的生活,他们的回忆与我的回忆,有着本质上的差异。我发现了过去那么多、那么多的故事——一回首,我看到在我的来路上,那些故事犹如夏天夜空的繁星在闪烁。那么这个力量是哪里来的?我唯一要感谢的就是书,是书本给了我发现从前的力量。整个的来路就像一条黑色隧道,是知识把这个隧道照亮了。来路上的所有东西都可以转化为我写小说的材料。我可以一本一本地写下去,我已经写了一本又一本,我还会一本一本地写下去。

读书人读着读着就有了过去、现在和前方——风景无边的前方。什么叫读书人？我这里简单下一个定义：拥有过去、现在和未来的人，叫读书人。

五、阅读是一种优雅的姿态。

人类无疑是一切动物中最善于展示各种姿态的动物。体育、舞台、服装模特的T型台，所有这一切场所，都是人类展示自己身体以及姿态的地方。人类的四肢，是进化了若干万年之后最优秀、最完美的四肢。即便如此，人类依然没有停止对自己的身体以及姿态的开发。人类对造物主的回报之一，就是向创造了他们的造物主展示他们各种各样的优美姿态。但有一天造物主对人类说：你们知道吗？人类最优美的姿态是读书。

难道还有比读书更值得赞美的姿态吗？

我们应当看到，人类的那些可以炫耀、可以供人们欣赏的千姿百态，正是在有了读书姿态垫底之后，才达抵最美最高的境界的。而人类的笨拙、迟钝、粗鲁等种种蠢相以及一切丑陋的动作背后，也正是因为有一个姿态的缺失，那还是读书。

六、阅读从根本上讲是一种人道主义行为。

2012年年初，瑞典驻华大使馆文化参赞艾娃女士陪同瑞典作家马丁·韦德马克到我家做客，共同商量一件事：作为瑞典作家的马丁和作为中国作家的我，各写一个题材一样或主题、道具一样的故事，然后合成一本书，分别在瑞典和中国同时出版。聊天期间，马丁无意中讲了一件事：有个人家有两个儿子，老大因为当时家庭经济拮据，未能升学，也就是说未发生阅读行为，而老二则因为家庭经济情况得到改善，有条件上学了，也就是说，发生了阅读行为。后来，一个科研机构对兄弟俩的大脑进行了细致的科学测试，结果发现，那个不曾发生阅读行为的老大的大脑，发育是不完善的。听罢，我立即在脑海中迸发出一个观念：阅读从根本上讲是一种人道主义行为。此话一出，记得当时，所有在场的人似乎都震动了一下。

由此，我讲到了马克思主义，从根本上讲就是人道主义。因为马克思、恩格斯一生最崇高的理想就是让那些没有条件上学读书、无法接受知识、接受文化教育的穷人，能够读书，接受知识和文化教育。一个人有无阅读行为、有无阅读能力，在马克思、恩格斯看来是至关重要的。真正的解放和平等，必然是建立在接受知识的条件和权利的平等上，若不是这样，所谓的解放和平等就是一纸空谈。我们在生活中也会看到大量支持马克思主义的日常事实。一个人家,兄弟姐妹,有一群孩子,也是因为经济的原因,老大(可能是哥哥,也可能是姐姐)不能上学读书,后面的弟弟和妹妹们却因经济情况好转都上了学,甚至还受到非常好的教育。多少年后,无论这些弟弟妹妹们对姐姐或者是哥哥多么好,这个哥哥或者是这个姐姐都不可能与他(她)的弟弟和妹妹们获得真正意义上的平等,因为这个没有发生过阅读行为的哥哥或者是姐姐,不可能像那些有阅读行为的弟弟和妹妹们那样丰富地去感应和欣赏天上那轮太阳和那轮月亮。

七、天堂是一座图书馆。

博尔赫斯问道:什么是天堂?

博尔赫斯答道:天堂是一座图书馆。

也许真的有天堂,但肯定遥不可及。因此,这样的天堂对于我们而言,实际上意义不大——一个与我们毫不相干的地方,能有什么意义呢?

但梦中的天堂确实是美丽的。它诱惑着我们,于是,我们唱着崇高的颂歌,意气风发、诗性十足地出发了,走过一代又一代,一路苍茫,一路荒凉,也是一路风景,一路辉煌。然而,我们还是不见天堂的踪影。我们疑问着,却还是坚定地走在自以为通向天堂的路上。

后来,图书出现了,图书馆出现了——图书馆的出现,才使人类从凡尘步入天堂成为可能。由成千上万的书——那些充满智慧和让人灵魂飞扬的书所组成的图书馆,是一个神秘的地方。任何一本书,只要被打开,我们便立即进入了一个与凡尘不一样的世界。那个世界所展示的,正是我们梦中的天堂出现的情景。那里光芒万丈,流水潺潺,没有战争的硝烟,没有贫穷和争斗,没有可恶之恶,空气里充满芬芳,果树遍地,四季挂果,累累果实压弯了枝头……

书作成台阶,直入云霄。

图书才使我们完成了宗教性的理想。

尼采言:上帝已经死亡。于是,世界觉得此事十分严重。其实,也就是那么回事。这个虚设的上帝去了就去了吧,也没有什么大不了的,我们不是还有书在吗?书也可以成为我们的依托。我们何不将书也看成是上帝?而且这是可以与我们平等对话的可亲可爱的上帝。寂寥无依的夜晚,我们可以敞开心扉,将心中的委屈、怨恨以及无法言表的一切向它毫无保留地倾诉,并可得到它的指引。每一本好书,都是黑暗中的一道亮光。这一道道亮光,将给我们这一叶一叶暗空下的扁舟引航,直至寻找到风平浪静且又万家灯火的港湾。我们应有这样的古风:沐浴双手,然后捧卷。在一番宗教感觉之中,必将会得到书的神谕。

何不将阅读作为一种信仰?阅读就是一种信仰。

阅读有什么讲究?

就读书本身来讲,自然还得有所讲究。有这些讲究,才能将书读好。

一、个性化在阅读中的意义。

个性是阅读的关键,是阅读是否能够获得最大利益的根本。以前,我们只谈阅读,不谈如何阅读——即使谈如何阅读,也很少会有人注意到个性在阅读过程中的那份举足轻重的意义。很多人都在读书,但未必谁都能将书读好。而书读不好的原因之一是这个人的书读得全然没有个性。许多年前,我曾在北大的课堂上说:读书也有一个拒绝媚俗的问题。除了一些大家都应该读的基本书之外,一个人读书应有自己的选择。做人忌讳雷同——一个人若无个性,一定是一个索然无味的家伙;做文忌讳雷同——文章写得似曾相识,这篇文章也就失去了它存在的意义;读书也忌讳雷同——读书一雷同,也就什么都雷同了。因此,聪明人读书,会独辟蹊径、另谋生路。一个人说:我不读别人读的书,只读别人不读的书。此说也许是狂言,也许是极端,但这份决断也有可取之处,这就是那一份在读书方面顽强地展示个性的意识。到别人不常进入的领域去淘别人不淘的书,就会得到别人得不到的知识,就会发出别样的声音。这个道理简单得如同走别人不曾走的路,就会发现别人发现不了的风景一般。

选书可以选得很有个性,而读法与理解也极有个性。同样的一篇文章,在他们眼里,却有另一番天地、另一番气象、另一番精神。不在乎别人对那篇文章的唠叨,甚至不在乎专家权威对那篇文章的断评,而是按自己的心思去读,按自己的直觉去读,甚至按自己的奇思怪想去读,读得津津有味,读得出神入化。

书海浩淼,水能载舟亦能覆舟。一个人面对那么多的书,他要有充分的自主意识、驾驭意识。知识欺人,比世上任何恶人欺人还甚。一个没有自主意识的人,知识早晚会将他沦为它的奴隶。而无驾驭意识,知识只是一堆一无用处的石头,它既不能助你前进,也不能使你增加财富。知识只有在那些有自主意识、驾驭意识的读书人那里,才可亲可爱,才具有美感,才具有使人升华的力量。只有那样的读书人,也才会有畅游知识海洋的莫大快感。

我在想,一个好的读书人,读到最后会有那样一个境界:知识犹如漫山遍野的石头,他来了,只轻轻一挥鞭子,那些石头便忽然地受到了点化,变成了充满活力的雪白的羊群,在天空下欢快地奔腾起来。

二、寻找新颖的、更为有效的切入文本的视角。

读书的功效取决于我们对文本的解读是否是独特的同时是最合理的。我们需要反思以往的解读方式和解读途径。由于过去我们长久处在一种大一统的语境中,我们在有限的知识制约下,阅读大概已经程式化了。这就是需要我们改变思维方式,需要亲近和接纳新的知识。文本是矿藏,文本本身并不能开采自己,开采文本的工具来自于其他知识,我们要依靠这些知识来发现矿脉,而从前的知识有点陈旧了,甚至有不当的知识,这些知识对于我们的开采是无补的,甚至破坏了矿藏。事实上,我们已在相当长的时间内在进行无效的开采。那些冠冕堂皇的解读,其实未必符合文本的本义和实际。加之我们思维方式的机械和僵硬,我们进入文本的动作显得有点儿笨拙,路线狭窄。由于开采的方法、力度不够,在大多数情况下我们只是开采了矿藏的浅层部分。

我们需要一种新的读法。

三、停顿与批判性思考。

读书应有停顿——突然地中断阅读而思考已被阅读的那些东西。读书人的读书带了联想与思考的痛苦。他们的阅读快感,不是在被动接受上,而是在接受时不断扩大收获的过程中。

世间有许多读书种子。但他们的读书似乎于他们的精神无补,反而读成呆子,读成迂腐可笑之人。曹聚仁先生说他曾听说过浙江金华有个姓郭的,书读到能将《资治通鉴》背诵一番的程度,但写一个借伞的便条,却写得让人不堪卒读(那便条写了五千余字)。读书多,莫过于清朝的朴学家,然而，像章太炎那样令人钦佩的朴学大师又有几个？我认得一位教授先生，只要提起他来，人们第一句话便是：此人读书很多。然而，他的文章我才不要看。那文章只是别人言论的连缀与拼接，读来实在觉得没有意思。读书不是装书。读书用脑子，装书用箱子。脑子给了读书人，是让读书人读书时，能举一反三，能很强健地去扩大知识的。箱子便只能如数装书。有些人读一辈子书，读到终了，不过是只书箱子而已。

知识、思想往往是在批判中形成的。

更有甚者，还有读书把人读糟了读坏了的。周作人当年讲："中国的事情有许多却就坏在这班读书人手里。"抽去这句话当时的具体所指，抽象一点说，这句话倒也说得通：中国的事坏在一些读书人手里的还少吗？

阅读有选择吗？

一、我们的尴尬。

当我们用尽天下最优美的言词去赞美阅读时，我们却同时面临着泛滥成灾的无意义的、差劲的、蛊惑人心的、使人变得无知和愚昧，甚至使人变得邪恶的书。它们几乎与那些优美的图书一样多，甚至还要多。它们像浑浊的洪流涌入河床，淹没了我们。因为认知能力的不足和人性底部的卑劣欲望，导致了我们心甘情愿地沉湎于其中，并在下沉中获得低俗的快乐。

它们也是书，问题就正在于它们也是书。

书和书是一样的面孔，我们无法说它们不是书。

我们面临着这样一个现实：一个图书丰富——丰富到泛滥的时代，却有可能是一个阅读质量严重下降的时代。

读不读书，这是一个重要的问题。它甚至可以被解读为一个国家、一个民族、一个人的文明程度。而读什么书，却是一个更重要的问题。有些书与其读，不如不读，不如看看太阳，不如看看月亮，因为太阳、月亮也许能告诉我们更多更深刻的道理。孔子、庄子时代，他们并没有我们今天这般满坑满谷的书，正是凭借存在、自然之大书，他们获得了真知而成为我们无法逾越的大哲。

二、浅阅读与深阅读。

从读书中获得愉悦,甚至以读书来消遣,这在一个风行享乐的时代,是合理的。对于一般阅读大众而言,我们大概没有必要要求他们放下这些浅显的书去亲近那些深奥的、费脑筋的书,因为世界并不需要有太多深刻的人。对于一般人而言,不读坏书足矣。

但一个具有深度的社会、国家、民族,总得有一些人丢下这一层次上的书去阅读较为深奥的书。而对于专业人士而言,他们还要去读一些深奥到晦涩的书。正是因为有这样一个阅读阶层的存在,才使得一个社会、一个国家、一个民族的阅读保持在较高的水准上。

三、书的分类。

尽管都是书,而实际上书与书是很不一样的,得有区分。我对书的分类,有这样几种表述。

一个表述是:打精神底子的书与打完精神底子再读的书(底子论)。

即使都是有益的书,也还是有区分的。这些有益的书可分为两种,一种是用来打精神底子的,一种是用于打完精神底子再读的书。这里,我们不必去衡量前者与后者谁更有价值(当然,我个人认为,还是前者更有价值——前者是属于文学史的,是与"经典""名著"这些概念有关的),只是说,它们在进入我们的阅读视野时,是有先后次序的,其情形有如用油漆漆门,先打底漆,而后才是面漆。当然,像任何比喻都不恰当一样,这比喻也只是一个比喻而已。

第二个表述是:书是有血统的(血统论)。

这是我一贯的看法:书是有血统的。书分两种,一种书具有高贵的血统,一种书则血统不怎么高贵。鲁迅的书、《红楼梦》《战争与和平》等,都是一些具有高贵血统的书。

我这么说,并无这样的意思:我们阅读具有高贵血统的书,而将一切非高贵血统的书统统排斥在外。我在说所谓的"高贵血统"时,并不意味着,凡不具有高贵血统的书,就是下贱的。那些成千上万的、血统也许并不高贵的书,却也是我们需要读的书,就像这个社会的广大阶层,并非是贵族而是贫民一样。贫民是社会大厦的一部分,重要的一部分,是不可忽略的。

说明了这些之后,我们再来强调阅读那些具有高贵血统文字的重要意义：那些具有高贵血统的文字，毕竟是最高级的文字，它们与一个人的格调、品味有关，自然也与一个民族的格调、品味有关——如果一个人或一个民族，想成为高雅的人或民族，不与这样的文字结下情缘，大概是不可能的。

第三个表述是：文脉（文脉论）。

"文脉"这个词，是我最近使用最频繁的词，是一个高频词。我常常想起我小学五年级时的读书。那时候不像现在书多得满坑满谷。我的父亲当时是小学校的校长，他有一书柜书，里头有些鲁迅作品的单行本。纯粹是饥不择食，我拿起这样的书就看，一看就进入了痴迷状态。进入中学之后，我是我们班——不光是我们班，是全校写作文写得最好的学生。我曾经在那所中学创造了一个奇迹：老师布置了一个作文题，我一口气写了整整三大本作文本。这件事，至今在那所中学还常常被谈起。我依然记得我中学时代写作文时的感觉，就觉得鲁迅的精神、鲁迅的思想，乃至鲁迅说话的语气与腔调，顺着我的笔杆静静地流淌到了纸上。当时，我完全不知道那种东西叫什么，而几十年后的今天，我终于知道了，那东西叫"文脉"。后来长期的读书生涯与写作生涯使我明白了一个道理：地有地脉，文有文脉。没有文脉何有流淌？没有流淌何有文章？

就讲这些。谢谢！

北大本科教育特色与
本科生学习规划

陈跃红

陈跃红,1954年生,贵州贵阳人。北京大学人文特聘教授,北京大学中文系系主任,北京大学比较文学与比较文化研究所副所长,北京大学跨文化研究中心副主任。先后师从北大著名学者乐黛云教授学习比较文学,师从前香港大学比较文学系系主任、前国际布莱希特学会主席安东尼·泰特罗教授(Antony Tatlow)学习比较文学理论,师从美国哈佛大学东亚系教授、前费正清研究中心主任伊维德(W. L. Edema)学习西方理论和国际汉学。主要从事比较文学理论、比较诗学、中国古代文学批评理论、西方中国文学研究的理论与方法、中西文化关系研究等。出版有《比较诗学导论》《欧洲田野笔记》《比较文学原理新编》(合著)、《中国傩文化》(合著)、《语言的激活》等多种著述,发表六十余篇中英文论文。主编《比较文学与世界文学》杂志。现任中国比较文学学会副会长兼秘书长、北京市比较文学学会副会长。

在北大中文系我是一个很特别的老师,所谓特别,是说我曾经是工科出身,今天却是中文系的老师。我最早学的是地质勘探专业,当过地质队员、钻井队技术员;后来1977级本科却进入中文专业,硕士改学比较文学,出国学习又进了汉学院。现在为同学们开本科课叫"比较文学原理",为研究生开设"比较诗学",此外还学习过西方的中国研究,涉猎的范围很广,不过多数还是与文学有关。目前担任中文系的系主任,大家说我懂管理,要我为中文系的师生们当管家,最近每年70%的时间都用于中文系的管理工作了,专业又不能放松,每日紧张繁忙疲惫,不过我一般不抱怨,因为这是我接受的选择。在系里我还做过五年负责本科教学的副系主任、四年的国际合作与外事副系主任,同时,我还是北大自主招生专家委员会的委员、北大本科教育改革专家委员会的召集人等等,整个一个万金油、大杂烩老师,所以说有点特别。

为什么要啰里啰唆交代自己的学习和工作呢?这和今天的讲题有关,我今天不谈我的专业比较文学,不谈纯学术,只是想结合自己的学习经历和工作经验,和大家谈谈北大本科教育的特点以及如何做好自己的个人学习规划。这些年亲身参与了八年北大的本科教学改革和招生工作,还常常到国内相关省区和国外去招生,所以,相对了解你们这些刚刚走出高中校门的同学,了解一些高中教育与大学本科教育衔接中存在的问题。我希望用我的体会和认识,帮助新入学的你们好好规划大学学习,规划自己未来的职业生涯。

一般讲,再优秀的高中生,进入北大后,在本科四年中,都会面临很多问题,有的你们或许已经意识到,有的或许暂时还不易察觉。但是,如果不好好认识和规划设计,明确自己未来的学习选择,时间长了就会成为问题。

进入北大一个多月,你们也许已经逐渐适应北大的日常学习和生活,适应了北大宽松自由的氛围。但随着时间的进程,随着初入燕园的新鲜感消退,很快就必须面对一个严肃的问题:那就是接下来的四年(本科)、七年(硕士),乃至十一年(博士),你应该怎么安排自己,实现自己的人生目标?

根据多年的教学经验和学校有关部门对北大本科生学习情况的调查数据，没有考虑好上述问题，做出错误选择的同学比比皆是，占了不算小的比例。就我们中文系而言，这些同学大致可分为三类情况。其一，有些同学在高考或自主招生中取得很高的成绩，但是进校后，经过两三年学习，却还是找不到学习的方向。甚至有的同学进来时是省一级的"状元"，但四年后，不但没读上研究生，甚至连找工作都成了问题。其二，有些同学进校后考试成绩也还一直不错，最后进入保送研究生的资格范围，但在最后的遴选，尤其是专业面试中，却不幸被淘汰，不是他不努力，而是他的学习方法有问题，仅仅做了个知识容器，而不懂得研究的思维和方法。请大家注意，面试成绩在保研选拔中占30%—50%的比重，导师们重视专业学习的基础，更重视你的思维方式和研究能力。其三，有些同学顺利通过成为中文系的研究生，但在研究生学习阶段却迅速落后，不懂研究生学习的路径和知识结构要求，于是失去很多进一步提升的机会，比如外语不好没法出国交流乃至攻读更高一级学位，专业不好没法参与学术会议交流，研究能力弱完不成论文，发表不了成果，影响到答辩和毕业等等。另外，在谋职过程中，同样是北大毕业的同学，也出现了明显的分化，有的屡屡受挫，成了"面霸"，有的一出马就拿到几个理想的大学或者公司的 offer。

以上，入学后高考成绩优秀的同学找不着北，毕业时状元有可能找不到工作，保研过程中高分同学落榜，成为研究生后迅速落伍……这些现象，都不是个别的。我希望大家记在心里，并好好想想这是为什么。在北大求学深造，环境很好，又没有太多社会因素的影响，本来可以学得不错，造成以上状况的主要原因，我想有如下几点：第一，不了解今天现代社会的人才需求，及其由此带来的大学本科教育的改革与变迁。进入北大，也不意味着真正了解北大，真正了解一流大学的教育特点。第二，在校期间，只想到自己的专业如何如何，没能根据自己的情况，包括自己的长处、短处、兴趣爱好、职业理想、家庭背景等，科学地制定一个系统的学习和职业规划。第三，进入大学后，长时间分不清高中学习与大学学习的区别，一味照搬中学时代似乎相当成功的学习和高考经验。第四，人在中文系，却对北大中文系本科教育认识不足。有的同学可能觉得所有的中文系都差不多，只不过北大作为211、985重点高校，它的中文系实力更强一些罢了。这都是你的认识误区。

试问,在座诸位能说出北大中文系强在哪些方面吗?它的特点是什么?它与其他院校的中文系有什么重大的区别?对这些认识不清,你就不知道你所在的这个学校、这个院系、这个专业能为你的未来带来什么样的支持,为你的未来提供一个什么样的平台,当然也就无法规划出未来的正确方向了。同学们作为新生应该认识到,问题比你想象得要更严峻。取得同样突出的高考分数,来自同一地区,甚至同一学校的同学,大学四年后,情况可能很不相同。因此,同学们应该对自己即将面临的问题有严肃认真的思考。

首先,你们要花点时间来了解北京大学本科教育的特点与正在发生着的改革趋势。这需要通过一些比较来观察:过去的北大本科教育与现在的有何差别?北大与其他学校的本科教育有多少不同?北大的本科教育与你的高中,即你曾经接受的教育之间有多大距离?北大中文系的本科教育、院系文化又有什么样的特色?只有在对此有充分了解的基础上,才有可能做出符合个人情况的初步选择,并在四年中不断修正目标,也才有可能在未来的学习和职业生涯中建立一个良好的起点。

由此上溯至上个世纪八十年代,对于你们的父辈,包括我这一代人而言,大学基本上就是教育的终极。那时,全国的大学基本都是本科院校,中国很少有研究生,大学录取率也很低。现在不同了,从数量上看,中国现在拥有世界上居于前列的两千余所大学,有着几乎是世界最庞大的大学生、研究生和博士生群体;从教育体制上看,研究生阶段的教育已经得到很大发展,在北大,只要你努力,40%—70%的本科同学都有机会成为研究生。这些年来,特别是进入二十一世纪以来的这十多年,在中国高等教育的链条上,从本科到硕士,到博士和博士后,每一阶段都在发生着变革。对本科阶段而言,研究型、职业应用型不同院校的功能在分化。在研究型大学,一般性本科专业训练的地位在下降,学科通识教育和创新性专业研究思维的地位在上升。也就是说,在这里,本科社会职业教育的功能在下降,而研究思维和人文教育的价值正在强化。它讲究完整人格的全面素质和批判性创造性能力的养成。同学们在高中是佼佼者,但是来到北大,一开始还是不要把自己当成多了不起的人才,其实只有到了博士阶段,你才会被视作初级的研究人员。大家可以看看自己手里的本科培养方案,除去国家公共课、通选课、大平台课以及一定量的自由选修课,专业课的学分比例并不是很大。这和我们那个时代区别很明显,我们那时的本科,除了国家公共课外,主体全是专业课。因此,今天的北大本科学习结构其实只是为你们未来的专业学习或职业选择提供了一个基础的平台。大家在设计自己的本科学习时,必须充分注意这个变化,少谈论专业如何如何,而是应该考虑你究竟倾向哪个领域的职业方向。一个职业方向往往包含许多专业知识结构和跨学科的素质,如何提高自己的综合素质,比如学好外语,练好写作,完善人文知识储备,培养初步的科研能力和社会交往能力,增加一些跨学科的知识和方法掌握等等。目前的人文学科本科课程改革趋势是,基础经典研究性细读课程增加,大学科普遍适应性的方法论课程、批判和创新思维的课程增加,通识课程增加,实践性课程增加,纯专业的知识性课程明显减少。同学们要重视经典的研读,重视方法论的学习,重视培养自己自主学习、研究性学习的能力。以往的经验,有的同学保研笔试成绩很好,但在面试中,当老师们问读过多少经典作品时,却无法很好回答,因为他没读过多少经典文本;分析一个学术问题的时候,除了背书本,几乎没有任何自己的观点,这样就会被淘汰。不可否认,我们今天的大学中,即使是在北大,传统的教育模式依然不同程度存在:老师在讲台上读讲义,不断地写着整齐的板书;同学们一边听,一边疯狂地抄写;期末请老师给出复习提纲,回去背熟,然后一考,高分!在这种模式里,你变成一个知识的容器,把知识装进大脑,整理成条文,记诵背熟,再还给老师,换取一个理想的分数。但试问,你真的学到东西了吗?可是你如果仔细观察和试听,会发现北大中文系的一些本科选修课和研究生课程,研究性的学习、经典细读的学习、讨论式的学习,也就是相当于国外的 seminar 的学习,正在越来越普遍。这种课程要求同学们的主动参与和自主学习,老师只是扮演开门者、引导者、提醒者和裁判的角色。这样的课程将来必定会越来越多。日常听一听名家讲课和讲座,听老师在讲台上抑扬顿挫、排比对仗、一气呵成,掌声如雷,固然也是有价值的学习,它们可以培养你的兴趣和初步认知,但现代大学教育的精髓更在于参与性、研究性、创造性的学习,这种学习最大的特点是:课堂的中心和主体不再是教员,而是你们这些同学们。所以,大学教育与中学教育根本性的不同也许正在于,同学们必须从一个容纳知识的接受主体,变为自觉去进入某一学科领域的参与主体。目前北大本科教学过程中一些经典性、讨论性、研究性、国外游学性的课程，有机会你都应该积极参加，比如北大"校长基金""箐政基金"等，你都可以主动提出适当的研究课题，都可以提出申请，在老师指导下进行研究，最后完成一篇论文，而且还算学分。在这个过程中，只要用心，同学们各方面的能力都会得到很好的锻炼。

以上我们谈到北大本科教育改革的趋势：一是专业的淡化与通识性教育的加强。二是课程由满堂灌的听课—授课模式，变为同学们自主参与的研究性学习方式。举个例子，我现在开的一门课，叫"比较诗学"，只接受16个听课的同学。在这个课上，我只有一半的时间在讲台上授课，剩下的时间就交给16个同学，强制性地要求同学参与，有文本细读讨论时段，有报告选题论证时段，有发言次数规定，同学要一个一个按要求做PPT和分发提纲做报告，要一场接一场组织讨论，最后他们根据课上课下的研究心得、报告诊断，完成一份课程论文，成功率很高。三是开始重视经典性、批判性、大学科总体方法论和跨学科课程的组织和学习。由于各方面原因，这些改革，学校推行起来是比较慢的，但你自己不能慢，在设计自己的学习时，即使是一百人的大课堂，你也要牢记，你的任务不仅是听课，不仅来记笔记，更重要的是与老师和书中的大师对话。对话可以是公开的，但更多是潜对话。这种潜对话的含义是，老师讲课时，你不是听热闹，也不仅是记笔记，你要思考：老师讲得对不对？为什么对？我还有什么可以补充的？如果是我站在讲台上，我会怎么讲？

此外，同学们的学习规划，要从本硕七年或者本硕博十一年去设计，不能将自己的学习局限在一个狭窄的方向和时段上。假设某个同学已经确定自己的方向为当代文学，将来要读当代文学方向的博士，做一个当代文学专业的大学教师，那是不是本科阶段就专门钻研这个方向，不必考虑其他了？这样思考是有问题的。请注意，这是一个职业的设计，而不是学习的规划，一个研究中国当代文学的学者应该有哪些学科知识才是你应该考虑的。在本科阶段，应该学习一切与它有关的学科，那么，文艺学很重要，它为你提供理论基础；古代文学要学习，没有古代文学的基础，你不可能真正深入地理解当代文学；语言学必不可少，二十世纪文学的很多重大发展，都是由于语言学的转向导致的；比较文学也不可忽略，它为你提供文学研究的国际视野和方法论上的启发；此外，哲学、历史、社会学、外语等等都要懂一些。可见，本科是通识学习的阶段，你应该弄清自己要准备好什么样的知识结构，去适应未来的职业选择，并且分清主次，循序渐进。

上面谈到，我曾经学过不同的专业，学得很杂，似乎很不专业。但这种"杂"，也许正是现代学术所需要的。现代学术，要求一个研究者具有专深专业知识的同时，还要有跨学科的视野和国际视野，具有大致贯通相关学科的能力，才可能将他的专业做好。一些看似芜杂的综合知识，往往支撑和改善着我们的研究，帮我们看到他人所看不到的东西。比如，很多老师觉得鲁迅文章中的句子如"地火在地下运行、奔突""熔岩一旦喷出""假整合"等用语很具有创新意识，很精彩，可我到了中文系，觉得挺好玩，这些用语都是曾经的地矿专业术语嘛，鲁迅学过地矿学堂，所以他能灵活运用到写作中。又比如，我曾经指导一个学生研究李商隐诗歌中的矿物词汇和颜色词汇与地理物质环境的关系，以及它们如何转化为诗歌中的符号意象。论文有一定新意，后来该同学到耶鲁大学读博士，走的还是这个物质文化与诗歌关系的研究方向。这些莫不得益于我曾经的跨学科"杂学"的帮助。现代学术所需要的"杂学"，意味着广博的知识和跨学科的能力基础。一个专业的发展也许是直线式的，而你所需要的知识却是金字塔式的、多元立体的。只有底座足够大，足够深厚、周密和包容，你到了顶端，才可能做到最好。

以上主要从学校教育角度展开，换个角度，让我们来看看社会对人才的要求，同样也在迅速变化。在今天的社会中，单一知识结构的人才，发展越来越受到限制，而跨学科的复合型人才正受到欢迎，因为创造性的、拔尖的工作常常是由这类人才来完成的。当然，成为一个复合型人才，并不意味着一定要学习多个专业。有不少同学问我，需不需要修习双学位，我总是告诉他们，这完全取决于个人，要根据自己的情况来决定。首先要学有余力，也就是说，在本科学习过程中，感到比较轻松，有时间才去学习其他的知识。但如果是对本专业不感兴趣，希望通过双学位增加就业的机会，我认为，这种选择基本上会失败。在人才评估时，一个理性社会和成熟职业部门所关注的，并不是你拿多少证书。其实拿证也根本不是北大学生的强项，而是职业学院或地方院校的学生的强项，对他们而言，本科毕业就意味着就业，证书是找工作成功的砝码。但对你们而言，这样的努力意义不大，你们要考虑的是如何将自己打造成为多学科的复合型人才，从更高一个层面和更广阔的职业领域去考虑自己的超越性发展,这样才会对得起你来到北大的选择和意义。

一个好的学习规划,需要与未来的职业方向相结合。设计一个适当的职业方向,绝不是盯住社会上流行的热门。对热门专业的追求,表面上看有对社会形势的思考和判断,有不少同学跟我说他是经过深思熟虑的,但我会告诉他,你的深思熟虑很可能是建立在沙滩上的。这几十年来,我们都见证了各种专业的盛衰起伏,热了,又冷掉,冷了,又可能再热……有一段时间,文科很热,咱们中文系曾经一年招7个或者8个状元,但我觉得这不太正常,因为那时政治压倒一切,文学的社会功用得到空前的显扬,它的热门不是一个学科正常发展的结果。用中国女性择偶标准的变化作例子,1949年刚解放时,喜欢找军人;后来社会上干部吃香,就喜欢找干部;"文革"中因为政治原因,流行找工人;改革开放以后,大学生受欢迎;随着经济的开放和发展,又喜欢找商人;目前大概会去追富二代、星二代或者官二代了。就业选择的变化与之类似,一个专业的流行,甚至一度成为热门,最短命的大约五年,长命的也不过十多年。十多年前的中国,有两个很热门的专业——新闻和法律。但现在,新闻和法律热吗?新闻在今天恐怕是最难找到稳定工作的专业之一吧?因为制度发生了变化,以前新闻专业是铁饭碗,你学了这个专业,就能分配到从中央到地方的各级电视台、报社、杂志社,但现在这些事业单位都进行了企业化改革,铁饭碗没有了。无论你是哪个学校的新闻专业毕业,你会发现,在这些单位,你都得自己创业。比如你想到中央电视台工作,即使是从国外拿了新闻学或广告学等相关学科的硕士博士回来,你也只能是个打工的。因为它的聘用制度分成台聘、专题聘、部聘、节目聘、工作室聘,甚至对外购买节目即可,除非你做到顶尖的程度,才可能被台聘,正式成为事业单位的一员,而绝大多数都是漂着打工。现在全国几百个新闻学院,供大于需的局面不言而喻。以电视台为例,一个节目组的成员,其实只有少数几个是做新闻的,其他大多是技术人员,管摄像的、管设备的、管维修、跑外勤和公关的等等。

大家不要被某个专业一时的冷热所迷惑,你们要思考的是:我是北大2012级的本科生,四年后、七年后、十一年后中国社会的人才需求、就业前景是什么样的。事实上,在北大这样一个高层次的学府中,不管哪个专业,只要学深了，学精了，你都会有所成就，自然也会对你和你的家庭有所回报，它会让你有尊严地工作和生活。目前，先别急着想象自己注定会成为拔尖的、领导型和创造性的人才，而是要站在北大学生这个起点上，从自己的本科基础出发，努力把自己锻造为一个比较优秀的高端人才，去努力培养相同职业方向的别人没有的知识和能力优势，拿出别人没有的东西。中国有3000万大学生，每年毕业的大学生将近600万，而目前中国能提供的工作机会有限。中国的确不缺人，但肯定缺才，尤其缺少优秀的人才。比如说，想成为一个普通的汽车修理工，这不太难，上个职业技术学校就可以做到，但如果要能得心应手地修理宝马七系、奥迪八系，甚至能修赛车，那才是这个行业的优秀人才。要达到这个标准，必须具备多学科的知识，因为这些顶级汽车，如同科技的"怪物"，有着非常精密的设计和制造工艺，一般人摆弄不了，于是就注定稀缺和待遇高。

  我经常有机会到国内外的高中招生。我发现，国内国外的情况很不一样。在国内，一到高中，老师、校长、同学、家长都会问，某个学生应该选什么专业？如果达到北大基本线后，分数更高的，就到北大光华管理学院；分数低一点，就选经济、法律；再低就去地空、考古啥的……我越听越觉得这种思想有些落后，本科专业真的那么重要吗？再看国外，他们的学生会问：北大的文史怎么样？北大的法政怎么样？北大的管理学科怎么样？……我问想学文史的："你为什么要学文史呢？"他说："我家几代教书和从业媒体，我想从事文史工作。"我又问："学了文史，你将来要做什么呢？"他说："当老师也可以，到报社也可以，自己搞创作也可以。"我再问："那你如何规划自己的学习？"他说："我想先到北大学历史，再学中文，然后到美国学习比较文学。"我问想学法政的："你为什么要学法政呢？"他说："我们家几代都从事法律和咨询工作，我也想成为一个律师。"我又问："你为什么不直接选法律专业呢？"他说："我认为，想成为一个好律师，本科要先学心理学，再学点社会学，到硕士阶段，才专攻法律。"还有一个同学来问："北大的数学怎么样？"我说："你要学数学吗？"他说："我不学数学，我们这里的数学比中国差远了。"他说的是实情，我们到国外招生，来的学生大多报考北大的文史哲、社会科学专业，很少有报数理化的；即使报了，也往往通不过考试；好不容易录取一个，进入北大后，也多半转专业或转学。于是我问："那你为什么问数学专业?"他说:"我将来想从事会计、金融这类行业,这首先要学好数学。我打算在本科阶段在相关专业打好数学的基础,硕士阶段专攻会计或金融专业。"你们看,他们的思路与中国学生多么不同!他们考虑的是职业的倾向,而中国学生着眼的是专业。社会对一个职业的要求是具备多个专业和跨学科的知识,这不可能通过一个专业的学习来达到。

说到人才,很多人认为国际化很重要,掌握外语很重要。走进图书馆、阅览室、自习室里看看,可能有一半同学在看外语。那么什么是真正的国际化呢?我倒是认为,首先要对本土文化、对自己的传统有深刻的理解,掌握外语当然是必要的,抓住本土传统更重要。只有对本土文化和传统有深刻理解,有自己的传统作为支撑,你才可能在国际上参与竞争,闯出一片天地,不然,出去后,没有优势,很容易被淘汰,被湮没。在国内学中文的、学外国文学的,出国读学位,大多数要学比较文学,即使不学这个专业,博士硕士论文也会涉及跨文化的文学比较,否则,你就没有优势和对方母语国家的学生竞争,一个中国学生与英国学生比写莎士比亚研究的论文,如果不比较,你恐怕很难超过对方吧?

这里,我还想强调一点。在二十一世纪的今天,获取知识已经不是难事。三十年前,我们上大学的时候,想看一本经典著作,相当不易,有可能要在图书馆排一个月的队,我当时想看陀思妥耶夫斯基的《卡拉马佐夫兄弟》,就排了一个月的队才借到。那时候,获取知识,是一件很难的事情。可是到了今天,情况迥异,只要掌握搜索的工具和能力,打开电脑,你可以轻松找到大量你想阅读的书籍,获取各种你想了解的知识。现在最大的问题是:当铺天盖地的信息涌入你的大脑时,你该如何选择和利用?这才是新的难题。与父辈相比,现代大学生最需要的是能力和方法,获取知识变得越来越容易,而处理知识的能力成为最关键的素养。在云计算云储存的技术水平上,比如你要研究《水浒传》,你输入"宋江"一词,电脑将为你列出所有已经电子化的版本和续书,所有有关宋江等人物的家族史和关系史、水浒一百单八将的成员与历史等海量的研究资料,甚至宋江与经济、宋江与做人、宋江与外交等等一切相关信息,尽数为你提供。当信息这样铺天盖地涌来,你该怎么办?还有必要炫耀你的知识吗?恐怕更重要的是区分、筛选和处理,进而生产新的学术文化成果。这才是能力所在。这种能力,大家要从现在开始,充分认识到它的重要性,并努力去培养。

最后,大家既然来到北大中文系,还必须思考,北大中文系的学术地位、学科特点,以及它的本科教育方式,能为你带来什么?能为你提供怎样的支持?你该如何去汲取其中的养分,变成你的文化生命的组成部分?希望大家以一个中文系学生的立场,用心揣摩一下大学中文系教育与中学语文教育的差别。中学所给你的语文知识,是一般性的知识,它们基本上是模块化的、相对符号化的,甚至是僵化的,不需要你做太多的分析,你只要接受即可。但在大学,学中文,意味着研究中文,你必须带着研究的态度来对待学习。举个例子,在高中,你们学习语文教材中的文学作品,所做的工作是背诵、了解相关文学知识、分析字词句段、归纳文章主题等等;一切答案似乎都很清楚,到了大学,你们有可能重新学习这些知识和作品,这时,你会发现一切过去似乎确定的边界和判断都变得不确定起来,需要重新追问。你们不得不问自己:曾经的理解是对的吗?还有没有别的解读?其中理解和研究的空间为何这么宏大和不确定?还可以运用别的研究方法吗?不断地质疑和独立思考,这才是你们要做的。你们不再是知识的容器和传声筒,而是要学会选择、过滤、怀疑、更正、添加甚而再创造等。在这一意义上,北大中文系的教育与高中语文教育存在众多本质的不同。

大家作为北大中文系的一员,对这个共同家园要有充分的了解。有些同学,到了报考研究生时,对本系的专业设置和相关老师的情况还不甚了然。我见过有位同学报考比较文学专业的研究生,通过了笔试,到面试时,我问:"对面的几位面试老师,你都认识吗?"他说:"不认识,除了你。"他当然认识我,因为上过我"比较文学原理"的课。我问:"那你听过这几位老师的课吗?"他说:"没有。"我又问:"既然你对比较文学方向的几位老师都不熟悉,你为什么要选这个专业呢?"他说:"因为我觉得别的专业都没什么好学的。"他倒是回答得很坦白,但也暴露了我们同学中一直存在的一个问题——身在这个学校、这个专业,却对相关专业和老师缺乏了解。试想,如果是一个申请出国的同学,他如果不了解目标学校相关专业和老师的情况,包括学术背景、专业结构等方面,他能够申请成功吗?

北大中文系有一百多位老师,包括五十八位教授、四十来位副教授,有十一个教研室、一个研究所、两个基地、十四个中心,有一个图书馆、一个实验室,有二十多个研究生专业,有四十多个博士研究方向,规模和级别上都是个大系。对这些情况,起码先要大致清楚,然后,根据你的专业选择,对相关专业的老师应有更多更具体的了解。老师们的情况,包括他们的学术经历、学术著作、研究生队伍的构成等,中文系的网站上都有介绍,此外,你们还可以通过修他们的课、读他们的论著,对他们的学术兴趣、学术观点等做更深入的了解。这对你的学习和发展都是不可或缺的。

真正的北大中文系是什么样的？其实同学们并不全清楚,不能全听传说。可能在很多同学眼中,中文系就是坐冷板凳的,是夫子自道的。事实上不全是这样,都什么时代了？北大中文系老师国际化、现代化、前卫化的不在个别人噢。我在北大教书二十几年,我认为,北大中文系是国内国际化程度最高的中文系,在亚洲,北大中文系的国际学术交流程度也是首屈一指的。在北大这个圈子里,中文系教员的国际化程度是很高的,高端留学生比例也数一数二。前些日子,我带了中文系7个教研室的18位老师到威尼斯大学亚洲与北非学院去参加一个双方主办的国际会议,那规模阵势把所有与会者都镇了,威尼斯市长、大学校长和中国总领事都赶来祝贺,很有面子啊！中文系的老师,除新入职的几位以外,其他的,全都在国外教过书。有不少老师还是在国外拿到学位的,有的本来就出身于外语院校,还有两位教授过去曾经是国内和港台知名大学的外语学院院长,同学们,你没想到吧？中文系还有全职聘用的洋教授。以我们中文系的比较文学与比较文化研究所为例,在职的老师好几位就毕业于国外著名高校,比如法国的巴黎大学、图卢兹大学,美国杜克大学、加州大学等等。这些情况,恐怕同学们就很少了解。所以我建议你们花点时间研究中文系,了解它的专业设置、师资队伍、学科结构、学术影响力,并积极利用,这是我给你们的又一个忠告。这方面,我有很深刻的体会。二十年前,我在荷兰的莱顿大学汉学院学习,那是欧洲著名的汉学院,我的指导老师是著名汉学家、现任美国哈佛大学东亚系系主任的伊维德(W. L. Edema)。他就告诉我,了解一个学科的国际状况与学习一个学科同样重要,亲自经历一个世界与认识一个世界同样重要。此后我在这方面下了一些功夫,至今受益匪浅。譬如一有假期,当别人考虑如何打工挣钱的时候,我却到处去访学和旅行,到处逛。有一年暑假,我从荷兰到比利时,从比利时到意大利,然后从威尼斯南下,比萨、佛罗伦萨、米兰、罗马、那不勒斯、庞贝、索伦托,一个城市又一个城市地走到西西里。最困难的时候,我和几个流浪汉住在一起。找不到住处,贵的旅馆住不起,廉价的青年旅馆又爆满,于是,我背着一个海绵垫、一床薄薄的小毯,跑到一个大教堂的走廊上睡了一晚。早晨醒来,发现左边一个流浪汉,右边一个流浪汉,仔细看其中一个带着一条狗,提着一瓶劣质的红酒,眼神与众不同。一聊才知道他是牛津大学人类学系的学生,来体验流浪汉的生活。国际化不是关起门来谈交流,也不是将一个人从国内的一个六面体空间中搬到国外的一个六面体空间中,在那儿继续宅着。我在我的《欧洲田野笔记》一书中描写这样一类人,他们在欧洲的某所小镇上的大学读书,跟他们聊起天来,觉得他们仿佛是从桃花源里走出来的人。他们的理想听起来真是"宏伟",就是拥有一个属于自己的独立房子,前面有车库,后面有花园,支一顶帐篷,可以悠闲地喝下午茶。我当时就想:"这样的生活有什么好?这样的理想和咱们陕北老农民的理想有什么两样?陕北老农民的理想是'三十亩地一头牛,老婆孩子热炕头',你跟他们本质上不是差不多吗?"这能叫人生吗?我觉得,真正的现代人生,是一个有追求的人生,是可以在这个乱哄哄却有生机的世界上做一番事业的人生。所谓国际化,是你到了国外,亲身体验了那个环境之后,有自己的立场,并对国外社会保持审视和批判的能力。比如在荷兰,当你第一次看到郁金香、风车、一栋栋童话式的小屋,你一定觉得特别美,但如果从一个城市到另一个城市,处处如此,全是同一模式,你觉得在这样的同一模式中安逸地活着,就是理想的生活吗?更何况,那也绝不是荷兰的全部。我的国外经验告诉我,国际化程度愈深,愈是应该有自己的明确的本土立场;真正的国际化,不是从国内到国外的简单位移,也不是沉湎于国外社会表面的安逸,无所事事地在当中充当可有可无的一分子。

上面啰唆地给大家讲了一堆,希望能够给同学们一些不同的感觉。我从小学三年级在校报上发表第一篇莫名其妙的小文章,得到老师的夸奖起,就立志要从事与文学有关的工作,此后,从来没有放弃这个志向。16岁去矿场当工人,推矿车,在别人休息或娱乐时,我写一些今天看来很可笑的诗歌、散文。后来有机会上学,却阴差阳错地学了地质勘探专业。那时是在桂林上大学,桂林的风景多美,到了假期,同学们都出去玩,我却用两个暑假读完了《鲁迅全集》,那种体验至今想起来真是非常爽啊,日后也受用无穷。

再后来毕业工作,到了地质队,当了技术员,还是没有忘记文学。1977年高考前,自己已是一个大企业的团委领导,但仍然毅然决定去参加考试,考上了中文系,终究,还是走到文学这条路上来了。北大毕业后留校,人近四十,该学够了吧?还是不满足,我想,学比较文学的,能不到全世界去转转?就这么转下来,转了几十个国家,我觉得这些选择都源于一种喜欢和志愿,不放弃理想,就永远有一种力量支持着你走下去。不怕不断地砸烂自己的瓶瓶罐罐去追求自己的理想,只要你的知识结构是一直跟着你的职业理想走的,只要你坚持,不论遇到何种困难,最终总能成功。

最后还有些具体的建议。第一,在未来四年,以至更长远的学习过程中,一定要练好笔头。写文章是中文系学生的长项,但我要提醒你们,务必从文摘体、散文体和即兴体中跳出来,逐渐学会写学术性、研究性、应用性、分析性的文章。第二,用笔写文章是不够的,更重要的,是要学会用口写文章。为什么这么说呢?请注意,面试在将来的各阶梯人才选拔中所占的权重将越来越大。目前北大本科自主招生已经离不开面试,而保研、考博,面试的比重更是占到了最高50%。你们未来的人生,在很大程度上是面试的人生,保研、考博、申请博士后资格、申请出国、参与研究性课程、考公务员、升职等等,莫不重视面试表现。面试就是口头作文,就是用口写文章。它不是辩论赛,也不是作秀,它是知识运用的体现,它所需要的知识背景,是你的大文科知识、你的综合素养。所以,同学们从现在开始,就应该从知识储备、口头表达能力等各方面,努力培养和提高自己用口写文章的能力。

今天所讲,统而言之,就是建议大家从中文出发,做好自己的职业规划,以此指导不同阶段的专业学习,要掌握学习的现代科学方法,要注意培养批判和创造性思维的能力,锲而不舍,必有所成。我希望,在这个大家一窝蜂地盲目追求热门专业的大时代中,你们能与众不同地坚持自己的理想,并且正确地认识自己,在理想的指引下,恒久努力。真要这样做了,我相信,对你们当中的绝大多数而言,成功都是指日可待的。

跟本科生谈谈怎么写
"现代汉语"的论文

沈 阳

沈阳,1955年生。1993年在北京大学获博士学位,1996—1997年在香港城市大学做博士后研究。北京大学中文系教授、博士生导师。2011年入选教育部"长江学者"特聘教授。曾任北京大学人文特聘教授、北京大学中文系副主任、北京大学人文学部学术委员会委员。兼任全国语言文字标准化委员会语法分委会主任,北京大学—香港理工大学汉语语言学研究中心执行主任,北京大学出版社"语言学前沿丛书"编委会主任等。曾为美国哈佛大学、荷兰莱顿大学、台湾"中央研究院"、香港中文大学、香港理工大学、澳门大学高级研究学者和客座教授。已出版《现代汉语空语类研究》《语言学常识十五讲》等多部专著,在国内外重要学术刊物上发表论文百余篇。研究成果获全国高校人文社科优秀成果奖二等奖、三等奖、普及奖3次,北京市哲学社会科学优秀成果奖一等奖和二等奖共4次。教学成果获国家级教学团队带头人、国家精品课程奖等共7次。现为国家社科基金重大项目首席专家,另主持多项重点项目。

虽然我本人写过不少现代汉语的论文，也指导本科生和研究生写过一些现代汉语方面的论文，但我却从来没有专门写过如何撰写现代汉语论文的文章。这次受系领导的委托和应学生们的要求，要我跟本科生谈谈如何写"现代汉语"专业的论文，这倒促使我认真地去想了想这个问题。

我们这些现在当了大学教授、写了不少书和文章的人，当然不用说也都是从当大学生和学着写专业论文过来的。不怕大家笑话，我本人在学生阶段写的论文也并不怎么样：本科论文写"外来词类型"，被指导老师批评为"没有深度"；硕士论文做"名词性隐含成分"，被导师批评为"废话太多"；而博士论文"空语类研究"的开题报告，也被导师和评审委员会的老师们批评为"内容空洞"，以至于已经辛辛苦苦写出了五万多字的一部分初稿不得不全部报废。正因为如此，我非常能够理解现在的大学生在专业论文写作上为什么会产生这么多的困难和困惑；也正因为如此，我更非常愿意结合我自己学写论文和指导学生写论文的体会，跟大家一起讨论一下怎么写好现代汉语专业的论文这个问题。

现代汉语论文的写作，当然跟一般文章的写作或者其他专业论文的写作有许多共同性的东西，这里似乎就不需要再重复说了；即使上面说的"没有深度""废话太多"和"内容空洞"之类的批评，也是各种论文写作中都可能存在的毛病，似乎不需要再多讲其中的意思。那么从现代汉语这个专业方向的论文写作来说，同学们还需要特别了解和注意哪些问题呢？我想不妨就讨论三个问题：一是结合说明现代汉语专业的具体学科方向和不同研究专题，跟大家说说现代汉语有哪些方面的题目可以写。二是结合介绍我国著名语言学家吕叔湘先生关于现代汉语论文写作的一些重要论述，跟大家说说现代汉语论文写作需要注意哪些问题。三是结合讲评几篇来自各个高校的比较优秀的本科学位论文，跟大家说说这些文章有哪些方面值得仿效和学习。

"现代汉语"有哪些方面的题目可以写

要写现代汉语的论文,当然首先就要知道哪些是现代汉语论文的题目,或者说现代汉语的论文可以包含哪些内容。这里先要跟同学们说说现代汉语包括哪些学科分类和研究方向,或者说可以从哪些方面来研究现代汉语,这样大家才能知道现代汉语有哪些方面的题目可以写或者在什么范围里边去找题目来写。

说明"现代汉语"的学科分类和研究方向,可以从不同的角度来看;从现代汉语论文的写作来说,也就是说论文的选题实际上也可以从不同的角度入手。

1. 现代汉语研究可以从学科内部的不同研究方向来看。这也就是说,如果把现代汉语学科"横"着切几刀的话,其中可以再分成哪些"分支方向"和"研究专题"。

根据这种分类,现代汉语中比较重要的分支方向包括:现代汉语语音学、现代汉语词汇学、现代汉语文字学、现代汉语语法学、现代汉语语义学、现代汉语方言学、现代汉语修辞学、现代汉语语用学;等等。可见从大的分支学科看,现代汉语包含的内容就挺多的。

当然上面说的每一种分支方向中还可以包括许多比较具体的研究专题。比如"语音学"当中就可以包括:语音的属性(物理、生理、心理、社会属性)研究;汉民族共同语普通话研究;汉语拼音方案研究;普通话语音系统(声韵调系统、元辅音系统、音位系统等)研究;普通话音变现象(儿化、变调、轻声等)研究;普通话语音规范(异读、误读等)研究;语音节奏韵律研究;等等。比如"词汇学"当中就可以包括:语素(语素类型、语素义)研究;构词和造词研究(如复合、附加、重叠、拟声、译音等);词义研究(同义词、反义词、多义词、义素组合、义素分析等);义项的引申研究;词汇的类型(新造词、古语词、方言词、外来词等)研究;常用和专用词语研究;词典编纂和释义规则研究;词语的语义场研究;熟语和固定词语(成语、谚语、俗语、歇后语、惯用语等)研究;新词新语研究;社会用语规范化研究;等等。比如"文字学"当中就可以包括:汉字简化研究;汉字字形研究;汉字规范化(如错别字、繁体字、生造字)研究;常用字研究;等等。比如"语法学"当中就可以包括:语法单位(语素、词、词组、句子等)研究;词类(动词、名词、形容词,各种虚词)研究;词组类(主谓、动宾、偏正、动补、联合等)研究;词类和句法成分的对应关系研究;句子类型和特殊句式研究(陈述句、疑问句、祈使句,把字句、被动句、话题句、存在句等);复句和句群研究;语法化现象研究;等等。比如"语义学"当中就可以包括:语法形式和语法意义的关系研究;虚词(助词、语气词、副词等)的意义和用法研究;句式的特殊意义研究;动词和名词的论元语义关系研究;修饰语和中心语语义关系研究;歧义结构研究;人称代词和反身代词语义所指研究;省略或隐含成分语义所指研究;动词的语义特征研究;名词的语义指称研究;等等。比如"方言学"当中就可以包括:汉语方言的分区研究;方言和普通话的关系研究;方言的语音特点研究;方言的词汇特点研究;方言的语法特点研究;方言的共时差异和历史层次研究;等等。比如"修辞学"当中就可以包括:修辞格(比喻、比拟、夸张、排比等)研究;句式和表达研究;词语的选用研究;等等。比如"语用学"当中就可以包括:话语和篇章研究;语言的文体和表达色彩研究;语句的预设义和蕴含义研究;言外之意研究;语言和社会文化现象关系研究;等等。

不过需要说明:一方面,上面说的这些现代汉语的不同研究方向和各个方向中的具体专题实际上也还都只是从大块上点到为止,并没有一一展开来举例详细论述,大家如果要了解这些方向和专题到底是什么意思或还包含什么更具体的研究内容,就还应该再专门查看有关的论著;另一方面,上面说的这些现代汉语的不同方向和各个方向中的具体专题,最多也只是提供了现代汉语论文选题的一个大致范围,并不是说大家就可以直接拿这些研究方向或其中的某个专题作为自己的论文的题目。换一种说法,我们只是说一般本科毕业论文的题目应该限定在上述的某一个分支方向和某一个研究专题之内,而且最好讨论的问题能更小些,至少不宜比上面列出的更大,否则恐怕其中任何一个课题在一篇本科论文的篇幅里边都说不清楚。而要能够做到这一点,大家首先就应该知道现代汉语有哪些方向的题目或现代汉语某个方向中有哪个具体问题可以作为自己论文题目的范围。

2. 现代汉语研究可以从研究的不同理论背景和分析方法来看。这也就是说如果"竖"着来看现代汉语研究的话,其中可以再分成哪些不同的

"理论体系"或"操作程序"。

根据这种分类,目前现代汉语研究中特别值得注意的语言学理论和语言研究方法可以分成"传统语言学理论""结构描写语言学理论""形式语言学(原则与参数)理论""认知功能语言学理论"等几大块;更具体说,则还有分别从属于上述大理论的小一点的理论原则,比如"层次分析理论""论元结构理论""语义特征理论""语义指向理论""成分移位理论""意象和图式理论",等等。可见从不同理论和方法看,现代汉语研究也包括许多可能的视角和途径。

上面说的这些不同的理论背景和分析方法,当然也可以采用其中某种理论方法对现代汉语各个分支方向做贯通性的研究。比如说从中学语文教学中语言知识教学的需要着眼,肯定就需要考虑语音该怎么分析,词汇部分要讲哪些内容,语法结构分析是采用中心词分析还是层次分析等等一些问题,而这些问题实际上就跟在中学教语言知识是基于"传统语言学理论"还是基于"结构描写语言学理论"有直接关系。另外进行这种研究也可以进一步比较在中学语言知识教学中是采用"传统理论"好,还是采用"结构理论"好,抑或是两种理论之间取长补短、相互补充更好,这同样也离不开对相关语言学理论的整体把握。

不过我们说在现代汉语研究中要注意不同的理论背景和分析方法,更主要的还是指要能够运用特定的理论和方法来分析处理某个学科方向中的某个专题,甚至某个比较具体的语言现象。从一方面看,前面说的某些现代汉语分支方向中的具体研究课题实际上就已经直接反映了一定的理论背景。比如词汇研究中的"义素分析"和"语义场分析",就是"义素分析理论"和"语义场分析理论"的主要内容。再如"动词和名词的论元关系",就是"论元结构理论"的主要内容。从另一方面看,对现代汉语中同一种现象,也完全可以试着采用不同的理论和方法来处理。举例说,前面说汉语的音节可以从声韵调的组合来分析,也可以从音素(元音和辅音)的组合来分析;这就需要知道不同的理论背景和分析方法。再如词义的解释,可以采用语素义组合的分析,也可以采用义项搭配能力的分析,还可以采用义素分析和语义场分析;这也必须清楚不同分析所依据的是什么样的理论和方法。还比如语法中的词类到底该怎么划分,是采用形态标准来划分,还是采用意义标准来划分,还是采用分布标准来划分,还是采用典型特征和家族相似性标准来划分;这些不同分析标准和分析结果也就反映了"传统理论""结构理论""认知理论"等不同的理论和方法。又举例说,有人认为汉语中存在着一种"主谓谓语句",甚至其中可以分成十几种小类,这是"结构理论"的分析结果;但也有人认为汉语中的主谓谓语句都是通过某种基本结构的变化构成的,这就是"形式理论"的分析结果;还有人认为这种结构不是一种句法结构类型,而是一种反映人们心理上话题焦点的话语结构类型,这就是"认知功能理论"的分析结果。

不过也需要说明:一方面,上面说的在现代汉语研究中可能涉及的不同理论和方法,也都只是从大块上点到为止,各种理论和方法都没有一一展开来举例详细论述,大家如果要了解这些理论到底是怎么一回事和包含哪些具体的内容,也需要再专门查看有关的论著;另一方面,我们说现代汉语研究中可以并且需要运用不同的理论和方法,或者说论文选题需要注意从不同的理论方法入手,并不是要你在论文中专门去介绍或说明这个理论或这种方法本身是怎么一回事,而是要你在分析和研究现代汉语的某个专题或某种现象时能够有意识地体现某种理论背景和贯彻某种分析方法。换一种说法,我们要求作为本科毕业论文的题目都应该明确体现出上述的某一种语言学理论背景和分析方法,这是因为如果没有一定的理论背景或不能自觉地运用某种分析方法,恐怕就很难在自己的研究中有多少新的发现。而要真正能够做到"对症下药"地来解决一个问题,首先就应该先知道"治病"可以用哪些"药",即应该要对现代汉语研究中已被证明行之有效的语言学理论和分析方法,特别是当代语言学的一些新理论和新方法,有一定的了解和认识。

3. 现代汉语研究还可以从学科的相互联系来看。这也就是说,如果把跟现代汉语有关的一些研究线索看作是"网"的话,其中哪些方面可以联系起来研究。

从这个角度看,进行现代汉语研究需要注意三个方面的联系:一是要注意学科各个分支方向或各个专题之间的相互联系;二是要注意现代汉语学科和其他相关学科之间的相互联系;三是要注意现代汉语本体研究和现代汉语应用研究之间的相互联系。从这个方面说,现代汉语研究的范围当然就更大了。

首先当然是要注意现代汉语内部各分支方向或各个专题的联系。其实从语言现象上讲,现代汉语的各个分支方向或研究专题都不但可以而且有时还必须联系起来研究,这是现代汉语研究取得新发现和新突破的重要途径。

比如前面把普通话的"儿化""轻声"等归入"语音学",其实这两种现象在很大程度上就表现为"儿化词""轻声词",这就跟"词汇学"有关了。再比如从语法研究的角度来看,现代汉语的很多语法现象都要联系其他分支方向。从"语法和语音"的联系看,其实上面说的"轻声"或"轻声词"中很大一部分主要就是一种语法现象,如时态助词、结构助词、语气词,还有大多数介词、方位词、做补语的趋向动词和动词重叠等,就都是语法上的轻声成分。另外很多语音形式还可能影响到语法:比如"想起来了"有两个意思,也是两种结构,在语音上就表现为"起来"轻读还是重读。"你今天怎么来呢?"这句话,一个意思是问"来"的方式,另一个意思是问"来"的原因,其中"怎么"和"来"轻读和重读也不一样。从"语法和词汇"的联系看,词语的意义和用法也会影响到语法:比如"(这根绳子)长2米"和"(这根绳子)短2米",前者有两种意思,也是两种结构,后者就只是一种意思和一种结构,原因就在于"长、短"这对词语中"长"有形容词和名词两种词性,也具有"长出"和"长度"两种意义;而"短"却只有一个意思。从"语法和语义"的联系看,有时也只有从语义上才能解释某种语法结构形式:比如像"鸡不吃了""反对的是少数人"等格式,语法结构相同、层次分析也相同,但是却有不同的意义,这就必须注意结构中的名词成分"鸡""少数人"可能是结构中"施事""受事"的不同语义角色这样一种隐性的语义现象。从"语法和修辞"的联系看,修辞上的需要有时也可以超出语法规则的限制:像"两个红领巾走了过来""花儿绽开了笑脸"这种看起来违反词语搭配规则的结构实际上就是利用了"借代""拟人"等修辞手段的结果。

其次,如果把前面说的现代汉语研究看作是内部联系研究的话,则还要注意现代汉语学科与其他相关学科的联系。而从研究范围上说,现代汉语研究跟其他学科研究的联系,应该说是现代汉语研究的一个十分广阔的领域。

现代汉语研究的外部联系首先是"比较性联系",也就是现代汉语跟其他语言或方言现象的联系。比如一种就是"汉语和外语的比较研究",这里面又可以专门研究汉语和外语的差异:如汉语没有形态变化形式,汉语的词类与句法成分不一一对应,汉语主谓结构、偏正结构的语序特点,汉语比较独特的助词、语气词和量词系统,等等。也可以偏重汉语和外语的共同点:比如汉语和外语是否都存在表示时态和体貌的某种形式,是否都存在相同的基础结构形式并通过成分移位构造不同的句式,是否都有相同的论元结构系统和论元组合规则,等等。再如另一种就是"现代汉语和古代汉语的比较研究"和"现代汉语共同语和方言的比较研究"。这两种比较研究都可以看作对汉语历史演变现象的研究。比如一方面可以从纯粹的历史演变上看现代汉语的演变现象,如古代汉语的"之、乎、者、也"怎么会变成现代汉语的"的、了、吗、呢",现代汉语的"把字结构""动补结构"是怎么形成的,等等;又如另一方面可以从普通话和方言的共时差异上看现代汉语的各种现象,如普通话中的结构助词"的"在方言中是怎么表现的,汉语中的"X吗""X不X"和"副词+X"三种问句形式在普通话和方言中是怎么分布的,等等。

  现代汉语的外部联系其次是"相关性联系",也就是现代汉语研究跟其他相关学科研究的联系。举例说,从人的心理认知的角度来研究语言,特别是联系对儿童掌握作为母语的汉语的研究来探索人头脑里的语言机制,这就是"语言认知研究"和"语言习得研究"。再如语言文字是文化的载体,文化反过来也会影响语言文字,就可以联系民族的文化来研究现代汉语并探求其中所蕴含的文化因素,这就是"文化语言学"的研究。又比如语言的不同运用领域会形成各个领域在语言上独特的语言特点与风格,这样就又可以深入研究现代汉语某一领域的语言特点,其中就有像"法律语言""新闻语言""广告语言""网络语言"等方面的研究。这方面的研究还包括从现代汉语角度进行"社会语言学""交际语言学""词语释义和词典学"的研究,有理科基础的同学还可以在"心理语言学""神经病理语言学""语言的量化分析和统计"等许多方面进行更大范围的跨学科研究。

  再次,如果把前面说的现代汉语研究看作基本上还是一种"本体"研究的话,那么更要注意的就是把现代汉语的研究与现代汉语的"应用"联系起来。而从研究目标上说,现代汉语应用研究不但是本体研究的最终检验,也是现代汉语研究的一个主要目的。

前面提到的很多研究课题实际上也都跟应用有关,不过所谓现代汉语的应用研究最主要的还是指两个方面的研究课题:一个课题是跟计算机语言信息处理相联系的应用研究,即"中文信息处理研究"。这方面的研究对于中文系的本科学生来说当然难度要大一些,不过也不是不可以在这方面做些基础性研究,比如可以更多地从计算机"字处理"的角度来考虑"汉字的字形构造""常用汉字统计""汉字的语音识别特点"等现代汉语问题,再如可以从计算机"词处理"的角度来重新分析"现代汉语中语素和词的区别""现代汉语词的构造形式""现代汉语中词的语法类别""现代汉语中词的搭配组合特点""现代汉语中词语的语义系统""现代汉语中词的义项和释义"等现代汉语问题,还可以从现代汉语"句处理"的角度来进一步思考"现代汉语虚词的意义和用法""句子结构的切分和组合规则""句子的基础形式和变换形式""特殊句式的句法构造和语义理解""动词的论元结构和论元组配原则"等现代汉语的语法、语义分析问题。应用研究的另一个课题就是跟语言教学相联系的应用研究,即"汉语语言教学研究"。这方面的研究对于大学中文系本科同学来说可以做的工作就要多一些。其中一种研究是目前已经成为热点的"对外汉语教学研究",也就是怎么把现代汉语研究的成果运用到对外汉语教学中,或者反过来是否能够从对外汉语教学中发现一些过去不大被人们注意的语言问题。另一种研究就是"中小学语文教学研究",这不光涉及在中小学中如何进行现代汉语的"字、词、句"知识的教学问题,也包括广义的研究儿童和青少年怎么能更好更快地学习掌握好自己的母语,青少年怎么通过一定的教学不断提高自己的语文水平和语文修养等方面的问题,甚至还不妨就中小学语文教学中"选文""阅读""写作"等具体专题进行新的探索。

同样还是需要说明:一方面,上面说的在现代汉语研究中可能联系的方方面面,更都只是从大块上点到为止,各种可以联系起来研究的具体内容都没有一一展开来举例详细论述,大家如果在这些方面有兴趣,也需要再专门查看有关的论著;另一方面,我们说现代汉语研究中可以联系不同的方面来研究,也不是说只要联系了就行了,还必须要在联系研究中有所发现,要能够通过联系来解决某个具体的问题。换一种说法,现代汉语的联系性研究既是一种研究内容、研究目标的课题,也是一种研究方法、研究思路的线索。从前者说,这种联系研究本身应该就是你希望和能够解决的现代汉语的某个问题;从后者说,通过这种联系研究应该帮助你更好地解决你希望解决的现代汉语的某个问题。

现代汉语论文写作需要注意哪些问题

了解了现代汉语专业论文有哪些研究范围和研究角度,当然还不一定就能写出一篇好的论文,或者严格说这个时候根本还没有开始写论文。因此下面就还需要跟同学们讨论一下怎么才能写好现代汉语的论文,或者说写现代汉语论文需要特别注意哪些问题。

说到怎么才能写好现代汉语的论文,我就不由得想起我国著名语言学家吕叔湘先生关于论文写作的几篇文章。大家知道吕叔湘先生一生最主要的研究方向就是"现代汉语",而他写过的几篇关于如何写好论文的文章也恰好都是谈现代汉语(特别是现代汉语语法)的论文写作的。吕先生的这些文章曾经使我自己在学习写专业论文的过程中获益匪浅,因此我就想结合介绍吕叔湘先生文章中说的意见,跟同学们说说现代汉语论文写作中最需要注意的几个问题。下面说的大部分都是引述吕先生的原话,其中也有些是我自己的体会和补充。

1. 怎么找研究的问题。

要写现代汉语的论文,首先一个问题当然就是写什么题目。尽管前面我们说了这么多的现代汉语的研究方向和研究角度,不过对于大学生来说,有时候要确定具体写什么题目可能仍会感到比较困难,也就是难免有所谓"大海捞针"和"盲人摸象"的感觉。

针对这种情况,吕先生认为怎么找题目可以考虑三种情况:一是有些题目过去没有人做过的,这当然可以试着做做看。比如吕先生文章中提到"光杆动词"的用法就曾经被大家忽视。再如我们挑选的几篇论文中有一篇讨论"V(动词)+着+A(形容词)"格式的意义和用法,过去似乎也没什么人讨论过。只不过现在这种"开荒式"题目就具体语言现象来说越来越少,不太容易找得到了。二是已经有人做过这个题目,但是结论不对,或者还有讨论的余地,这就可以再想想有没有可能提出新的意见。比如有人认为,像"因为他病了,所以没来上班"这样的因果复句,只能"病了"是原因,"没上班"是结果,不能"倒因为果"把话反过来说;可是事实上有时似乎也可以说"因为他没来上班,所以他一定病了"。可见至少前一种说法还不准确,就可以再往深处挖一挖,或者考虑得更全面一点。三是这个题目已经有很多人讲过了,但是说法不一致,甚至曾经引起过不少争论。比如"台上坐着主席团"这种句子该怎么分析,又是怎么构成的。又比如像"有计划"中的"计划"、"敌人的进攻"中的"进攻"到底是不是由动词转变成了名词,或者是不是动词的"事物化"和"名词化"。这一类问题往往是一些所谓的老大难问题,虽然也还可以继续讨论,但是显然难度要大一些。

要找一个合适的题目,还必须要查相关的文献,看看前人研究这个问题已经达到了什么程度。因为如果你不了解前人在这个题目上的研究成果,是不可能进行这方面的研究的,至少不知道"从何说起"。吕先生的意见是,如果某个问题自己脑子里已经有某种假设,就要通过查对文献看看是不是前人已经有过类似的或相反的结论。结论不同还要比较长短:如果别人的结论站得住,自己的假设就可能有问题;如果结论相同,还要看看自己有没有新的材料和论证。只有当对某一个问题查过所有(或至少大部分)文献,而且认为自己确实有些新的东西的时候,才可以考虑去写这个题目。这里面我还要提醒大家一定要避免出现几种现象:一是别人说过了,结果你根本没查文献不知道,又在论文中去说上一遍,这就显然劳而无功了。二是别人说过了,你查了文献也知道,因为想不出什么新的意见,就只好在论文中照猫画虎再说上一通,这当然也是没有意义的。三是查文献发现了有争论的问题,你也知道几种不同的意见,但你只是在论文中说同意哪种意见不同意哪种意见,没有新的方法或新的证明,这也不能算是自己的研究。当然上面说的还可能只是无意识地重复了别人说过的话,这已经很不足取;而如果故意把别人的研究成果当成自己的发现,或者论文中引用了别人的观点也不加以注明,那就属于"抄袭"或"剽窃",就更加要不得了。

2. 怎么出文章的思路。

题目决定了以后当然就是怎么写出论文,也就是怎么建立文章的思路。这里说的"思路"还不是说文章的结构形式,主要是要怎么才能把自己要说的意思在论文里面说清楚。

论文的思路最多见的就是直接反映研究的过程。对此吕先生的建议是,如果你不知道论文该怎么写,就不妨先找几篇你认为或者别人介绍是写得好的论文。看这样的论文不要一口气看完,要看一段,想一想。一般论文总是首先提出问题,看到这里就可以停下来想想,如果是自己该怎么办?作者提出来的意见可能是前人已有结论而作者不同意的,那你就可以想想如果是自己该怎么找反面的证据;也可能前人有几种意见还没有定论,你就可以设想应该从哪里找判别是非或比较长短的标准;还可能是一个全新的问题,你就可以设想应该从哪里下手。然后再看下一段,看作者的做法是否符合你的设想。很可能不符合你的设想,这样你就从中学了一招。然后再继续设想下一步该怎么办,再看作者是怎么做的。这样看下去,直到全篇都看完。然后再把作者的结论四面八方琢磨一遍,看是否有漏洞,或者论据不充分,或者论证不健全,是否还有遗留问题,该怎样进一步研究。这样多体会几次,一篇论文的思路也就差不多心中有数了。

当然分析语言现象的论文,也有不少并不含辩论的性质,只是论述某一种现象,或者进行一种观察和统计。吕先生的意见,写这样的文章那就可以直接把结论端出来,并且按照你要说的那种现象的条理,依照合理的顺序一一叙述。用这种写法最常见的是描写某一种过去没有人讨论或讨论得还不太多的格式,比如现在"程度副词+名词"的用法越来越多,如"很女人""很中国""特铁"等等。如果要描写分析这种格式,就可以先收集足够的材料,然后分门别类地举例说明。比方说其中的"副词"有哪些,"名词"有哪些,"名词"分别是什么样的名词,这样的名词有多少种不同的意义类型或语义特征,这种格式在什么样的情况下才可以说,哪些说法已经定型而哪些说法才刚刚产生,口语和书面语中出现这种格式有什么差异,不同年龄段的人说这种格式有什么差异,等等,最后加以概括总结。这样也可以写出一篇不错的论文来。

3. 怎么选恰当的例子。

论文中怎样收集材料,怎样选用例句,这也是一个问题。吕先生就说,材料和例句通常是一篇论文的重要组成部分,甚至是主要的部分。就现代汉语的论文来说,材料和例句选择得好,说明的话就可以简单些,读者能从材料和例句上悟出道理来,说明部分只要点一下就可以了。反之材料和例句选得不好(更不用说没有什么材料和例句),那说明部分使多大的劲也不容易让读者完全领悟。

选用例子首先要注意的就是尽量找那些最贴切、最准确的例子,要让大家看了你的例子就认为确实是你说的那么回事。吕先生就认为,用例子决不能"信手拈来",一定要有选择,不但要恰好说明问题,还要注意内容和语言都可取,并且最好不枝不蔓,例子中不涉及不相关的现象。虽然一直有人主张语言研究要做到所谓"无一字无来历",也就是必须"有书为证",但其实那主要是针对古代的语言材料说的。而由于现代汉语是活的语言,每个人都会说现代汉语的"话",当然例子就既可以到书本报纸里边摘录,也可以到街头巷尾去收集,但似乎也就不妨用自己编的例子,即所谓"内省"例句。只不过自己编的例句一定要"像",也就是说可以"乱真"才好。所以我们主张即使你说的话很"标准",当论文中用了自己编的例子(特别是口语的例子或吃不准的例子)时,最好还是能请当地人(比如北京人)验证一下才更有把握。从语法例句来说,当然还有一个折中的办法是尽量用现成的书刊报纸上的例子而加以必要的修剪,这不但可以避免分散读者的注意力,而且由于例子有真实文本的出处也就更可信些。至于论文中直接引用别人书中、文章中说过的例子,那除非是为了辩论,是为了要做出跟原文不同的解释,否则自己文章的全部例子都是转抄别人的,那就不但有"偷懒"嫌疑,而且也就太没意思了。

吕先生还认为,找材料、找例子本身是一件颇为费劲的事情,也是做现代汉语研究最重要的一种基本功。有些最能说明问题的例子,或者用法非常特别的例子,都不是能够呼之即来的,主要是靠平时留意,即平时看书看报、听广播看电视的时候,看见或听见好的例子就把它随时摘录下来。有的同学听到这里可能会说,我还不知道写什么题目,怎么就知道该收集什么例子呢?这话只说对了一半。其实从某种意义上说,决定要研究什么问题往往就是从发现一个有意思的例子开始的,平时如果不注意收集材料和例子,当然也就谈不到写文章搞研究了。当然反过来说也有的时候确实可能是先有了一些材料,然后当定下研究的题目以后再去找更多的例子,特别是打算全面收集某类例子或者要对某种现象进行调查统计的时候更需要这样做。

好在现在很多学校或研究机构都有大规模的"真实文本语料库",也就是报纸、刊物、文学作品等的电子文本,当你决定研究某个或某些词语(特别是虚词)的用法、某个格式(特别是像"把"字句这种有特殊标记的句式)的用法的时候,不妨就让计算机帮忙检索例句,那倒确实不失为一种快捷有效的找例子的办法。

4. 怎么有自己的创见。

很多同学写论文都想能"一鸣惊人",至少想要得到一个好成绩。这个想法当然并不错,至少对于专业论文来说,能够有新的发现和新的创见也是最起码的要求。但是要真正做到这一点却也并不容易。吕先生文章中对此主要提出了这么几条建议:

首先就是不要躲避棘手的事例,不要遇到难题就绕开走。也就是说写文章不能只找那些"听话"的例子,或者说光看见符合你的假设的例子,看不见不符合你的假设的例子。否则乍一看你文章中举的例子蛮像那么回事,可是经不起检验,一旦细究起来就会发现到处都是漏洞。你也许说这是不会的。其实当一个人急于要建立自己的观点时,往往就会对不利于这个观点的例子视而不见,也就是想"蒙混过关",这种情况并非罕见。所以真的要通过自己的研究有所发现,要使自己提出的观点能站住脚,就绝不能忽视那些"不听话"例子,要知道真正有价值的发现也许就藏在那些比较特别甚至比较个别的例子当中。

其次还要注意的就是一定要避免"因地制宜"地随意做出解释。说得不好听一点,这种想到哪儿说到哪儿的做法跟"胡说八道"也差不太远。比如有人觉得要解释"他父亲死了"和"他死了父亲"的结构变化比较困难,就干脆把前一句中的"死"说成"死亡",把后一句中的"死"解释为"失去",这样好像两个句子就没什么联系了。可问题在于像"他已经死了这条心了"中的"死"也能讲是"失去"的意思吗?而且现代汉语中类似的结构有很多,比如"他眼睛瞎了/他瞎了眼睛","他心脏病又犯了/他又犯了心脏病",是不是都需要找出两种不同的词义来解释呢?可见这样的解释只要稍微一类推就会出问题。再比如有人把"炒股票"中的"炒"解释为"买卖","炒新闻"中的"炒"解释为"宣传","炒鱿鱼"中的"炒"解释为"开除",这也未免有点随意。其实这里的"炒"跟"炒菜""炒花生"的"炒"意思并没有太大不同,都是"不断翻动使之热"这个意思的引申;而"炒鱿鱼"只不过是整体用来作比喻的,其中的"炒"更不能随意解释。

另外再有一点就是不能满足于对语言现象做笼统的解释,不能浅尝辄止。吕先生举例说,比如"他答应另写一篇"和"他允许另写一篇",如果光说都是动词短语做宾语,就不免太过笼统。因为很容易发现:前一句中"答应"和"写"是一个人的动作,后一句中"允许"和"写"是两个人的动作,或者说动词短语宾语中其实都有一个隐含的主语,但是这个隐含主语的所指不一样;再进一步说,这种情况可能既跟主句动词的类别有关,也跟结构形式的差异有关,比如一个是双宾结构,一个是兼语结构。如果满足于一般的解释而不深究下去,这么多值得研究的问题也就无从发现了。著名语言学家陆俭明先生在一篇文章中提出当碰到一种语言现象时要多问上几遍"是什么""为什么""怎么样"这样的问题,而且一定要想深想透,说的也是这个意思。

5. 怎样能清楚地表达。

以上说的都是内容方面的问题,最后是关于文章的形式,也就是论文写作本身的表达问题。这个问题也不能小看,同样一个意思,怎么用最简明的语言把它说清楚可并不简单。吕先生就提醒初学写论文的人在这方面一定要注意克服几种常见的毛病:

一种毛病是"摆架子"。有的人写文章总喜欢把简单的意思铺开一大片,很多一、二、三、四,很多公式图表,就好像给读者摆开了一幅八卦图,让别人走进去出不来,这显然不足取。写论文当然也不是一概不能列出一、二、三、四,或列出一些公式图表,甚至在必要的时候还必须要把一个大问题拆成几个小问题按部就班地来说,不能胡子眉毛一把抓。但是写文章毕竟是给别人看的,如果多想想你自己是读者,或者设想文章不是你写的而是别人写的,就会发现这种八卦阵式的论文很容易把读者吓跑。特别是一旦别人钻进去发现原来也没有什么稀罕,只不过是个"二加二等于四"的东西,他不骂你才怪呢。

再一种毛病是"绕脖子"。如果研究的问题本身就比较复杂,当然不可能说得让读者一听就懂。但是至少从作者这方面说,不管什么文章还是应该想方设法能说得简单些、平易些。吕先生曾举了个例子,比如下面这段话:"它们之所以居于主语前而动作施事又不出现,在修辞作用上是不同于重复主语或一个主语管其后几个动词结构的句子的,例如……"一般人恐怕就很难看懂。这句话可考虑改成:"在相继出现的几个动词结构构成的一个句子里,主语出现在哪里在修辞上是有分别的。例如'放下车,他赶紧直了直腰',在修辞上是不同于'他放下车,赶紧直了直腰'或者'他放下车,他赶紧直了直腰'的"。显然不管让谁来看,后面一种表述直白清楚多了。

吕先生还提到的另外两种毛病是"车轱辘话"和"说废话",也就是前面说过的话在后面又说,颠来倒去,絮絮叨叨,或者把大家都知道的事情在文章里一样一样都从头说起,啰里啰唆,浪费篇幅。这些都肯定是会让人厌烦的。

挑选的几篇本科生学位论文有哪些地方值得学习

为了使同学们对怎么写现代汉语专业的本科论文有一个比较直观的印象,我们挑选了北京大学、复旦大学、南京大学、武汉大学几位本科毕业生的论文。这些论文的内容涉及现代汉语语法、现代汉语方言、现代汉语修辞、现代汉字、现代汉语与社会,以及汉语和英语的比较研究,基本上可以代表现代汉语研究一些主要研究方向和相关专题的论文类型。

当然这些文章(包括其中已经在学术刊物上发表的论文)并非十全十美或无懈可击,也存在这样那样的缺点和不足,这一点不细说了。另外我们也无意要求大家就完全照搬照套这几篇文章的写法,因为古人早就有"文无定法"的说法,完全模仿别人也不可能写出好文章。但是应该说这些文章作为本科学生的论文整体上还是比较优秀的,在某种意义上说也可以作为现代汉语本科论文的"范文"。那么这些文章有哪些地方值得同学们借鉴和学习呢?这主要还是要靠大家自己读文章去体味。而就我个人的看法说,主要有以下几点。

1. 题目开口尽可能小一点。

我们在前面说过,写现代汉语的文章题目不宜过大。比如像"汉语的词类研究""汉语的虚词""把字句研究""汉语构词研究",这样一些差不多是可以写成一本书的题目作为本科学生的论文显然就不合适。而我们挑选的这几篇文章在这方面就做得比较好,也就是说文章的"开口"都比较小,内容也比较具体。例如北京大学章欣同学的论文,专门讨论现代汉语中"V(动词)+着+A(形容词)"这样一种格式。作者调查了上千万字的现代汉语电子文本语料,一共也只找到两百个左右的例子,可见从这种语言现象本身看确实是比较小的。虽然这种格式反映的句法和语义问题并不一定简单,但由于文章开口小,而且内容主要是描写性的,这样就比较容易把这个格式所反映的方方面面的问题说深说透。其他几篇论文就内容看也都比较具体:比如北京大学王卓异同学的文章就只是对一本书(《红楼梦》)中一个句式(连谓结构)进行汉语和英语译文的比较研究,南京大学王洁同学的文章只是抓住了一个城市(南京市)一类人(中学生)中的一种语言使用现象(社会泛称)进行研究。这些选题也是很有特色的。

2. 内容最好是自己熟悉的。

写论文选题当然要有新意,但是也不能为了新而故意猎奇,去找一些自己还根本弄不明白的语言现象来写,那样可能就会弄巧成拙。所以对于本科学生,还是应该注意选择自己比较熟悉的内容,这样的一些语言现象观察起来就能够做到比较细致全面,研究起来也就比较容易入手。所谓要尽量选择自己"熟悉"的内容,主要指两种情况:一种情况是作者自己就是这种语言的使用者,或者至少对这种语言现象比较了解。复旦大学方婷同学的论文就是一个例子。她写的是浙江义乌话中的疑问代词,相信这个点的方言一定是作者熟悉或者调查过的(甚至可能就是作者自己的母语方言),当然她写这个题目就会有一定的基础。还有一种情况是自己在某一个方面下过一些功夫,而且一直比较有兴趣。比如北京大学王卓异同学英语底子比较好,也一直对汉英语言的对比有兴趣,他就注意利用了自己这方面的优势,因此做起这种研究来也就比较得心应手。可以设想,如果上面说的这两位同学研究的是他所不熟悉的方言和语言,要做同类的题目就肯定会捉襟见肘,而且很容易做成"夹生饭"。

3. 材料应该自己发现收集。

我们在前面说过,写现代汉语的论文,一定要有足够的材料,而且最好是别人没有注意过的新材料。要做到这一点,最好的办法就是自己去发现,或者至少是自己动手去调查收集。用别人讨论过的材料不是不可以,但也一定要有自己的发现,如果只是"大家都在说,我也来说两句",那是没有多少意义的。挑选的几篇论文在这方面都做得比较好。比如前面说过,北京大学章欣同学研究的现代汉语"V 着 A"结构,首先当然是她注意到这种结构包含着各种复杂情况,然后就通过计算机帮忙在相当规模的真实文本语料库中做穷尽性的检索,还把"动词词典""形容词词典"中所有词条一个一个放到格式中去试验,吃不准的又找人一一验证,这样得到的材料当然就不但比较可靠,而且往往是别人没有注意过的,文章的新意也就从中体现出来了。南京大学王洁的论文题目就是《南京市中学生社会泛称使用情况调查》;武汉大学吴晓峰同学的论文《修辞现象词汇化:新词新义产生的重要途径》,当然也是在进行了大量调查的基础上才完成的。这两篇文章都反映了作者对社会中新出现的语言现象敏锐细致的观察和全面可靠的调查,结论的可信度当然就比较高。当然收集调查语料也不限于一定是现实生活新出现的语言现象,也可以是对古代的、方言中的、外语中的语言现象的考察,挑选的另外几篇文章就选择调查了这些方面的材料。可见只要愿做"有心人",肯下"死功夫",就一定会有所发现。

4. 表达必须能让别人看懂。

文章当然是"写"出来的,所以写作本身也很重要。更不用说,就算有多么重要的发现,有多少高深的道理,如果不能通过论文表达清楚,那也会事倍功半,甚至适得其反。写作当然有所谓技巧问题,比如怎么谋篇布局,怎么条分缕析,怎么言从字顺,甚至于怎么文采飞扬,怎么能言善辩,等等,这些我们不多说了。但是大家一定别忘了还有最重要的一条,文章虽然是"作者写"的,但又是"别人看"的。因此归根到底怎么写文章还是要站在读者的立场上来考虑,文章要让别人(不光是专家,也包括普通读者)都看懂,这是好论文的第一要素,也是写论文的第一要点。我们觉得挑选的几篇论文在这一点上都是做得不错的,至少是在朝着这方面努力。到底是不是这样?其实同学们自己就可以做出判断。如果你看懂了,那么不妨想想这篇文章是怎么写的,为什么你能看懂;如果你没看懂,那也不妨想想这篇文章到底有什么地方还有毛病,你自己写会怎么改正。如果这样,其实也就达到了我们提供这几篇文章给大家借鉴参考的目的了。

最后附上我对几篇本科学生论文的简短点评意见,供大家参考。

对北京大学章欣同学的论文《"V 着 A"结构分化的语法条件》的点评：本文讨论的是现代汉语中的"V 着 A"格式。这个格式实际用例不多，但是内部情况又比较复杂，也就是相同形式却有多种语法关系和语义内容，因此文章虽然题目的开口小，但是内容的容量大。作者通过计算机的帮助在相当规模的真实文本语料库中对相关语料做了穷尽性的检索，还把"动词词典""形容词词典"中所有词条一个一个放到格式中去做搭配试验，吃不准的例子又找人一一验证，因此材料不但大多是别人没有注意的，而且都比较可靠。文章的观察相当充分，还从语法结构关系、语义指向关系和词语搭配特征三个方面进行了详细的描写和分析，因此不但结论可信，也从中体现出了一定的理论和方法论意义。

对复旦大学陶丰同学的论文《试论汉字的文化信息承载作用》的点评：本文是偏重于哲学思辨和宏观论证的论文。本文的题目从某种意义上说比较大，因为作者试图论证的是汉字在中国文化史研究和人类演化史研究方面的信息载体作用，甚至认为从"文字—信息"的角度入手有可能"改写"文化史和人类史。但是从另一方面说，文章中又举出了大量古今中外各种文字的实例，特别是古汉字(如甲骨文、金文)的实例，因此又为自己的观点提供了可靠和有力的证据，没有使文章完全流于泛泛的空谈。应该说作者在处理大题目和小例子之间的关系上，在引经据典和说理论证的写作技巧上，还是有一定功力的。只不过这样的文章把握起来有一定难度，一般不宜作为本科学生的论文。

对武汉大学吴晓峰同学的论文《修辞现象词汇化：新词新义产生的重要途径》的点评：本文最大的特点有两个：一是文章抓住了社会上不断涌现的新的词语或词语的新的意义这一十分重要的语言现象来进行研究。这说明作者善于观察社会语言现象，关心社会语言的使用状况。这也就使得文章具有较高的应用价值。二是文章从新词新义中发现了"修辞现象的词汇化"这一重要规律，并对修辞现象词汇化的"现象""特点""过程"和"意义"等进行了概括和总结(文后还有详尽的附录)。这就使得文章具有较高的理论价值。这两点都是现代汉语研究中值得提倡的。

对南京大学王洁同学的论文《南京市中学生社会泛称使用状况调查》的点评：本文讨论的内容很有意思，很容易引起大家(不光是语言学学者)

的兴趣和关注。本文的一个特点就是"调查",这是语言研究特别是社会语言学研究的重要方法。本文在调查对象、调查内容和测试方法的确定,以及样本处理、结果统计和主要问题的讨论等几方面,都做得相当规范和到位。这些都表现出作者具有良好的语言学基础和语言研究功力。本文的另一个特点就是"发现",这是语言研究包括社会语言学研究的主要目的。本文不但总结出当今社会泛称使用的一些变化现象,而且注意到这种现象背后反映出来的社会心理变化,这就使得文章具有了更深层次的价值。

对复旦大学方婷同学的论文《略述义乌话疑问代词系统》的点评:本文是比较典型的现代汉语方言研究的论文。首先是选择一个方言点(义乌),选择一个语言现象(疑问代词),进行比较细致的观察和描写;然后是把义乌话中的疑问代词和普通话的疑问代词进行比较,总结出义乌话中疑问代词的不同特点;最后当然还可以通过义乌话的特点,窥见整个汉语疑问代词系统的发展演变规律和原因(这一部分本文未论及)。从文章前言看,作者已经全面地调查整理出了义乌话的语音系统,并对义乌话的词汇、语法材料做了一些研究。而本文研究的内容只是作者已经进行的整个研究的一部分,甚至是一个很小的部分,这样做还是比较恰当的。反过来说,如果没有对该方言点的系统考察和全面研究,要研究这一部分内容也是不大可能的。从这个意义上说,应该提倡这种大处着眼、小处着手的做法。

(本文是在"静园讲座"报告的基础上经过补充和修改的稿子。感谢中文系漆永祥老师组织本科生"静园讲座",也感谢听课的北京大学中文系本科生在课后提出的问题给作者的启发。)

如何评价当代中国文学

陈晓明

陈晓明,1959年生,福建光泽县人。1976年下乡当知青,1978年春上大学(1977级),1983年读研究生(福建师大),1987年读博(中国社会科学院),1990年获文学博士学位。曾在中国社会科学院文学研究所工作十多年,1998年任研究员。其间1995—1998年在欧洲多国做访问研究和讲学。2003年起在北京大学中文系任教授、博士生导师。2012年起受聘教育部"长江学者"。兼任中国文艺理论学会副会长、中国当代文学研究会副会长等。主要研究方向为中国当代文学和后现代文化理论等。出版有《无边的挑战》(1993)、《不死的纯文学》(2007)、《德里达的底线》(2009)、《中国当代文学主潮》(2009)等三十多部著作,发表论文评论三百多篇。2003年获首届"华语传媒文学大奖"年度评论家奖项,2007年获鲁迅文学奖理论评论奖;近年获北京市、教育部人文社科优秀成果奖等奖项。

同学们,下午好。我今天讲的题目是"如何评价当代中国文学"。在座诸位都是中文系的同学,很多可能将来要以文学为业,本来这不该成为问题。但现在,很多人,包括我们同学,对文学本身有所怀疑。这种怀疑,基本不针对古典文学,李白、杜甫等灿若星辰的名家巨擘,足以让大家为具有悠久传统的古典文学而感到深深骄傲。但文学发展到当代,它到底还有多少价值,到底值不值得从它本身去学习、研究?这是不少同学的疑问。如果当代文学本身没有多少创造力和活力,没有多少发展前景,对中文系的同学而言,这确实是不小的困扰。我知道,不少同学进入中文系不久,就选修了双学位,且选择的大多是经济、法律等有利于将来就业的专业。这样的选择是可以理解的,我并不反对,也没有资格反对。我关心的是,这种选择本身就包含了对文学的不信任,同学们可能想:单单学一个文学,将来怎么在社会上混呢?开学时,系里应该为大家介绍过,中文系的就业率,在北大一直是比较乐观的。大家再想一想,全国有那么多中文系,如果北大中文系的毕业生都找不到工作,那其他学校的中文系岂不要关门?当然,除了对北大中文系的信任外,同学们更应该着眼于文学本身,理性分析它在今天是否还有生命力,还有前途。这就不得不涉及一个问题,即如何评价当代中国文学。

大家应该或多或少地了解,社会对当代文学的评价,长期以来,颇有争议,不同人持不同的看法,而且批评的声音居多。我想借这次讲座的机会,跟大家分享一下我的个人看法,一则给大家提供一些思考的线索,二则希望以此增强诸位对文学的信心,以及学习文学的信念,当是打打气、鼓鼓劲吧。

近些年,对当代文学批评和质疑的声音不断。但今年10月11日,中国作家莫言获得诺贝尔文学奖,这个好消息使情况发生了一些变化。一时间,莫言成为全中国的焦点,他的作品迅速登上畅销榜……不管莫言获奖的热度能持续多久,毫无疑问,对中国文学而言,这是一个很大的鼓舞和振奋。它也代表了西方对中国文学的一种认可,尽管诺贝尔文学奖只是一个奖,但它毕竟是迄今为止级别最高、影响力最大的文学奖项,相对而言,它的评审也是比较客观的。我个人对这件事的评价会更乐观一些,对它的影响的预估也会更高一些。我相信,这是一个契机,一个促进中国文学与世界文学进行交流互动的契机,也是一个促使国际社会关注中国文学,并重新认识和评价中国文学的契机。

长期以来,西方为世界提供着现代性价值,因为他们站在现代性先行的位置上。诚如斯宾格勒《西方的没落》一书所言,有力量的领着世界走,没有力量的被世界拖着走。这些我们不得不面对,也不得不回应。学习西方,寻求世界的认同,这是中国必须走过的一段道路。西方对于中国的传统文化,一直比较重视,比较尊崇,我们被西方所认可的,主要就是传统文化,而我们自己谈到文化,也是动辄上下五千年。但对中国当代文化,西方却是较为轻视的。据说,当年西方社会曾对中国的崛起怀着深深的忧虑和惧怕,因为这是一个无法预估和掌控其未来的国家,但英国首相撒切尔夫人在一次演讲中说:中国没有什么了不起,这个国家今天在文化上提不出任何新的东西,这是一个没有思想的国家。这样的话对我们颇为刺激,但在某种意义上,我们也不得不服。今天中国出了几个思想家?中国当今有哲学家吗?有在文化上可以引领社会思潮的知识分子吗?确实没有。撒切尔夫人的这番话虽然未经证实,但它很值得我们反思。必须承认,中国知识分子言说的能力和影响力都非常有限,当代中国对世界文化的影响也确实有限。试看,我们的经济学,在世界上处于怎样的位置?我们的科学,中科院有那么多院士,又处在什么位置,得到多少肯定?……但是,在文学上,有一个作家,获得了最高的诺贝尔奖。我想,我们固然不该被一个奖项冲昏头脑,但从文化的角度、从中国融入世界现代性进程的高度看,莫言获奖的意义,值得给予更正面、更积极的评价。

对中国文学而言,莫言此番获奖,既是他个人的艺术天分、艺术成就使然,也有赖于中国文学的整体实力充当基础和后盾,是一批同代杰出作家共同努力、互动的结果。中国当代有一批相当出色的作家,即便放在世界文坛上,也是响当当的,除了莫言,我以为还有张炜、贾平凹、阎连科、刘震云等。所以,莫言的获奖,不仅仅是他一个人的成就,更代表了汉语白话文历经一百多年的锤炼与发展,所达到的高超水准。我觉得,这样的解释,是比较合乎实际的。如果说中国文坛上,只有莫言是巨匠,其他作家都不行,我想莫言本人也不会认同。

由于莫言获得诺贝尔文学奖,一时间,中国文学似乎变得重要起来,变得有分量起来。事实上,前不久,对于中国当代作家、作品的贬抑还不绝于耳。比如,德国汉学家顾彬先生对中国当代文学的批评言论,就是这一境况的重要参照。2007年,媒体大肆报道顾彬具有轰动效应的言论:中国当代文学是垃圾;中国作家不懂外语,写不出世界级的文学;等等。中国媒体在某种程度上是"变态"的,顾彬的话之所以被广泛传播,引发热议,很大一部分是因为它有些怪异,甚至有些耸人听闻,而媒体在当中起到了推波助澜的作用。

其实,自九十年代媒体兴起,批评中国当代文学就似乎成了一种潮流。那时,晚报、周报、各种小报铺天盖地,这些报纸突然间有了一些言论空间,骂别的不行,骂文学的自由却是绰绰有余的。于是,一哄而上,形成势力强大的骂派批评。谁要是不骂,就不是批评;谁要不把中国的文学现状说得一团漆黑,就是缺乏良知,就是缺乏艺术眼光。后来,网络兴起,形势更是逼人,人们已经很难正常客观地说话,更不用说对中国文学下些肯定性的断语。

到了大二,通过系统学习"中国当代文学"的课程,你们会看到,中国当代文学有一个发展的过程,其中的曲折得失,不能简单地用肯定或否定评价来涵盖。五六十年代,文学非常重要,也被政治严格地控制。那时候,文学是无产阶级事业的重要组成部分,是革命的形象、观念、情感等全方位的塑造的基础。北大中文系的重要性也是不容低估的,并不逊于经济、法律等今天的热门专业。改革开放以后,新时期文学兴起。新时期文学伴随着中国改革开放的历程,不断为时代鼓与呼,也不断探索进取,自我更新,向世界汲取新的资源。虽然存在诸多问题,但可谓硕果累累,影响深远。整个社会的剧烈变革,在文学作品中得到深刻的表现。这种呼应社会现实、反映现实,表现人的心理、价值变迁的能力,是其他文化形式所无法比拟,更无法取代的。但今天,文学已不复有那样强大的社会功用。

九十年代以后,尤其是邓小平南方讲话以后,中国社会进入以经济建设为中心的高速发展阶段,物质、金钱、权力逐渐成为社会价值的导向,文学自然退处边缘。随着九十年代后期中国消费社会形成,媒体兴起,文学成为消费的一个方面,因为社会已不再需要文学提供强大的价值或精神支持。另一方面,由于教育得到很大发展,各领域的专家大量涌现,社会分工越来越细化。以前,作家写一部文学作品,有可能直接影响到经济政策。比如,蒋子龙写《乔厂长上任记》,反映工厂的责任承包制,发表后中央领导批示,进行改革。而现在,各方面的工作都由专家来处理,这是现代社会发展的必然转向。社会学家思考社会问题,政治学家对政治体制发表看法,经济学家对经济改革提出思路……而文学家不再"全能",文学也回归到其自身,它不再是百科全书,不再是社会的救世良方。人们或者为了消遣、娱乐,或者出于爱好而阅读文学作品,再不可能试图从中寻找人生全部的奥秘、社会全部问题的答案。现今,又有网络兴起。互联网本身就意味着一个新的世界,它为文学的发展创造了更多新的可能性。例如,网络写作随着互联网的普及而兴起,大量网络写手和网络文学作品的出现,正在深刻改变着当代文学的创作与传播样态。

所以,在当代,文学面对的问题是非常复杂的,也是经历了变化发展的过程的。如果说,文学在没落、在消亡,我认为,这种判断并不准确。从创作上看,过去写作是一件很神秘的事情,作家都是天才;现在写作变成每个人都能参与的事,每个人都可以在电脑上写,写了可以在网络上发表,有各种文学网站为你提供平台。人人参与的网络写作,其创作量远远超过过去的传统写作方式。三年前,"盛大文学"举办网络文学比赛,我应邀充当评委,截止交稿时间,交过来的作品就有八万部。网络写作也创造了很多神话,比如唐家三少,才三十岁出头,被称作"中国作家富豪榜网络作家之王"。你们读过他的作品吧,不好意思,我读得很少。有一次开会,我和他在一起。聊天时,他说,他最早一天写一万六千字,后来一天一万,现在减到八千;在过去几年中,他每年的收入超过一百二十万。现在,一个好的网络写手,一年赚几十万,是非常普遍的事。再从传播方式上看。八十年代,文学的传播主要依靠期刊,而一种期刊的发行量不过几十万,跟一部网络小说动辄百万、千万,甚至上亿的点击率相比,实在相差甚远。八十年代,一年出版长篇小说几十部,后来是几百部。今天呢? 一年几千部,前几年的统计数据是每年约三千部。这是什么概念呢? 就是说,现在一年出版的长篇小说,等于整个八十年代,甚至包括九十年代初期出版量的全部。在这种情况下,我们还能说文学在消亡、在没落吗?

如果说西方文学在没落,那倒是不错的,因为西方的出版方式不同。西方大的出版社,看中一个作家,就把他将来十几年乃至数十年所有作品的版权都买下。十年、二十年中,他们一般只做一两个,多的四五个作家,出一本书,就到全世界销售。比如丹·布朗——《达·芬奇密码》的作者、J. K. 罗琳(J. K. Rowling)——《哈利·波特》的作者,这样的作家,出版社签下一个就够了。1995、1996年,我都在英国爱丁堡待过,也常去后来报道的罗琳写作的那家咖啡馆。我记得我多次去过那里的咖啡馆,记忆中依稀有一个妇女坐在那里写作,不知道到底是我当时真的看到了罗琳,还是后来回忆的错觉。罗琳那时还只是一个一文不名的普通家庭妇女,谁能想到,在后来短短几年,她赚了几亿英镑,年收入(或总收入)超过英国女王。但这样的例子,只是少数。相较而言,中国目前有数万作家(包括网络作家),是一个群雄格局。中国的文化非常独特,中国人有一种"王侯将相,宁有种乎","彼可取而代之"的观念。你算老几?你能当作家,我也可以。所以,中国很难像西方那样形成永久性的精英阶层,我们的文化中有一种造反因子。就文学出版而言,也很难像西方那样,出现大出版社垄断少数几个作家的局面。这在某种程度上是一种优势。但要命的是,现在创作的量实在太大,以至都被湮没,不是没有好作品,而是好作品太多。好比你们,在高中都是佼佼者,但今天你们坐到一起,那就彼此彼此,半斤八两,都没什么了不起的。中国现在一年三千部作品,当中如果有十几部好作品,就差不多了。十年下来,就有一百部好作品,这还了得!哪个时代十年中能出一百部好作品?托尔斯泰的时代有几部?巴尔扎克的时代有几部?那些说当代没有好作品或经典的人,其实根本不了解经典或好作品是如何形成的。哪个时代,能每年出那么多好作品,而好作品又都能被记住,成为经典?大部分作品都是大众化的,这很正常。现在的问题在于好的太多,想要在好的当中再脱颖而出,那有多难!当代那么多好作者,莫言、张炜、贾平凹、阎连科、刘震云、阿来、铁凝、王安忆、林白、苏童、格非、余华、毕飞宇……想从当中杀出一条血路,要比其他人高出一筹,那有多难!

大家可以看到,当代中国文学是以这样一种方式、这样一种样态存在和发展。自2009年开始,我写了多篇文章,主张正确认识和评价当代中国文学,也写文章讨论顾彬的观点。其实那些贬低中国当代文学的人,大多数人没有认真读过当代的作品,你如果问他们读过什么,他们基本说不出来,包括顾彬先生。2008年,德国总理默克尔访华,送给温家宝总理一件礼物,即中国作家李洱的长篇小说《石榴树上结樱桃》的德文版,温总理大吃一惊,中国还有个叫李洱的作家,他的作品被翻译为德文,而且在德国备受好评。其实,中国像李洱这一水准的作家,还是有一个阵容的。当然,我觉得李洱是一个相当了不起的作家。李洱曾写过一篇文章,谈顾彬对中国当代文学的批评。他在德国跟顾彬接触过,他问顾彬:"你为什么批评中国作家?"因为顾彬批评莫言,他问:"你读过莫言的作品吗?"顾彬说:"没有。"他说:"你没读过,怎么能批评呢?你应该读一下,再批评。"顾彬说:"我为什么要读?我为什么要读这种没价值的东西?"李洱觉得很奇怪,你没读过,怎么判断它有没有价值呢?顾彬说:"我听说的。"这种态度是很不严肃的。10月19日下午,在北京大学五院中文系的院子里,我和顾彬先生进行了两个多钟头的对话。此番顾彬先生言辞恳切,表示莫言获奖,他要重读莫言作品。他说道,德国最负盛名的老作家马丁·瓦尔泽曾说,莫言是当今世界上最好的作家,可以与福克纳平起平坐,他过去对此置之不理,现在也要认真思考其他德国作家对莫言以及中国文学的看法。我和他的对话,在网上可以找到,同学们不妨找来看看。

顾彬先生翻译中国诗,对中国诗在欧洲的传播与推广做出很多贡献,这是非常可佩的。他也研究中国现代文学,对现代文学的理解比较独特,也多有深刻之处。但他对中国当代文学的看法却存在不少问题。这其实是西方汉学界的通病,他们不太能找到准确理解中国当代文学的方式和评价标准。在顾彬以及他的寥寥可数的几个同道们看来,五六十年代以至七十年代,中国处在极权政治环境中,那些文学作品都是政治的附庸;改革开放之后,八十年代,中国文学曾经有一段所谓的复苏时期;九十年代以来,中国走向资本化的消费社会,就不再有纯文学,文学都是消费社会或市场经验的产物。可以看出,西方对于中国当代文学的理解太狭隘,并没有建立在真正了解的基础上。而我们的媒体,以及我们的少数骂派批评家,对于西方汉学界有偏颇的看法却是盲目追捧,这完全是以制造新闻效应为出发点。媒体上某些对中国当代文学大发高论的发言者,实际也没有好好读过作品。他们怎么读?先读前三页,后读最后三页,再回过来翻翻中间三页,有意思的读,没意思就不读。以这样一种浮躁的心态,如何阅读作品?更遑论理性客观评论。文学之所以有价值,很重要的一点,是它对于我们的阅读习惯的养成。你应该找一个安静的环境,坐下来,更郑重者,要沐浴焚香,然后,在柔和的光线下,可能还伴着优美的音乐,安静地慢慢品读,幸运者或许还有红袖添香……阅读不该只是匆匆忙忙地囫囵吞枣,或者为了消磨时光,等车时看两眼,上厕所时翻两页……现在的社会太浮躁,影视文化培养了人们读图、看影像的趣味,躺在沙发上,嗑着瓜子,看看电视,看看电影,多舒服,多惬意!但这只是快感,心在哪里?阅读的耐心和趣味一旦失去,会是很可悲的事。

接下来,给大家看一些照片,照片里的主角都是早年的中国作家们,请大家看看八十年代的作家们都是什么姿态。今天作家开会,都是西装革履,打领带,八十年代的作家是穿着汗衫、短裤、拖鞋,很不一样的景象。

前面描述了今天中国文学所处的形势,现在我们拨开迷雾去看本质:怎么认识和评价中国当代文学?与此相关的问题是,我们要提问:西方文学和中国文学是很不相同的,西方能否真正认同中国文学?中国文学如何应对西方现代文学经验的挑战?这是一个很不好回答的问题,没有标准答案。好在莫言获得了诺贝尔文学奖,在某种程度上给出了一些回答,否则,我们恐怕会一直对此悲观。

事实上,中国当代文学存在内与外双重压力,内在压力来自中国的现实条件和文学内部,外部压力则是指一直起规范作用的世界性语境。关于"世界性语境",这里做简要阐述。迄今为止,我们一直面对着西方为我们提供的美学标准,不管是汉学家,还是主流的西方语境,西方现代性的美学实际上引导着当代中国的文学前行,同时,也对其构成强大的压力。

西方文学与浪漫主义文化有非常密切的关系。我所说的"浪漫主义",与讨论中国文学时经常使用的"浪漫主义"概念有些不同。它是指西方进入现代社会以后,尤其是经过启蒙运动之后,其整体的文化根基所具有的一种特质。比如,我们最熟悉的马克思主义,德国古典主义哲学是它的重要来源,事实上,在英国思想家以赛亚·伯林和德国思想家哈贝马斯那里,德国古典主义都被理解为主导的浪漫主义传统。关于浪漫主义,我想引述以赛亚·伯林的观点:

> 浪漫主义的重要性在于它是近代史上规模最大的一场运动,改变

了西方世界的生活和思想……它是发生在西方意识领域里最伟大的一次转折。发生在十九、二十世纪历史进程中的其他转折都不及浪漫主义重要,而且它们都受到浪漫主义深刻的影响。(以赛亚·伯林《浪漫主义的根源》)

他的观点颇为新颖,引起我们对中西深刻文化差异的反思。西方现代文学根源于它的浪漫主义文化,而中国文学的现代进程要复杂得多。从文化根基上看,二者就很不同。中国现代没有一个漫长的浪漫主义传统,这或许也是中国的现代性最致命的软肋。尽管进入现代之后,中国曾有过浪漫主义文化的展现,但它受到狂热的现实主义的影响、压抑乃至清除。所以,中国当代文学最具独特性、成就最大的,是具有鲜明现实主义特点的历史叙事。面对现代性的到来,中国的文化生态,包括社会、政治、经济、历史等各个方面,在过去几十年中,发生了剧烈而深刻的变化。传统与现代、政治与文学等一系列复杂的问题,使浪漫主义在中国,显得格外步履艰难。我有多篇论文,讨论中国现代被压抑的浪漫主义,在这里,由于时间关系,不作具体的论述。

下面,我们来看一篇很典型的西方小说,来感受一下我指称的在浪漫主义文化根基上发展起来的现代小说,看它在艺术上有什么特点。小说题为《泄密的心》,作者是德国作家帕特里克·罗特(Patrick Roth,1953—),说的是一个十五岁的德国男孩与他的英国女家庭教师的故事。

男主人公在十五岁生日时,得到母亲的礼物,即为他聘请一位私人英语教师,那时,对爱伦·坡的喜爱,大大提升了他对英语的兴趣。一个二十五岁的英国女性来应聘,她的名字是格迪拉斯·坦普尔顿(Gladys Templeton)。二十五岁的女性,在一个十五岁、情窦初开的男孩眼中,是非常富于吸引力的成熟女性。所以,他带着幻想,一见钟情地爱上她。他们上课的内容,是一起阅读爱伦·坡的同题小说《泄密的心》,于是,小说叙事中就很巧妙地嵌套进了另一个"泄密的心"的故事。那个故事写的是一个疯子大学生在扭曲的精神状态下,谋杀了邻居老人。第一次授课结束后,女教师问男孩,第二天下午可否到她家里去上课,男孩应允。第二天,下着雨,他找到她家,发现门上她的名字后跟着一个姓:哈维。英国女性的姓名,如果已婚,后面会加上丈夫的姓。女教师出来开门,拿了一条毛巾帮他擦头发上的水。

当他享受着她的擦拭时,她突然松开手,把毛巾交给他,让他自己擦,他感受到了她的不耐烦,同时隐约看到了坐在里面屋子看报纸的她的丈夫哈维。之后,他们开始读《泄密的心》。当男孩读到谋杀和碎尸一段时,哈维在一旁不停地翻着报纸。男孩心惊胆战地念着句子,命令自己把哈维想象成那个被杀的老人。十五岁男孩的敏感,小说描写得细致入微。过了一会儿,哈维出门,女教师正在念警察搜查房间那一段。大学生杀死老人后,把尸体埋在房间中床底的地板下。警察来搜查时,他感觉仿佛地板在动,老人的心正越跳越响。然后,轮到男孩读最后一段。大学生跟内心坦白的欲望搏斗着,他的心,合着老人的心跳,越跳越响。男孩感受着句子里的紧张节奏,仿佛故事里所讲的,正是他的心,跳动着,一下比一下更响。此时,女教师不合时宜地打了个哈欠。当男孩读到最后一句,大学生终于忍不住说出老人的尸体就在地板下时,她突然站起来,走进房间。走的过程中,好像做了一个手势,召唤男孩跟随她进去。他跟了过去,看见她的房门斜开着,她倒在床上,床头放着几乎燃尽的蜡烛、一个勺子和一个锡杯。他走到床边,看到她的手臂弯曲着放在枕头上,那条平时围在颈上的透明丝巾,在胳膊上拴了一个松散的节。

　　写到这里,小说插入后院传来的孩子们的笑声,和皮球拍击在石头路面上的声音。这个细节的呈现,烘托着他走向她,如同走向一个他所向往的神秘而美好的世界的那种心情。他想吻她的手,可当他面对着她弯下腰,马上就要碰到她的时候,他看到了床单上血淋淋的针头。结尾揭示了真相,这个女教师,这个令男孩充满青春的美好向往的女性,其实是个吸毒者。文中她的不耐烦、打哈欠等反常行为,都是毒瘾发作的表现,而她之所以邀他到家里学习,也是因为担心毒瘾随时发作的缘故。

　　小说中有很多细腻的环境和心理刻画,无法在我的简单叙述中得以呈现,大家可以自己找来读一读。小说有中译本,收在《红桃J——德语新小说选》一书中,上海译文出版社 2007 年 8 月出版。

　　除了描写的细腻之外,这篇仅有二十页的小说到底有什么独特之处?我想,至少可以解读出以下几个层面:

　　首先,小说以少年的视角展开微妙叙述。借助他美好的青春感觉、纯真的爱恋、丰富的感观和心理变化层次,一步步展示出另一个世界。学习英语、女老师引领的阅读,对书本的阅读、对人生的第一次阅读,一个字一个字阅读,一页页翻下去,一点一点揭开小说中隐藏的事实,它们彼此呼应,构成小说丰富、精密的修辞系统。在叙述上,小说充分利用与爱伦·坡《泄密的心》的互文本关系,将主人公细致、微妙的心理活动,投射于他文本紧张的叙述节奏中。

上面我谈到小说展示出另一个世界,那这个世界意味着什么?我们先回忆一下女教师的名字:Gladys Templeton。这个名字所隐藏的"秘密"可谓深厚巨大,它居然与古希腊、古罗马相关。Gladys 让男孩想到罗马角斗士的剑(gladius),Templeton 让他想到庙宇,来自古希腊语的"temno",在拉丁文里作"templum"。他还想到不久前看的一场电影——尼古拉斯·雷导演的《万王之王》。

> 公元前 63 年,庞培骑着雄壮的马登上了犹太人寺庙的阶梯。"经过几个月的围攻,"奥森·威尔斯的德文配音向观众喃喃道来:"耶路撒冷沦陷了。将军坐骑的铁蹄声回响在司祭的前庭。庞培在异教徒从未来到过的地方下了马,步行登上了最后几节台阶。他期待看到那无穷尽的财富,那些为耶和华积蓄的金子。"
>
> ……这是一间闪烁红光的房间。前面是一片网。庞培用手揾了揾织物,触摸到惨白的沙网。他拔出剑,用剑的尖头杵了个洞,把剑划下来,把网劈开一条缝,然后顺着这条缝钻进网的里面去。
>
> 他并没有见到他所期待的一切。没有金山,没有给与神的财富,只有一块毫无价值的石头,上面放着一轴宗卷。房子里空空如也。
>
> 庞培两手空空地离开了犹太人的寺庙。不明白为什么会有成千上万个生命为了保护它而捐躯。

通过男孩对电影画面的回忆,公元前 63 年古罗马统帅庞培征服耶路撒冷的历史,跟 Gladys Templeton 这个名字关联在一起,跟这篇小说关联在一起,也跟小说试图批判的社会现实关联在一起。我还无法考证出作者是否为犹太人,如果是,那么这部作品还隐藏着宗教方面的问题,即天主教与犹太教的关系问题,那将是对现代世界信仰危机的批判。

然后,请大家注意小说的第一句话:"这应该是 1968 年秋的事。"这与小说的批判性主题相关。1968 年,对欧洲而言,意味着什么?1968 年,法国发生了"五月风暴"。小说表层是一个少年的故事,深层却是"68代"的故事,那个英国女教师正是当今欧洲领导人的同代人。德国的现任、前任总理默克尔、施罗德,英国八九十年代的领导人布莱尔,当年美国总统克林顿以及后来的小布什等人,都属于"68代"。虽然这些人在作者写作这篇小说时尚未掌握大权,但八十年代中期,正是这些当年的"68代"跃跃欲试,正在成为社会精英,要登上政治舞台的时刻。当时的欧洲,经历了个性解放、妇女解放、性解放等一系列以解放为名的青年政治运动,面临着信仰危机、欲望勃发、毒品、暴力以及政治秩序重构等严峻的社会问题。当小说叙事进行到最后,当那血淋淋的针头暴露在读者面前,我们仿佛听到,在未来何去何从的历史选项面前,欧洲人深深地质疑:"68代"可以引领今日欧洲走向未来吗?一篇表面写一个少年的青春记忆的短篇小说,竟能引出这样深刻的社会问题,小说的艺术确实令人惊叹!

女教师被隐藏的婚姻,呼应着她的名字所象征的欧洲历史;生活于1968年的少年,他的未来,隐喻着欧洲的未来;小说结尾所揭示的真相,映照出当时欧洲社会的问题与困惑。一篇短篇小说,写得如此精致!它借助内在化的自我经验,创造了复杂的修辞关联,将欧洲的历史与现代巧妙地联系起来,用一个德国男孩爱上大他十岁的英国女人的故事,出人意表地表达出深刻的批判主题。这种批判,不只是针对当下的现代性,也包括对整个西方历史的省察。

我们再来读一读小说的结尾:

> 我又一次感觉听到了她的耳语,但是我听不懂。我的心跳得太响了。
>
> ……
>
> 我跪在床上,触摸她的手。她没有害羞,让我的手把她的手包起来。
>
> 我想吻这只手,这只害羞地向我打过招呼的手,现在任我摆布。我面对她弯下腰来,马上就要碰到她的时候,才看见了床单上的血淋淋的针头。
>
> 就像在梦里,我充满恐惧,呆呆地跪着。
>
> 我的心静止了。

非常安静、非常个人的描写。最后说:"我的心静止了。"经过紧张的叙述,最终回归内在,回到"心",而小说复杂的修辞、深刻的批判性,也都收结于这个安静的、自我性的结尾中。

这是一篇非常典型的西方小说,当然,不是说它就代表西方小说的全部,但它确实很充分地表现了浪漫主义文化之下的西方小说内在化的、自我化的艺术风格。通过这个例子,大家应该有所感受,西方的小说确实有它的独特经验。这种经验是从浪漫主义的自我文化中抽绎出来的,是由内在自我迸发出来的。小说经由此类经验,再投射到历史与现实中去。这样的文学创作,一切来自内心的冲突,自我成为写作的起源性中心,本质上属于浪漫主义文化的产物。西方后现代主义的一些典型之作,如巴思的《路的尽头》,纳博科夫的《洛丽塔》,门罗的《逃离》,库切的《耻》,帕慕克的《我的名字叫红》《雪》《黑的书》等,莫不如此,它们都是人物很少,艺术上非常讲求内心的想象、内在化的表现手法。你们如果细读,体会其中的人物如何在内心与自我及他人发生内在的复杂冲突,理解会更深。

相比之下,显然,中国的现代性文学走了另外的路径。那是一种把握外部世界的文学,它的关键要素是:历史、民族国家的事业、改变现实的强大愿望、社会历史的大事件和大变故……所有这些,都将中国现代性文学与西方明显区别开来。我们看莫言的小说,《生死疲劳》《檀香刑》《丰乳肥臀》等,皆是如此,写外部世界的大事,展现外部世界的历史与变迁,个人只是现实世界的一分子,其性格、心理与命运,都被现实所影响,乃至决定。总而言之,西方现代文学发展出向内/自我的经验;而中国的现代以来的文学,发展出外行/现实的经验。那么,如果要从西方的文学经验出发,来评价中国的当代文学,当中的差异和隔阂恐怕不会那么容易跨越;同样,没有一个深广的浪漫主义传统,当代中国文学想要走进西方世界,也是很困难的。

因此,只有回到中国的语境中,回到中国的历史与现实条件下,我们才能理解中国文学只能是其所是,只能在它可能的给定的传统下去建立起自己的艺术准则。这也就触及我们要讨论的核心问题:如何理解中国当代文学的艺术能力或创新的可能性?这是正确评价中国当代文学的前提与根本性依据。不同的文学体裁,创作上有不同的特点。今天我只以小说为例,分四点来阐述我的观点。大家可能会对我的说法感到有些陌生,因为我是将中国文学放在世界文学的格局中来观察的,我所谈的四点,它们的重要意义,足以让我们相信,中国文学在今天世界文学的发展中,有其独特的成就和贡献,从而从世界的意义、世界的水准上对它进行重新认识和肯定。

第一,我认为,汉语小说有能力处理历史遗产,并对当下现实进行批判。强调这点的意义何在?为什么要以处理历史遗产的能力作为汉语文学作品具备世界水准的一个依据?以赛亚·伯林曾说:二十世纪最重要的两件事,一是发生了持续的科技进步,一是发生了社会主义革命。科技进步的作用无须多说,社会主义革命对世界历史进程的影响也是很明显的,它不仅改变了苏联、中国等社会主义国家的命运,对西方资本主义社会也产生了巨大冲击。那么,我们看看,迄今为止,我们的文学是如何处理社会主义革命这一影响人类的历史遗产的?我以阎连科的《受活》为例。

小说虚构了一个叫"受活庄"的地方,这是一个遗世独立、鲜为人知的村落,所有村民都天生残疾,视健全者为另类。主人公柳县长有一天从报纸上看到消息,说柏林墙倒塌之后,苏联已没有能力保存列宁遗体,想将遗体处理了事。他异想天开,想用重金购买列宁遗体,再在当地建一座纪念堂来安放,供全国人民参观,从而发展旅游经济。在筹款过程中,柳县长惊喜地发现残疾人的妙用,于是,受活庄里上百个聋、哑、盲、瘸的残疾人组成"绝术团",到处表演赚钱。瘸子会跳远,聋子会点炮,瞎子会穿针……整部小说充满了反讽。小说包含的深层意蕴在于:列宁遗体,象征着共产主义的遗产,这个遗产今天以什么样的方式来保存?一是市场,二是娱乐。这恰恰是列宁最痛恨的两种方式。从未有过一部小说,能将对革命历史的继承、发扬、转型问题处理得如此独特而深刻,尤其是把革命遗产的处理与当代中国的市场转型结合起来,《受活》无疑是一部"后革命"的神奇悼文。

第二,汉语小说有能力以汉语的形式展开叙事,能够穿透现实,穿透文化,穿透坚硬的现代美学。我举贾平凹的《秦腔》和《废都》为例。贾平凹的写作是非常有特点的汉语写作。比如《废都》的语言,非常精致,非常纯净,在稍许的怪异中有一种别样的韵味。正是因为汉语本身的独异性,汉语小说的翻译成为颇为不易的事。据说,贾平凹的《废都》的德文版,前后翻了八年,都没能定稿。

在他的《秦腔》中,我们看到乡土叙事预示的另一种景象,那是一种回到生活直接性的乡土叙事。这种叙事不再带着既定的意识形态主导观念，它不再是在漫长的中国的现代性中完成的革命文学对乡土叙事的想象，而是回到纯粹的乡土生活本身，回到那些生活的直接性，那些最原始的风土人性、最本真的生活事相。对于主体来说，那就是还原个人的直接经验。尽管贾平凹也不可能超出时代的种种思潮和给予的种种思想（甚至"新左派"）的影响，他本人也带有相当鲜明的要对时代发言的意愿，但相对而言，贾平凹的文学写作具有比较单纯的经验纯朴性特征。他是少数以经验、体验和文学语言来推动小说叙事的人，恰恰是他这种写作所表现出的美学特征，可以说是最具有自在性的乡土叙事。

第三，汉语小说有能力保持永远的异质性，以独异的方式进入乡土中国本真的文化与人性深处，进入汉语自身的写作。汉语小说创作是以汉语来写作。

关于这点，我想跟大家推荐刘震云2009年出版的一部长篇小说《一句顶一万句》，写得非常精彩。主人公杨百顺，小说从他的少年时代写起，表现他一生的故事。这部小说很有意思。过去中国的小说叙事，离不开大的历史事件，但在这部小说中，看不到这些，出场的人物大多是中国最底层的农民，却写出了二十世纪中国的历史境遇、中国农民深层的生存状况。

第四，汉语小说有能力概括深广的小说艺术。在这点上，最突出的，或许是莫言的作品。从《酒国》《丰乳肥臀》，到《檀香刑》《生死疲劳》，这些作品融合了西方现代小说、中国传统语言学和民间/乡土文化，建构起莫言小说艺术独特而深广的场域。它们都获得过茅盾文学奖。诺贝尔文学奖颁奖辞评价莫言"将魔幻现实主义与民间故事、历史与当代社会融合在一起"。这一评价整体上的把握是到位的，也是富含深意的。但这么说容易让人误解莫言小说中的魔幻现实主义完全是学自西方的，他就是将西方的魔幻与中国的民间文学简单地结合起来。其实，魔幻也是中国传统文学、民间文学的一种特质，比如说，《西游记》是魔幻，《三国演义》《水浒传》中又何尝没有魔幻？武松有万夫不当之勇，鲁智深倒拔垂杨柳，浪里白条张顺……莫不具有奇幻色彩。即便是《红楼梦》，也笼罩着一种仙幻格调，比如对宝、黛二人来历的设计，贾宝玉乃由神瑛侍者脱胎而成，对林黛玉的前世绛珠草有灌溉之恩，等等。再看时下流行的武侠小说，写各种出神入化的武功、兵器、用毒手法等,更是充满了奇幻的想象。至于中国的戏曲,也离不开充满想象的奇幻故事。所以,莫言对中、西文学的学习、继承和利用,是经过复杂的提炼、融合,再在不断的写作中锻造成为属于他的独特小说艺术。

请读一读《檀香刑》的开头:

> 那天早晨,俺公爹赵甲做梦也想不到再过七天他就要死在俺的手里;死得胜过一条忠于职守的老狗。俺也想不到,一个女流之辈俺竟然能够手持利刃杀了自己的公爹。俺更想不到,这个半年前仿佛从天而降的公爹,竟然真是一个杀人不眨眼的剑子手。

莫言的叙述语言不是抒情性,而是交代性的,一下就把人物复杂的关系写出来。这种语言实在太有冲击性、太大胆了,一上来就非常"重",让人心惊肉跳,有点像著名的《百年孤独》开头那句"许多年之后,面对行刑队,奥雷良诺·布恩地亚上校将会想起,他父亲带他去见识冰块的那个下午",但还是不一样。莫言是彻底把结果告诉你的,是血腥暴力的,但又是美的(恶之花),而且有着汉语独特的排比修辞,这体现了汉语思维的习惯。

所以,我对汉语文学的艺术能力或创新的可能性充满信心。我强调,评价中国当代文学,应当有中国的立场和中国的方式。这不是要与西方二元对立,更不是要抛开西方现有理论知识及其美学标准,另搞一套,而是在现有的、我们吸收西方理论及知识如此深重的基础上,对由汉语这种极富有民族特性的语言写就的文学,包括它的历史和重要作品,做出中国的阐释。这与其说是高调捍卫中国的立场,不如说是在最基本的限度上,在差异性的维度上,给出不同于西方现代普遍美学的中国美学的异质性价值。我相信,汉语文学能在未来开拓出更好的发展道路。因为时间关系,我先讲到这里,希望在以后的"当代文学史"课上,能跟大家有更多的交流。谢谢大家。

明清小说与当代文化

刘勇强

刘勇强,1960年生于江西南昌,安徽庐江人。先后就读于江西大学(今南昌大学)、河北师范学院(今河北师范大学)和北京大学,1988年1月在北京大学获文学博士学位,现为北京大学中文系教授、博士生导师。曾应邀赴日本东京大学、新加坡南洋理工大学、香港树仁大学等高校讲学。主要学术兴趣是中国古代小说及宋元明清文学研究,出版过《西游记论要》《奇特的精神漫游——西游记新说》《幻想的魅力》《中国神话与小说》《中国古代小说史叙论》《话本小说叙论——文本诠释与历史构建》等专著,发表相关论文数十篇。主编"普通高校中文学科基础教材"《古代文化经典选读》及人民教育出版社版新课标高中语文必修课教材第四册及选修课教材《中国文化经典研读》,参编《中华文明史》《中国文学作品选》等。

我在研究明清小说时,有一个基本的理念,那就是不把明清小说仅仅看成过去时代的文学遗产,同时也关注其在当代文化建构中的意义。

不知道大家对明清小说的接触多不多?我经常会看到相关的问卷调查,对于中学生、大学生阅读明清小说状况的调查,好像情况并不是特别乐观。原因是各种各样的,主要可能由于高考制度的压力,使中学生难以有集中的时间来阅读名著。我曾经指导一个韩国留学生的学年论文,他做了中韩学生对《三国演义》阅读情况的调查。调查显示中文系有42%的学生阅读过《三国演义》这本名著。我不确认这个数字有多大的真实性与代表性,也许他调查的对象总体水平偏高。尽管如此,大家还是能以各种方式接触明清小说。

在进入题目之前,我先给大家介绍三段话。一段出自鲁迅的《叶紫作〈丰收〉序》:

> 中国确也还盛行着《三国志演义》和《水浒传》,但这是为了社会还有三国气和水浒气的缘故。《儒林外史》作者的手段何尝在罗贯中下,然而留学生漫天塞地以来,这部书就好像不永久,也不伟大了。伟大也要有人懂。

鲁迅从时代变化角度来看明清小说的传播。在他看来,自留学生漫天盖地以来,也就是中外教育、文化广泛交流的时代,知识分子的生活方式发生了变化,使得人们对《儒林外史》的意义陌生了,他感慨"伟大也要有人懂",是希望人们在当时也能领会经典作品深刻的、具有永久价值的思想内涵。另一方面,鲁迅又指出,当时中国《三国演义》和《水浒传》还是很流行,这是因为中国社会还存在着三国气和水浒气。鲁迅对"三国气"和"水浒气"没有做具体的解释,大概指的是一种文化心理,可能与传统社会中的"游民"义气在当时仍然流行的文化背景有关。也就是说,至少在那个时代,《三国演义》和《水浒传》与中国社会没有太大隔膜。

另一段是郑振铎在《谈金瓶梅词话》中说的:

于不断记载着拐、骗、奸、淫、掳、杀的日报上社会新闻里,谁不能嗅出些《金瓶梅》的气息来?郓哥般的小人物,王婆般的"牵头"在大都市里是不是天天可以见到?西门庆般的恶霸土豪,武大郎、花子虚般的被侮辱者,应伯爵般的帮闲者,是不是已绝迹于今日的社会上?……《金瓶梅》的社会是并不曾僵死的人物们,是至今还活跃于人间的时代,是至今还顽强的在生存着……到底是中国社会演化得太迟钝呢?还是《金瓶梅》的作者的描写,太把这个民族性刻画得入骨三分,洗涤不去?

明代是一个商品经济迅速发展的时代,它与三四十年代,甚至与我们当下商品经济兴盛的时代,确实有很多相像的地方。明代后期有一部名为《杜骗新书》的小说,分门别类把社会上各种骗术汇编在一起,其中的内容与今天我们从报上看到的各种骗术相比,似乎没有太大差别。郑振铎说"《金瓶梅》把民族性刻画得入骨三分",这个"民族性"他也没有具体说明。吴组缃先生曾经有一个说法,他认为《金瓶梅》,包括《红楼梦》,都对中国社会的"市侩主义"有深刻的揭示。他在讲到"文化大革命"产生原因的时候,认为那也是市侩主义与封建主义的恶性大爆发。什么是"市侩主义"呢?吴先生说就是"利之所在,无所不为"。从这样的角度来看,《金瓶梅》对于我们认识今天的社会与人性,也一样有鲜活的启示作用。

还有一段话是吴组缃先生说的。吴先生写过一篇关于《儒林外史》的著名文章《〈儒林外史〉的思想与艺术》,这段话没有在他那篇文章里头出现,但当年跟着吴先生学习过的人都很记得他说的这句话,我也多次听吴先生这样讲过,他说:"关于中国知识分子的历史性格与命运,除了'反右''文革'、上山下乡之外,《儒林外史》里已经全有了。"一些特定的社会运动,像"反右""文革"这样的运动,当然不可能在《儒林外史》里面出现。但是《儒林外史》开宗明义就要描写一代文人所遭遇的精神折磨、各种各样的诱惑与摧残以及他们道德品质的变化,同样具有超时代的启示。卧闲草堂评本的《儒林外史》上面有一句话,提醒读者"慎毋读《儒林外史》,读竟乃觉日用酬酢之间,无往而非《儒林外史》"。读《儒林外史》,你会觉得周遭全都像《儒林外史》所写的人物,这当然令人感到沮丧,但这种沮丧也能唤起一种警觉,这也是吴敬梓的意图所在。

上面三段话,都强调了明清小说所反映的社会现象和文化心理实际上在当代社会依然存在,这也正是我所要讲的。

明清小说与当代文化密不可分的联系,是基于它在当代仍然被广泛接受的事实,而且是以各种各样的形式广泛接受,这样的事实我下面会讲到;另一个事实就是它所描写的内容与当代中国人的精神世界仍有很多相通之处。这两点都使得明清小说成为当代文化建设的一种重要资源。所以,我们阅读明清小说,应该有这样一个意识:这些古代的文学作品不是一个简单的文学遗产,而是现实中鲜活的文化现象。

我先介绍明清小说在当代传播的新特点,这种特点是相对于明清小说在明清时期传播的特点来说的。首先,明清小说从现代一直到当今的传播与影响,大大超出了它们产生之时的传播与发生的影响。我们知道,中国古代小说在传统文化格局当中地位是非常卑下,比如清人对《儒林外史》也有过很高的评价,但即便如此,吴敬梓的朋友程晋芳在吴敬梓去世以后,还是充满哀伤地写道"余为斯人悲,竟以稗说传",因为在他乃至吴敬梓本人看来,经学研究才是一个知识分子的安身立命之处,而靠小说才闻名于世,是十分悲哀的事。如果从整个社会的舆论、正统的文化政策来看,小说的创作与传播更是处于一个非常不利的社会背景下。王利器所编的《元明清三代禁毁小说戏曲史料》,收集了很多元明清时期对于小说、戏曲禁毁的政府法令与社会舆论,反映了这一现实。而晚清以后,整个社会文学、文化的观念发生了一个根本的转型。"小说界革命"的热潮,使很多人相信,小说乃"文学之最上乘",是整个社会文化、文学的中心,是改良国民性的根本。那以后的整个二十世纪,有过短暂的时间,例如"文化大革命"时期,不利于小说、包括明清小说的出版发行。但即便是在那一特殊时期,由于毛泽东对于几部明清小说经典作品特别喜好,在当时其他古籍都罕有印行的情况下,《红楼梦》等名著还是奇迹般地有所出版。因此,整个二十世纪,小说传播的规模、数量和程度都是明清小说产生时代所不能比的。我们在书店里面,可以看到明清小说各式各样的版本。人民文学出版社出版的红楼梦研究所校订的《红楼梦》,腰封上标明:"畅销三十年,营销四百万套。"这"四百万套"还只是人民文学出版社一家所印的数量,其他翻印、盗印的更不计其数。二十世纪明清小说的印刷数量,可能多到完全无法统计。显然,当《红楼梦》以抄本或刻本传播的年代,能够阅读的人肯定是非常有限的,它的影响力当然远远无法与现今的大规模传播相比。

明清时期书籍刻版印刷的工料、价钱远比现在印刷的成本要贵。小说刻本偶尔也会标明价格，比如说有一种明代的《封神演义》，上面标明"每部定价纹银贰两"，有人按照当时物价作过换算，大约一套一百回左右的长篇小说相当于五十只鸡、四十只狗、十匹白布、一百五十四斤红枣。今天买一部这样的小说，便宜的只要十几块钱，这点钱买得来五十只鸡吗？这个价格大约相当于一个知县三分之一的月俸，这当然不是普通民众可以买得起的。可想而知，那时候，在那样的传播条件之下，能够拥有这些小说受到了很大的客观条件限制。

二十世纪以后，明清小说不仅仅是通过文本形式传播，还通过各种各样新的艺术形式来扩大传播。从 1924 年开始，《红楼梦》里就有《黛玉葬花》的片段被改拍成电影，以后不断地有明清小说名著被改编为影视剧。名著影视剧的一拍再拍，它的影响范围是单纯的小说文本所不能相比的。一方面它会让更多人快捷地了解明清小说经典作品的大概，另一方面往往在影视剧播映的时候，也带动明清小说的销售。不少观众看了影视剧以后，可能会有兴趣去买书来看，或是一边看影视剧一边对着小说文本来看，所以影视剧这种新的艺术形式对于小说传播是有很大促进作用的。

最近十几二十年，明清小说通过网络又有了更大范围的传播。除了专业性网站，一些大的门户网站下面都有明清小说名著的论坛。明清小说在网络上传播的速度和程度完全是过去无法想象的，不仅仅是明清时期无法想象，就是二三十年前也无法想象。记得我上大学的时候，《金瓶梅》这样的作品，连古代文学的老师都不容易看到。而现在通过网络，各种明清小说文本，从文字版到图像版，就是那种原刊影印的图像本，都可以很方便地找到。对一个读者来说，现在要找明清小说文本，基本上没有什么困难了，困难只在于他愿不愿意去读。实际上，我们在网络上可以看到有关明清小说的讨论热度相当高，甚至形成了某种志同道合的群体，比如所谓的"草根红学"，就是一批《红楼梦》的痴迷者，他们没有功利目的，以极大的热情交流看法、讨论问题，反映出明清小说在传播上的广度和深度。

我还想要强调一下的是，二十世纪以来，明清小说的传播不是一种简单的文学行为。刚才讲到晚清时期那种对小说的抬举，主要是把小说看成是社会改良的一种工具。到了二十世纪中期以后，阶级斗争的观念与激烈的意识形态的冲突，同样也反映到明清小说的阅读、传播和研究中了。建国后的几次大的政治运动，都与明清小说有关。明清小说从来没有与一个国家的社会政治有如此紧密的联系。1954年的评《红楼梦》运动就是一个突出的例子。毛泽东称对俞平伯评论《红楼梦》的批判文章是"三十多年以来向所谓研究《红楼梦》权威作家错误观点的第一次认真的开火"。因此，这个评红运动既是用马克思主义研究《红楼梦》的展开，更是一个思想文化的整肃运动和新意识形态的建设运动，是新政权为了巩固自身地位的一种文化行为，其意义在明清时期是无法想象的。上个世纪五六十年代还有一次为曹操翻案的讨论，这虽然不完全是针对《三国演义》进行的，但曹操作为一个奸雄的反面形象主要是通过《三国演义》以及一些戏曲塑造的，为曹操翻案实际上也是对这些文学作品的人物形象塑造重新认识。至于七十年代初期的评《水浒》运动，政治化的意味更加强烈，当时全国各地，从报刊至工厂学校，到处都会有批判《水浒传》的文章，围绕一部明清小说展开全民大批判，今天看来也是不可思议的事。这样的时代已经一去不复返，但是这一现象却是很值得我们反思的。正如刚才提到的，明清小说用不同的方式，介入了当代社会文化的发展和建设。

在二十世纪，明清小说的传播还有一个明清时期所没有过的现象，这就是明清小说被大量译为外文出版发行。清代已有一些明清小说向东亚以外的国家传播，有的甚至在国外引起热烈反响。比如《好逑传》，这部清代很一般的才子佳人小说，在欧洲却得到歌德的热烈称赞，认为其中"一切都比我们这里更明朗，更纯洁，也更合乎道德"（《歌德谈话录》）。才子佳人小说中的主人公往往被作者极力美化，他们"发乎情、止乎礼"的言行，确实体现了儒家与礼教的风范。要是看了《水浒传》那种血腥杀戮、《杜骗新书》中的坑蒙拐骗的话，我想歌德大概不会作这样的评论。总体来讲，明清时期小说被传播到域外的情况很少，而且这种很少的情形基本上不为当时的中国人所知，也就不可能产生互动式的反应。而当代就不一样了，明清小说在传播到国外的时候，在国外的翻译与研究状况反馈回来，对中国人看待明清小说也产生了影响。

当然，小说的翻译是很困难的，有些简直是不可译的，勉强翻译，有时必须加以改动,以致误译。霍克思(David Hawkes)的英译《红楼梦》颇受好评,但就是一个"红"字,就不得不变通,霍克思认为"红色"对汉语文化的人而言,有喜庆、幸福、吉祥之意,但在英语国家的人眼中,绿色和金黄色具有类似的联想意义,而红色往往与流血、危险或暴力联在一起。因此,他将"怡红院"译成了"Green Bower Hermitage",虽然"怡红快绿"也符合"怡红院"的特点,但"爱红"还是贾宝玉更突出的表现。在《红楼梦》第五十四回有一段写道:

> 正说着,可巧见一个老婆子提着一壶滚水来。小丫头便说:"好奶奶,过来给我倒上些。"那婆子道:"哥哥儿,这是老太太泡茶的,劝你走了舀去罢,那里就走大了脚。"

贾宝玉的丫鬟伺候他洗脸,因为准备好的热水已经凉了。当然不能让贾宝玉洗冷水,贾宝玉是特别怕冷的,夏天都不敢吃冰,所以丫鬟赶紧再去给他找热水,正好看见一个老婆子提了热水来,就截下来要倒她的水,口气也很大:"凭你是谁的,你不给?我管把老太太茶吊子倒了洗手。"那婆子回头见是宝玉身边的大丫鬟秋纹,忙提起壶来就倒。秋纹还口气很大地说:"谁不知是老太太的水。要不着的人就敢要了。"我想说的是老婆子说"那里就走大了脚"这一句。霍克思的译本作:"Go and get some yourself, young lady—walking won't Spoil your feet!"杨宪益、戴乃迭的译本作:"Fetch some for yourself, lass, it won't hurt you to walk a few steps."Spoil、hurt 都指的是"伤害",没有真正传达出"走大了脚"的意思。这只是一个微不足道的细节,但在明清时代,却是与当时的小脚文化联结在一起的,那时崇尚的是三寸金莲,"走大了脚"对女孩子来说当然是不好的,其中意思是没有办法翻译出去的,翻译了外国的读者也不会明白。这种情况在翻译中是大量存在的,也就是说,翻译很难把一个文化的枝枝叶叶原原本本地传达出来。而通过这种可能并不到位的翻译,也许我们反而可以发现一些我们自己已经习焉不察的中国文化的细节。不用说,与此相关的国外汉学家的研究,会从更多方面、更深刻地启发中国人对明清小说的认识,而这种接受背景是早期明清小说传播的时候所没有的。

诸位应该也是看着《哈利·波特》这样的书成长起来的,这一部书的影响力确实很大。我这里想引用《中华读书报》(2007年7月11日)刊登的一篇文章来说明,作者康慨在题为《从全球化的角度理解》的文章中说,她的女儿很喜欢看《西游记》,但是她却不希望女儿看,说是:"宝宝啊,不要老看《西游记》,它太残暴。"因为"孙悟空看见个姑娘就一棍子打死,看见个老太婆就一棍子打死……"尽管她的女儿不认同她的观点,她却坚持认为:

> 《哈利·波特》俘虏了我的女儿,我倒觉得这未必是坏事……在《西游记》里,以正义的名义,徒弟们被绑架了,只剩下一个使命,一种理想,不再有其他的选择。我以为,在善与恶这个问题上,《西游记》所传达出的观念是落后于时代的。很多美好的东西都被无情地棒杀了,包括一些女妖的爱情幻想,甚至猪八戒独善其身的田园生活,女儿国本该成为女性主义的温床,可女王却如此需要一个男人,为她和整个国家做主。金箍棒固然是大规模杀伤性武器,却永远受限于紧箍咒和如来佛的掌心,法力被无限放大,成了决定性的因素。《哈利·波特》固然也有巫术和魔法,它们却只是把戏,而非终极力量。
>
> 因此,反过来讲,即便不考虑语言和市场的因素,哪怕东风压倒了西风,《西游记》也断然不会在现代西方得到推崇。

我不知道作者说《西游记》断然不会在现代西方得到推崇的根据何在,也许这种说法部分符合实情。一方面,在明清小说的传播中,《西游记》超越特定时代、地域的特点可能比其他小说大一些。因为要读懂《三国演义》需具备复杂的历史知识,阅读《红楼梦》对中国文化的知识要求更高,《儒林外史》几乎很难被外国读者所接受。比较而言,《西游记》还是容易为外国读者理解一点儿的。但是,它可能也确有和西方文化相抵触的地方。据说,《西游记》动画片在向海外发行时,就不十分顺利,因为里面的降妖伏魔,总是打打杀杀的,似乎与《白雪公主》之类优美的西方童话不一样。但如果我们以这样的标准衡量《西游记》,以致得出"《西游记》的观念是落后于时代"的看法,也是有问题的。新版《西游记》电视剧的导演说:"我要把《西游记》拍得和《指环王》《哈利波特》一样。"如果只是指妖魔鬼怪的造型设计之类,那倒没什么。如果要从观念上向好莱坞靠拢,那就是另一回事了。还是前面提到的那期《中华读书报》上,有社科院文学所杨早的一篇文章《哈利魔法在中国》,作者说:"我认为,排除其他种种因素,《哈利·波特》在中国的风行,暗示着中国文学幻想成分的严重匮乏。……虽然我们还有《西游记》,还有《封神演义》,还有《聊斋志异》与大量的明清笔记,但时代与语言的限制,使那些狐鬼妖神已与大众读者渐行渐远。"也许,明清小说的描写与当代读者确实存在着渐行渐远的距离,但欧洲古典文学恐怕也有类似现象。而无论从明清小说本身的幻想程度来讲,还是从它的实际传播来看,也不能够简单遗弃或否定。无论如何,明清小说在全球化格局下的传播,是我们不能忽视的文化现象,不管它对明清小说的传播是正面的还是负面的,它都影响着当代人对明清小说的接受。

随着明清小说在当代传播的变化,当代读者对明清小说的阅读体验与阐释也有所变化。吴组缃先生曾经回忆早年第一次接触到亚东本《红楼梦》时的情景:

> 现在我买到手的,属于我所有的这部书,是跟我平日以往看到的那些小说书从里到外都是完全不同的崭新样式:白报纸本,本头大小适宜,每回分出段落,加了标点符号,行款疏朗,字体清楚,拿在手里看着,确实悦目娱心。我得到一个鲜明印象:这就是"新文化"!

上个世纪二十年代初,亚东图书馆校标点出版的《红楼梦》是明清小说第一次以分段、标点的形式传播,这个意义是非常大的。这样的文本形式与过去抄本、刻本完全不同,而与当时的报刊和新的出版物相同,所以,它给吴先生一个很强烈的"新文化"感觉。这种新鲜的感觉,可能我们今天已很难体会到了。记得吴先生讲过一件有趣的事,他说当年在安徽乡下的学校读书时,有一天在校园外看到校园墙内有一个人头迅速移动过去,他觉得非常惊讶,跑过去看。原来那个人是在校内骑自行车,因为墙挡住了人的身体和车的部分,他在外面只看见上面的头。自行车这样的新式交通工具出现在穷乡僻壤的时候,它给人的感觉就是这样令人惊异,标点本的《红楼梦》大约也是如此。尽管它是一部古代小说,但是当它以新的面目出现时,它便成为整个社会文化变化的一个组成部分。

不但如此,当代读者对待明清小说的看法还会随着社会发展而不断变化。由于一个世纪以来,中国社会变化的节奏加快、幅度增大,阶段性也很鲜明,人们对明清小说的认识也发生了前所未有的相应改变。

经常有人做有关《红楼梦》阅读情况的问卷调查,其间的变化就很值得玩味。比如对林黛玉、王熙凤等人物的看法,当代大学生与作者的创作初衷及旧时读者的观点出现了不少差异。上个世纪三十年代时,赵景深在复旦大学学生中就做过一个关于《红楼梦》的调查,多数人认为小说中林黛玉、薛宝钗写得要比王熙凤成功(参见马幼垣《小说的民意测验》,《中国小说集稿》,台北时报出版公司1980年版)。而在当今,很多读者认为王熙凤是塑造得最成功的形象。北京大学《红楼梦》研究会在北大、清华、人大等高校进行的更广泛的调查,得出的结果相近(参见《红楼梦学刊》2000年第1期刊登的该问卷调查分析报告)。不仅如此,当代大学生在肯定王熙凤描写的成功的同时,还充分肯定了她过人的才智能力。这与作者给她的判词"机关算尽太聪明,反误了卿卿性命"也有所不同。显然,这种观点的产生与当今肯定人才、崇尚能力的社会氛围有关。实际上,这不只是一般读者的阅读感受,学术界也有反映。据刘梦溪介绍,《红楼梦学刊》近年就多次收到称颂王熙凤是时代新人的文章(《红楼梦与百年中国》,载香港《二十一世纪》1994年第12月号)。87版的电视剧《红楼梦》也是如此,剧中王熙凤的戏份就特别多,她在电视剧中的作用似乎比在小说中更加突出,以至有位专家指出,该剧"在总体安排上,将王熙凤列为一号人物,统帅全剧,将宝黛降到二号人物地位"。以至《红楼梦》几乎拍成了《王熙凤》(参见胡文彬《平心论红楼》,载《文艺理论与批评》1987年第6期)。应当说,这种理解和安排与曹雪芹的原意是不尽相符的。

与此相关,有调查反映,很多大学生不欣赏林黛玉的性格,认为她的悲剧是自身性格造成的。对于作者热情颂扬的宝黛爱情,有很多被调查者坦承自己不愿经历。尽管宝玉养尊处优、周围美女如云,但是那种生活连宝玉自己都感慨行动没有自由,其处境与当代青年的精神追求,差别显然是更大的。所以,多数被调查者不愿意住在那个桃红柳绿的温柔宝贵乡,他们觉得大观园的天地狭窄而压抑,让人难有作为,衣来伸手、饭来张口却又无所事事的生活使他们窒息,现代人向往的是一种更自由、更广阔、更富有挑战性的生活。而在二十年代,还很有一些青年读者看了《红楼梦》,便"自己钻入书中","以宝玉、黛玉自居"(鲁迅《中国小说的历史的变迁》)。

当然，在谈到明清小说在当代传播的过程中人们认识的变化时，我们也应注意还有"不变"的一面。这其中既有开始已经提到的历史的延续性、相似性带来的感受的继承性、一致性，如郑振铎所说《金瓶梅》描写晚明社会与三十年代的相似。同时，文化心理、国民素质、人类意识也同样存在不变的因素。所以，明清小说又具有超越时空限制的启发意义。比如《西游记》通过降妖伏魔、历险克难故事所传达出来的只有不断战胜各种挑战才能实现理想的基本理念，即使在当代也同样能引起共鸣。清代张书绅在评论《西游记》时曾说："人生斯世，各有正业，是即各有所取之经，各有一条西天之路。"在现实生活中，每一个人只要有所追求，肯定都会面临波折、诱惑，也就是说都会有自己的"西天取经"之路。从这样的角度去体会《西游记》的哲理意义，就不会受到环境的约束，反而可能在赋予了个人生活体验后，丰富小说的接受内涵。

由于时代变化，社会环境与文化语境是超越时代的，明清小说也确实存在许多不是特别容易被人理解接受的东西。这当中，每一部小说的情况并不完全一样。阅读《西游记》需要具备有关的宗教文化与思想方面的知识，但是其中的幻想故事，有时不完全依赖外在的思想背景也能理解。有一些小说家，比如说清代的畅销书作家李渔，他的小说《无声戏》《十二楼》过去很受欢迎，现在也不乏读者，作品中自然也包含了李渔的思想，不过，相对而言，他的思想是浅显的、轻飘飘的，他更多的是追求一种诙谐的风格，这种风格让他较容易受到读者的欢迎。

不过，即使是较为简单的文化差异，如果缺乏有关知识，有时也难免错失或误会明清小说中的一些信息。《红楼梦》第二十五回写黛玉到怡红院，正好遇见凤姐等都在。凤姐问起日前赠茶之事，宝玉、宝钗都说茶不太好，只有黛玉说"我吃着好"。接下来，有这样一段对话：

> 凤姐笑道："你要爱吃，我那里还有呢。"
> 林黛玉道："果真的，我就打发丫头取去了。"
> 凤姐道："不用取去，我打发人送来就是了。我明儿还有一件事求你，一同打发人送来。"
> 林黛玉听了笑道："你们听听，这是吃了他们家一点子茶叶，就来使唤人了。"

> 凤姐笑道:"倒求你,你倒说这些闲话,吃茶吃水的。你既吃了我们家的茶,怎么还不给我们家作媳妇?"
>
> 众人听了一齐都笑起来。林黛玉红了脸,一声儿不言语,便回过头去了。

古代订婚有"下茶礼"一说,所以古代又有"好女不吃两家茶"的说法,今人如果不了解这一风俗,对"你既吃了我们家的茶,怎么还不给我们家作媳妇?"这一句话,就可能会觉得莫名其妙。

还有的小说,文化含量高,理解起来就困难些。所以鲁迅才会感叹《儒林外史》的伟大也要有人懂,吴组缃先生也曾经说过《儒林外史》实际上阅读起来比《红楼梦》还要艰难一些。

前不久,我在纪念吴敬梓诞辰三百一十周年学术研讨会上,发表了一篇题为《〈儒林外史〉文本特性与接受障碍》的论文,其实就是想探讨鲁迅所说的"伟大也要有人懂"的原因何在。我觉得,把《儒林外史》传播中的这一窘境都归咎于当代读者的无知是不恰当的。我们应该认真思考《儒林外史》的文本特性是否真的对读者的接受形成了某种障碍?这种障碍有多少来自作者的匠心独运,又有多少来自读者对这种匠心的不适应?有多少来自作者与读者之间的文化落差,又有多少来自时过境迁的历史隔膜?我说了这样几层意思:一、《儒林外史》思想的深邃与多义性令浅阅读却步;二、《儒林外史》知识的密度与广度设立了阅读的又一文化门槛;三、《儒林外史》情节的淡化与深隐的叙事要求读者改变消遣性阅读习惯;四、吴敬梓的尚古情怀与当下意识在时过境迁后产生的时间性隔膜。《儒林外史》第三回写周进取过范进卷子来看,看罢,不觉叹息道:"这样文字,连我看一两遍也不能解,直到三遍之后,才晓得是天地间之至文,真乃一字一珠!"这当然是作者的讽刺之词。对于《儒林外史》这样一部思想深刻、知识丰富、叙事高超的小说精品,读者可能倒是需要有一个这样认真阅读与反复体会的过程。

实际上,如果从明清小说本身的接受史来看的话,阅读上的分歧是一直存在的,其中有些小说在传播过程中,分歧还特别明显,甚至是对立的。《水浒传》就是最为突出的一个。

《水浒传》的题材非常特殊,它是从正面角度写的一些在传统文化、正统观念中的"盗贼"。有人肯定它,认为它宣扬了忠义,又有人否定它,认为它是"诲盗之作"。到了当代,尤其是二十世纪后半叶,国人对《水浒传》的看法,同样对立且变化巨大。

五六十年代对《水浒传》基本上是肯定的,当时的文学史都认为《水浒传》是表现、歌颂了农民起义。共产党曾经被看作"匪",走的也是"农村包围城市"的革命道路,因此从肯定农民起义的角度赞赏《水浒传》是很自然的事情。但到了七十年代,阶级斗争的形势不一样了,毛泽东忽然提出:"《水浒》这部书,好就好在投降。做反面教材,使人民都知道投降派。"对《水浒传》又作了另一种政治性解读。站在彻底的革命立场上看,宋江改变了晁盖的政治路线,领导农民起义归顺朝廷,接受招安,是一种投降行为,这不为政治家、革命家的毛泽东所认可。毛泽东的讲话发表以后,在全国引起了一场声势浩大的评《水浒》运动,今天我们已很难想象一部明清小说会在当代中国的政治生活中扮演如此重要的角色。

改革开放以后,人们对《水浒传》的看法又发生了变化。在《水浒传》电视剧开播后的若干年中,这部电视剧的播放都是一个敏感的问题,也曾在媒体上引发过争论,有些读者投书报纸,批评《水浒传》传达了不合宜的观念,认为法制社会,不能自己随便认为"该出手时就出手","济贫"可以,但不一定要"杀富"。近些年来,对《水浒传》的批判更为激烈,如武汉大学朱志方《正义与义气——〈水浒传〉的深层价值观评析》认为:"《水浒传》作者站在凶手的立场写杀人,以赞赏方式描写滥杀和残杀,完全无视受害者的生存权利。""《水浒传》作者站在黑帮的立场上写忠义。因此,《水浒传》的忠义决不是社会正义,而是地地道道的黑帮逻辑和黑帮规则。""《水浒传》站在流氓的立场写女人。……(梁山匪首)对女人不仅没有正义,而且连黑帮内部的'义'也不能贯彻。""《水浒传》也许是中国特有的黑帮组织的长久不衰的教科书","作者在书中传达的反人道态度、盗匪逻辑和对女人的轻视等深层思想,对中国历史却起了不良的影响"(载冯天瑜主编《中国文化的昨天、今天和明天——名家演讲集》,武汉大学出版社2001年版)。

段德明《水浒新鉴》(云南民族出版社2003年版)对《水浒传》的暴力、凶残等,也进行了激烈的批判。最集中、最突出的是王学泰、李新宇《〈水浒传〉与〈三国演义〉批判——为中国文学经典解毒》(天津古籍出版社2004年版)和刘再复的《双典批判——对〈水浒传〉和〈三国演义〉的文化批判》

(三联书店2010年版)。《〈水浒传〉与〈三国演义〉批判——为中国文学经典解毒》前面的贺雄飞代序《为中国文学解毒》说：

> 《水浒传》和《三国演义》则经不住现代性的审视，尽管二者在艺术上堪称一流，但其基因中的毒素太多。前者大力宣扬游民文化和暴力美学，坑害了无数"愚昧"的灵魂；后者则歪曲历史，弘扬权谋文化和奴性思想，让中国人沉浸在历史的阴冷和残酷中不能自拔。

这些对《水浒传》的批判，既是对古代小说的新认识与阐释，更是对传统文化的批判，是着眼于当代文明的建设。问题是，建设当代文明是否一定要以传统文化为敌，是否能简单地用当代眼光、非艺术的眼光看待古代小说，这是值得讨论的。

最近一个时期，电视台播放《水浒传》电视剧，社会反应似乎已经"脱敏"了，社会的承受力有所增强，这是值得庆幸的。但情况也有另一面，相反的是，在学者批判《水浒传》的血腥暴力时，民间却对此表现出了一种异乎寻常的赞赏。

不久前，有一位专家在博客上连续发帖，提出应从中学语文课本中删除《鲁智深拳打镇关西》，因为在他看来，这篇课文的核心，"无非是描写一个杀人场面，尽管血淋淋的内容被生动的比喻、花团锦簇的文字所掩饰，但丝毫不能改变一个生命当场殒灭的残酷现实。"而这样的故事放在中学课本中，"人格尚未定型的十几岁的孩子，会由此产生何种联想、这又会如何影响到他们的思维和行为，是很难确知的"(http://blog.sina.com.cn/s/blog_4c08b374010016jo.html)。他的这一主张，引起了众多网民的反对。从这些反对的意见我们不难察觉，这种反对的声浪，包含着对现实社会腐败与不公等现象不满的情绪。这也正是令人担心的地方。

那么，今天我们究竟如何理解《水浒传》中的血腥暴力描写？

读过《水浒传》的人都知道，小说中确实存在着大量的"目无法纪"、暴力倾向和血腥描写、对女性的蔑视等。比如"目无法纪"有一个典型的情节，在第七十四回中李逵占了县衙门以后，县官跑掉了，所有人都吓跑了，但他让"牢子"来扮演原告和被告。办的是最简单的案子：一个人被另一个人打了。李逵不问事情的缘由便"宣判"道："这个打了人的是好汉。先放了他去。这个不长进的,怎地吃人打了? 与我枷号在衙门前示众。"对于法制完全是一种游戏亵渎。书中还有很多叙述语言,表现了对法制的轻蔑,如第三十八回有这样的诗句:"以强凌弱真堪恨,天使拳头付李逵。"社会存在强权与不公平,李逵"该出手时就出手"就成为天经地义的了。"杀人放火惯为非"(第四十三回)成了梁山好汉们的习惯性动作。

在《水浒传》中,血腥的描写也很多,如第四十一回中的一段描写:

> 宋江便问道:"那个兄弟替我下手?"只见黑旋风李逵跳起身来,说道:"我与哥哥动手割这厮!我看他肥胖了,倒好烧!"晁盖道:"说得是。"教:"取把尖刀来,就讨盆炭火来,细细地割这厮,烧来下酒与我贤弟消这怨气!"李逵拿起尖刀,看着黄文炳,笑道:"你这厮在蔡九知府后堂且会说黄道黑,拨置害人,无中生有,撺掇他!今日你要快死,老爷却要你慢死!"便把尖刀先从腿上割起。拣好的,就当面炭火上炙来下酒。割一块,炙一块。无片时,割了黄文炳,李逵方把刀割开胸膛,取出心肝,把来与众好汉看醒酒汤。

又如第三十一回的一段:

> 蒋门神急待挣扎时,武松早落一刀,劈脸剁着,和那交椅都砍翻了。武松便转身回过刀来。那张都监方才伸得脚动,被武松当时一刀,齐耳根连脖子砍着,扑地倒在楼板上。两个都在挣命。这张团练终是个武官出身,虽然酒醉,还有些气力。见剁翻了两个,料道走不迭,便提起一把交椅轮将来……武松赶入去,一刀先剁下头来。蒋门神有力,挣得起来。武松左脚早起,翻筋斗踢一脚,按住也割了头。转身来,把张都监也割了头……便去死尸身上割下一片衣襟来,蘸着血,去白粉壁上大写下八字道:"杀人者打虎武松也!"……武松却闪在胡梯边看时,却是两个自家亲随人……武松随在背后,手起刀落,早剁翻了一个……杀得血溅画楼,尸横灯影。武松道:"一不做,二不休。杀了一百个,也只是这一死。"提了刀下楼来……夫人见条大汉入来,兀自问道:"是谁?"武松的刀上飞起,劈面门剁着,倒在房前声唤。武松按住,将去割时,刀切头不入。武松心疑,就月光下看那刀时,已自都砍缺了。武松道:"可知割不下头来。"便抽身去后门外,去拿取朴刀,丢了缺刀,复翻身再入楼

下来。只见灯明,前番那个唱曲儿的养娘玉兰,引着两个小的,把灯照见夫人被杀死在地下,方才叫得一声:"苦也!"武松握着朴刀,向玉兰心窝里搠着。两个小的亦被武松搠死。一朴刀一个,结果了。走出中堂,把拴拴了前门。又入来寻着两三个妇女,也都搠死了在房里。武松道:"我方才心满意足。"

虽然武松的复仇是有理由的,但滥杀无辜,而作者又详细描写如此血腥的场面,也和当代人的观念有很大距离。

对女性的蔑视更是不用多说,书中很少正面的女性形象,就算有也不是美丽的,而对于所谓"淫妇",则必欲千刀万剐,如第二十六回的"武松杀嫂":

> 那妇人见势不好,却待要叫,被武松脑揪倒来,两只脚踏住他两只胳膊,扯开胸脯衣裳。说时迟,那时快,把尖刀去胸前只一剜,口里衔着刀,双手去挖开胸脯,抠出心肝五脏,供养在灵前;胳察一刀便割下那妇人头来,血流满地。

第四十六回的"杨雄杀妻":

> 杨雄向前,把刀先挖出舌头,一刀便割了,且教那妇人叫不得。杨雄却指着骂道:"你这贼贱人!我一时误听不明,险些被你瞒过了!一者坏了我兄弟情分,二乃久后必然被你害了性命!我想你这婆娘,心肝五脏怎地生着!我且看一看!"一刀从心窝里直割到小肚子下,取出心肝五脏,挂在松树上。杨雄又将这妇人七件事分开了,却将钗钏首饰都拴在包裹里了。

这些场面,都极其血腥、恐怖。

对于这些"目无法纪"和血腥暴力的描写,我们必须承认它与当代法制观念与人道主义的矛盾。问题是,我们也不能完全脱离时代来看待这些描写。事实上,不只是《水浒传》这样的小说,其他类型的作品,也都大量存在与当代观念不一致的东西,一个时代有一个时代的思想,这是很自然的。既然社会总体上是不断进步的,旧时代的思想存在落后的、应当批判的东西,也是很自然的。但后人不能因此对古人永远只持简单的批判态度。

实际上,《水浒传》的思想本身也不是那么简单的,它的主导思想是"替天行道",是要追求社会公正,其中的暴力行为有时是一个过程,有时只是一种手段,而并不是目的。另外小说的情境设置是一个整体,我们不能孤立看待。小说里充分揭示了"乱自上作"的社会动乱根源,用李逵的话说,就是"条例,条例,若还依得,天下不乱了"(第五十二回)。社会法制败坏在先,他才去戏弄法律的,这是一种很容易为大众理解的朴素的因果关系。如果他们的最终目的是为了建立新的秩序,或者说重建被破坏了的既定秩序,对现状的冲击就更容易为大众所接受。今天如果我们脱离了小说设置的这种情景,只是从现代观念进行判断,可能就会和作品的本意产生一些距离。

再者,《水浒传》对暴力倾向也不是一味地肯定,比如说第四十回江州劫法场,李逵滥杀无辜,晁盖就制止他:"不干百姓事,休只管伤人!"李逵在特定情境下的殃及无辜是他粗暴性格的表现,是他的个人行为,不代表梁山好汉的精神品质,也不代表《水浒传》的基本倾向,当然也不意味着作者所要表现的思想。

还有一点值得一提,那就是小说是一种商品化、娱乐化的文学作品,在好莱坞电影里,我们也经常可以看到血腥暴力的镜头,见怪不怪,因为我们知道那是一种娱乐品。娱乐品在一定限度内的反常、虚拟、夸张等,都是受众能够接受甚至期待的刺激。明代画家陈洪绶的《水浒叶子》,将梁山好汉的座次及人物的特性,与当时的一种游戏马吊牌的牌色、酒令等搭配在一起,其中有一张肖像,是阮小七手提一个人头,这是极其可怕的画面。然而,在游戏之中,大约不会有人为此而惊恐。袁中道在《游居柿录》中记载明代著名思想家李贽评点《水浒传》的时候,他身边有个和尚,看到李贽对《水浒传》这么赞赏,对鲁智深也极为推崇,便"时时欲学智深行径",动不动就与人争吵,要么是"欲放火烧屋",要么是大叫"汝有几颗头?"还埋怨李贽不能像五台山智真长老宽容鲁智深一样待他。对于这样的人,袁中道感慨说:"痴人前不能说梦。"也就是说,如果看《水浒传》不能体会小说的精神实质,便只能效法鲁智深的外表、形迹、行为,而把握不住他急公好义的内在品格。

最后,我还想说说明清小说对当代文学的影响。明清小说在传播当中有一个很值得关注的现象,那就是一些名著往往是世代累积形成的,像《三国演义》《水浒传》《西游记》等,都经过漫长的演变。而当这些名著成书之后，它们的成功又带动了许多追随者，因此续书、仿作层出不穷。近代以来，则出现了不少翻新、改编之作。因此，明清小说经典作品的产生、接受、传播，是一个漫长的过程和复杂的现象。比如说《西游记》，在近代有一种署名冷血的《新西游记》，写孙悟空到上海，在一座大楼前撒了一泡尿，与他在如来佛手上撒尿不同，这回是被人抓住罚款；而唐僧、八戒则吸上了鸦片烟；他们还在上海见识了电话、电车、电风扇等新奇的东西。这部小说是借读者熟悉的人物，表现新的文明。上个世纪七十年代，柏杨写的《古国怪遇记》，也是借《西游记》传达他对社会现实的看法，讽刺当时台湾的一些不良现象，有些今天在我们身边也能看到。十年前，周星驰的电影《大话西游》在校园里影响非常之大。如果我们把《西游记》看成是对历史上唐代高僧玄奘取经故事的"大话"，《大话西游》对《西游记》的"大话"，也就不足为奇了，甚至可以说它们在精神上还有相通之处。

《红楼梦》翻新、改编更为频繁。晚清吴趼人的《新石头记》写贾宝玉到了自由村，然后闯进文明境界，看到了文明世界的好处，决心做一个真正文明自由的老百姓。还有一部南武野蛮的《新石头记》，描写林黛玉留学日本，在"大同学校"担任英文与哲学教授，并翻译《万国全史》。宝玉从上海找到日本，找到黛玉以后，黛玉绝不以儿女私情为念，反要宝玉也在日本留学，学得知识，以备将来返国开导民智，唤醒同胞。后来幸亏宝玉的儿子贾桂、侄儿贾兰被派到日本做钦使（此时宝、黛返老还童，贾桂、贾兰已白发苍苍），奏请大清皇后赐婚，另外大同校长也呈请日本皇帝赐婚，才完成了宝、黛婚事。

我曾经写过一篇文章专门讨论中国古代小说"掘藏"的情节类型。从魏晋时期开始，古代小说中就经常描写某人挖掘到了前人埋下的金银财宝。到了宋代，这种行为已经成为一种民俗信仰。至迟在晚清时，还出现过这样的俗谚："少年去游荡，中年想掘藏，老来做和尚。"年轻时闯荡江湖无所不为；人到中年，有了各种负担，便渴望发财，而发财最快捷的方式就是掘藏；老年时则一切都看通了。这一俗谚凝缩了中国人的人生经历与期待。明清时期很多小说中都有"掘藏"的情节。我们只看清代袁枚《子不语》卷二十四中的《鬼弄人》：

> 杭州沈济之，训蒙为业。一夕，梦金冠而髯者谓曰："汝后园有埋

金一瓮，可往掘之。"沈曰："未知何处？"曰："有草绳作结，上穿康熙通宝钱一文，此其验也。"明早，往园视之，果有草绳，且缚钱焉。沈大喜，持锄掘丈余，卒无有，竟一怒而得狂易之疾。

这个故事很容易使我们想到鲁迅的小说《白光》。鲁迅在这篇小说中，把中国传统的掘藏情节发挥到极致，赋予了掘藏以鲜明的现代意识，我认为这是一篇沟通古代与当代的精彩之作。《白光》的老童生陈士成挣扎在科举道路上，屡战屡败，在等待发榜的时候，想起老祖母曾经说过他们家祖上富贵，曾经埋过钱，但是埋钱所在是一个谜语："左弯右弯，前走后走，量金量银不论斗。"陈士成把家里挖了个遍，都没有挖到。终于有一天，他看到一片白光，就扑向白光，实际上是在迷狂中投湖而死了。在古代对掘藏的描写，有一个惯例，就是当掘藏者有可能挖到的时候，地下财宝一定会显灵，往往是出现一些白色的东西，如白鼠、白蛇之类。鲁迅把白鼠、白蛇的神异意象巧妙地转换成一种人的心理感觉；同时，又让掘藏具有一种隐喻的意义，即任何一个人，如果怀有某种强烈的欲念，这种欲望都可能导致他的丧心病狂，走向自我毁灭。上个世纪末，北京人艺还排演过一出话剧《北京大爷》，剧情表现改革开放以后中国人都梦想发财，北京一户人家希望挖到祖上埋的钱财，没想到挖出来一堆没有用的铜钱和一帛绢，上面写："告我子孙，挖瓮之日，就是败家之时。"这个话剧也把明清小说中常见的掘藏情节，与当代社会对接起来了。实际上，不只是掘藏，明清小说还有其他类似的小说情节、场景，我们在当代文学中也可以看到它们的影子。

明清小说在被当代作家进行改编的时候，很自然地会被赋予一些新的意识，如果我们由此再反过来看明清小说，也会有一种特殊的发现。"三言"中有一篇宋元话本小说《简帖和尚》，写一个淫僧即"简帖和尚"用很不光彩的手段，勾引良家妇女，最后受到了严惩。而这位妇人的丈夫对妻子也毫无信任，一度休妻。直到淫僧阴谋败露，夫妻再得破镜重圆。林语堂认为这是中国文学中最佳之犯罪小说，他改编为《无名信》，主体情节没有变化，但"淫僧"却被写成了一个 gentleman，结局也不是夫妻团圆，而是当前夫要求与妻子复合的时候，妻子却与"简帖和尚"携手昂然而去，因为她觉得简帖和尚才是真心爱她。

类似这样的改编在当代非常多，可以说是明清小说在当代传播的一个特殊现象。如"三言"中的名篇《白娘子永镇雷峰塔》，便不断被改编，连鲁迅都有过改编这篇作品的想法。从他的杂文《论雷峰塔的倒掉》我们可以想见，如果鲁迅改编，肯定也会灌注现代观念。在当代小说家对这一故事的改编中，我最欣赏香港作家刘以鬯的《蛇》。这篇作品写出一种很空灵的感觉，白蛇好像不是真正的蛇妖，法海反倒可能是一个妖鬼。

《水浒传》和《金瓶梅》中的潘金莲，仿佛也很受现当代作家的"青睐"。现代剧作家欧阳予倩写过一个《潘金莲》的剧本，把潘金莲从一个"淫妇"改造成了大胆追求爱情、被侮辱与被损害的普通女性形象。当代四川作家魏明伦在上个世纪八十年代，也编过一个《潘金莲》的荒诞剧剧本，其中古今中外的女性都有出现，同样有为潘金莲开脱解释的地方。

明清小说是当代小说创作的一个重要资源，善于利用这一资源，有利于小说家创作出优秀的作品。莫言说，他的《生死疲劳》的故事框架就是从蒲松龄的《席方平》学来的。实际上，莫言是一个比较有自觉意识学习明清小说创作经验的作家，我想这也是他的作品取得较高艺术成就的原因。莫言并不是一个特例。另一位优秀作家贾平凹，也很自觉地学习明清小说的经验。我曾经有一篇文章讨论明清小说里面的超情节的人物"一僧一道一术士"，如《红楼梦》所描写的一僧一道。他们并不是小说正面描写的、现实生活中的人物，而是某种观念的表现，同时也有结构上的意义。如贾平凹的《废都》里头写了一个蓬首垢面的收废品的人物，他在小说中的意义就类似于明清小说里面经常可以看到的疯和尚、癫道士的形象。我想贾平凹也应该受了明清小说的影响。

有一点应补充说明，明清小说在当代的传播还有非文学化特点，这不只是指前面已提到过的政治化倾向，也包括一些实用性阐释和商业性开发。前者如《水煮三国》《孙悟空是个好员工》《红楼梦与中医》之类，它们不是对小说作品进行的文学化学术性研究，而是利用明清小说中的情节、人物作实用性的阐释，比如将小说中的人际关系用于说明职场中的人际关系，为读者喜闻乐见。至于商业性开发也不少见，近二十多年来，不少地方建了所谓"西游记宫""镜花缘宫"等，把小说情境落实到主题公园的设计上。不过，这方面的开发似乎并不成功。成功的倒是一些以明清小说为素材的游戏软件，如"三国杀"之类，颇受欢迎。

综合上面所说的,对于明清小说,我以为我们应有这样一种基本认识:它们当然是明清时期所产生的文学作品,带有那个历史时代的烙印;但同时,它们又不只是简单的古代文化遗产,与中国古代文学其他文体相比较,也许明清小说在当代的传播更加普遍、更深入人心,它们作为当代精神文化现象的意义与作用也更大一些。

谈谈学问的主体、对象、目的与方法

钱志熙

钱志熙，1960年生，浙江乐清人。北京大学中文系教授、博士生导师，教育部"长江学者"特聘教授。兼任国家哲学社会科学基金评审组专家、中国李白研究会副会长、中华诗词学会学术部主任。曾获政府特殊津贴、宝钢优秀教师特等奖，被评为北京市高校教学名师，入选教育部跨世纪人才培养计划。出版《魏晋诗歌艺术原论》《汉魏乐府艺术研究》等专著十余种，发表论文一百六十余篇，多次获北京市哲学社会科学优秀成果一等奖及其他奖励。

"静园讲座"已经开过好多次。这次漆老师让我也来讲一次。我发短信问他讲什么好,他说前面老师的讲座已经汇集成册出版,书名叫做《北大中文系第一课》,我才知道这主要是面向本科生一年级上的,带有为本科阶段的学习导引的意思。我拜读前面各位老师的讲座文章,觉得精彩纷呈,受益匪浅,又觉得这个讲座未必只供一年级学生听用。这是因为每个老师的讲法虽然不同,内容也千差万别,但翻阅了以后,觉得有一点是共同的,即大家都是苦口婆心,想把自己多年来对于中文系的学习或者对本专业学问治学方法的一些长期的思考告诉大家;朴素地说出来,没有摆起面孔,做出客套来。所以我读了多有受益!

接到漆老师给的任务后,我就在想讲什么呢?我的研究专业属于古代文学。多年来给自己一个定位,即以中国古代诗歌史为主要研究的对象,同时关注诗歌史的社会及思想文化的背景。所以本来想讲讲诗歌史研究的一些问题。但是觉得过于专业了一些,给古代文学专业的硕士、博士讲也许更合适。想来想去,还是想讲讲有关学问的一些问题。这其实并不比前一个问题容易。但近年来读了先圣前贤的书,结合自己多年来的治学与人生的经历,在这方面有一些想法,开始明确起来。平时有这些想法,但零零碎碎的,我想这次可以把它讲得系统一点。这样对我自己来说,也算是一个思想的起点。于是出了这样一个题目。看起来俨然像一个大问题,但实际上还是漫谈为主。不知道能否讲好。先提请大家注意的是,这里面我自己讲的,也许不一定重要,重要的是这里讲到的古人的一些看法,是希望大家好好地听,认真地体会的。那是肯定会让大家受益的!那么,我现在就开始进入正题吧!

什么叫学问?走进大学后,大家会越来越多听到这个既熟悉又陌生的词。大家更熟悉另外一个词,叫"学习"。大家都是以学习能手、学习最佳者的身份进入北大中文系的。"学习好",大概是你们从小到大听到的最多的褒扬。"学习"跟"学问"原本是一回事,其实"学问"也就是学习。但要现在就说大家"学问好",我想连你们自己听着都会吃惊!这究竟又是什么原因呢?"学习"二字出于《论语·学而》篇"子曰:学而时习之,不亦说乎?"这是整本《论语》的第一句。古人的文章、著作,第一句往往是最重要的,是他们最想说的一句。关于学习二字的原义,古来注《论语》者,有好多讲法,我这里也不具体说了。但"学习"这个词,在今天大家的实践里面,却跟"学问"二字的境界有很大的不同。尤其是大家习惯的学习,是掌握知识、熟练技能,服从于应试、应用的目的。应试原本是为了公正地衡量应考者的知识与能力水平,公平录取最优秀的人才。这个大目标,当然与学问的宗旨不违背,但是不幸的是,这种衡量的方法常常不十分理想,以致有违于公正选拔的初衷,也违背了学问的初衷。于是大家的学习,就跟我们所说理想境界的学问有了很大的不同,以至于大家学习了十多年,但从"学问"二字来说,却未曾入门。所以,对于一向"学习好"的你们来说,"学问"又是陌生的,也是今后所要追求的。但是,我希望从进入大学开始,大家逐渐地去熟悉、亲近"学问"这两个字,少说"学习",多说"学问",哪怕你对它还只是一知半解。尤其是少说"学习成绩"这四个字。"学习成绩"四字原本也没有错,但大家熟悉的"学习成绩",无非就是分数的高低。"学问"却是另外一回事。所以,我想给大家讲讲学问,至于我自己,是否就已经懂得学问了呢?我却不敢这么说。我们知道学问是无止境的,所以谁都不能说已经得其全体,都只是在一个阶段、一个前提下说话!但是有一点,也许可以提供给大家参考。自从立了治学的目标以后,我自觉还是不断地在思索学问的事情。当然,我没有做到完全超越功利,进入自由的学问境界。这是跟大家一样的。所以我今天说的这些,不仅是对你们说,也是对我自己说。我从前辈学者那里接受了一种献身学术的精神,觉得受益无穷,比如我的老师陈贻焮先生,我受教过的朱德熙先生。当然还有其他许多我熟悉或不熟悉的前辈学者、古圣先贤们。

我把自己的一些思考理了一理,也联系了古人的一些观点,分出了学问的主体、对象、方法、目的(或者还有境界)这样几个词,讲起来也许就系统点。系统还是很重要的,概念也很重要,这是我最近深刻感到的。请大家不要人云亦云地跟着别人说,甚至跟一些你们眼中的名家、大师说,将系统、概念、理论等等说得一文不值。对于一个事实的认识与研究,如果没有达到系统地去把握,形成能够揭示其特征的若干概念,那就不能说已经较好地认识了它。这个问题很复杂,我不想在这里展开。我是避免大家一听我讲出这几个词,就以为是老生常谈,或者认为是空论一番,所以多说了这几句话。

我想先引宋代心学家陆九渊的一篇文章。这篇文章题为《白鹿洞书院〈论语〉讲义》。是在南宋淳熙二年(1175),陆九渊造访朱熹讲学的白鹿洞书院,应朱熹的邀请为他的学生做的一个讲座。讲的是《论语》中的两句话:"君子喻于义,小人喻于利。"我们摘其中的正文部分:

> 子曰:"君子喻于义,小人喻于利。"
> 此章以义利判君子小人,辞旨晓白,然读之者苟不切己观省,亦恐未能有益也。某平日读此,不无所感:窃谓学者于此,当辨其志。人之所喻者由其所习,所习者由其所志。志乎义,则所习者必在于义,所习在义,斯喻于义矣。志乎利,则所习者必在于利,所习在利,斯喻于利矣。故学者之志不可不辨也。

这一段话,不知大家感到怎样?我读起来,是感到振聋发聩的。朱熹的后记里,也说这一番话"切中学者隐微深痼之病,盖听者莫不悚然动心焉"。这里首先告诉我们的是一种学问的方法,他说古人的一些话,看起来是辞旨晓白,但如果只知诵习而不作"切己观省",则不一定真正明白其中的意义,从而获得真实的收益。有些东西,圣人讲起来与普通人讲起来,好像也没有什么两样;老师口里说一套,学生们往往也会说,甚至有时聪明的学生接着老师说,说得比老师还好的,也大有人在。但是都会说了,是不是代表都真正懂了呢?比如,李白诗,你我大家都说好,都说妙,都能说严羽说的那两句:"子美不能为太白之飘逸,太白不能为子美之沉郁",说李白飘逸、杜甫沉郁,大凡读过一点李杜诗篇的都能说,大观园里的林妹妹、史妹妹她们也会说。但是领会到的、感受到的是不是都一样呢?这里面就有一个学问的问题。前面说有人对理论与概念反感,就是因为好些人,往往人云亦云地搬弄一些理论,甚至挖空心思地制造一些理论,而不是从实际,也就是从古人所云的"真际"出发。这就叫做没有真懂,没有真学问。你会说李太白之飘逸、杜子美之沉郁,而没有自己的真正感受,那不叫有学问,你搬弄的是严羽他们的学问。学问搬来了,而没有经过陆象山所说的"切己观省",就不是真知。以此反观你们从小到大学到的东西,有多少是属于自己"切己观省"的学问呢?说你们(当然或许也包括我们)懂好多知识是真的,懂多少学问就难说了。但是话说回来,真正的知识,也无不能实行者。我们都知道一句话:"知识就是力量。"那个知识,我想就是真正的知识,是能起实践的作用的。最近看黄山谷的文章,他也强调这个意思,谈到读《论语》《孟子》这些经典时,都说要做到"心通性达",也是从实践、从切于身心处来讲学问的。

陆象山上面这段话,更精彩、透彻的是对"君子喻于义,小人喻于利"的解释。他这里讲到我所说学问的主体的问题。学问的主体,决定了学问的真假与有无。圣经贤传的道理很好,但是如果主体是小人,只知从利益的方向去体会,那么,纵使他学的是圣经贤传,读出来的也只有一利害的意思,无益于真正的德性培养,也得不到真知卓识。艺术的东西是不是也这样呢?屈原的作品那么伟大,志节那么高,司马迁说它"虽与日月争光可也",李白也说"屈平辞赋悬日月"。可是刘安、班固这些人却说他"露才扬己",只许他是"贬洁狂狷景行之士";到了齐隋之间的颜之推,还不满于他的"显暴君过";甚至高明如黄山谷,也说《楚辞》只是愤世疾邪,不给它最高的评价。为什么会这样呢?那当然是因为班固以下的这些文学家,都是习惯于君主至上的政治体系,认识不到或不愿意去认识屈原这个伟大的诗人悲天悯人的情怀。可见,陆象山的"喻义""喻利"之说,在艺术的鉴赏上也同样适用。大家都读圣经贤传、屈子、陶公、李杜的诗篇,但为什么有些人积累了学问,得到了真知与真赏,并且润益了他的人生,有些人只是得到了一些皮毛的东西?他们虽则有一些世俗所说的学问,但是在学问与人生方面,始终没有做出气象来。可见,学问的关键,还在于主体精神的建立。选择学什么,当然是重要的,但更重要的是怎么学。黄庭坚说:"以圣学则莫学而非道,以俗学则莫学而非物。"(《罗中彦字说》)这和陆九渊所强调的思想是一致的。

那么,怎样为我们自己创造作为一个学问者的主体呢?再看陆九渊的话,他提出一个词,这个词我们也是最熟悉不过的,就是"志"。他认为"所习由其志"。再直接地说,他提示君子要治学,首先要立下"志于义"的志向。这里当然又引出很重要的问题,就是何为义、何为利的问题。我们知道在南宋陆九渊的那个时期,义利问题也是各派学者讨论的关键。我们这里不介绍这个思想史问题。我们先按自己的理解,所谓"义",就是于思想求真,于行为求善,于艺术求美。而"利"则与此相反,不是从学问本身的这种求真、善、美的目的出发,而是从人现实的利益与利害出发。反观我们自己,多少年学习、治学,同学们有很大部分的目的是为考试;学者们,尤其是体系内的学者,有时候也或多或少地为评职、报奖、得到课题经费而治学。这些无法细讲,不能简单地说都是不好,但真拿象山的"立志"来说,是否会由于他触动了我们的"隐微深痼之病",一些我们不愿意承认的东西而感到惊心动魄呢?以此来审视,同学们十几年苦学,是喻于义,还是喻于利呢?在当今的学术体系里,利也成了最大的诱惑,我们这些做学问的人,有时虽知而无奈。但究竟是真的无奈,还是被现实的利益与利害所束缚,而不愿意立这个志呢?我们大家都努力地立下一些志吧!当老师,尽量从学术本身,从教书育人本身来做事;当学生,要摆正学问之心,亲近学问本身,而不继续为成绩、就业前途、在校时的种种利益所束缚。我有时候想起一种现象,心里会感到震动。我记得十多年前,学校里经常会有学术讲座,请本校或外校的学者来讲。我那时还是青年教师,也应学校学生会等组织之请,做了几次讲座。现在十多年过去了,学校里的讲座牌更加五彩纷纭,比从前只在三角地等地贴的用毛笔字写的广告不知要漂亮多少倍。但来讲的又是哪些人?明星、企业家、百家讲坛的名嘴。我没说他们就不应该讲,也不能武断他们讲的就无价值。但是真正的学术讲座,除了小范围外,大范围的还是很少。"君子喻于义,小人喻于利",现在大学生去哄听的各种讲座,有多少是从义的动机出发,又有多少是从利的动机出发?我们自己都反省自问一下。这样下去,我们的学问能好得起来吗?大学四年,当然可以有丰富多彩的人生,但首先应该追求学问。我们都不一定完美,但要尽量让自己完美一些。这应该是我们进入北大的首要目的。

学问的对象,当然是重要的,自现代学术体系形成后,学有专门,不可能再像古代的学者那样,日常学习、践习的只有儒家的经典。那么,各种具体的学术,乃至于古诗文辞,是否就与道学相违背呢?王阳明曾对这个问题做出过回答,他与陆象山一样,都认为关键不在于学习的对象,而在于学习者的主体:

"博学"之说,向已详论。今犹牵制若此,何邪?此亦恐是志不坚定,为世习所挠之故。使在我无功利之心,虽钱谷兵甲,搬柴运水,何往而非实学?何事而非天理?况子、史、诗、文之类乎?使我尚存功利之心,虽日谈道德仁义,亦只是功利之事,况子、史、诗、文之类乎?一切屏绝之说,是犹泥于旧习,平日用功未有得力处,故云耳!请一洗俗见,还复初志,更思平日饮食养身之喻,种树栽培灌溉之喻,自当释然融解矣。(《与陆原静》)

这里说的,也正是喻义、喻利之说,立志之说。由这段话,不能再怀疑尊德性与道问学是两件事。我们虽然学的是一些专业的学问,但融会贯通之处,仍在于心身受益,并不与道隔阂。谁如果只拘泥于知识、学术之细枝末节,拿它炫耀、博名,或者玩物丧志,而忘记了我们做学问的根本目的在有益于人生、有利于人类,那就会将道问学与尊德性隔阂起来了。

其实,陆九渊之所以从《论语》的这两句话中顿悟到上述学问的问题,也是针对当时的现实。其中最大的问题就是科举取士所带来的真知流失、良知淹没的问题。我们且看一下他的下文,对我们会有启发:

科举取士久矣,名儒巨公皆由此出。今为士者固不能免此。然场屋之得失,顾其技与有司好恶如何耳,非所以为君子小人之辨也。而今世以此相尚,使汩没于此而不能自拔,则终日从事者,虽曰圣贤之书,而要其志之所乡,则有与圣贤背而驰者矣!推而上之,则又惟官资崇卑、禄爵厚薄是计,岂能悉心力于国事民隐,以无负于任使之者哉?从事其间,更历之多,讲习之熟,安得不有所喻?顾恐不在于义耳。诚能深思是身,不可使之为小人之归,其于利欲之习,怛焉为之痛心疾首,专志于义而日勉焉,博学审问,慎思明辨而笃行之。由是而进于场屋,其文必道其平日之学、胸中之蕴,而不诡于圣人。由是而仕,必皆共其职,勤其事,心乎国,心乎民,而不为身计。其得不谓之君子乎?

科举考试,考的是儒家的经典,所以应考者要读圣贤之书。其本意是因为圣贤之书是道德行为的准则,治道与学术、文章的渊薮,但是因科举而读圣贤书,如果不志于义,而志于利,则虽然对圣贤的文章熟读成诵、烂熟于胸,甚至讲得头头是道,但与圣贤之志则是相背而驰的。处于科举制度中的陆九渊,不能也不可能完全否定科举,但他看到了弊端,告诫学者们要防止陷入这种天天在读圣贤书,却不知圣贤的真意,行为其实与圣贤背道而驰的情形出现。这对思考我们今天的读书、治学究竟所为何事,是有启发的。

陆九渊是一个见识卓越的人,在学问上也有很大的魄力。上面一些话,还是带有勉励的性质的。他真正的认识,是学问之事,如果没有主体的德性,则圣经贤传虽在,前人构建的种种所谓的道统、学统、文统虽在,但其实是似在实亡。他下面这几句说更是让普通的人看了,难免觉得是目空千古,惊世骇俗:

> 学者不能知至久矣!非其志其识能度越千有五百年名世之士,则《诗》《书》《易》《春秋》《论语》《孟子》《中庸》《大学》之篇正为陆沉,真柳子厚所谓独为好事者藻绘,以矜世取誉而已。尧、舜、禹、汤、文、武、周公、孔子、孟子之心,将谁使属之。夫子曰:"三人行,必有我师焉,择其善者而从之,其不善者而改之。"又曰:"见贤思齐焉,见不贤而内自省。"诚得斯言之旨,则凡悠悠泛泛者皆吾师也。(《与侄孙浚》)

一方面,他认为如无孔孟之志而学孔孟之书,则圣贤之心不能得。另一方面,他认为如果有择善而从,见贤思齐之心,则无往而不可为师资之用。这就是我们所说的学问的主体与对象的问题。

举业有损于真实的学术,今天的考试乃至于规定时间的各种作业、论文,有时候也能成为功利之事。应该怎么办呢?在科举的时代,无论是陆象山还是王阳明,都不可能教人断然放弃举业的学习。在今天,我们当老师,当然也不能简单地跟同学说,不要考虑考试、作业之类的成绩。王阳明谈到过这样的问题,《传习录》中载阳明答黄直问:

> 问:"读书所以调摄此心,不可缺的。但读之之时,一种科目意思牵引而来,不知何以免此?"先生曰:"只要良知真切,虽做举业,不为心累;总有累亦易觉,克之而已。且如读书时,良知知得强记之心不是,即克去之;有欲速之心不是,即克去之;有夸多斗靡之心不是,即克去之;如此,亦只是终日与圣贤印对,是个纯乎天理之心。任他读书,亦只是调摄此心而已,何累之有?"曰:"虽蒙开示,奈资质庸下,实难免累。窃闻穷通有命,上智之人恐不屑此。不肖为声利牵缠,甘心为此,徒自苦耳。欲屏弃之,又制于亲,不能舍去,奈何?"先生曰:"此事归辞于亲者

多矣,其实只是无志。志立得事,良知千事万事只是一事。读书作文安能累人?人自累于得失耳。"因叹曰:"此学不明,不知此处担阁了几多英雄汉!"

考试以及平时的作业,甚至各种毕业论文,虽然都有日期的限制,似乎有许多功利的因素在里面,但是一个人只要对于学术、知识,走的是上乘的路,具有陆九渊所说的"君子喻于义"的"立志",具有王阳明说的"良知"之知,凭着平时积累的真才实学去考试、写作业、做学位论文,则不但不会为其累,反而同样能造就真实的学术。关键是平时的治学要本着求真、求知的心,去做真实有益的学问。等到应试、做作业之时,做出来的也就是真正的学问了。这两者原本是没有矛盾的。自古以来,科举考试虽也束缚了才性、损害了学术,但是也培养了、选拔了人才,维持了公正与良知。关键是不以科举功名为唯一目的,不以分数为唯一目的,而是以真学问为标准。唐朝的祖咏去考进士,题目出的是《望终南余雪》,按规定要做十二句的试律诗。他写四句:"终南阴岭秀,积雪浮云端。林表明霁色,城中增暮寒。"就认为境界已经很好了,再写画蛇添足,有损诗境。结果当然是考不上,却成就了一首千古绝唱。古代考试也出好作品,如唐代钱起的《闻湘灵鼓瑟》就是一首试律诗。古代的不少应科举之士,也多是怀抱着拯世济民、求得真才实学的志气来考的。如南宋初温州有一位状元王十朋,平生怀抱治世的志节、力主恢复大业,一生治学,至四十七岁始考中进士。他的对策援用春秋之义,被高宗所赏识,对当时的政治起了实际的作用。当时的人赞扬他的对策可与汉代晁、董的对策相提并论。王阳明说:"君子惟患学业之不修,科第迟速,所不论也。"(《寄诸用明》)

关于学问的具体对象与目的,古今有所不同。古人所说的治学,首先就是德性之学,也就是治学乃是个体的修养与行为。《中庸》《大学》讲的都是这些问题,大家可能都有所了解。

《礼记·中庸》:

> 大哉圣人之道!洋洋乎!发育万物,峻极于天。优优大哉!礼仪三百,威仪三千。待其人而后行。故曰苟不至德,至道不凝焉。故君子尊德性而道问学,致广大而尽精微,极高明而道中庸。温故而知新,敦

厚以崇礼。是故居上不骄，为下不倍，国有道其言足以兴，国无道其默足以容。诗曰"既明且哲，以保其身"，其此之谓与！

"尊德性而道问学，致广大而尽精微"，其实已经概括古今学问的大纲。后来的宋元明清学者，都在其中讨论德性与问学的关系。陆九渊认为两者实为一事，不能分开来讲。德性与问学究竟是什么关系呢？表面上看，古代的儒学家，尤其是理学家、心学家所说的治学，就是儒学圣贤之学，他们称为道学、理学、心学，也常称圣学。今天一概将这些归入哲学的范畴，似乎德性之学就是哲学。治其他学问的，如文学、艺术，只要文艺就行，或者以非德性之学而轻之。其实古人"尊德性而道问学，致广大而尽精微"所说决非仅今人所说哲学之事，而弥纶在所有的、层出不穷的学问之事中。

总体来讲，任何学问，都是从求真、求善、求美出发，都是主体的德性之学的发挥。但是现代的学科，对学问已经不是综合地研治，而是分而治之。有文学、史学、哲学、经济、法律、艺术等许多的门类，这些门类之中，又有许多的分支。比如我们中文系，就有语言、文学、文献各门专业，各专业中又有许多方向。最后就治学者来说，真正选择来研治的，是弥纶万事万物的无限的学术问题中一些具体的问题。但是所有的学问中，哪怕是最细琐古董之学、游戏之艺，治学者之志如果在于求真知、求善美，则其所得的学问都是贯穿德性，都是有价值的学问。反之，如果以利害之心、偷巧之计去治学，哪怕整天口不离仁义道德，圣经贤传熟读成诵，也成就不了德性之学。这是我的一种理解，但也是根据古人的思想而来的。

最后我还要强调一点，就是学问的真义，还在于探索。大学决非做学问的唯一的地方，但应该是学问的渊薮之地。大学的意义，在于对人类的各种学术，进行无禁区的探索。所以严格来讲，大学里的知识，是流动不居的。大学继承了一种学院制学术的传统，有各种各样的学术传统，学术本身也是不断地积累着。但是这些传统都应该不断地被激活，不是禁锢后学思想的枷锁，而是启迪后学进一步探索的阶梯。有些问题，古人、前人已经做了无数探索，形成许多的结论，但是我们仍然要以像是第一次触及那样的新鲜、好奇的心去思索。所以，在大学学习，最重要的就是这种探索的态度。学得很多很多，但都要能够化掉，用自己的一颗求真知之心去化，做成属于自己的学问。

我讲的这些,古今中外的经典里都有,并且论述得都比我所说的深刻、圆融。我这里所讲,是自己的一点体会,可能挂一漏万,语焉不详,或者矛盾差池。但这都没有关系,大家可以自己去找经典来看。我无非只有一个意思:希望大家,尤其是有志于学问的人,常常想着"学问"两个字。以"君子喻于义"之志,来亲近学问,多想学问的主体、对象、目的、方法抑或境界这些问题,自然地就会有一种心灵越来越自觉、学问越来越增益的感觉产生。

　　我今天就说这些,谢谢大家!

读书三力:愿力、眼力、精力

廖可斌

廖可斌,1961年生,湖南安乡人。1978—1987年在湖南师范大学中文系读本科,毕业后留系任教;续读硕士研究生,毕业后留系任教。1989年在杭州大学中文系获博士学位,留系任教。1994年晋升教授,1996年增列为博士生导师。2009年调北京大学中文系任教。首批"新世纪百千万人才工程"国家级人选、国家社科基金学科评审组专家、中国戏曲学会副会长、中国明代文学研究会(筹)副会长。主要从事明代文学、古代戏曲小说研究,出版著作四种,主编或合作主编书籍十余种,发表论文四十余篇。专著《明代文学复古运动研究》1998年获教育部第二届人文社会科学优秀成果二等奖。作为第一完成人完成的项目《基于"博雅专精、明体达用"理念,构建按大类培养人文学人才的新模式》2009年获第六届国家级优秀教学成果二等奖。

漆老师让我来这个"静园讲座"讲一下,我看了一下前面的老师们讲的内容,我觉得讲得都非常高远。我自己学术上没什么建树,我想今天就讲一点具体的东西。有句成语叫"卑之无甚高论",现在人们对这句成语的理解,是说一个人没什么高见,但是它的原意并非如此。在座的同学们可能有一部分人不知道这句话的出处,它的原意,是因为有人说得太高谈阔论,所以才讲"卑之",要求讲得低一点,"无甚高论"就是不要讲高远的事情,要讲具体一点。我有一个体会:同学们如果想学骑自行车,若是请一位骑车技术非常好的同学来教,往往是教不好的,因为他已经忘了当初刚开始学习的那种感觉。若是找一位骑车技术还不太好的同学来教,反而他能理解你的感觉,知道你的问题在哪里。下面我就讲一点自己读书、做学问的体会,类似于教大家骑自行车。学驾驶的较高阶段是开汽车、火车,然后是开飞机,开航天飞船,这些就由其他各位老师教吧。

我今天要讲的题目是:"读书三力"——愿力、眼力和精力。我还没有想到更好的概念,昨天稍微想了一下,先暂时用这三个概念。我觉得读书或者治学,这三种"力"非常重要。

第一是"愿力",也可称作"信力""意志力",它决定了读书治学成就之有无,我想它是读书治学的基础。所谓"愿力",其实就是有没有打定主意好好读书。前不久我们召集古文献专业的本科生、硕士生、博士生开座谈会,希望大家针对教学过程提出改进的意见。大家提了很多意见,这些意见很多都是合理的,当中也有很多同学讲到一个关键事实:实际上,到了大学以后,读不读书、怎么读书,全在乎自己。如果我们找到一些好方法,可能读书的效果会好一点,但是前提是要读。如果你自己根本就不想花大力气、集中注意力、全心全意、专心致力地读书的话,那么即使读书方法再怎么便利好用,都是没有效果的。所以关键在于自己要打定主意,来念大学就是要好好读书,而且是准备花大力气读书。我想在座诸位每个人都有成功的愿望,每个考上北大的同学都是想成功的,每个人都想有好结果。但是不是真的愿意下大功夫去读书呢?在这方面恐怕还是有问题的,因为我从有些同学的表现可以看出来。如果在这一点上有问题,将来就会勉勉强强。中文学科不像其他学科,若是数、理、化等理工科的学生,不好好上课就不会及格,因为这些学科的知识连续性很强,前面的不懂,后面的就很难弄懂了,考试题目的客观性也很强,一步步操作、演算,若是做不对就没办法给分,所以他们的课程压力要大一些,他们可能连及格、毕业都成问题。而中文学科弹性稍微大一些,因为有很多主观题、问答题,老师心比较软,可能95%甚至98%的学生都可以及格、毕业。毕业以后就这么混日子,也可以一直过下去。

  人生本来有各种可能,你可以选择有所作为,也可以选择随波逐流、浑浑噩噩、轻松自在,然后默默无闻,这是你的自由,这不是不可以,因为每个人有自己选择的权利。而且说实话,你要选择努力成功的话,你就要有面临无穷的挑战的心理准备,越往上走挑战越大。大家可能觉得起初的阶段,我要考大学,考研究生,要读博士,要出国,要当教授,这些看起来好像很难,其实这都不是最难的,越往上走越难。比如说当一位教授,可能有点难度,但是要当一位著名学者的难度更大,因为他的心理所承受的压力、面临的挑战都要比原来大得多。又比如说当官的,大家知道在中国当官是很好的事情,当个处长好像不容易,但是当了处长以后,所面临的挑战、困惑、压力、苦恼比原来当普通老百姓时要多得多。当你当上局长以后,好像可以使唤那么多人,比处长的资源还要多,其实不是的,你将面临更多、更难的问题。所以如果我们要选择有所作为、争取成功的话,实际上就要准备面临很多的压力和挑战。人的一生不断在回应压力、迎接挑战、正视困难,并在这种过程中完成自己的人生。如果选择浑浑噩噩,当然也过得下去,像在欧美有很多年轻人选择自己喜欢的生活方式,或是去摄影、旅游,或是喜欢做简单的工作、自得其乐,也不是不可以。但我觉得,从个人角度来讲,你既然有了这样的基础、素质,用一位明代末年文学评论家金圣叹的话说,你既然天生有一副"才调",白白浪费是很可惜的,这也是一种暴殄天物,你浪费了自己的才具、智力。人生有限,我们应该要有一个比较积极的态度、人生观、心态,人的一辈子应该多体验、挑战、创造,在过程中不断完成自己,总是"增益其所不能",增加自己不会的东西,然后尽自己最大努力做好一点事情,这样活得比较充实、精彩,足可无愧、无悔。对个人来讲,有的人的人生像一杯白开水,若要写总结的话什么都没有;有的人则与之相反。这并不是说一堆的头衔、荣誉有多么重要,最重要的是他尽了自己最大的努力,尝试过、体验过、努力过。他为别人、为社会做了一些事情,他自己感到充实,人生也体验过各种精彩。说难听一点,从自己的享受来讲,也可以历经天下之事,尝尽天下之美味,走遍天下之胜境,这般人生的内容是别人的几十倍。所以我说从个人角度来讲,应该充实自己的人生。

从社会来讲,我觉得努力是一种责任。大家可能读过马克斯·韦伯的《新教伦理与资本主义精神》这本书,这是很有名的一本书。在这本书里面,他认为基督新教的责任意识和奉献精神是欧洲资本主义兴起以至于强盛的根本动力,因此资本主义只能诞生或发展于西方,这是韦伯的基本观念。欧洲为什么发展资本主义?欧洲为什么会强盛?它有一个最根本的发展动力,就来自新教伦理。何谓"新教伦理"?它最核心的观念就是:人活在这个世界上,是上帝赋予的生命,人的才华、能力都来自于天父。而人有了才华、能力便有了一种责任,人应该尽自己最大的能力为社会做奉献,这样才是完成自己的使命。新教特别强调这种责任意识、奉献精神,它认为人不是只为自己而活,人的生命不只是属于你自己,而应该是属于人类的、属于上帝的;才华也不是自己的,是属于上帝的。人要听从上帝的召唤,要充分发挥自己的才干,这是人应该做到、必须做到的,否则是一种过错。这就是新教的伦理观念,是西方发展、欧洲强盛的内在精神动力。韦伯这段话的意思就是资本主义不可能产生在东方或是佛教、儒学的文化背景下。这就是给我们判了一个死刑,认为我们这边根本不可能诞生资本主义,以及不可能有那样的发展。他的话不一定完全对,后来有了余英时教授跟他唱反调,写了一本《中国近世宗教伦理与商人精神》的书。但是反过来讲,我们不得不承认,据我自己的观察,中国人总体上缺乏高远的理想。中国人是一个世俗的民族,没有宗教信仰,主要关注现实生活,尤其是个人的生活、家庭的生活、家族的生活。用费孝通先生的话讲,是一个"差序格局"的社会。人们不太考虑自己要对整个人类做什么奉献,而是首先要对自己负责,然后对家庭,再然后是家族、家乡负责,是一个同心圆慢慢扩展开去,这就是所谓"差序格局"观念,而不是一种普遍观念,不是自己要对整个人类、社会有责任。这种责任感往往止于我自己,主要考虑的是自己生活好,吃好、穿好、住好。

中国人的世俗生活观念有它的好处,也有坏处,其优劣我今天不详说。总的来说中国人往往比较实际,只关注个人生活、现实生活,或是自己的日常生活。虽然我们知道中国古代有张载说"为天地立心,为生民立命,为往圣继绝学,为万世开太平",还有范仲淹说"先天下之忧而忧,后天下之乐而乐",但实际上只有非常少的仁人志士能够真正信仰它,并努力实践。

绝大部分的人只关心自己和自己的生活,这就有问题了。好逸恶劳是人的本性,人要提升、前行,必须有"动力",这跟物体的移动一样,一定要有动力,才能往上提升,往前行进。这个"动力"我想有两种,一个是前面的"引力",一个是后面的"压力"。如果两种力同时具有,一个人既有引力又有压力的话,就好像我们现在的动车组了。高速火车速度快的原因,就是它前后都有火车头,前面有引力,后面有推力,在两个火车头用力之下就能高速行驶。我现在分析一下我们现在的状况:你们的上一辈人就是我们这代人,你们的上两辈人就是你们的祖父母那代,从这两辈人来讲,他们是非常努力的。过去的环境是一穷二白、一无所有,基本上都是白手起家,现在一般都创下了一定的家业,有的还办了厂,办了公司,当了老总,或是从一个农民、一个普通市民当上了干部、教授、医生等等,他们是很努力的。他们为什么这么努力呢?因为他们有过去饥寒交迫、极度贫困的刻骨铭心的记忆。过去真的什么也没有,连饭都吃不饱,衣服都没有的穿,火柴、肥皂都要凭票供应,更别说肉、糖、奶粉这种东西了,连糖果、饼干都吃不上。那时极度贫困,甚至饿死很多人,那种刻骨铭心的记忆给他们留下的印象极为深刻,改善自己和家人的生活,便成为他们强烈的愿望。一旦有机会、条件的时候,他们就会非常努力,因为那种贫困的经历真是不堪回首,而且吃过那样的苦,现在创业的一点苦根本不算什么。他们主要是因为巨大的生活压力,迫使他们要改变自己和家人的生活,这种压力成了动力。再加上这两代人多多少少受过一些以前理想主义的教育,多少有一些为国家、为社会、为中华民族自立自强而努力的观念。所以他们既有很大的压力,也有一定的引力,这样的动力就能让他们克服很多困难,读书、搞实验、做生意都不怕苦不怕累,可以夜以继日、不怕冷不顾饿地去做,有一股拼命的精神。

那现在呢?现在年轻人总的来说压力小了,基本上没有吃不饱、穿不暖的情况,大部分家庭都比较好了。比如说房子,现在城里的同学大部分人家里可能都有两到三套房子,父母都为你们把房子准备好了。在中国父母就有这样的传统:不让孩子受委屈,我先为他(她)准备好,再苦也不要让孩子有经济压力。所以除了少部分家里有困难的同学,我想大部分同学家里都有两到三套房子,甚至四到五套可能都有了,将来住一两套,准备出租一两套,收租金,你看父母为你们打算得多周到,你们已经没有多大的压力。同时呢,现在理想主义也不是很吃香了,讲得高远的国家责任、社会责任等这些理想,近年开始受到怀疑。这样,现在这一代人压力没有了,引力也没有了,动力从哪里来? 好逸恶劳是人的本性,读书是很苦的事情,必须要有动力才会去做这些事,要到真正做进去以后,才会感到乐趣。但是毕竟不如每天看看电视、上上网、聊聊天、吃吃饭、出去逛逛风景这样轻松。所以比尔·盖茨给他儿子有十条忠告,其中有一条说生活绝不像看看电视那样轻松。在治学、创业的过程当中肯定是很辛苦的,这个不用欺骗大家,不用假装说很轻松,你只有真正进入以后才会感到有所收获,才会感到成功的乐趣,但那个过程是很苦的。你看身旁很多人看似活得很轻松,其实不然。面对这些压力、挑战,有什么动力可以支持、驱使我们去努力? 我觉得是有问题的。

  我还有一个感觉,你们的祖父母、父母辈经常会跟你们讲,说我们那个时候生活条件、学习条件有多么多么差,要读书的时候常找不到书,根本就没有书可买,为了借一本书要跑几十里路,这种经历我就有过。我就曾经因为看到同学家里有一本书,就跑了几十里路去别人家,借了一本前面没有、后面也没有、只剩下中间一点的书,连题目都不知道的书,就如获至宝地看,更别说现在能够如此方便地利用互联网查数据。那时生活也很差,吃穿都很差。所以长辈常会讲过去条件多差,都能有所作为。现在你们条件多好,你们的教室跟国外一流大学的教室没什么差别了。特别是二教有几间教室,我上次去二教一间教室,就跟漆老师他们说我感到自豪。有一次请美国哈佛大学很有名的宇文所安教授在二教的大教室里讲课,我就觉得条件非常好,一点也不比我所见到的哈佛大学的教室差,图书馆条件也非常好。我们的生活条件可能差一点,但吃住方面也没什么问题,各方面条件多好啊! 那么他们老一辈就会说你们应该做得更好,你为什么不能做得更好呢? 我开始也是这样要求我的孩子,我孩子比你们大,他已经大学毕业两年半了。我当时也是这样要求他,后来发现他不能让我满意,我感到很失望。后来我不断调整自己的心态,渐渐我明白自己的这种看法,也就是你们的上两辈的人的这种看法其实有问题。我理解了,现在的孩子要埋头读书、下苦功学习、踏实读点东西,其实比过去更难。我是1977级的,我们读书的时候没有什么娱乐,没有什么生活享受,没有什么诱惑,除了读书还能做什么?而且我们以前很难有读书的机会,好不容易读大学了,便非常珍惜。而且我们读书的时候,现在你们所有的这些东西都没有,没有计算机、手机,连电视也没有,每天除了读书就没事情了。早晨大家就起来跑步,天没亮全部起来跑步,操场上、马路上人流滚滚。天还没亮大家跑到哪里去呢?大家就计算自己跑的路程,将跑到韶山、井冈山、北京去当作自己的目标。跑步回来洗个澡、吃早饭,然后就去上学。到了晚上还经常没有电,断电大约在十点钟左右,很多人就到马路的路灯下面看书,我自己也是这样。没有办法享受像现在的这些娱乐,只能老老实实地念书,便比较容易集中注意力。但是现在,一是没有这么大的压力,不是非读书不可,不像我们当初,不特别努力便没有退路;二是现在诱惑太多,比方说计算机,打开计算机,上网一整天也没有问题,整天捧着手机,手机好像就是每个人最亲密的亲人,它就是爹娘,就是男女朋友,3G手机更加奇妙无穷、风光无限。这些都很轻松,开计算机上网很轻松,看手机很轻松,看电影、出去玩、聚会都很轻松。在这种没有压力又有很多诱惑的情况下,要打定主意、克制自己想法、沉下心读书,要比过去在生活贫乏、别无选择的情况下认真读书更加困难。所以我对现在年轻人不太用功能够理解,因为他们要面临更艰难的选择,对他们来说更不容易,需要更强的意志力。但我这样说,大家也不能就认为可以放松了,既然你能理解我就松懈了,不能这样讲。我讲这话,是要大家明白,这种情况对大家是巨大的挑战,你们面临的是比父辈、祖辈更严峻的挑战,需要更大的毅力、自制力去面对。所以我认为最关键的,还是要靠自己,首先要打定主意读书。

上面讲的是一个人的发展需要动力,下面请容许我把话题扯得远一点,一个国家的发展也需要动力。我现在经常想,中国下一步发展的动力会是个大问题。我前面讲过,中国人是不太有高远理想的,一般都是关注现实生活,没有宗教的超越性追求,这种状态有好有坏。它就是为了现实生活,生活里面又是为了个人、自己家里的生活。过去是为了自己家人的生活努力,现在大部分中国人都已经过上小康或是接近富裕的生活,那中国下一步继续努力的动力从哪里来？我现在已经看到,大量的人的创业激情在衰减,甚至丧失。有很多人生活富裕之后已经换了一种观念,在办了几百万、几千万的厂子以后,他就不再往上走。我刚才说过,越往上走压力越大、挑战越大,一开始是低层次的企业竞争,到了高层次之后,就是高层次的大企业竞争,压力更大,风险也更大,很多人就退缩、放弃。因为当初只是为了生活温饱,而现在已经温饱无虞了。现在中国的年轻人也是这样,你们父辈、祖辈那一种吃苦的精神,那种"白天是老板,晚上睡地板"、夜以继日、废寝忘食的状态,现在年轻人越来越少。如果我们每个人都这样,各行各业创业和创新的激情、求知的精神都在衰减的话,整个国家下一步的发展动力从哪里来？这是一个全局性的大问题。所以中国人要树立一个理想,我们既不可能嫁接、外接一个理想,也不可能搬用西方新教伦理的理想。我们自己内部的世俗文化又很难改变,那我们用一个什么样的理想来作为动力,我觉得这是决定中国下一步是否能够继续健康发展的大问题,值得我们去思考。要提出这个问题,并且思考解决方案的话,我们这些搞文科的,特别是北大中文系的同学,应该承担这个责任。因为这是个精神问题,我们不是研究物质的,是研究精神的。

诱惑很多,压力相对小了,我们如何才能让自己保持努力的状态,我觉得理想很重要。如果你理想很小,那动力也就会小,动力小你就走不远。有两句话大家都很熟悉,就是孔子说的"后生可畏,焉知来者之不如今也",这是说你怎么知道将来的年轻人不比现在的你要强呢？我也觉得是这样的,后生可畏,因为年轻人将来还有各种可能性,有很大的发展前途。我们很多人都很熟悉的这两句话来自于《论语·子罕》篇,年轻人也因此都觉得很自豪,觉得自己有远大的前景。但是很多人不知道后面紧接着还有两句话,可能有少部分同学读到过:"四十、五十而无闻,斯亦不足畏也已。"意思是若到四五十岁你还没有让大家知道你的成就,那你也就没有什么值得可怕的了,这是给年轻人敲的一个警钟。年轻的时候是短暂的,时间过得很快,一晃眼便到了四五十岁,若届时尚无所作为,也就不足为他人惧了。像我自己到了五十岁了,我就没有什么让人觉得可畏的了,因为我没有做出什么成绩。所以我们不仅要踌躇满志,还要时刻充满紧迫感。去年中文系百年系庆,把历届同学的名录都挖掘、整理出来,我就注意看北大中文系成才的学生有多少,因为考到北大的学生都是非常优秀的,但真正成才的有多少呢？真正算得上成功的、有成就的,又有多少呢？什么叫"成才",这就看我们怎么解释了。现在我们习惯说"成功"要比"成才"高一点,"有成就"又比"成功"高一点。那么真正成才,或是成功,或是有成就的有多少？其实不多。我在中文系五院的院子里经常看到同学们走来走去,就有很多想法。我知道这些同学很不容易,对一个家庭来讲,对一所地方中学来讲,考出一个北大的学生,不管是哪个专业的,大家都非常羡慕,都觉得他(她)肯定前程远大,对他(她)寄予很高的期望。但是将来能成功、有所成就,或者说起码成才,都是很不容易的。你们都背负很重的包袱,你们的包袱要比那些普通大学的学生大得多。这种情况是普遍现象,国内外都如此,往往著名大学的学生是最不开心的、最不轻松的,得精神病的多,自杀率也是最高的。因为别人对他期望是不同的,他自己的自我抱负也不同。

最近有一种说法,说中国在2027年、甚至2016年就可望超过美国,成为世界第一大经济体。如果这是真的,那么我们不禁要问,那时候中国也能成为第一大文化体吗？这是一个非常严峻的问题。没有文化的富裕是低俗的,自己都感到没有什么意思。我们现在就感到吃饱、穿暖,但脑子空空是无趣的,那到了真正富裕以后呢？我们将会更加感受到精神和物质的反差,更感到生活没什么意思,而且世界上的人也不会尊敬你,因为你没有理想、修养、文化,在文化上对世界、人类也没有什么贡献。我们不讲别的思想、理论,在座的诸位是中文系的同学,我们就讲文学理论吧。你们马上就要学到西方文学理论这些课程。从十九世纪到现在,大约一百多年的时间,大概诞生了十几种重大的文学文化理论,每种文学文化理论都相当于观察、分析文学一种范式、角度,像结构主义、形式主义、存在主义、解构主义等。像这般重大的理论产生了十多个,但你说哪一个是中国人提出来的？一个都没有。中国对当代世界文化的贡献是很少的,现代中国贡献的东西更少,我们现在拿出来的都还是古代的、祖先留下的一点点东西。那将来等到中国成为世界第一大经济体的时候,如果我们的文化还是这个样子,将何以面对世界？我认为这是很糟糕的情况,而要改变这个情况,要为世界文化提出具有重大意义的理论命题,在人文学上有所建树,我们北大中文系的同学可以说责无旁贷。你们是全国学文科的年轻学子中的佼佼者,大家肯定盯住你们。不是全部的人都能做到对中国文化、世界文化有所贡献,但是一定有一部分人要承担这个责任。其实这个责任重大,马上就要变成现实,就要给出答案、交考卷了! 2027 年那时候,正好是你们到了三四十岁年轻力壮的时候,中国能不能够稍微减少物质与精神、财富与文化的差距,能不能在文化上有点建树,这主要靠在座诸位。当然不可能每个人都有这样的成就,在座的同学有一部分人可以从政、从商,但是也有一部分会从事思想学术,我建议大家要志向远大,最好能够出国学习,或者在你考上硕士生、博士生以后再出国,开阔眼界。现在学校有很多国际交流、培养计划,你们可以在这里考上硕、博士生然后出国培养,教育部也有很多这类项目。你们恐怕还是应该出国学习一下,当然学成以后最好能回来报效祖国。所以一定要学好外语!因为若不能会通古今中西,你不可能提出像样的东西,只是在很低的层面、有限的空间中转圈子,不可能有大的建树。所以最好能立下宏愿,锲而不舍。

　　顺便说一下,我认为,近代以来对中国文化的反思或对它的价值进行思考,当中做得最好的人是陈寅恪先生。王国维先生是继承传统文化,基本上是整理,做得非常出色,而胡适、鲁迅是批判传统文化,胡适尤其基本否定。陈寅恪则是理性分析,我认为他对中国文化的特征和优劣的分析、对中西文化异同的把握是最准确、最引人深思的,这与他在国外待了十四年,留学好几个国家如日本、美国、德国、法国、比利时等是分不开的。所以我想在座的诸位将来如果要真正对中国文化、世界文化有所贡献,提出既有世界意义又有中国特色的理论,成为引领时代潮流的优秀学者,就必须既了解中国文化,也了解外国文化。大家应该有这个志向,我想这是完全有可能的。如果你们都不可能的话,那能指望谁呢?我讲的愿力,就是一定要立下宏愿。现在凡是有出息的人,不论哪一行,商业界也好,学术界也好,宗教界也好,往往都曾立下一个宏愿,然后坚忍不拔地照着这个目标努力,咬牙挺住走下去。有时候山重水复,有时候甚至山穷水尽,有时候绝处逢生,峰回路转,柳暗花明,最后终于取得成功。因此如要成功,一定要许下宏愿,它会让你始终积极燃烧,锲而不舍。

　　这是我讲的第一种力——愿力。为什么在这里讲这么多呢?因为它是最重要的,至于其他读书的方法等等其实是次要的,若是你根本就不想读或者不想下功夫读的话,怎么读得好呢!所以愿力是第一位的,它决定成就的有无。

第二个是眼力,它决定了将来的收益或成就的高低,这就是说,即使下了苦功,也不一定就能做到最好。读书的眼力决定了你将来成就的高低,它需要不断地磨炼。所谓眼力,是指能把书读得透,抓住要害,产生想法、思想。我们必须通过批判性的阅读逐渐磨炼自己,练就细腻的目光、敏锐的思辨能力。怎样才能做到呢?我想眼光第一是要宽,要博览,主要是多读。在大学中,读书主要靠自己,老师只能起一个提示、引领、点拨的作用。老师上课中会提到很多书,会指出哪本书好、哪本书不行,老师就好像人行道两边的树,给你指明一个方向,路还得你自己走。老师不能手把手地教导,那样只会害了你,因为他能做到的你不一定能做到,若是硬逼你一定要按着他的做法做,往往会造成你没有自我,没有自己的见解。实际上,应该靠你自己摸索,自由选择,老师只在适当时候提醒,指出这里危险、那里可以通行,这本书可以看、应该怎么看,偶尔提示、点拨一下。现在我们同学过分依赖老师,好像书没读好是老师的责任,在大学里面书没读好主要是同学的责任。在这里有这么多老师,他们基本都具备教授的水平,没有多大问题。当然老师应该多给同学一些帮助、关心、指导,那是老师应尽的职责,但是读书好坏主要取决于同学自己。你自己读过了,读多了,自然就知道门径,如果没有读,总是不敢跳下去,总想在旁边找快捷方式,想要速度最快,实际上没有这样的好事。就像做生意一样,你肯定要自己吃一些苦,走一些弯路。读进去了以后,并不是读每一本书都有用,但是有时候读到差的书,反过来可以帮助你增长判断力。

我已经在北大教了两年多的课,有一个感觉不太好。有些同学确实很聪明,期中论文或期末考试能够抓住要害,思维清晰,语言表达准确,确实使我赞叹不已,觉得写得太好,有时候我甚至很激动。当然有这种水平的同学只是少部分,我觉得他们的前途真是不可限量,北大的希望真是在他们身上。但同时也发现,有些同学过于重视考试分数。因为大家都是中小学应试教育的高手,此类教育造成的习惯和问题确实很难改变。我不断地说,在大学里不要这么在意考试。有些同学选一门课,首先就反复问考什么、怎么考,这实在没有必要。因为对大家来说,不管怎么考,对每个人都是一样的。老师要考客观题、主观题、课外题、课内题都没关系,难易对大家都是相同的,兵来将挡、水来土掩,什么都不怕,应该是这样。但是现在大家都太在乎考试,在乎这个考不考、怎么考,甚至问作业的字号要多大等。字号你想多大就多大,你觉得该多大就多大,这有必要问吗?你怎么不问行距多少呢?太注意细枝末节的东西,完全被驯养成一个机器一样的人,这问题真是太严重。什么才是真正的大学生活?大学毕业的时候,诸位回顾自己的大学生活,很多人会说我很努力用功,选了多少门课程,除了必修课还选修了哪些课程,拿了多少学分,绩点有多高,拿了多少证书等等,我觉得大学生活最重要的不是这些,这是很低层次的追求。我认为大学生活最重要的主要有三个方面,第一是看读了多少书,第二是思考了多少问题,第三是是否掌握了自己分析问题的方法。如果你这三条都没有的话,再拿多少学分、证书,我觉得都不会很有出息。我发现在面试推荐免试研究生时,有些同学考分很高,平时绩点很高,但问他(她)读了什么书,是否能提出自己看法的时候,什么都答不上来,什么见解都没有,这种同学即使读研究生又能有什么出息呢?如果他将来仍不改变的话!那么该读什么书呢?我认为上课的教材不算书,习题集、考题集自然更不算书,我们要读的书,主要是那种专门的原著,或是专题研究著作。大学生活,我再强调一次,不是课程、不是学分、不是证书,而是阅读、问题、方法。如果还要另外再加一条的话,就是你结交了多少好朋友,谈得来的朋友、情趣相投的朋友,包括老师和同学,这也很重要。书籍、问题、方法、朋友,就是这四条了。大家现在刚进大学,真的是要打定主意,要把注意力转到读书、思考问题上来,大家要经常交流、争论,多参加这种争论,逐步找到思考问题的方法,多交朋友,不要过于在意课程学分。

  我们大学的教学改革,实际上改成了四不像。过去我们比较重专业,重基础,现在这一点也丢掉了。强调通识教育,目的是为了拓宽知识面,实际上也没有做到,所以现在很麻烦,因为改革本来就是很难的事情。根据我自己读书的经验,其实同学们最好是跟不同专业的同学住在一起。我读博士的时候跟不同专业的同学住在一块,当然是小的专业不同,大的专业还是中文,那就已经对我很有益处了。我读研究生是古代文学专业的,假如室友是读新闻学的,那我在新闻学这一块就会受益很大。若是与搞语言的同学住在一起,室友书架上语言学的书我基本翻了一下,他经常也会和我讨论、分享,于是他的专业里的知识,我也大致上能知道一些,等于是辅修了一个专业。欧美一流大学的制度,与我们不一样。它不像我们把中文系、历史系、哲学系、电子系、数学系这样分开,而是成立一个文理学院,也就是本科生院,FAS,就是 Faculty of Art and Sciences。整所大学如果有一千多位教授,其中可能有八百位教授都在文理学院(本科生院),本科生院是学校的主体、核心。八百位教授都属于文理学院,所有本科生都在这里上课,课程是非常自由的。他们是不分专业的,当然会相对选一个专业,但也不和同专业的人住在一起。他们觉得学生最重要的组织结构是学园,而不是系。所以你问他们的学生是哪个系的,他没有兴趣,他一般会告诉你他是哪个学园的。一般一个学园有几百上千的学生,里面有宿舍、食堂、讨论室、会客室等等,所有活动都是以学园为单位。他们最看重的是学园,而不是系,系基本是模糊的。我们这里现在的麻烦在于把老师分成很多院系,这个是苏联的方法,老师分成不同专业,先形成物理系、化学系、哲学系、中文系、历史系等,这样我们想把学生打通专业来培养的时候,每个系都反对。因为每个系都有自己的本位利益,都说这些是我的专业的学生,我要自己管,我们专业是多么重要,学生要多学我的课程等等,这就很麻烦。我不知道什么时候能改变。如果北大的改革更彻底,两千多名教授中,有 80% 的教授都在文理学院,学生都在这个学院里面培养,学生可以选各种各样的课程,每个学生制定自己个性化的课程菜单,拓展自己的知识面,而老师共同对学生进行通才培养,这就比较理想了。北大应该走在改革的前面!这样的话,学生往往知识面比较宽,思考问题可以触类旁通。比如说现在我们搞文学研究的很难有所突破,因为学的都是这一套,我们对历史、民俗学、社会学、经济学等都不熟悉。如果按照欧美那种培养方式,我们哲学系、历史系、中文系什么课都可以选的话,那就有可能做多种研究,或是文学社会学、社会学文学、文学经济学等,又或是从生态学角度可以有文学生态学、生态文学这些东西,可以不断拓展出新的领域,就可能会有新的突破,提出新的理念。我们现在谈文学,就是形象、人物、流派、风格、形式,永远就是这一套,知识陈旧千篇一律,便不可能有新的突破。所以我想第一是眼光要宽。

　　知识面宽、眼光宽还有别的好处。我刚才讲过交朋友,你们很多同学将来都有志向、抱负,和不同学科的同学交朋友有个好处:将来其中哪一个同学有出息了，他就可以带动一大批同学有所成就。你说我们中文系的人，将来哪一个同学有出息了，你很难叫中文系的同学去和你一起干，因为你自己是中文系的人，难道全部都找中文系的人吗？当了一个大干部、大老板以后，往往就会需要搞哲学、经济、法律、数学等各种各样的人，这样才能形成一个好的团队，提拔各个专业的人才。所以现在多交不同专业的朋友，不仅是自己可以拓展知识面，也对将来发展比较有利，其实同行彼此之间要帮忙的可能性反而小一些。你会发现，现在读的各种各样的书好像没什么关系，但是到了研究一些问题的时候，它就好像螺丝一样，把与问题相关的所有知识全部组合起来。针对单一东西进行研究，往往成果比较平面、单薄，但是多读一些书、思考一些问题，你就可以看得比较全面、深入。

　　第二个，眼力要高，是指起点要高，要读名著。我们的时间本来就有限，我们一定要把宝贵的时间用于读一流的著作，包括一流的原著、研究著作，要体会学术大家的气魄、风采，要开阔心胸，要站得比较高，会有一览众山小的感觉。马克思曾经讲过："我要将人类所有的知识用自己的头脑再检验一遍。"这是一种怎样的豪情壮采！我读到的时候真是热血沸腾。我顺便再讲一下自己的经验，因为漆老师要求我们谈自己的经历。我读大学时没有别的爱好，也不可能有其他爱好，就是爱读书。每个星期一借一抱书回来，然后星期五再抱回去，又借一抱书回来，周而复始这样看。我开始看马克思的书是从《马恩选集》开始的，就是苏联编、中国翻译、四卷八册的本子，选得好、编得好，中国恐怕还没这个水平，苏联他们这方面研究要强一些。翻一翻我觉得不满足，又去找单行本，这些单行本读完之后又去读其他相关书籍，读完之后又觉得应该要把所有书都读一遍，我就开始看《马恩全集》，那时候出到四十多集，但是说实话我没读完。因为有一部分已经读过，有些后来就没有读了。读这些书的感觉，是看那些最高水平的思想家、学者是怎么发现问题、思考问题、如何形成或表述自己见解的，这是用比较简单的说法，因为在座都是大一同学。如果说得专深一点，我不知道你们是否知道，马克思说过："真正的学术研究应该从抽象回到具体，而不是从具体上升到抽象。"我们现在很多研究都是从具体上升到抽象，我们认为这是研究，其实这算不上是研究，至多也只是低水平的研究。比如说我们看到很多现象，搜集了很多证据、材料，然后进行提炼，最后得出结论，从一到六罗列出来，这也算是一种研究，但只是低层次的研究。真正的高水平的研究，马克思认为是从具体上升到抽象，然后从抽象回到具体，这意思是说我们在大量现象里面进行抽象，最后发现核心环节，弄清这些现象的内在联系，找到逻辑的起点、核心概念，以及核心概念内部的矛盾关系。然后从这个环节开始，进行辨析，然后再回到现象。比方说黑格尔讲的"理念"、马克思讲的"资本"，其实都是从最抽象的概念再回到具体，所以它的思路具有更大的周延性和普遍意义。如果你从几个现象里面提炼出一个抽象，这只是个有限的抽象，它的意义是有限的，而且它没有方法论的意义。而马克思研究资本主义抓出"资本"这个概念，然后研究劳工，抓出"剩余价值"，都是最核心的东西，然后再一路剖析下去，扩展开去，就有一种高屋建瓴、水银泻地、无所不到之感，而且这种研究具有方法论意义，会引起你做更多的联想。如果你不懂马克思主义，你就很难体会这样一种风采，那才是真正的学问。你读了名著以后，才知道真正的学者、真正的学问和思想是什么。大家在大学里面时间非常有限，我建议大家，最重要的书就那么十几本，一定要读！比如说《论语》《庄子》、柏拉图《理想国》、亚里士多德《诗学》、黑格尔《美学》、《马恩选集》，还有《存在与时间》《梦的解析》等等，这些是最基本的书，一定要读！这样读了以后，可能眼界是高了，但是会觉得手低。我们常用"眼高手低"来批评人，但是复旦大学章培恒先生说过一句话："眼高手不一定高，但是眼低手肯定高不了。"所以眼高是必要的。首先争取眼高，然后再争取做到手也高一点。你做的东西如果没多少意思，没多少价值，其实别人是看得出来的，你的学术研究成果的分量，它里面思想的高度、历史的深度、生活感受的丰富度，大家是看得出来的，像陈平原老师讲的："写得好的书有压在纸背的心情。"有表面文本，有潜文本；有纸面的东西，有纸背的东西。包含丰富的信息，暗含人生的感受，有思想，有历史感，它往往可以让你反复省思，这就是高水平的成果。

  第三是细，眼光要细，善于发现书里的偏颇，要厘清文本的逻辑，理解字句。因为凡是人、书、课程都有偏颇，我今天讲的也有偏颇，大家可以从很多方面来进行批评。不知道大家发现没有，我总是从责任的角度来讲读书，但是我们读书应该从兴趣出发，兴趣才是最重要的，个人的自由才是最重要的。你如果这么讲也有你的道理，我今天只是讲我的道理，不是说你那边的道理就不成立,其实都有偏颇。我们不仅要知道这本书、这个人怎么说、说了什么,而且要知道、分析他为什么这么说,这是非常重要的。因为任何人写一本书、讲一门课、表达一个观点,都有他的出发点、意图、背景,他可能因为某种情况有针对性地这么说,或是有主观的倾向性,任何人写一本书都是偏颇的、有立场的。我们就要弄清他的立场,发现他的偏颇。这并不是说要否定他,恰恰是要立体地看他,而不只是平面地看,看出他的正面、反面,然后才能真正把握、理解他,知道他可取之处何在,偏颇之处又何在。这样才是真正把握他,这样你才能学会怎么分析问题,这是很重要的。所以说大家不要死记书本,要分析地读书、批判地读书。最近我给同学们上课经常讲到,现在我们读《明史》或与明代历史相关的书,我们往往认为明代的历史就是这样的。但我们要想一想,这《明史》是谁写的?是清朝人写的。他们写《明史》的目的是什么,讲得好听是为前代修史,总结历史教训,实际上他们主要是为了证明清朝兴起的合理性。只有渲染明朝的腐败,才能证明清朝的兴起是必然的、合理的。所以我们现在对明朝的印象、想象,其实很大程度上都是清朝人制造出来的。这些说法有一定的历史依据,但是清人有选择性,有轻重,又做了很多加工、处理,而且写得非常生动,使我们现在想到明朝就觉得明朝乱得不得了、坏得不得了。其实没那么严重,这是清朝人的立场的偏颇所致。这个道理很简单。你们现在知道一点过去国民政府到底是怎么回事、抗日战争到底是怎么回事了,但是我们过去的历史不是这样写的。又如现在大家把隋炀帝写得一塌糊涂,中国人历来重视道德,就从道德入手,把隋炀帝写得多么糟糕、多么荒淫,这是谁写的?是唐朝人写的,唐朝人一定要把隋朝写得这么坏,才能证明唐朝的兴起是"应天顺人"。历来都是这样,每个人都是有自己立场的,所以我们不仅要知道他写了什么,而且要知道他为什么这么写,这样才能够真正知道他的特点、价值在哪里,偏颇、局限在哪里。读书读多了,不同的书之间进行比较,会发现这本书这么说,那本书那么说,然后你就会知道问题出在哪里,才会形成自己的思路。

我昨晚给一个本科生同学回了信,他好像不是中文系的,是星期一上"中国古代文化"课的时候,我讲了一个情况。一般来说,游牧社会中妇女地位要比农业社会低,农业社会的妇女地位当然比工商业时代低,这是很简单的事实。我当时举了一个例子,说成吉思汗的一个妃子非常漂亮,很受宠爱,有些人便动了歪脑筋,想请这个妃子跟成吉思汗说情。这个妃子却说,你找我没有用的,我虽然受到大汗宠爱,实际上他只把我当附属品,他对我的爱就像他对马鞍的喜爱一样。一副马鞍若是不好用就要扔掉,我如果得罪他的话,也会像马鞍一样被扔掉。史书叙述这位妃子的长发乌黑如镜,光可照人。这位同学提出一个问题,他正好看了一本关于清朝皇位继承制度的书,里面说孝庄太后很有权力。他就问我举的例子是不是努尔哈赤的妃子,我说我讲的是成吉思汗的妃子。他又说老师要我们读书细心,而我在书里面看到几点:第一,在满族入关之前,他们不只是游牧,还有很大一部分生活在狩猎、采集果实的状态,在这种状况下妇女往往很重要;第二,满族妇女较少受礼教束缚,汉族妇女受到比较多的礼教限制,大门不出、二门不迈,满族妇女又不用裹脚,比较自由;第三,满族男人都打仗去了,放牧、采集都依靠留在家中的女人,她们在经济生活中占有比较重要的地位,而且孝庄太后后来成为著名女政治家,起了很大作用。那位同学用这几个现象来证明我上课举的例子靠不住。我说你善于思考这很好,你的看法表面上看似乎有道理,实际上站不住,就是因为读书不细。这里面有很多问题。第一说采集,满族一开始还没有到游牧社会的程度,它还处于很早期、近于原始社会的状态,所以不能借此说"游牧社会女性地位高"。第二说满族妇女不裹脚,在这一点上相对自由,这是对的。大家知道,后来我们总说万恶的封建统治者要妇女裹脚,实际上中国古代任何一个王朝的专制统治者,没有一个说妇女要裹脚的,倒是说过不要裹脚,结果民间妇女还是要裹脚。这是因为跟现在女孩子穿高跟鞋一样,穿高跟鞋多难受啊?但是为了要美观,所以她们一定要裹脚,你有什么办法呢?朱元璋曾经说不要裹脚,结果抗不过民间习惯。后来清朝下令严禁裹脚,结果民间还是裹脚,最后实在管不住,只好让汉族妇女裹脚,但是满族女子坚决不许裹脚,若是裹脚便开除旗籍。过去讲封建统治者逼妇女裹脚,哪里有这回事!满族女子在某些方面是比较不受礼法束缚,这就代表她社会地位高吗?在礼法方面束缚少,并不等于社会地位高,这是两个问题。我跟他举例,我说你看乞丐每天都不用上班,他多自由,那你说官员每天上班就不自由,乞丐的地位就比官员高吗?所以这是两个问题,一个是在礼法上的自由与否,一个是社会地位高低,两者有关系但绝不是一回事。第三说男人出门打仗,由女人负责家中生产,在经济生活中占重要地位,因此社会地位高。一般来说,经济地位与社会地位相关,但是有时候并非如此。那时候满族是特殊情况,当时生活以军事为主,打仗是男人的事,打仗的人地位更高,上战场的男人是英雄、勇士,女人是在后面搞后勤的。在这种情况下,女人在家务、农业中占很重要的地位,并不能证明她有很高的社会地位,这也是两件事情。第四说孝庄皇太后的权力来自于她是皇太极的妃子,她不是靠自己获得权力的,而是作为皇太极附庸的身份获得权力的。综上所述,我认为研究满族当时特殊的生产生活方式和文化传统,以及这种背景下的妇女地位的特殊性,这是很有意义的。但是你要准确理解这些事实,作出准确的分析和判断。

现在写得好的书,即使是大家、名家的著作,也会出现这类问题,有些观点似是而非。前几年我读过后印象最深、几乎挑不出毛病的书,是北大历史系田余庆教授的《东晋门阀政治》。他这本书写到什么程度呢?现在很多人写书,往往在不该写的地方写很多,该写的问题恰恰是带过而已。需要澄清的模糊地方,作者没有澄清,反而在不需要罗列的时候,却列了很多细枝末节。但是田先生的书不是这样,我真佩服他。在读的过程中,我认为有些地方应该讲而还没讲的,下面他就讲了。我觉得不是很重要的地方,他就简单带过了。当遇到问题时,他抓住问题努力攻克,绝不放过。我虽然只在开大会的时候见过田余庆先生,看他的书着实让我佩服不已,他还有多篇论文也写得非常好。大部分人写的书都不是这样,为了论证某些论点,就往这个方向说。比方说那个同学所看到的写孝庄皇太后的书,可能为了凸显孝庄皇太后的作用,就要分析孝庄皇太后的权力是怎么形成的,它肯定有个源流、背景,于是作者就把所有有利的证据都捞进书里、堆在一起,以证明孝庄太后之所以能够掌权,都是因为有传统或其他不同因素在起作用。这样一种思考方式和写作方式,我们现在很多人都是这样做的,看似有道理,其实没道理,无法真正解决这个问题,而读者、我们的同学一看到这个东西,就相信它是对的,而不仔细去想当时是怎么回事。作者有其偏颇,读者又将它简单化。

读书要细心,对经典著作,要从弄懂每一个字开始。我前不久遇到一件事,对我震动很大。我们现在讲老子《道德经》的"道可道,非常道",我们经常问"道"是什么,很多人说是"规律"。上次我在复旦大学参加一个座谈会,有人又这么说,复旦大学的著名学者朱维铮教授马上大声说:"道怎么是规律呢?"我一下子醒悟了,因为我过去也简单认为"道"就是"规律"。"道"怎么可能就是规律呢?如果说它是规律的话,中西哲学就是一样的了!"道"是中国人的一种观念,它是日常行走的那条路,由于经常走,所以大家知道它是靠得住的、可行的、应该走的,这就是中国人"靠经验"的观念,认为经常走的那条路、经常搞的那种方式、经常出现的那种现象,就是应该遵循的,就是"道",这些恰恰和"规律"是有区别的。"道"有很大的局限性,它不是通过理性的思考、逻辑的推断,探讨客观规律,而是停留在经验、知性的层面。这是中国哲学以至整个中国人思维方式的一个根本特点,或者说是一个很大的毛病,当然也有它的长处。如果把它等同于规律,那中国哲学的特点、局限就都没有了。像南开大学罗宗强教授研究中国文学思想史,他有个本领:很多问题别人都研究过,像《文心雕龙》《诗品》还有《典论·论文》等,但他仔细品读其中每一个字的意思,就有新的发现。比如像现在的中国古代文学研究论著,常引用曹丕的"盖文章经国之大业,不朽之盛事。年寿有时而尽,荣乐止乎其身,二者必至之常期,未若文章之无穷"这段话,认为曹丕将"文学"抬到多高的地位,表明当时文学地位得到很大提高。这里面就有问题。曹丕讲的是"文章"不是"文学",文章等于文学吗?这还是最简单的例子。罗宗强教授力求把文献中每一个字词的准确意思,作者自己的意思、时人的定义和用法、现在的意思,都仔细予以辨析,慢慢汇集、总结,最后往往会发现一些很重大的问题。所以读书需要细心。眼光要宽、高、细,眼力就是这样磨炼出来的。

第三点我讲精力,它决定了成就的大小。其实精力和第一个问题是相关的,也就是说你是不是集中全部精力读书。同学们过去上中学的时候比较紧张,在上大学前的那个暑假也应该调整过来了。上大学之后不能继续那样松弛,应该要绷紧起来,要倒数计时。其实你想一想,大学四年是1441天,如果说周末不上课、不干事,寒暑假也不干事,每年的寒暑假是两三个月,约有八九十天,平时还有同学、同乡的聚会和各种各样的事情,算起来大学四年真正读书的日子,我估计大约在八百天左右,不超过这个数。就这么一点时间,你们要应付那么多课程,读书时间真的很少,真的要珍惜,一晃时间就过去了。读书一旦进入,就会有欲罢不能的感觉。我们是中文系的学生,不管你将来干什么,如果不训练自己阅读、思考问题的能力和方法,不提高自己的语言水平,不管将来进入哪一行,都不具备良好的基础,怎么起步,怎么发展？你知道如果中文系的人去从事社会管理工作,不管是在哪里当处长、局长,首先都是从办公室的文书工作开始做起。你的看家本领,还是读、想和写,主要是写。如果写出来的东西抓不住要害,条理不清晰,语言不干净简练,没有创意,提不出新问题、新思路、新建议,那上司怎么会信得过你？又怎么会赏识、重用你？当干部的话,你的这些本领是必要的,至于做学问就更要具备这些能力。如果本科阶段不念一些基础的书,念研究生就麻烦了。研究生期间是有专业限制的,读书也受专业限制,本科期间是最自由的。所以一定要集中精力,要有倒数计时的意识。

  我与在座的同学们之间有代沟,观念可能过时了,我的看法大家不一定赞同。坦率地说,我认为现在互联网和手机这些东西,实际上处于一个刚刚爆发的时期。大家面对新奇的东西感到很好奇,但是我认为,它们在给人类的生活带来了极大便利的同时,也有很多害处。对手机、互联网等的作用,我们很需要认真思考。互联网里面有海量的信息,但绝大多数都是垃圾信息。你为它所控制,所做的大量事情都是无聊的、无效的。现在很多年轻人,包括我自己的孩子,大学时间都没拿来读书,就是沉迷于网络游戏。我儿子他现在清醒过来了,但是已经有点迟了。他说他自己有两个转变:第一是他以前很喜欢吃肯德基、麦当劳,有一天突然就没兴趣了。现在偶尔吃还可以,再也没像以前那般天天爱吃了。第二是网络游戏,他以前日日沉迷其中,但他现在不是,还说自己都不知道为何当时会沉迷。网络里面的动画游戏,我认为是一种精神鸦片,我坚持这种看法。现在中国要发展文化市场,刺激大家消费,便学习日本。但日本的漫画、网络游戏把日本变成什么样子了？日本的年轻人又被变成什么样子了？变得非常幼稚！我到日本去看到那些孩子,头发都被染成黄色,精神萎靡不振,神情呆滞,目光恍惚,我据此判断日本不足畏也。那些年轻人都是漫画、动漫教出来的一代,幼稚得很,说话和行为都是模仿漫画和动漫的动作。漫画和漫画里面的动作,教得现在的小孩走路都是一冲一冲的,说话夹着舌头,这都是从漫画、动漫里面学的。孩子们整天沉迷在漫画和动漫的虚幻世界里面,实在是很无聊。有些人在现实生活中缺乏竞争力,也没有正视现实的勇气,就活在那种虚幻的成功里,自我麻痹,这有什么用？你们十八九岁就考上北京大学,在现实里面很成功,就更不能如此。现实生活里面有这么多有益的事情为什么不去做？网络里大量的垃圾信息完全不需要去看,真正有价值的信息有人会给我们筛选出来,你每天看看要闻,最多看看主要门户网站,我觉得这样就可以了,其他没完没了的那些无聊的信息有什么意思呢？又如看电影,我不是不看电影,我只看最有名的电影,就是那些经过淘选的好电影。所以不是说不要掌握信息,人一定要关注现实,但是不用过多地注意那些垃圾信息。经过筛选再去看,可以节省很多时间。又比如说有一些人寄来"加我为好友"这类社群网站的邀请,我很生气的是,甚至连我带过的一些硕士、博士也跟我发这种东西,我觉得很失望:第一,他怎么就忙着干这些事情；第二,他怎么还要我也干这种事情。平常的信我从来都是会回复的,但这种信我一律不回应,连看都不看。要我去加入干什么,我哪有时间去做这些事情！有意义的事情多得很。

每个同学都想成功,有时候会松懈一段时间,有时候又早起或熬夜,其实不一定要这样。我讲讲我几位老师的说法。夏承焘先生是研究词的有名学者,原来读书的时候条件很差,他那时是大学讲师,室友深夜在床帐里点油灯看书,夏先生便对他说:"读书做学问,不靠拼命,靠长命。"你寿命长便可以做很多事情,若是拼命把身体拼垮了,反而做不了什么事情。读书不在于一下子冲刺,关键在于持之以恒、从不间断,不能三天打鱼两天晒网、一曝十寒,那是不行的。我的博士生导师是徐朔方先生,他研究戏曲很有成就,他的话是用诗写的,大意是说:"登山不必心急奔跑,只要不紧不慢一步步攀登,自会到达顶点。"只要你踏踏实实地、一步一步地走过去,肯定会到顶点,而且不比别人慢,甚至还会快上一点。有些人一开始拼命奔跑,到后面却会体力不支。这是徐先生的经验之谈,他自己登山是这样,做学问也是这样。我们有一次去登湖北武当山,有些年轻人一开始发疯似的跑,老先生那时候已经六十多岁,就这么慢慢走,也不停下来休息,最后他比别人早得多就上了山顶。所以你只要一步步往前走,不要急于求成,不要总是望着顶点希望一下子就飞过去,步步前行总会达到顶点。清代龚自珍说过:"无昱昱之行者,无昭昭之功。""昱昱之行"是指踏踏实实地用功,如果没有这样的努力的话,就不会有显眼光耀的功绩。你现在只要坚持住念一两年书,马上就会发现自己和别人已经不同。我读大学的时候,因为小时候在学校里遥遥领先,进了大学却发现大家都很厉害,自己曾因为没有优势而感到失落,便开始读书。读了一两年,就能发现老师上课时的一些错误,我就对同学说书中不是这样说的,有些同学不相信,去查了书,果然是老师说错了。你若认真读了一些书,再和同学讨论的时候,同学就会发现你和原来不一样了,因为你有了自己的思路和眼光,讲话有理有据,可以讲出很多东西来。这跟抄笔记去应付课程、学分完全不同。你有了这种感觉,就能用一种居高临下的态度看待考试,考试便不成问题了。你若踏踏实实读三四年书,到了四年级你更会大不相同,会有豁然开朗的感觉,你就不是刚上大学时的你了。这样打好了基础,可以去读研究生。再这样读上几年,读研究生、博士生,你就可以写出一两本非常好的著作,成为一名学者。再花上几年,再写出一两本书,你就能成为优秀的学者。这不是要一辈子、几十年才能看到的成果,不一定,坚持几年你就能看到自己的收获,再过几年收效会更明显,这种收效反过来又成为激发自己继续努力的动力。很多人都想成功,但就是因为不肯用功,结果你就把他甩在后面。

因为临时接到这个任务,第一我没做什么像样的研究,第二同学们都是大一的学生,有些专业问题讲得细了怕大家也不一定有感觉,所以今天就讲一些读书的体会。我本不想讲什么高论,但今天讲的也还是一些空谈,就此打住吧。

开放的自我

袁毓林

袁毓林,1962年生,江苏省昆山市人。1990年毕业于北京大学,语言学博士。现为北京大学中文系教授,博士生导师。兼任《当代语言学》《语言文字应用》《中文信息学报》《中国语学》(日本)、《中国语教育与研究》(韩国)、《汉语语言和计算学报》(新加坡)编委,中国语言学会理事。主要研究理论语言学和汉语语言学,特别是句法学、语义学、语用学,兼及计算语言学和中文信息处理等应用性研究。正在进行面向内容计算和信息检索的语义知识资源的研究和建设工作。在《中国社会科学》《中国语文》《当代语言学》和《中文信息学报》等刊物发表论文八十余篇,出版著作8部。曾获中国社会科学院青年语言学家奖、北京市优秀社科成果奖和中国高校人文社会科学研究优秀成果奖等奖项。1998年入选北京市跨世纪(新世纪)中青年社科理论人才"百人工程",1999年入选教育部跨世纪人才培养计划。

各位新同学,大家好,欢迎来到中文系。首先感谢漆永祥老师,邀请我来给大家做这个讲座,使我有机会跟大家进行一次思想上、认识上和学术上的交流。

那么,我要跟大家谈什么呢?各位是否读过韩寒的一篇有名的文章,叫《我想和这个时代谈谈》?跟这个时代谈,我想我谈不了。因为我们这个时代,是一个波澜壮阔的大时代,是中国社会转型速度最快、幅度最大的时代。八十年代,你们的爸爸妈妈差不多二三十岁的时候,中国基本还是农业社会,如果是农村来的同学,大概知道,那时候,你们的父母还在种田,还在用牛犁田,家里可能还用纺车来纺线。但是,十年、二十年、三十年之后,我们的国家迅速进入工业社会,甚至马上又转到后工业社会。用以前一位老先生的话说,这是"千百年来未有之大变局"。和这样一个大时代谈谈,我做不到,但我很愿意和这个时代最优秀的青年才俊们谈谈。谁有资格成为这个时代最优秀的才俊?无疑就是在座的各位。在这个经济追求如此狂热的时代,还有这么一批优秀的年轻人,热爱中文——中国的语言、文学、文献,你们可以说是中国文化的"托命人",中国文化的命运,很大程度上寄托在你们身上,靠你们去继承、发扬。所以,我很愿意跟大家谈一谈。谈什么呢?应该谈大家最关心的问题。大家最关心的问题是什么?是两个小时后能在食堂买到什么样的饭菜吗?当然,这也是各位关心的问题之一,但它是微不足道的。你们更关心什么?最关心什么?你们的爸爸妈妈很不容易地将你们养大,从小学到中学,到现在,十二年求学生涯,辛苦地栽培你们。你们差不多从小学四年级开始,就有小升初的压力,之后升高中,上大学,一路马不停蹄,直到今天坐在北大的教室里。承载了父母如此多的期望,经历了如此激烈的升学竞争,来到这里的你们一定是有很高的理想、很高的抱负的。所以,我相信你们最关心的,应该是四年以后,或者说上了硕士研究生,七年以后,再或者上了博士,十年以后,你们将成为什么样的人,将从事什么样的工作,将怎样在这个竞争异常激烈的社会上安身立命。这是不是你们最关心的?说错了没有?没说错。我的孩子今年也刚上大学,我与各位的父母有一样的感受和期待。大概一个月前,我作为家长代表,在她们学校的开学典礼上,就谈了这个问题。

为了更好地走未来的路,大家从现在起,就应该思考,我要成为什么样的人。对于这个问题,你们可能会有困惑。为什么困惑?因为在北大校园里,你可能会跟理科的同学比,跟学计算机的、学生物的、学化学的比,可能会跟工科的同学比,也可能会跟社会科学专业的同学比,跟学法律的、学经济的比,好像他们有更明确的专业,并且这个专业跟他们以后的工作有紧密的联系。学化学的,大概就从事与化学工程有关的工作;学生物的,从事与生物工程有关的工作;学法律的,以后可以当律师;等等。但中文专业,似乎没有那么明确的职业方向,很多同学很想知道:我毕业以后做什么呢?由此产生困惑,甚至产生焦虑,想得晚上睡不着觉。其实,当你们在羡慕着那些理科男、工科女的时候,他们也在羡慕着你们这些文科男、中文女呢。他们会说:你看,中文系的学生,多么幸福!徜徉在未名湖边,吟诵着唐诗宋词,还能听听"静园讲座",而我们天天做作业,一天到晚都有做不完的作业。理工科同学作业多的程度、他们所承受的课业压力,是你们无法想象的。我博士毕业后,大概有六七年时间在清华大学工作。清华大学以理工科为主,我们中文系的工作包括给全校的理工科同学开一些人文学科方面的选修课,我开的就是"语言分析导论"和"汉语语法分析"。同学们很爱听这两门课,但一边听一边在下面做作业。清华的学生很实在,他们事先跟我打招呼,说:"老师,我们真是爱听您的课。但如果我们不在课上做作业,真的来不及。"他们给我算,一天要做高等数学、高等物理,还有什么计算机课程、专业课程,等等,每门课的老师都要布置很多作业。不把这些作业做掉,下次课是听不懂的,可见他们压力之大。而我们文科的同学,相对来说,课业压力没这么大。上了研究生以后,放假了,文科的同学买张车票就回家了,而理工科的研究生大多留在学校里,干什么?做实验,并且各个课题组每周要组织一至两次的讨论,叫做"组会"。所以我说,当你们在羡慕他们的时候,他们也在羡慕着你们。既然来到中文系,那么就安心在这里学习吧。

说到将来要成为什么样的人,大家可能会这么想:我将来能成为什么样的人,老师你应该告诉我。也就是说,你应该告诉我,中文系培养什么样的人。但你们会发现,现在回答这个问题,好像为时太早。因为中文系真正给予她的学生的,与其说是专业的技能、谋生的能力,不如说是更开放的自我。而"要成为什么样的人"这个问题的真正答案,需要你们在成长的道路上,用自己的心去感知和领悟,用自己的身去实践和兑现。

不过,话也要说回来,这个问题好像已经有人回答过你们了。今年四五月份招生时,招生组的老师是不是告诉过你们:北京大学中国语言文学系培养对中国语言、文学、文献具有基本知识和一定研究能力的人?只是这个回答太空泛了。你们或许会接着问:如果我成了这样的人,那我以后的饭碗在哪儿?

其实,通常人家不告诉你中文系培养什么样的人,倒是会告诉你中文系不培养什么样的人。有一个著名的口号,叫做"中文系不培养作家"。最早在五十年代由中文系的老系主任杨晦先生提出,后来八九十年代严家炎老师当系主任时,也这么说。很多同学,之所以放弃报考理工科,放弃以后可能拥有的很好的职业前景,选择到中文系学习,就是因为怀着当作家的梦想,怀着文学的梦想。到了这儿以后,却迎来这么个当头棒喝,被浇了盆冷水。那大家肯定要问:为什么?中文系,文学无疑是主干学科,为什么不培养作家呢?我想,答案是:非不为也,不能也。不是不想培养作家,而是不可能把培养作家当作中文系的主要任务。因为要当一个作家,容易不容易?很不容易。要成为一个优秀的作家,用《红楼梦》里的话说,必须"洞明世事,练达人情"。你们想想,中文系的老师们,一个个都怀着对中国文化的赤子之心。所谓赤子之心,说穿了就是天真得很。他们一点也不世故,一点也不油滑,几乎就是大孩子;怀着一颗赤诚的心,来看待万事万物,看待人际关系。让这样天真的人来教大家怎样洞明世事、练达人情,岂不是笑话?一个优秀作家要达到的境界,如司马迁所说,是"究天人之际,通古今之变,成一家之言",中文系的老师很多自己都达不到这个境界,自然不可能承担培养作家的职责。要成为一个优秀的作家,首先要体察生活,要体会人世间的世态炎凉、人情冷暖,同时要经受艰难困苦的考验,方能玉成。所以,成为作家,靠的是你自己锻炼、自己磨砺,而不是靠课堂培养,中文系也不可能把你"培养"成作家。

不过,话说回来,虽然中文系不以培养作家为目标,但如果你是一个当作家的好苗子,中文系的学习经历不仅绝不妨碍你的作家梦,而且必定使你如虎添翼。我们中文系的毕业生中不乏优秀作家,比如刘震云先生,他写了很多优秀的作品。他就曾经深有感触地说:一个人要成为作家,可以不上中文系,但上不上中文系,决定着你在作家这条路上能走多远,作为有多大。他现在的创作状态非常好,很平稳,几年就有一部非常有力的作品诞生,创作的路子也很开阔。这在很大程度上就得益于北大中文系给予他的锻炼和熏陶。所以,怀抱作家梦的同学,不必灰心,不必丧气。中文系不培养你当作家,你可以自己培养自己。只要你是当作家的材料,有当作家的决心和雄心,在这个不培养作家的中文系,你依然能够成为作家,能够成为有实力获得诺贝尔文学奖的大作家。

  以上是我今天谈的第一点。大家可能接着会问:既然中文系不培养作家,那她给予我们什么,教给我们什么?大家首先看看中文系的老师们都是什么样的老师,从事了什么样的工作,由此你才能了解中文系的培养目标。根据我在清华大学中文系、北京大学中文系工作二十多年的认识和体验,我想中文系的培养目标大概可以分为最低标准、最高标准两种。最低标准有三个方向,一是在汉语言文字学方面具备很好的知识和训练,如果将来要做研究,可以在这条路上很好地走下去;第二个方向,在中国文学、文艺学、比较文学方面,有基本的知识和训练,为以后的创作或者研究打下基础;第三个方向,在中国古典文献学、古籍整理方面,有非常扎实的知识和修养,为以后的古文献整理和研究工作打下基础。最高标准则是在上述三个方向上做出很好的研究,成为专门人才。但通常来说,一个本科毕业生是达不到最高标准的。如果说本科毕业后就要从事文学研究、语言学研究、文献学研究,那是不太可能的。这一点也不稀奇,理科也是这样。物理系的本科毕业生要找一份物理学研究方面的工作,有没有可能?不可能,没有一个用人单位会专门指定招物理系的本科毕业生。那么,要达到刚才说的最高标准,具有研究能力,就得上研究生。我们中文系的本科生通常一半以上毕业后会升入研究生阶段,而这一半中又大约有一半,也就是总体的25%,会到国外或者港澳台地区继续深造。

  中文系培养什么样的人?上面说的最低、最高标准是一种解答方式,而我更愿意从另外一个角度来谈这个问题,这就是我今天讲座的题目:开放的自我。我们中文系要培养的,就是具有开放的自我的人才——对自我有清晰的认识,同时又是开放的。从这个角度来看,你们可以成为下列三种人之一。

第一种人,根据我的观察,可以叫做文人、思想家、媒体人、公共知识分子。这种人应该通过在中文系四年的学习,在语言学、文学、文献学方面都有扎实的功底,然后深入社会、了解社会,能够对社会上的各种现象独立发表自己的见解,能够针砭时弊,指点江山,激扬文字,做一个有知识、有修养、有责任、有担当的文化人。这种人在将来是大量需要的,为什么?我刚才说了,如今的中国社会是一个正在经历剧烈变革的社会,我们的时代是一个大转折的时代。在时代转型面前,社会需要一大批"从前工业社会走向后工业社会的保护神"。欧洲、美国都经历过这样的社会转型。在这一阶段,社会亟须有一批公共知识分子出来为我们指引方向,成为我们走向后工业社会的保护神,成为"时代的良心",同时也成为"社会的芒刺"。社会上稍微有些不好的现象,他们就会尖锐地、无情地指出和批判。所以,按我的理解,所谓文化人、公共知识分子,就是时代的良心,同时又是世俗社会的芒刺。

我举个例子,大家以后如果学语言学,会知道美国麻省理工学院(MIT)有一个非常有名的语言学家乔姆斯基(Noam Chomsky)。据统计,历史上到现在为止,有十位学术、文化影响最大的思想家,他就是其中之一。

这十大思想家是怎么排出来的呢?就看他们的文章、著作被别人引用的次数、频率的高低。以前,判断一个人思想、学术影响有多大,一般以水平高低为标准。我们会说,这个人水平高,他的影响大;那个人水平低,他的影响小。但是,要准确衡量一个人思想水平、学术水平的高低,这难不难啊?很难。因为文人相轻,自古而然。文人总是有一股傲气,每一个人都觉得自己应该是最好的。所谓"武有第一,文无第二",要比试武功高低,那就召开武林大赛,大家打一打,打到最后,把别人都打到台下的那一个,就是第一。文呢,指的是文化、学术、科学,你说谁是第一?这不容易评价。但现在,我们有了一个很好的评价体系。这个体系不说水平高低,因为如果说你水平低,你会不服气,那我们就比谁的影响力大。比影响力大小的一个指标,就是你的文章、你的著作被别人引用的次数多少。假如你的文章加起来一共被别人引用了2000次,他的文章被引用了6000次,谁厉害?他厉害。这种引用频数是衡量学术、思想影响非常重要的一个因素。但是,后来大家渐渐发现，如果只以它为单一衡量指标，会有偏颇。为什么呢？有的学者，写了一篇文章，争议非常大，这篇文章可能被引用几万次。而别人的文章一辈子加起来引用次数可能也超不过一千次。那是不是意味着，他只写这一篇文章，就可以躺在功劳簿上，什么也不干了呢？这当然不是。所以，这种单一的评价体系必须要改。怎么改呢？2005年，美国科学院院刊上发表了加州大学圣地亚哥分校一个统计物理学家乔治·赫希（Jorge Hirsch）写的一篇文章，这是一篇非常有意思的文章，文章中建立了一个评价模型，叫做高引用指数（h-index），用来鉴定一个学者研究成果的学术水平、影响大小。作者认为，评价一个人的学术成就，不能单纯看他发表文章的多少。为什么？因为文章有可能发表在水平很低的刊物上。也就是说，如果只以发表文章的多少来衡量一个人的学术水平或学术影响，那么他可以发大量的低水平文章。这对发表高水平文章的学者而言，无疑意味着一种"惩罚"。既然不能以文章多寡为单一衡量标准，那就再看文章的引用率。刚才我说了，引用率作为评价指标，也是有缺陷的。比如我们语言学，有的人一辈子的文章加起来，引用不超过四五百次。但是，我九十年代博士刚刚毕业写的一篇文章就被引用了500多次，超过别人一辈子的了。那是不是说我可以从此不干了？显然，光看引用率可能是有问题的。高引用指数（h-index）可以修正引用率的缺陷，它是一种自动调节论文的数量与质量的评价方法。它的原理是：如果你有N篇文章，至少被引用N次，那你的得分就是N。比如说我发表了100篇文章，只有前10篇的引用次数超过10，那按引用次数多少排下来，排到第10篇，可以得出我的h-index是10。而有的人只写了11篇文章，这11篇文章的引用次数都超过11，那他得了11分。他的水平就比我高，因为他的11篇文章在学术性、影响力上超过了我的100篇文章。现在，世界各地基本都采用高引用指数（h-index），作为评价一个人学术水平高低的指标。还有一个统计，一个学者，从他进入学术生涯开始，比如从博士毕业，差不多二十八岁到三十岁算起，如果每年h-index长1分，那这样的学者就是excellent scholar，优秀的学者；如果每年长2分，也就是说，到他四十岁左右的时候，引用指数是20；那这样的学者可以称为outstanding scholar，杰出的学者。世界上没有多少学者达得到这样的水准。有没有每年长3分的？也就是说经过十年学术生涯，比如博士毕业十年，引用指数高达30？也有，但只有少数的诺贝尔奖获得者能做到。这种学者就叫做unique scholar,独一无二的学者。所以 h-index 是一个非常好的衡量指数。大家或许会问:袁老师,您的引用指数是多少?我告诉你们,我是 33 分。这意味着我有 33 篇文章,每一篇都至少被别人引用了 33 次。这也意味着我刚毕业时写的那篇被引用 500 多次的文章,对于评价我的学术成就和学术影响,只贡献了微不足道的 1 分。想到这一点,谁还敢吃老本、不立新功呢?可见,h-index 这样的评价体系,是让每一个学者都不能躺在功劳簿上。它要求每一个学者都必须不断地有新的研究成果发表;并且发表的东西不能差,因为差的论文就没人去引用。它是对学者研究论文的质量和数量的有效推动。

回到我刚才说的乔姆斯基,他是按照引用指数排下来,排名第十的世界十大思想家之一,也是这十位当中目前唯一一个在世的。其他人,比如德国哲学家黑格尔(Georg Wilhelm Friedrich Hegel,1770—1831)等等,都不在了。乔姆斯基是一个优秀的语言学家,同时是一个优秀的公共知识分子。六十年代,美国发动越战的时候,他就觉得这个战争是霸权主义行径。他坚决地反对越战,号召年轻人拒绝当兵,不要去为美国政府当炮灰。美国政府逮捕了他,并且要求 MIT 开除他。但 MIT 说:我们学校有我们学校的规章制度,他没有违反法律,也没有违反我们学校的规章制度,我们不能开除他。直到今天,乔姆斯基依然保持着对社会的高度关心,还在继续反对霸权主义。由于他在语言学上的突出造诣,世界各地都邀请他做演讲,但他做演讲有条件。条件是什么?买一送一。也就是说:要我做一个语言学讲座可以,同时我要再做一个政治演讲。2010 年他来到北京,就在北京语言大学做了个语言学的演讲,在北京大学做了个反对霸权主义的政治演讲。所以我说,他是一个杰出的专业学者,也是一个值得尊敬的公共知识分子。这就是我所说的第一种人,是在座诸位将来有可能的一种选择——文化人、思想家、公共知识分子,像乔姆斯基那样,关心社会,面对社会问题,能够大胆、无畏地发声。

但是,成为公共知识分子,也需要有很好的学识。没有学识,光是满怀着一腔忧国忧民的热忱,身处陋室,心怀天下,处江湖之远而忧其君,这有没有用啊?没用,必须有学识才行。我再举个例子,奥地利著名经济学家哈耶克(Friedrich August Hayek,1899—1992),他有一部非常著名的著作,叫《通往奴役之路》(*The Road to Serfdom*)。这本书的主旨就在于弘扬自由主义、个人主义。他所理解的自由主义就是：人活在世界上必须自由，要尊重个人，把人当作人来对待；他所秉持的自由主义精神就是个人主义精神。什么是个人主义？在个人的范围之内，你自己的兴趣、爱好、理想都是至高无上的，只要你不妨碍他人的自由。他的这种思想主张在当时受到很多左派的批判。因为左派总是会偏向于集体主义、理想主义，发展到最后，往往变成大家必须步调一致，当大家必须步调一致的时候，也就须有一人来统领和号令。他一旦号令你了，尝到甜头了，就会走向专制主义。哈耶克反对专制主义，他的思想的核心就是提倡自由主义，一个国家经济的发展、制度的选择，都不可以与自由主义的基本精神相违背。哈耶克认为，一个国家、一个政府的职能越小越好，政府没有领导这个国家进行经济建设的功能，经济建设应该让市场去做。一个国家只要做一件事情就可以了，那就是让每一个公民的自由不被别人侵犯。这种思想可能稍微极端一点，因为每一个国家、每一个民族的处境不一样。那些法制建设、经济体制已经非常完善的国家，可以走这样的发展道路。但像我们中国这样经历了漫长专制社会的国家，要一下子迈到这样的发展阶段，恐怕是不切实际的。但不管怎样，无可否定，哈耶克的思想，不管在当时还是现在，都是非常重要的，他的学术贡献也远远超出了经济学范围。他也是我说的第一种人的典型代表，既是学识深广的专业学者，又是贡献卓著的公共知识分子。

上面举的两个例子都是西方学者，那中国有没有这样的学者？有。比如著名的思想家、经济学家顾准(1915—1974)。他早年投身革命，对国民党的统治深恶痛绝。新中国成立后，曾担任上海市财政局局长兼税务局长等职务，官阶相当高。随着中国实现社会主义，建立起了初步的计划经济体制，到五六十年代，他提出了一个著名的命题："娜拉出走之后怎样？"大家知道，这原先是鲁迅一篇演讲稿的题目。在顾准那里，这个命题的意思是：中国共产党领导中国人民推翻了国民党的统治，掌握了革命的政权，那接下来我们应该采取什么样的社会体制、经济体制，让祖国繁荣富强起来，让人民富裕起来？因为他发现了一个非常严重的问题：计划经济并没有让中国人民真正富裕起来。那时他已经认识到：即使在社会主义的制度下，也是可以走市场经济道路的；商品的交换、货币的交换也是必需的，市场经济的规律是不容违反的。在当时,在五六十年代,这种观念简直是石破天惊,简直是造反!所以他遭受了很大的打击,以致丢官,受批判。他的妻子因承受不了压力而自杀,他自己晚年身患绝症,孩子不能见,老母亲也不能见。但即使在这种极其艰难的处境下,他仍在思考"娜拉出走之后怎样?"的问题,仍在思考中国的发展与未来,仍然反复问着自己:我们要一个什么样的社会?我们要把国家建设成怎样?怎样让人民富裕起来?这使人想起司马迁《报任安书》中所说的:"古者富贵而名摩灭,不可胜记,唯倜傥非常之人称焉。盖西伯拘而演《周易》;仲尼厄而作《春秋》;屈原放逐,乃赋《离骚》;左丘失明,厥有《国语》;孙子膑脚,《兵法》修列;不韦迁蜀,世传《吕览》;韩非囚秦,《说难》《孤愤》;《诗》三百篇,大底贤圣发愤之所为作也。"

  功夫不负有心人,尽管顾准1974年病逝,无法亲眼见证中国改革开放的巨大成就,但是,他深刻地影响了中国一大批经济学家。这批经济学家正好成为八十年代以来中国经济改革顶层设计的设计师。比如,著名的老一辈经济学家孙冶方(1908—1983)先生;比孙先生年轻一点的,比如当代还很活跃的经济学家吴敬琏先生。吴先生当时就是顾准的助手和学生,深受这位老师的影响。所以,今天中国经济建设的巨大成就,归功于八十年代邓小平领导的经济改革,归功于一大批经济学家的奔走、呼吁和规划、设计。同时,在这背后,也有顾准非常重要的影响和作用,这是不可抹杀的。尽管他离开了人世,但他把宝贵的探索精神和政治经济学思想留了下来,泽被后人。

  从上面两个经济学家的例子,我们可以看到:有的时候,一个想法看起来很简单,但要得到大家的认同,再付诸实践,变成现实,却常常做不到。大家中学学历史,应该学过王安石变法,他推行的保甲法、青苗法等等,这些法好不好?肯定非常好,但后来为什么就推行不下去呢?是官僚阶层不行,还是老百姓不行?都有问题,此外还有一个技术操作层面上的问题。按照王安石的那套办法,每家每户的土地面积必须很清楚,同时产权界定也要很清楚。大家看过张艺谋早年的电影《老井》吧,两个村因为争抢一口井而发生械斗,都认为拥有这个井的产权。直到现在,中国农村的土地产权还是分不清楚,甚至有时为了宅基地一尺一寸的争议,两家人或者两村人可能大打出手,打出人命来。宋朝王安石那时候,怎么可能分清产权?而每家每户到底有多少土地,也不可能一一丈量清楚。可见社会问题远远比我们在书斋里想象的要复杂得多。

　　前一阵子,我看到一个非常好的报道:美国有一个课程组,跟踪调查了世界上三十多个国家,尤其特别调查了以前英国、法国的殖民地。他们要研究的问题很简单,就是:是什么因素,使得世界上有的国家富裕,有的国家贫穷?以史为鉴,放眼世界,原因很多。比如说地理环境因素。有的国家土地肥沃,雨水丰沛,人口又不多,自然比较富裕;有的国家有土地,但大多是沙漠,很贫瘠,沙漠下面还没有石油,资源很少,这样的国家肯定富不了。又比如宗教因素。有的国家崇尚精神生活,他们追求的是来世,现世再怎么辛苦,没有钱,没关系;吃不饱,也没关系;寒冷没关系,露宿街头也没关系。他们的精神是富足的,心里充满着对来世的希望和憧憬。这样的国家和人民,似乎不太有从事经济建设的热情。还有很多其他不同的原因。但是,课程组最后得出的结论非常简单,简单得让人跌破眼镜:影响一个国家贫富的最主要的原因,是这个国家选择了什么样的社会制度,包括政治、经济体制。用经济学的说法,就是看这个国家的制度,能不能保证每一个公民在自己从事投资等经济活动时,对自己这次行为的结果有一个明确的预期。这意味着这个国家必须是高度民主的、公平的,法律是非常健全的,并且是完全市场化的,由市场来调节经济。在这样的社会里,你很明确,我从事经济活动时,没有一个官在看着我,不会判我一个罪名,然后把我的财富没收掉。但更关键的是下一个问题:既然大家都认可,一个好的社会制度能让一个国家繁荣富强;那为什么有的国家实行了,有的国家没有实行,或者不想实行?原因是现有的利益格局的羁绊。对很多国家而言,要实行那个理想的社会制度,就必须先打破现有的利益格局。如果把一个国家的经济利益比作一个蛋糕的话,那么不同的社会体系、不同的社会制度切蛋糕的方法、份额不一样。当利益格局要发生改变时,原来占蛋糕份额多的那一方肯定不干。所以,改革是一个相当复杂的任务,这里面有很多工作要做。一种做法是:蛋糕原有的份额暂时不变,各方一起努力,把蛋糕做得更大一些。当蛋糕变大,原来占25%的,还是25%;而原来占1%的,得到的绝对数量也增加了。增加了以后,他们可以跟25%那一方商量:你原来占25%,就已经吃得饱饱的了,不需要再增加那么多,那现在能不能让一些出来?然后努力争取一步步慢慢调整。一个社会要进步,这样的过程有时不可避免。而在这一过程中,必须要有一批优秀的学者和思想家,带领大家去思考,去探索,去践行。我想,在座各位中,有很多人有潜质成为这种人;他们将来对我们国家、民族的发展,会起到顶梁柱的作用。

说完文人型、思想家型、公共知识分子型的第一种人,我们再看第二种,学者型、专门家型、文史专家型。我刚看到一篇报道,讲一个来自美国的中国女婿,最近他很红,正在签售新书。他深入中国基层,采访,调查,然后写报道,写小说。他说:"我是学者,不是公共知识分子。"他为什么这么说?因为学者关心的是学术层面的东西,关心的是事情本身的真相(truth)与实质(nature),是这个事情的是、非、真、伪;不一定着眼于这个事情的利、害、得、失。至于怎样改变它,号召大家行动,都不是学者的事。我今天要说的学者、专门家、文史专家大概也就是这样一种人。他们强调的是认识人类,认识这个社会;至于改变人类,改变社会,就不是他们所擅长的。他们对于社会的影响是潜移默化的,是润物细无声的;不像公共知识分子那样,直接地干预现实,投身社会。

从中文系走出来的"第二种人",是通过对文学、语言学、文献学的学习,掌握了这些方面的基础知识,然后在某个领域或某几个领域做比较精深而专门的研究,成为这些领域的专门家。那大家可能要说:"这是不是让我们钻到象牙塔里去?"是。我告诉大家,如果你真正钻进象牙塔,真正钻进故纸堆,真正对学术做出贡献,这种贡献最终是要传播、反馈到社会上,对社会的进步同样会产生非常大的影响。有的时候,一个公共知识分子对社会的影响是一时的、轰动性的,过了以后就消失了;但专门家的研究成果对社会的影响,却是久远的、历久而弥新的。通过对专门问题的研究,一方面可以将学术发扬光大,另一方面可以更好地探索生命的意义,探索生活的真谛,滋养人类的心灵。

我举个例子,词学大家顾随(1897—1960)先生。大家想必读过不少叶嘉莹老师有关诗词赏析的文章和著作,她对古诗词的很多赏析、解读、阐释都相当独到,相当有意思,她这套本领从哪儿来?就是跟她的老师顾随先生学的。顾先生有句箴言:"以无生之觉悟为有生之事业,以悲观之心情过乐观之生活。"有一位学者把它的意思解读为:我们每一个人,伟大也好,渺小也好,一辈子轰轰烈烈也好,一辈子默默无闻也好,最终都要走向死亡;而恰是对死亡的直面、体验和思考,让你对人生、对死亡有所觉悟,从而启迪你寻找到生命、生活的价值和意义,做到以悲观的心情过乐观的生活。这位学者指出,顾先生所做的,正是努力从对无生的觉悟中,获得将此生过得更充分的理由;并借着对生命的一种悲感的体验,来提升喜悦和满足的能力。他给予我们的启示是:觉悟死亡让我们更懂得如何将一生过得有价值,有意义;生命固然是充满悲苦的,但正是这种对悲苦的体验,让我们的心灵获得提升,生活中的每一个小小细节都会让我们高兴,看到春风高兴,看到秋风、落叶也高兴,心里总是感到很充实。这是对生命的一种很深切的体会,这种体会让我们更好地触及和拥抱文学最重要的主题——对人类有限的生命、艰难的生活的悲悯的叙写。好的文学作品,大抵总是表达着对人类有限生命和艰苦生活的悲悯情怀,比如我们读杜甫的诗、李白的诗,莫不如此。这种生命体会里又充盈着对人类、对生活的思考,是一种智慧,也是一种深情。顾先生就是怀着这样一种智慧和深情,一边体验着生命底色的悲哀,一边兴致勃勃地生活,将自己对生活的真实体验和当时各种可能的思想资源,注入他对古典诗词的写作和阐释中,发掘其中最有生命力的部分,让它为我们当代人的生活服务,为我们提供思想和情感的营养。这样就拓宽了古典诗词的表现力的世界,增加了古典文学为现代心灵提供资源或支持的可能性。这是他所做的主要工作和贡献。我把这位学者对顾随先生的箴言及其身体力行的阐释读给大家听,就是希望在座诸位如果将来有志于做文学研究,就要努力做到顾先生这样的境界。除古典文学外,你们还可以研究现代文学、当代文学,既做一个专业学者,又成为一个公共知识分子。我们系里的有些老师就是如此,一方面是学者,研究专门的文学问题;另一方面又是公共知识分子,经常在网上发表文章,是有名的大V,一有风吹草动,他马上"振臂一呼",吸引大家都去围观。

我上面举的几个例子,涉及语言学研究、文学研究,我们中文系还有一个重要的专业——古典文献学。如果你是研究古文献的,通过对古籍的整理和研究,可做的工作很多很多。这个月初,我们的一位非常优秀的前辈学者汤一介先生逝世了。汤先生晚年把自己的主要精力都放在《儒藏》的编纂上。为什么编《儒藏》?就是想从经典中挖掘中国文化的价值和意义,让源远流长的传统文化为我们今天的生活提供智慧和营养。正如一位学者所说的:典籍所载,是对当时的生活方式的概括和反映,一种生活方式就是一种对待生命、生活的智慧,这里边可以给我们当代人提供很多很多的启迪。尤其是现在,全球化轰轰烈烈的时代,"西方中心论"一边倒的时候,我们更应该思考,如何从传统文化中,找到中华文化最有生命的部分,让它为今天的生活服务。所以说,古文献研究意义重大,任重而道远,我们的时代正需要大量这方面的专门学者、研究专家。

说到做专业学者,做专门家,大家必须首先清醒地认识到:做学问不容易。清代史学家章学诚(1738—1801)著名的史学著作《文史通义·答客问》有一句非常好的话:"高明者多独断之学,沉潜者尚考索之功。"高明的人,非常聪明的人,崇尚的是独断之学,他对某件事情、某个问题的看法,往往就是一句话概括,一言九鼎。比如,王国维(1877—1927)先生著名的"三个境界""有我之境、无我之境"的说法。还有一种人——沉潜者,坐得住冷板凳的人,他们讲究的则是考索之功。文史研究都讲求考订、考据,最有名的例子,就是历史系已故的邓广铭(1907—1998)先生。邓先生写的《岳飞传》,据说是无一字无来历;他作的《稼轩词编年笺注》,更是考订精密,辛弃疾每一首词,哪一年写的、在什么地方写的、为什么写,都说得清清楚楚,实在令人佩服。这就是所谓的考索之功。清代大学问家纪昀(1724—1805),也说过一段非常精彩的关于做学问的格言:"文章公论,历久乃明。天地英华所聚,卓然不可磨灭者,一代不过数十人。"文章好还是不好,自有公论在,不是凭你自己说;时间久了,经得起时代考验的文章就是好文章。天下英才济济,做文章的人很多;但在一个时代里,或者几个时代里,真正"卓然不可磨灭"的,永远被人记住的,比如乾嘉时代的《说文》四大家、民国的清华国学院四大导师等等,只不过数十人。所以,要做出经得起时间考验、"卓然不可磨灭"的学问或文章,需要很大的决心和定力,要坐得住冷板凳。这就是第二种人——学者、专门家、文史专家,他们跟公共知识分子有联系,有共通点,但又不太一样。我相信,在座各位同学中,再过二十年、三十年,至少会出一位,称得上"卓然不可磨灭"的优秀学者。

说完上述两种人,大家可能会说:老师,你要说的应该说完了,好像我们中文系就只有这两种人,没有第三种人。我告诉你们,中文系还有第三种人,那就是科学家。大家都疑惑了,是吧?中文系有科学家吗?什么样的科学家呢?在人文科学的园地里,北大中文系有一批老师,像科学家一样观察、思考,像科学家一样建立数学模型和逻辑模型,并通过声学实验、计算机实验来证实或者证伪。我跟我的研究生讲,做语言学研究,有三个好的境界,就是要做到三个 do。第一个 do:do investigation,去调查,调查大规模的语言事实,在语料库里调查,在网络上调查。另外,去调查方言,甚至少数民族语言。我的一个博士生,毕业好几年了,他现在每周一次,在下面调查方言。因为目前中国社会转型快,方言消失、交融得也非常非常快。所以,他差不多是今年调查这个村庄,明年再去调查,后年又去调查,不断地跟踪和积累数据。为了向我展示他确实是坚持每周到实地调查,他下乡的时候,在公共汽车上,都给我打电话,说:"老师,你听。"我说:"我听到了,你那边有鸡叫、狗叫的声音。"第二个 do:do model,建立模型——建立理论模型、数学模型、逻辑模型。第三个 do:do experiment,做实验。我们建立的语言学模型,好或不好,可以通过两个方面的实验来验证。一个是计算机实验,在电脑上按照你的理论做个程序,这个程序验证的结果好,就说明你的理论有道理。还有一个实验,心理和认知神经实验。如果我们说出的一句话中有语义问题或句法问题,那么听话人的脑电波(N400 或 P600)会有特殊的表现。这都可以借助事件相关电位(ERP)和功能性磁共振成像(fMRI)这两种实验技术来验证。

  为了让大家对此有所了解,我给大家放个 PPT,用我自己所从事的语言学研究为例子,让大家感受一下,什么是科学家式的、科学主义的研究。

  做语言学研究,首先要思考的一个问题是:为什么要研究语言,并且形成一门科学叫语言学?说起来,做语言研究至少有两个目的。第一个目的是认识,也就是了解我们每天使用的语言是怎么运作的,它的机制是什么,它是怎样有益于人类社会的,即希望了解语言的结构、机制和功能,尤其是它对于人类进化和生存的影响。大家想想就知道了,在物种上跟人类最近的是什么?是黑猩猩。黑猩猩什么时候和我们分手的?本来是我们的兄弟、姐妹、堂兄弟、堂姐妹,后来慢慢地分开了。是什么时候分开的?通过分子生物钟技术的测量后,得出结论:大概在五百万年前到七百五十万年前之间。在那个关键性的时间节点,不光是我们跟我们的黑猩猩兄弟们、姐妹们分开了,而且,马和斑马也分化开来了,鸭和鹅也分化开来了。这一分化不得了,人类可以无处不在,在南极、北极这样极端恶劣的环境中,人类还是可以生存。而我们的兄弟姐妹的处境则非常不妙,随着热带雨林的逐渐萎缩消失,它们的栖息地也日益缩小,它们的种群数量越来越少,甚至成为濒危物种。到底是什么因素,使得这两个相邻的物种有如此迥异的命运?找来找去,最关键的原因是:人类会说话,他们不会说话。也就是说,语言在人类进化过程中,起到了重要的推手作用。既然它这么重要,那么我们就有必要研究它。只有人类有语言,能够使用有声语言进行交际。通过语言研究,我们可以知道:我们是谁?我们是从哪儿来的?我们将来要到哪儿去?我们可以更加清楚地了解人类在世界或宇宙中的位置,从而更加透彻地理解人类的本质,以及生命的价值和意义。这是一个永恒的、根本性的哲学问题,也是语言学研究的根本性目的——走向终极性的人文关怀。

我们研究人,研究人的语言,首先要探索人的大脑是怎么工作的。一个人的脑子里,可以想很多很多事情,问题是:那么多丰富的联想、想象,在大脑中是怎么进行的?用人文学者的眼光看,对这个问题可以浮想联翩,做出各种各样、丰富多彩的解答。但是,对科学家而言,这个问题很简单:不管你想些什么,怎么想,一切最终都可以还原为大脑皮层上神经元的电生理化学过程,表现为大脑不同区域不同神经元的特殊的连接方式。大家请看 PPT 上大脑结构图(图1),我们大脑的构成大概就是这样的,这都是所谓的新皮层(neocortex)。

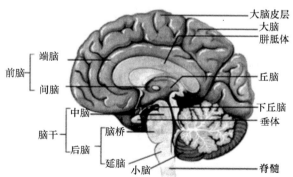

图 1

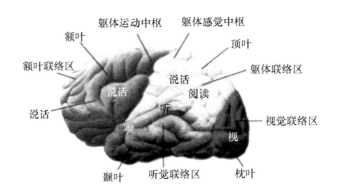

图 2

再看大脑的功能分区图(图2),大家可以看到,人类阅读、说话的功能跟大脑的躯体感觉中枢、躯体联络区是有关系的。阅读、说话等语言活动跟躯体运动有关系。这是最近几十年刚刚发现的天大的秘密。原来我们始终不了解,我们人说话也好,思考也好,创作也好,脑子浮想联翩,脑子里有很多很多的meaning,意义。这个意义不是词典上的"意义(对词条的解释)"。词典上可以说:什么是"讲台"?"讲台"是教室里摆着的供老师用的桌子,上面可以放书本,放矿泉水,也可以放一束花。但是,我们的大脑肯定不是这样来表征(represent)"讲台"的meaning的。大脑究竟如何表征语言中不同词汇的meaning的?关于这个问题,最近神经心理学有所揭示。大家以后如果上我讲的"认知语言学",我会详细论述,为大家解释语言、躯体运动是如何紧密联系在一起的,今天在这里就不多说了。

再简单看几幅示意图。图3是神经元,组合在一起,像森林一样;各个神经元之间可以通过放电联通。图4是两个神经细胞通讯的示意图,两个神经元,随着钠离子释放,连在一起;过后消退了,断开:这就相当于一个逻辑开关。

接下来,看看不同物种的神经元数量。蛔虫简单,只有302个神经元。果蝇复杂一点,有10万个神经元。所以,我们要打苍蝇,容易吗?不容易。它有10万个神经元在计算着,你的手一挥,周围的空气一改变运动方向,它马上感应到,飞走了。老鼠更厉害,有7500万个神经元,所以要逮老鼠就更不容易了。在这方面,你肯定比不上你家的老猫。猫,老鼠的天敌,有10亿

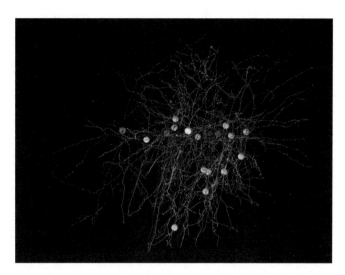

图 3

个神经元,相当灵敏。再看黑猩猩,有 67 亿个神经元。人类,有 860 亿个神经元,把一个人的神经细胞连接起来,可以绕地球几圈。如果把这 860 亿个神经元想象成 860 亿个逻辑开关,合起来,得是多大的一个电路板!更妙的是,神经元之间互相连接,大脑中神经元之间的连接约有 150 万亿个,不同的神经元连接表征着对外部世界不同的反应方式。正因为这样,目前任何计算机运算速度再快,处理信息的能力终归比不上人的大脑。

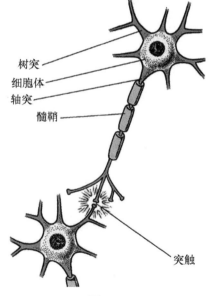

图 4

但大脑究竟是怎么工作的,目前还没完全弄清楚。也就是说,人类对于自己大脑的工作机制,还存在困惑。什么困惑?大脑中的神经元尽管多,但每个神经元都是很简单的,它们之间的连接关系相当于一个逻辑开关。那么要问:这简单的东西,是如何组织起来,完成那么多、那么复杂的思考和创造的？这是亟待研究的。美国的一位科学家说:"人类大脑中神经细胞(神经元)的连接比可观测宇宙中的浩瀚星系还要多。"还有一位科学家说:"目前还没有办法详细解释大脑神经元之间的电化活动交互作用是如何变成我们脑海中的乐曲。""没有任何科学模型可以解释为什么简单的几个音符可以引发这样那样的情绪,以及我们如何能够确保这些感觉不会被几十年后的老年痴呆症抹去。"面对这些困惑,美国洛克菲勒大学神经科学家、美国国家卫生研究院顾问委员会联盟主席科里·巴格曼(Cori Bargmann)说:"人类的大脑简直是个奇迹。它能产生无数的想法、情绪、记忆和活动。这样一个生物器官,一些细胞的组合,究竟是怎样做到这些的？无论你成为神经科学家有多久,你仍会为这个平淡无奇的生物器官所具备的繁复机能而惊叹不已。"

为了解决这些困惑,美国有一项脑科学研究计划,全称是"通过推进创新神经技术进行脑研究"计划。去年4月,美国总统奥巴马公布了这项联邦十年计划,总预算10亿美元,首年1.1亿,另外有四家私人机构捐助1.22亿美元。这个计划的最终目标,是把大脑中神经元的连接方式搞清楚,这可是比把人类基因图绘出来还要复杂的工作。许多人一看,就不禁摇头,这在十年内肯定是做不到的。同时,欧盟也有十年脑科学计划,但跟美国做的方式不一样,他们偏重于脑功能的电子模拟。美国的研究比较偏向于生物学,希望对大脑疾病,比如老年痴呆、脑血栓的康复有帮助,对医疗器械领域比较有用。而欧盟的研究对计算机科学比较有用。不管何种方式的研究,最终都回到 brain and mind 的二元对立——究竟在 brain 这个生物机体上,那么多的 mind 是怎样产生、运作的？为了填满 brain and mind 之间的那个空隙或鸿沟(gap),随着神经科学、计算机科学、语言学、心理学的发展,欧洲在上世纪六十年代创立了一门新的科学——认知科学。认知科学认为,要研究人的大脑的认知,最好的办法是研究人的语言,因为语言最有体系,最稳定,输出和输入都很稳定。比如,当我说"房子大",各位都能领会到,是房子的面积大;当我说"箱子大",各位都知道,是箱子的体积大。两个句子的句法结构是一样的,都是名词加形容词,但它们输出的语义解释却不一样。这里头一定有一套机制在起作用,请看我为这两个句子做的认知模型图(图5)。我九十年代博士刚毕业的时候,就做了有关这个问题的研究。

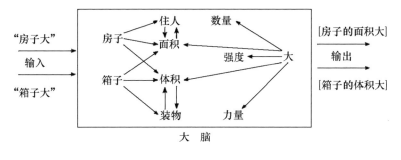

图 5

后来,清华大学计算机系的老师根据我建立的理论,做了一个关于形容词与名词语义连接的计算模型,进行语言的计算分析,对大脑的语义处理进行计算机模拟。所以呢,你要做语言学研究,同时得做一个科学家,一个计算机科学家和神经科学家。

为了让大家对我所说的从一般语言研究走向认知分析的科学主义研究方式有更直观的认识,我再简单谈谈我做过的两个研究课题。第一个是谓词隐含理论。请看两个例句:"红木的家具",意思是"红木制造的家具",省略了谓词"制造";"战争的故事",意思是"讲述战争的故事",省略了谓词"讲述"。这个大家都能明白,但从看到这两个句子,到明白谓词的省略,在这过程中大脑是怎么工作的?九十年代,我做了这方面的研究,有一篇文章《谓词隐含及其句法后果》,发表在《中国语文》1995 年第 4 期上,提出了谓词隐含理论以及具体的语义解释模板。后来,我们北大做计算语言学研究的几位学者,利用了我的一些研究,在新的统计学习技术的基础上进行研究,写了一篇文章《基于动词的汉语复合名词短语释义研究》,发表在核心期刊《中文信息学报》2010 年第 6 期上。为什么我的这个谓词隐含理论对他们有启发作用?因为它有利于建立有关词语组合的语义处理模型,有利于应用到语义搜索等工程方面。现在的网络检索,主流的是百度、google 等搜索引擎。百度和 google 的主要技术是关键词匹配,但有时候匹配出来的结果不那么令人满意。我们人是有很强的语义理解能力的,我们知道"红木家具"是红木做的家具,知道"婴儿奶粉"是给婴儿吃的奶粉,不是婴儿做的奶粉。如果让机器也知道这些,我们的检索结果将会更准确。据统计,现在的网络检索,名词加名词的关键词检索方式占 25%,甚至可以到 30%;也就是说，四分之一以上的检索词语串是名词加名词。如果计算机能将名词加名词组合中蕴藏的动词找出来，并且扩展它，那就意味着理解了这个检索关键词组合的真正意思，也就理解了用户真正的检索意图。所以，网络检索下一步的发展，争夺的是谁最先设计出基于语义的搜索技术。前面说的那篇文章，主要利用统计方法。我们想更加全面地利用我的谓词隐含理论，做了一个实验系统。因此，我又指导我的研究生，重新开发了一个构建汉语名名组合的释义模板库，并在这个数据库的基础上，初步实现了一个汉语名名组合的自动释义程序，其自动释义的准确率达到94.23%。大家看一下这个释义系统的一个查询页面的截图，你看，输入"爱心快车"，它给出的释义是"运送/传递爱心的快车"。我们设想，如果利用这种系统对检索系统进行改进，那么检索结果的准确率也许会提高不少。我们的这项研究结果写成论文《基于规则的汉语名名组合的自动释义研究》，发表在核心期刊《中文信息学报》2014年第3期上。这项研究的具体过程，很好地体现了我所强调的三个do。在网络上大量调查检索关键词语的使用情况，分析其句法、语义特点，这是do investigation；根据谓词隐含理论，建立检索词语串的概念模型，设计相应的释义模板库，这是do model；进行计算分析和相应程序设计，并且进行释义系统的运行检验和不断调整，这是do experiment。

再看一个例子，是我们目前正在做的一个世界性的难题——"网球问题"（Tennis Problem）。这个问题是美国普林斯顿大学认知科学实验室提出来的，他们在构建语言词汇知识库 WordNet 时遇到一个难题：如何将 racquet（网球拍）、ball（网球）、net（球网）等词语以一定的方式联系到一起？推广一步，就是：怎样把 racquet（网球拍）、ball（网球）、net（球网）或者"蜡烛""蛋糕""生日"之类具有情境联想关系的词汇概念联系起来，发现它们之间的语义和推理关系？从而为计算机自动理解自然语言的意义和进行常识性推理，提供充分的知识和资源。关于这个问题，我们看几个例句：

1. 父亲：小明怎么不在房间里看书？
   母亲：大早晨拿着拍子出去了。
   父亲：又去打他该死的网球了！
   母亲：这回上985是没戏了。
2. 小红：小芳，你买的什么东西？

小芳:一盒蜡烛。
　　小红:你们寝室要给谁过生日呀?
　　小芳:是李萍。

在第一组例句中,母亲说的是"拍子",但父亲马上联想到"网球"。在第二组例句中,小芳说的是"蜡烛",小红由此知道有人要过"生日"。我们的大脑是怎么工作,才能做到这样的? 推进一步,我们能不能设计一个系统,让计算机也做到这点? 这就需要先了解大脑的工作方式,在这方面,现在我们的研究已经取得了一些进展。论文《怎样用物性结构知识解决"网球问题"?》发表在《中文信息学报》2014 年第 5 期上。

　　目前,国际上四种主流的知识库都无法解决"网球问题"。一是普林斯顿大学的 WordNet,它注重同义、反义、上下位、整体—部分关系等聚合性知识,无法处理"网球问题"之类基于情境联想关系的句法组合和语篇共现关系。二是宾夕法尼亚大学和科罗拉多州立大学的 VerbNet,它是以动词为中心,注重动词与其论元的语义关系和句法实现,也无法处理"网球问题"这种由名词引起的概念和推理关系。三是加州大学伯克利分校的 FrameNet,它以事件框架为单位,四是麻省理工学院的 ConceptNet,它注重概念之间的常识性推理关系,它们同样无法解决基于名词的"网球问题"。我们以前开发的系统——谓词知识库也解决不了"网球问题"。现在,我们又开发了新的系统——汉语名词的物性结构知识库。我们把这两个系统结合起来,通过对"网球问题"这类名词的描述、认知建构,已经差不多接近解决这个问题了。

　　通过上面的举例和说明,相信各位对中文系的老师、同学如何像科学家那样地思考、研究,已经有了比较清晰的理解。总起来说,你们来到中文系,将来有可能成为这三种人——思想家或公共知识分子、专家学者、科学家,将来也一定能够用你们在中文系所获得的学识和精神滋养,用你们对中国文化的执着和深情,在社会上找到一个可以安身立命的位置。

　　最后,我想借用法国文学家雨果(Victor Hugo,1802—1885)的一句话来结束今天的讲座,也以此与大家共勉。雨果说:"没有任何一种力量可以阻止一个时机已经到来的想法。"说得真好! 我们这个时代为每个人都提供了无数的可能性,足以让你"仰望星空",立下宏伟志向;但更需要你"脚踏实地",躬行实践,方能成为真正对社会有贡献、有价值的人。这个时代是无限开放的,你也是无限开放的自我。祝福大家,在中文系,收获学识,收获理想,收获勇气,也收获一个全新的自我、开放的自我。

后　记

　　自2009年9月23日,我们有幸请谢冕先生以"从今天起,面朝未来"为题,向2009级新生"设坛弘法",此为"静园学术讲座"的第一讲;至2012年11月18日,恭请李零先生主讲"历史就在你的脚下",是当年秋季学期的最后一讲。四年来我们先后邀请了26位先生成为本课程的主讲者。课程开始之初,我们还有一个想法,就是为北大中文系老教授们的课堂录像,以为永久资料与纪念,同时作为百年系庆活动的一部分,因此对中文系先生们的课程都有录像录音。我们还先后邀请到台湾历史语言研究所陈鸿森教授主讲"鉴古以知今"(第四讲),原台湾大学教授、现台湾世新大学教授曾永义先生主讲"民俗技艺之内容价值及其发扬之道"(第八讲),著名藏书家韦力先生主讲"古书之爱"(第十四讲),但这三讲都没有录像录音,所以非常遗憾未能整理收入本集之中。另外,北大中文系教授王岳川先生主讲的"文化强国与文化创新"(第二十五讲),也因为我们整理太迟,未经王教授审阅,未能编入本集中。对这四讲的精彩内容,我们将在今后数年的"静园学术讲座"再次结集时,设法增收其中。

　　另外,每次讲座结束后,同学们都提出了许多他们感兴趣的问题,向先生们请益,各位先生都做了详细的解答,甚至还有热烈的讨论,但限于篇幅,我们在本书中也未能将这些内容全部收录,这也是本书一个小小的遗憾。

　　本课程前后延续四年,而从第一讲至第二十六讲的主讲次序,也因为先生们时间的关系,并没有明确的前后主次之分,我们此次编集,依照北大中文系"序齿不序爵"的习惯,按先生们的年龄重新做了排序,现在的目录并不是原始的主讲次序,特此说明。

　　在本课程的开设过程中,我们得到系内外老教授和在职教授们的热情支持与鼓励。每当我约请他们的时候,先生们都在百忙中非常愉快地接受邀请,认真准备,按时开讲,这才使本课能够坚持不断地开设四年,并且获得了极大的成功,也给了我们今后持续开设下去的信心。北大教务部每年拨专项经费,给予本课程以极大的支持。在此,向主讲过本课程的先生们表示衷心的感谢!向北大教务部部长方新贵教授、中文系前系主任陈平原教授、系主任陈跃红教授的大力支持表示诚挚的感谢!同时,先后有中文系博士生陈恒舒、潘妍艳和硕士生黄雅诗等同学做本课的助教,承担了大量的辅助工作,向他们的辛苦付出表示感谢!还有部分研究生、本科生如黄政、蒋仁正、边明江、李晓蓉、魏域波、刘葭子、王丽、寇晓丹、焦一和、张琳莉、叶述冕等同学,做了大量录像、录音稿的整理工作,在此也向他们表示感谢!北大出版社艾英女史,为本书的编辑出版付出了大量的辛劳,也向她本人和北大出版社致以深深的谢意!

漆永祥

2013 年 5 月